FRÉDÉRIC MASSON
de l'Académie Française.

NAPOLÉON
à Sainte-Hélène
1815-1821

PARIS
Société d'Éditions littéraires et Artistiques
LIBRAIRIE PAUL OLLENDORFF
50, CHAUSSÉE D'ANTIN, 50
—
1912
Tous droits réservés.

© 2024, Frédéric Masson (domaine public)
Édition: BoD • Books on Demand GmbH, In de Tarpen 42,
22848 Norderstedt (Allemagne)
Impression: Libri Plureos GmbH, Friedensallee 273, 22763
Hamburg (Allemagne)
ISBN: 978-2-3225-5687-8
Dépôt légal : Août 2024

TABLE DES MATIÈRES.

Au lecteur

I

DE MALMAISON AU NORTHUMBERLAND

L'Empereur quitte l'Élysée. — L'Empereur à Malmaison. — Les Frégates. — Le Mobilier de ville et de campagne. — Le Général Beker nommé commandant de la Garde. — Les Lettres de Davout. — L'Empereur prisonnier. — Le Général Beker. — Les Passeports. — Que pensait Davout ? — Les Arrêtés contradictoires de la Commission executive. — L'Article V. — Les conditions des Alliés. — Livrera-t-on l'Empereur aux Alliés ? Que feraient de lui les Alliés ? — On préfère le contraindre à se livrer lui-même. — Le nœud de la question. —

L'Empereur est-il sincère ? — Il est patriote. — L'Empereur offre de sauver Paris. — La Réponse de Fouché. — Retour de Beker à Malmaison. — Départ pour Rochefort. — La Fuite. — Contraste avec le départ de Joseph. — Napoléon ne veut partir qu'en souverain. — Les Adieux. — Malmaison. — Rambouillet. — Tours. — Poitiers. — Saint-Maixent. — Niort. — Rochefort. — Opinions contradictoires. — Les ordres de la commission executive. — Napoléon à l'île d'Aix. — Divers partis qu'on propose. — Négociations avec le commandant du *Bellerophon*. — Las Cases et ses imprudences. — Combattra-t-on ? — Le Commandant Philibert. — Suprêmes délibérations. — Napoléon a bord du *Bellerophon*. — Les ordres de M. le marquis de Jaucourt, ministre de la Marine. — Comment il récompensa et punit. — Comment les Royalistes eussent traité l'Empereur. — La Mission de M. le Commandant de Rigny. — L'arrivée de l'Amiral Hotham. — Honneurs suprêmes rendus à l'Empereur. — Le *Bellerophon* a Torbay. — Sainte-Hélène désignée pour la déportation. — Craintes des Anglais. — Déchéance de l'Empereur prononcée par les Anglais. — On signifie à l'Empereur sa déportation. — La déportation et l'Opinion anglaise. — L'affluence à Plymouth. — Le *Bellerophon* reprend la mer. — Le Traité du 2 août 1815. — De quel côté le droit ? — La Protestation de l'Empereur. — L'Empereur doit rester l'*Empereur*.

II

CEUX QUI SUIVENT L'EMPEREUR

En rade. — La Comédie est jouée. — Les dernières heures à bord du *Bellerophon*. — Sur le Northumberland. — Les Adieux. — Ceux qui ne partent pas. — Savary et Lallemand proscrits par les Bourbons, exclus par les Anglais. — Les Officiers subalternes. — Ceux qui partent. — Le Grand maréchal Bertrand. — Mme la comtesse Bertrand. — M. le comte de Montholon. — Sa famille. — Ses aventures réelles et imaginaires. — Sa carrière militaire et civile. — Son mariage. — Sa conduite en 1813 et 1814. — À la Restauration. — Promu par elle maréchal de camp. — Sa disgrâce. — Son voyage à Fontainebleau. — Ce qu'il fit aux Cent-Jours. — M. le Baron Gourgaud, — Sa famille. — Sa carrière. — Ses projets de mariage. — Premier officier d'ordonnance. — Colonel. — Général. — Il s'impose à l'Empereur au lieu de Planat. — Pourquoi ce fut un malheur. — M. le comte de Las Cases. — Ses origines. — Sa carrière maritime. — En Émigration. — Rentrée en France. — Chambellan. — Maître des requêtes. — *Homme de Lettres*. — Pourquoi Las Cases ? — L'Empereur et Las Cases. — Le Médecin : O'Meara. —

Piontkowski. — Les Corses. — Antommarchi. — Les Prêtres. — Les Serviteurs. — Cipriani. — Santini. — Marchand. — Saint-Denis. — Pierron. — Les Archambault. — Rousseau. — Lepage. — L'Amour à Sainte-Hélène

III

LA PRISON. — LE GEOLIER LES COMPARSES

Napoléon et Sainte-Hélène (1788. — 1804. — 1805). — Comment, s'instruire de Sainte-Hélène. — La notion qu'on a en Europe remonte au XVIe siècle. — C'est le Paradis terrestre, — Le livre de T.-H. Brooke. — Opinion généralement admise. — Les descriptions. — Les rats. — Les Rats et l'imagination populaire. — Sainte-Hélène et là réalité. — Les coins bénis. — Longwood. — Cherté de la vie à Sainte-Hélène. — La garnison et l'escadre. — Les officiers de la Compagnie des Indes. — L'Amiral Sir George Cockburn. — Napoléon et Cockburn. — Le Gouverneur. — 56 George III. Chap. XXII. — Henry Bathurst, Comte Bathurst. — Sir Hudson LowE. colonel des Royal *Corsican Rangers*. — Pourquoi Hudson Lowe ? — Sa carrière. — En Corse. — *Corsican Rangers*. — *Royal Corsican Rangers*. — À Capri, — À Ischia.

— À Sainte-Maure. — En Allemagne. — Avec Blücher. — Comment se décide sa fortune. — Major général. — Lieutenant général. — Le rang local. — Caractère d'Hudson Lowe. — Lady Lowe. — Lowe et sa mentalité. — Lowe et les responsabilités. — Les Commissaires étrangers. — Alexandre Antonovitch de Balmain. — Le baron et la baronne Stürmer. — Le, marquis de Mont-chenu. — L'Angleterre et l'Europe

IV

LE DRAME

La Question du Titre. — Les Anglais avaient constamment esquivé de le donner à Napoléon. — À partir des Cent-Jours, l'Europe le refuse. — L'Empereur sur le Northumberland. — La Navigation. — Les Mémoires. — Le Travail avec Las Cases. — Arrivée à Sainte-Hélène. — Jamestown. — Première visite à Longwood. — Les Briars. — Les Balcombe. — Napoléon aux Briars. — Plaintes des compagnons de l'Empereur. — Les caractères se dessinent. — Dissensions entre Français. — Gourgaud aux Briars. — Fausses nouvelles. — Départ général pour Longwood

Installation à Longwood. — Description. — Hut's Gate et les Bertrand. — Organisation de la Maison. — Montholon y règne. — Conséquences. — L'Écurie. — La Cuisine. — Le Train. — L'Amiral Sir George Cockburn. — Les Restrictions. — Espiègleries de Napoléon. — Longwood, prison perpétuelle. — La Vie à Longwood. — Question du titre. — « Affectation puérile », dit Lamartine. — L'Étiquette à Longwood. — Les Visites. — Les Dîners. — Le Service. — Le Vermeil et le Sèvres. — Les Promenades dans l'Île. — Arrivée de Piontkowski. — Piontkowski à Longwood

Sir Hudson Lowe. — Son entrée à Longwood. — Ses Instructions. — L'engagement et les formules. — Dispositions de Lowe à isoler l'Empereur. — Économies commandées par le Ministère. — Calcul des dépenses de l'Empereur. — Quel but poursuit Lord Bathurst ? — Ce que l'Empereur possède à Sainte-Hélène et en Europe. — Vanteries de Montholon. — L'Empereur demande à payer toute sa dépense. — Question des lettres fermées. — Lowe et les réductions sur les fournitures. — La famine à Longwood. — Bertrand et Lowe. — Dernière entrevue de l'Empereur avec Lowe. — Protestation de l'Empereur. — Lowe veut diminuer le nombre des commensaux. — La Question d'Argent. — Bris et vente de l'Argenterie. — Lord Bathurst, ministre économe. — Les

Correspondances avec l'Europe. — Lowe félicité par Bathurst. — Quatre serviteurs de l'Empereur enlevés de Longwood. — Signature des formules du Ministère. — Les Commissaires étrangers. — Espérances que l'Empereur avait conçues. — L'Empereur au secret. — Les Lettres. — Les Livres et les Journaux. — Le Livre d'Hobhouse. — Lady Holland, — Ses soins pour l'Empereur. — Qui est Lady Holland ? — Les caisses qu'elle envoie. — L'Affaire des cheveux du Roi de Rome. — L'Affaire du buste du Roi de Rome. — Correspondances de l'Empereur avec l'Europe. — L'*Anti-Gallican*

Le Départ de Las Cases

La Santé de l'Empereur. — Le Docteur O'Meara et la Santé de l'Empereur. — L'Empereur est-il malade ? — Premières protestations en Europe contre les rigueurs de la captivité. — Santini. — Son pamphlet. — Lord Holland à la Chambre des Lords. — Discours de Lord Bathurst. — Ses allégations. — Le Vote. — La Victoire parlementaire. — Mouvement dans l'Opinion européenne. — Las Cases en Europe. — Aggravation dans la Santé de Napoléon. — Inquiétudes de Lowe. — Propositions qu'il fait. — L'Affaire des Bulletins. — Lowe et O'Meara. — Combinaison de Lowe. — Coup de théâtre

Le général Gourgaud quitte Sainte-Hélène. — Ses altercations avec Las Cases. — Ses querelles avec Montholon. — Ses disputes avec l'Empereur. — Le cartel adressé à Montholon. — Déclarations de Gourgaud à Sainte-Hélène et à Londres. — Ce qu'il advient de lui. — Résultat de ses confidences. — Approbation par tous les cabinets européens des mesures prises contre l'Empereur. — Tout le travail de Las Cases inutile. — O'Meara enlevé de Sainte-Hélène. — L'Empereur sans médecin. — O'Meara en Europe. — Les Aventures du Docteur Stokoë

L'Empereur ne travaille plus. — Période la plus triste de la captivité. — Tout le monde parti. — L'Amiral et Lady Malcolm. — Les Balcombe. — Le Baron Stürmer. — Le Comte Balmain. — Le Général Bingham. — Préparatifs de départ de Mme Bertrand. — Le Cartel du Lieutenant-Colonel Lyster au Grand maréchal. — Efforts de Lowe pour obliger Bertrand à partir. — « *Poor Madame Bertrand !* — L'Empereur et les Enfants Bertrand. — Boucles d'oreilles d'Hortense Bertrand. — L'Empereur et le Général Bertrand. — La Question du Départ. — Le Départ de Mme de Montholon. — Montholon a-t-il l'idée de partir ? — Ce qu'il gagne à rester

L'Arrivée du Chirurgien et des Prêtres. — Les trois Corses. — Les Jardins et le Jardinage. — Aménagements intérieurs. — L'Empereur et la Religion catholique. — La Chapelle

Juillet 1820. – Première crise. – Octobre. Débuts de la Maladie suprême. – La Dernière Maladie. – Demande d'un Médecin et d'un Prêtre français. – Le Docteur Antommarchi veut partir. – Dernière Sortie. – Répugnance aux Médicaments. – Les Consultations du Docteur Arnott. – New-Longwood. – L'Empereur et le Docteur Arnott. – Rédaction dictée et Copie du Testament. – L'*Histoire de Marlborough*. – Continuation du Testament. – Le Testament. – Dernières dispositions. – Mme Bertrand chez l'Empereur. – Les Sacrements de l'Église. – L'Agonie. – La Mort. – Lowe devant le cadavre de Napoléon. – L'Autopsie. – L'Exposition du corps. – L'Emplacement du Tombeau. – Le Masque. – La Mise en Bière. – Les Obsèques. – Là-Bas !

AU LECTEUR

Dans les études que j'ai entreprises Napoléon, subsistent des lacunes que je voudrais avoir le temps de combler. La première série : *Napoléon dans sa jeunesse* doit être remise au point, perdre l'aspect de *Notes* que je lui avais volontairement donné d'abord et prendre la forme d'un livre ; dans la seconde série, j'ai à parler de *Madame Bonaparte* en un volume qui prendra place entre *Joséphine de Beauharnais* et *Joséphine Impératrice*. Dans la troisième série, *Napoléon et sa famille,* j'ai à raconter, au point de vue d'où je me suis placé, ce qui s'est passé depuis l'abdication de Fontainebleau jusqu'à la mort de l'Empereur, et trois volumes encore me seront nécessaires. Le tome dixième est presque achevé et paraîtra avant la fin de cette année ; le tome onzième est préparé et le tome douzième aurait pu être livré à l'impression. D'autres séries sont moins avancées et la documentation seule en est réunie : je me borne à celles-là, les seules que mon âge me donne l'espoir de terminer.

Le procédé que j'ai employé explique, s'il ne justifie, le retard que j'ai mis à donner au public les trois derniers volumes de *Napoléon et sa famille* et la publication que je fais à présent de *Napoléon à Sainte-Hélène*. C'est que j'ai mené mon enquête, non pas chronologiquement, mais simultanément, sur les événements qui se sont accomplis de mars 1814 à mai 1821 et qui intéressent mes divers sujets d'étude. J'en ai détaché plusieurs fragments trop développés pour figurer tels quels dans mon livre, trop importants pour qu'ils ne dussent point être racontés dans un détail aussi complet que possible. Ainsi, entre autres, l'*Affaire Maubreuil* dont la publication remonte à six ans, et *Le colonel Camille* (*Comment l'Empereur revint de l'Île d'Elbe*), paru il y a quatre ans. De même, ai-je fait pour les problèmes que posait l'histoire de la captivité : j'ai abordé le plus important il y a exactement dix ans dans une conférence à la Société de géographie. Des circonstances m'ont alors obligé à publier intégralement les documents sur lesquels j'avais fondé ma conviction, auxquels on n'a rien su opposer et d'après lesquels il me parait matériellement impossible qu'on puisse penser différemment. J'ai procédé de même pour divers personnages qui entouraient Napoléon, pour les médecins, pour le prétendu capitaine Piontkowski[1], pour les cuisiniers, pour le commissaire du roi de France le marquis de Montchenu, puis pour certains événements. Les études contenues dans les trois volumes parus sous le titre *Autour de Sainte-Hélène* apportent suivies hommes et les choses qui y sont envisagés autant de lumières que j'ai pu en projeter.

Ainsi s'est trouvé préparé le présent livre. Sans doute eût-il été préférable qu'il ne parût qu'après le tome douzième de *Napoléon et sa famille* où j'essaierai de déterminer quels rapports ont pu, de Sainte-Hélène, subsister entre l'Empereur, sa mère, ses sœurs et ses frères ; mais n'avais-je pas dû ci-devant dans *Napoléon et son fils* exposer la part qu'avait eu le sentiment paternel dans les souffrances du prisonnier ? Le jour où mon oeuvre, telle quelle, sera achevée, on y verra que, depuis vingt ans, j'ai suivi un plan dont j'avais cru reconnaître la logique et dont l'enchaînement m'a paru irrésistible. C'est ainsi que au présent volume, s'en adjoindra un encore : le *Testament de Napoléon*, où mon but sera d'abord de montrer les sentiments, les souvenirs et les espérances qui ont déterminé l'Empereur dans cette suprême manifestation de sa pensée ; en second lieu de préciser les motifs de chacune des dispositions ; enfin de raconter les péripéties vraiment surprenantes de l'exécution testamentaire.

S'il était vraisemblable que je vive assez pour aborder, après l'étude des sentiments, celle des idées dont j'ai déjà essayé de rendre certains aspects ; pour continuer l'inspection de la vie extérieure et des entours impériaux, j'aurais encore de quoi remplir une existence, mais cela rentre dans les rêves qui ne sont permis à un vieillard qu'à l'expresse condition qu'il en sache la vanité. Aussi bien je ferai de mon mieux, comme j'ai fait jusqu'ici et, j'espère, jusqu'au bout. Mais faire de mon mieux, cela est peu. Si j'avais pu garder quelque illusion sur cette oeuvre de ma vie, les injures dont je suis l'objet auraient dû m'enseigner la modestie ; comment se fait-il donc qu'elles m'aient surtout appris l'orgueil ? Nul ne peut faire que je ne sois resté constamment et uniquement fidèle au drapeau auquel je me suis attaché et à la cause que je sers. Quant à mes livres, si souvent et si audacieusement démarqués, il ne me semble pas que les outrages en aient compromis la solidité.

Je ne suis rien qu'un chercheur de vérité : s'il m'est arrivé de satisfaire mon esprit en croyant la trouver et ma conscience en m'efforçant de la dire, si je me suis fait comprendre et que j'aie touché a mon but, qu'importe que mes phrases paraissent a quelques-uns malhabiles et peu correctes. Elles auront tout de même, dans la mesure où elles pouvaient agir, contribué, a l'œuvre de salut et de glorification nationale. Et c'est assez.

Je dois dire comment j'ai compris ce livre : Quoique j'ai eu la bonne fortune d'obtenir communication de mémoires inédits d'une grande importance et d'en contrôler même la véracité par d'autres souvenirs également inédits, je ne pouvais penser à fournir jour par jour une analyse chronologique de la vie de l'Empereur à Sainte-Hélène. Un tel livre n'eut point été lisible, mais de plus un tel livre ne peut être écrit : cela, pour cette raison essentielle, que, sur quatre des six années de la captivité, l'on ne possède aucun témoignage.

Il existe sur l'Empereur et sa vie à Sainte-Hélène trois sources d'informations. *Sources anglaises* : Elles sont sans doute d'une importance majeure lorsqu'il s'agit des rapports de Napoléon et de ses compagnons avec les Anglais, mais, hors cela, elles sont sans valeur, lorsqu'il s'agit de pénétrer a l'intérieur de Longwood, d'y voir vivre l'Empereur, de raconter ses gestes, puisque nul Anglais, depuis la rupture entre l'Empereur et Lowe, n'est entré dans la maison, que nul n'a assisté à l'existence quotidienne de Napoléon. Ce qui est publié, surtout depuis les derniers ouvrages de M. Frémeaux, est amplement suffisant et je ne crois pas qu'on puisse attendre de ce côté aucune lumière nouvelle.

Sources européennes : Rapports et lettres des commissaires des Puissances. Le commissaire d'Autriche disparaît presque tout de suite, le commissaire russe ne tarde pas à suivre son collègue autrichien et sa correspondance, intéressante au début, est tout à fait nulle près d'une grande année avant son départ ; enfin, le commissaire français demeure bien à Sainte-Hélène jusqu'à la mort de l'Empereur, mais, pas plus que ses collègues, il n'entre à Longwood, pas plus qu'eux, il n'a de notions exactes sur l'Empereur et sur sa vie, et n'était que par certaines confidences — d'ailleurs mensongères et tendancieuses — reçues de Montholon, il verse sur ce personnage un jour qui aide à le comprendre, la nullité de sa correspondance égalerait celle de son intelligence. J'ai, au surplus, fourni un portrait suffisant de Montchenu dans *Autour de Sainte-Hélène* (2ᵉ série) où j'ai publié les parties caractéristiques de ses dépêches.

Il y a enfin les *témoignages français* ou *anglais* (O'Meara) émanés de l'entourage de Napoléon, des hommes qui l'approchaient et eussent été à même de rendre compte de ses actes et de ses idées. Las Cases, Gourgaud, Bertrand, Montholon, O'Meara, Antommarchi, Marchand, Saint-Denis.

Las Cases aurait pu fournir, par son journal un document de premier ordre, mais il y a mis tant de littérature, il y a inséré tant de réclames personnelles, il y a interpolé, lorsqu'il a *rédigé* son texte définitif, tant de pièces apocryphes qu'il a nécessairement invalidé une grande partie de son témoignage : j'y attache pourtant une importance, mais à le prendre dans la première édition imprimée en Angleterre avant les atténuations. Il faudrait voir le manuscrit original, s'il existe, dont je doute.

Gourgaud a jusqu'ici fourni le document le plus précieux et le plus essentiel. Comme je l'ai fait pressentir ailleurs, j'ai pu me référer utilement à une copie intégrale du manuscrit original. J'estime qu'on y prend une idée très juste, très complète et peut-on dire définitive de l'état des esprits À Longwood durant les deux premières années de la captivité.

Mais, si Las Cases quitte Longvood le 25 novembre 1816, Gourgaud le quitte le 13 février 1818. On reste — pour combien peu de jours ! — en présence d'O'Meara, J'ai dit ce que je pense du personnage[2], il n'inspire aucune confiance. Il est à qui le paye, à qui lui fait espérer d'être mieux payé. Par suite, tout ce qu'il avance sans l'appuyer de documents formels est suspect. Toutefois, mieux que les Français, il aide à comprendre Lowe.

Ce que j'ai pu connaître des souvenirs de Bertrand m'a paru rédigé très tardivement avec des erreurs de mémoire évidentes.

Les *Récits de Montholon* n'ont aucune valeur ; ils ont été écrits vingt ans au moins après les événements, revus sinon rédigés par un romancier illustre et je me suis expliqué ailleurs (*Le Cas Gourgaud* — Autour de sainte-hélène 1er série) sur leur véracité. L'objet de cette publication a été fort différent de ceux que le prince Louis Napoléon qui en paya l'impression, eût pu être tenté de lui attribuer.

L'édition anglaise (en langue anglaise) renferme certains documents qui ont été truqués dans l'édition française postérieure et le récit qui a plus tard été repris, est, dans cette première édition, plus sincère quoique aussi peu intéressant. Les Lettres publiées de Montholon à sa femme, sont entre les plus précieux documents qu'on ait mis au jour : de même certaines lettres en appendice aux *Souvenirs de Mme de Montholon*.

Antommarchi a certainement tenu un journal pour certains faits de la maladie qui sont contrôlables, il fournit même des indications qui ne sont pas inutiles. Tout le reste est de pure invention et il ne faut admettre aucun des propos de l'Empereur rapportés par le prosecteur Corse, lequel a certainement employé un teinturier pour étirer son journal en deux volumes. De ces mémoires, une première édition fut imprimée et parut en Angleterre ; la comparaison avec l'édition postérieure, imprimée en France, est édifiante.

Restent les souvenirs de Marchand dont j'ai dû la communication à l'ancienne amitié de M. le Comte Desmazières et ceux de Saint-Denis sur lesquels je n'ai pu jeter qu'un coup d'œil, mais dont la conformité avec ceux de Marchand m'a paru témoigner d'une amitié étroite et si l'on peut dire d'un contrôle mutuel. Ce sont, après Gourgaud, les plus précieux témoignages, et ils fournissent sur la dernière période de la vie de l'Empereur, des informations qu'on ne trouve nulle part ailleurs. Mon vieil ami G. Clairin m'a communiqué en outre des Lettres précieuses de son grand'père, le comte Marchand. Écrites de Sainte-Hélène sous l'œil des geôliers, elles provoquent une émotion profonde, mais elles n'apportent guère de renseignements nouveaux.

Tels sont les témoignages recueillis. On peut y ajouter quelques lettres dispersées de gouvernantes, de domestiques, quelques livres de compte, quelques indications fournies par des passants, quelques « interviews » prises par de grands seigneurs ou de grands fonctionnaires anglais ; rien de cela ne permet de rétablir, même sommairement, la vie quotidienne de Napoléon depuis 1818 jusqu'à l'extrême fin de 1820.

J'ai donc dû procéder d'une façon différente pour chercher à exprimer les idées que m'avait suggérées l'étude des documents imprimés ou manuscrits. La situation juridique de Napoléon m'a paru expliquer, justifier, exalter sa résistance à l'oppression anglaise. Tout dérive de là, tout y doit être rapporté. J'ai donc précisé dans le détail quelles raisons avaient déterminé l'Empereur à chercher un asile sur le *Bellérophon* et comment les Anglais l'y avaient attiré et l'y avaient traité. De l'abus de la force commis envers lui, ont résulté toutes les résistances qu'il y a opposées : C'est la première partie de ce livre : *De Malmaison au Northumberland.*

Cet élément formulé, j'ai montré quels personnages allaient s'agiter dans le décor de Sainte-Hélène : ceux qui ont suivi l'Empereur et dont personne n'a jusqu'ici recherché la biographie exacte et le caractère véritable, de même que personne n'a exposé les mobiles auxquels ils ont obéi. De précieux documents inédits m'ont permis de mettre en lumière des personnages auxquels la postérité accorde infiniment plus de considération que ne faisaient les contemporains. J'ai exposé sans réticence ce que j'ai trouvé. Il m'a semblé que les pièces, extraites la plupart d'Archives publiques, n'avaient pas besoin de commentaires : elles se suffisent. La reconstitution du milieu est l'un des points nouveaux de cette étude. Je crois n'avoir pas laissé dans l'ombre le moindre des figurants.

Je me suis moins attaché au personnel anglais : un seul individu présente un intérêt majeur Hudson Lowe. Certaines communications précieuses qui m'ont été faites par des Anglais, la série des articles que lui ont consacrés, lors de sa mort, dans des revues spéciales, ses camarades-officiers, m'ont permis, je crois, de m'approcher davantage de sa psychologie et de le traiter sinon avec sympathie du moins avec quelque justice. Je n'ai vu en lui qu'un agent d'exécution et j'ai cherché, derrière le bourreau, le Ministère anglais. Je n'ai point tenté, bien que les éléments en fussent rassemblés, de peindre tous ceux qui ont eu quelque rapports avec l'Empereur ; l'Amiral et Lady Malcolm, l'Amiral Planpin, le Général et Lady Bingham, les officiers des divers régiments. À quoi bon ? Non plus les passants : ce n'est point d'eux que dépend l'action du Drame ; ils n'y influent pas plus qu'ils n'y participent, et tout ce qui en distrairait je l'ai évité. En même temps que les personnages, j'ai tenté d'esquisser le décor et une abondante collection de vues photographiées m'y a aidé. Je ne saurais certes avoir la prétention de décrire un pays où je ne suis point allé, mais l'ensemble des documents iconographiques que je me suis procurés m'a permis d'en prendre une idée et de situer le Héros dans des paysages approchant au moins de la réalité.

Ainsi ai-je préparé l'action dont tout esprit réfléchi pouvait dès lors imaginer les péripéties successives, inévitables et dirai-je infaillibles ; à condition de supposer de cette action, certaines phases sur lesquelles manquent les informations, mais que rendent nécessaires le choc de caractères désormais connus et cette vie en cage dont s'exaspéreraient les hommes les mieux doués de patience. Il eût été d'un art plus subtil et peut-être approchant de plus près la vérité de laisser le lecteur rêver ce drame entier dont nous ne connaissons que quelques scènes et reconstituer un ensemble dont je ne pouvais retrouver que des lambeaux déchirés. Mais c'eût été me soustraire à l'obligation que je m'étais imposée. J'ai donc rangé en ordre, autant que je l'ai pu faire, les questions qui se sont présentées durant la Captivité et qui ont déterminé la lutte entre le Captif et son geôlier. J'ai tenté de les exposer clairement, de faire le partage des responsabilités. Est-ce ma faute si toujours, du misérable Hudson Lowe j'ai dû, pour frapper juste, m'élever à ceux qui lui envoyaient leurs ordres.

Après avoir recherché quelles raisons avaient fatalement amené la lutte entre Napoléon et Lowe, après avoir rendu compte des incidents de cette lutte, j'ai montré dans leur jeu les personnages dont j'avais ci-devant décrit les caractères et par là s'est dévoilée une des pires cruautés de la Captivité ; j'ai dit les départs successifs, l'oisiveté, l'ennui, le terrible et douloureux ennui ; puis autant qu'il m'a été possible, j'ai suivi la progression de la maladie. J'ai eu plus de moyens pour la raconter et je l'ai fait avec quelque détail. Mais, si souvent que ma plume ait tremblé dans ma main, j'ose penser qu'on ne trouvera dans ces pages ni déclamation, ni hors d'œuvre. Je me suis appliqué à exposer, avec une sincérité entière, les faits que les documents me fournissaient, non les impressions qu'ils me suggéraient. J'espère qu'il n'a rien subsisté de celles-ci dans un récit dont la passion eût fait suspecter la véracité.

Frédéric Masson,

Clos des Fées, 1910-1912.

---

1. ↑ Un Anglais, M. G. L. de St M. Watson, vient de publier un volume de 300 pages intitulé : *A Polish exile with Napoléon inbodying the letters of captain Piontkowski to general sir Robert Wilson and many documents from the Lowe papers, the Colonial office records, the Wilson manuscripts, the Capel Lofft correspondence, and the French and Genevese Archives Whithezto Unpublisned.* London et New-York., Harper brothers, 1912 (Un exilé polonais avec Napoléon, comprenant les lettres du capitaine Piontkowski au général Sir Robert Wilson et beaucoup de documents inédits des papiers Lowe, des Archives du Colonial Office, de la correspondance de Capel Lofft, et des Archives françaises et genevoises). Je m'attendais à y trouver des renseignements nouveaux qui complétassent ou contredisissent ceux que j'ai donnés sur Piontkowski dans *Autour de Sainte-Hélène* (2e série). J'y ai trouvé le démarquage intégral de mon étude, mais accompagné d'appréciations qui visent à être critiques et dénotent en même temps que la plus audacieuse fatuité et la plus complète ignorance, la plus épaisse sottise. Pour prendre au sérieux Piontkowski, sa dame et Cappel Lofft, pour réhabiliter le Polonais et consacrer trois cents pages à son apologie, sans apporter aucun fait nouveau, il faut assurément une sublime fatuité : les compatriotes de M. G. L, de Saint Macaire Watson s'étant chargés de remettre les choses au point (*Times* du 7 mars 1912), je n'ai rien à ajouter, sauf que les garants de la vertu de Mme Piontkowski me paraissent ou bien naïfs ou étrangement dissolus.

2. ↑ *Les médecins de Napoléon à Sainte-Hélène ; Autour de Sainte-Hélène,* 3ᵉ série.

NAPOLÉON

À SAINTE-HÉLÈNE

1815-1821

I

DE MALMAISON AU NORTHUMBERLAND

Parti le 25 juin, à midi, de l'Elysée, par la porte des Champs-Élysées, presque en fugitif, — fuyant les acclamations d'un peuple qui le voulait pour son chef, — Napoléon est arrivé à Malmaison où, depuis la veille, Hortense l'attendait. Elle n'a voulu laisser à personne l'honneur, qui n'est pas sans péril, de recevoir le proscrit en cette maison qui a vu la joyeuse ascension de sa prodigieuse fortune. Quelques serviteurs ont suivi, — peu. Déjà on s'est écarté et certains ont pris leur parti : il s'est trouvé pourtant un écuyer, M. de Montaran, pour chevaucher à la portière, un chambellan ou deux, M. de Las Cases et M. de Beauvau, pour se tenir dans le salon de service ; il s'est trouvé des officiers d'ordonnance en nombre et quelques pages. Le dévouement sied aux jeunes cœurs.

Le projet de l'Empereur semble être de passer aux États-Unis. Sachant que deux frégates, la *Saale* et la *Méduse*, étaient à Rochefort prêtes à prendre la mer, il avait, dès le 23 au soir, envoyé le Grand maréchal Bertrand demander au ministre de la Marine qu'on les mît à sa disposition. Decrès n'aspirait qu'à servir l'Empereur ; il avait écrit aussitôt au préfet maritime, M. de Bonnefoux, annonçant la prochaine arrivée d'un ministre de France aux États-Unis qui devait, avec une suite de vingt personnes, embarquer sur les deux frégates : « Ne ménagez rien, ajoutait-il de sa main, pour que la table soit très abondante et très honorable… Terminez tout cela promptement et avec l'intelligence qui vous est particulière, mais surtout avec le plus grand secret. »

Le 24, en même temps qu'il avait insisté pour les frégates auprès de Décrès, lequel ne pouvait rien décider sans prendre les ordres de la Commission provisoire — c'est-à-dire de Fouché, — Bertrand avait réclamé de l'administrateur du Mobilier de la Couronne, le baron Desmazis, « de quoi meubler une maison de ville et une maison de campagne et quelques officiers » ; et il était entré dans le plus minutieux détail, précisant les meubles qu'il fallait pour deux salons, huit chambres de maître à la ville, deux appartements de maître et plusieurs appartements de suite à la campagne ; il avait demandé que ces objets fussent emballés au garde-meuble et ne fussent envoyés à Malmaison que sur avis ultérieur. Desmazis en avait référé à l'instant à l'intendant général Montalivet, lequel, empêché par la goutte d'aller prendre les instructions de la Commission provisoire, avait écrit le 25 à Fouché. En marge, Fouché avait mis : *Ajourné*.

Le même jour 25, pendant la séance de la Chambre, le ministre de la Guerre avait fait porter par un de ses aides de camp à un représentant, le général de division comte Beker, une lettre où il l'informait que, par arrêté de ce jour, il l'avait « nommé au commandement de la garde de l'Empereur casernée à Rueil ». « L'honneur de la France, avait écrit Davout, commande de veiller à la conservation de sa personne et au respect qui lui est dû. L'intérêt de la patrie exige qu'on empêche les malveillants de se servir de son nom pour exciter des troubles. »

À partir du 25 juin au soir où Beker, avant même de voir l'Empereur, s'était fait reconnaître par la garde, Napoléon était prisonnier. Il se contenta de dire, lorsque Beker lui présenta l'ordre de Davout : « On aurait dû m'informer officiellement d'un acte que je regarde comme une affaire de forme et non comme une mesure de surveillance à laquelle il était inutile de m'assujettir, puisque je n'ai pas l'intention de manquer à mes engagements. »

En faisant choix du général Beker, Davout avait-il compté que la vigilance de cet officier serait accrue par une inimitié personnelle ? On a pu le penser et on l'a dit. Né en

Alsace, en 1770, engagé en 1788 dans Languedoc-Dragons, Beker était adjudant commandant lors du Consulat ; il avait combattu à l'Armée du Nord, en Vendée, en Hollande, à l'Armée de Sambre-et-Meuse, à Saint-Domingue, à l'Armée d'Italie, et il avait été grièvement blessé à Cassano. Le Premier Consul, qui l'avait pris en gré, le maria à la sœur de Desaix, le fit, après Hohenlinden, général de brigade et l'envoya commander le Puy-de-Dôme, ce qui était bien une faveur, étant donné que la famille Desaix, tout entière dotée, rentée et titrée par lui, y faisait sa résidence. Général de division après Austerlitz, mis en vue par les campagnes de Prusse et de Pologne, comte de l'Empire sous la dénomination de comte de Mons avec une dotation de 30.000 livres de rentes, Beker, après avoir été en 1807 chef d'état-major de Masséna, avait pris un congé en 1808, puis avait paru demander sa retraite, qui lui avait été accordée. Il avait protesté contre cette décision, avait sollicité d'être rappelé au service, sur quoi l'Empereur lui avait de nouveau donné un commandement. Mais, après la journée d'Essling qui lui avait valu la plaque de grand officier, il avait sollicité d'aller se soigner dans le Puy-de-Dôme ; l'Empereur le lui avait permis et avait ajouté la continuation du traitement d'activité.

Hors d'état d'être employé aux armées, Beker avait été mis en réquisition à l'intérieur, pour faire exécuter les lois sur la conscription, pour défendre Belle-Isle-en-Mer menacée d'une descente anglaise, enfin pour commander, en 1814, la 7e et la 19e divisions militaires. N'ayant reçu des Bourbons que la croix de Saint-Louis, il ne paraissait leur être attaché par nul lien et lorsque, élu par le département du Puy-de-Dôme l'un de ses représentants à la Chambre, il présenta à l'Empereur la députation du collège électoral, il le fit en termes d'une fidélité résolue. Depuis le 20 juin pourtant, il avait été l'objet de diverses désignations qui pouvaient faire douter de son dévouement : ainsi avait-il été adjoint par le ministre de la Guerre au général Grenier pour organiser la défense de Paris et surtout avait-il été nommé membre de la Commission administrative de la Chambre et commandant de sa garde.

Cet homme, comblé des faveurs de Napoléon, ne devait guère — à moins de circonstances ignorées — avoir des revanches à prendre, et, si l'on s'étonne qu'il ait accepté une telle mission, l'on voudrait imaginer qu'il le fit pour se rendre utile à l'Empereur.

Celui-ci ne voulut point voir en Beker un geôlier ; après une longue conversation, il lui dit : « Qu'on me donne les deux frégates que j'ai demandées et je pars à l'instant pour Rochefort ; encore faut-il que je puisse me rendre convenablement à ma destination sans tomber aux mains de mes ennemis. »

Cela n'impliquait-il pas qu'on demandât des passeports aux Anglais, maîtres de la mer ?

Fouché, en s'adressant pour cet objet en même temps à Wellington et Castlereagh, se proposait-il, comme on l'a dit, d'avertir les Anglais et de les mettre en garde contre le départ de l'Empereur ou, plus simplement, d'exécuter les désirs de Napoléon ? Napoléon s'était, de très longue date et dès son enfance, formé, sur la générosité du peuple anglais, des illusions dont aucune expérience n'avait pu le guérir et que d'ailleurs il n'était point le seul de sa famille à partager. Le 25, Lucien était parti pour Boulogne, d'où il devait passer en Angleterre, et c'était dans le dessein prémédité d'y chercher des passeports pour lui et pour tous les siens. Il est vrai que, à Boulogne, ayant causé durant une heure avec le comte Otto qui, parti de Paris le 24, sur les ordres donnés la veille par le Gouvernement provisoire, n'avait pu obtenir, pour passer en Angleterre, la moindre autorisation, il tourna bride. Mais était-ce qu'il craignît un refus ou, comme il l'a dit, qu'il fût pris d'un soudain désir de revoir sa famille, qu'il appréhendât d'être retenu en Angleterre et de ne pouvoir retourner à Rome pour les couches de sa femme ? De l'homme qui avait tout sacrifié pour cette femme, on peut bien le croire. Mais que Lucien, tel qu'on le connaît, se fût porté fort d'avoir raison de tous les obstacles grâce aux amis puissants qu'il avait conservés en Angleterre, rien de plus probable. Sans doute, point de trace qu'il fût venu de sa personne à Malmaison, pas davantage Jérôme ; mais Joseph n'en quittait et il avait désormais assumé la direction de la Famille. Or, Joseph était déterminé à passer aux États-Unis, ainsi que Madame et Fesch. Toute la famille devait s'y réunir. L'Empereur n'a donc pu manquer d'être consulté sur la demande des passeports à son nom et il a certainement approuvé que le Gouvernement fît des démarches a cet effet.

Seulement devait-il en attendre les résultats à proximité de Paris ou au port même d'embarquement ? Depuis que l'Empereur l'avait appelé au ministère de la Guerre, Davout avait constamment préconisé les mesures de rigueur et, sans la résistance de Napoléon, il eût tourné le gouvernement vers les moyens révolutionnaires : peut-être eût-ce été le salut ; tout au moins, eût-on intimidé les traîtres qui venaient de livrer à l'ennemi l'armée et la France ; mais, à présent, Davout était mal venu à reprocher à Napoléon de s'y être opposé et sans doute eût-il été plus généreux et mieux inspiré s'il avait montré moins de hâte à se débarrasser de lui ; cette hâte se traduisait en une exaspération brutale que partageaient plusieurs officiers généraux de son entourage. Craignait-il qu'appelé par les soldats l'Empereur ne reprît le commandement de l'armée et ne le lui ravît ? Avait-il conçu des projets et des ambitions que gênait sa présence ? Croyait-il encore aux déclarations des Alliés qu'ils ne faisaient la guerre qu'à Napoléon et, lui tombé, s'était-il imaginé qu'ils s'arrêteraient, laisseraient la Chambre des représentants et la Chambre des pairs choisir, d'accord avec la Commission de Gouvernement, un prince ou une Constitution ? Qui sait ? Il venait d'écrire à Wellington : « Vos mouvements hostiles continuent quoique, suivant leurs déclarations, les motifs de la guerre que nous font les souverains alliés n'existent plus, puisque l'Empereur a abdiqué. » Et il avait requis le général anglais de cesser toute hostilité et de conclure un armistice en attendant la décision que prendrait le Congrès. On a peine à croire qu'une telle naïveté fût sincère, mais n'a-t-on point vu, en France, les mêmes mots provoquer, à deux reprises au moins, les mêmes incertitudes, les mêmes promesses entraîner les mêmes défections, et l'histoire se recommencer à un demi-siècle d'intervalle ?

Quoi qu'il soit des motifs, Davout voulait que, le plus tôt possible, l'Empereur s'éloignât de Paris et certes, dans la Commission, Fouché en était d'avis, mais, en même temps, ne tenaient-ils pas plus l'un que l'autre qu'il prît la mer et partît pour l'Amérique. En le gardant sous leur main pour le livrer à l'occasion comme victime expiatoire, ils assuraient à leur propre tête une garantie qui n'était point négligeable. De là, cet étrange arrêté en six articles par lequel la Commission enjoint au ministre de la Marine « de donner des ordres pour que les deux frégates du port de Rochefort soient armées pour transporter Napoléon Bonaparte aux États-Unis » ; désigne le général Beker pour le conduire au point de l'embarquement et pourvoir à sa sûreté, et, à l'article V porte : « Les frégates ne quitteront pas la rade de Rochefort avant que les sauf-conduits ne soient arrivés. » Davout signifie à Beker cet arrêté que tous les membres du Gouvernement ont signé, cela indique la part qu'il y a prise.

L'Empereur, auquel Beker a communiqué l'arrêté, n'en accepte point les termes ; par Savary et par Lavallette, il demande que l'article V soit rapporté. Ne croit-il plus que les Anglais lui donneront des passeports ? Veut-il gagner du temps ? Espère-t-il contre l'espérance ? Généraux, députés, pairs de l'Empire s'empressent à Malmaison, demandent qu'il reprenne le commandement de l'armée, qu'il sauve la France d'une nouvelle restauration. À Paris, les ouvriers et les soldats deviennent menaçants, réclament l'Empereur, et le bruit lui en arrive. Qui sait ?

La résistance opposée par l'Empereur semble porter effets.

Le 27 au matin, Fouché écrit à Decrès : « Quant à la disposition de l'article V du décret d'hier relatif au sauf-conduit, la Commission vous autorise à le regarder comme non avenu. Toutes les autres dispositions sont maintenues. » Il ajoute : « Il serait important que l'Empereur partit incognito. »

À onze heures, tout est changé. De Laon, le 26, les plénipotentiaires envoyés au-devant des Alliés, ont écrit : « Des conversations que nous avons eues avec les aides de camp du prince Blücher, il résulte en définitive, et nous avons le regret de le répéter, qu'une des grandes difficultés sera, la personne de l'Empereur. Ils pensent que les Puissances exigeront des garanties et des précautions afin qu'il ne puisse jamais reparaître sur la scène du monde. Ils prétendent que leurs peuples mêmes demandent sûreté contre ses entreprises. Il est de notre devoir d'observer que nous pensons que son évasion, avant l'issue des négociations, serait considérée comme une mauvaise foi de notre part et pourrait compromettre essentiellement le salut de la France. Nous avons d'ailleurs l'espérance que cette affaire pourra se terminer aussi à la satisfaction de l'Empereur, puisqu'ils ont fait si peu d'objections à son séjour et à celui de ses frères en Angleterre qu'ils ont paru préférer à son séjour en Amérique. »

Sur quoi, Fouché écrit à Decrès : « D'après les dépêches que nous avons reçues ce matin, l'Empereur ne peut partir de nos ports sans sauf-conduit : il doit attendre le sauf-conduit en rade. En conséquence l'arrêté d'hier reste dans toute son intégrité et la lettre qui vous a été écrite ce matin pour annuler l'article V est nulle. » À midi, Fouché précise par une nouvelle lettre : « Napoléon Bonaparte, écrit-il, restera en rade de l'île d'Aix jusqu'à l'arrivée des passeports. Il importe au bien de l'État, qui ne saurait lui être indifférent, qu'il y reste jusqu'à ce que son sort et celui de sa famille aient été réglés d'une manière définitive. Tous les moyens seront employés pour que cette négociation tourne à sa satisfaction ; l'honneur français y est intéressé, mais, en attendant, on doit prendre toutes les précautions pour la sûreté personnelle de Napoléon et pour qu'il ne quitte pas le lieu qui lui est assigné. » Ordre à Beker de signifier l'arrêté à l'Empereur et de faire observer à Sa Majesté que « les circonstances sont devenues tellement impérieuses qu'il devient indispensable qu'elle se décide à partir pour se rendre à l'île d'Aix ». Faute par l'Empereur de se conformer à ces injonctions, on exercera la plus active surveillance pour qu'il ne puisse sortir de Malmaison ; on fera garder toutes les avenues qui aboutissent vers le château. « Je vous réitère. Monsieur le général, que cet arrêté a été entièrement pris pour l'intérêt de l'État et la sûreté personnelle de l'Empereur ; sa prompte exécution est indispensable. Le sort futur de Sa Majesté et de sa famille en dépend. »

L'écarter des environs de Paris où sa présence pouvait déconcerter les mesures prises par Fouché ; l'interner à bord d'un navire, prison flottante, d'où il ne pourrait penser à s'évader ; marchander plus ou moins pour le livrer, c'était là tout le plan des membres de la Commission de Gouvernement. Si l'on avait le droit d'hésiter sur la générosité de leur conduite, l'opportunité pouvait leur en sembler démontrée. Les aides de camp de Blücher ne s'étaient point trompés sur les intentions des Alliés ; le même jour 26, où ils avaient eu cette conversation, de Manheim, Metternich et Nesselrode, écrivant au duc de Wellington, lui notifiaient ceci : « Les trois souverains regardent comme condition préalable et essentielle de toute paix et d'un véritable état de repos que Napoléon Bonaparte soit mis hors d'état de troubler dorénavant la tranquillité de la France et de l'Europe. Après ce qui s'est passé en mars dernier, les puissances doivent exiger qu'il soit confié à leur garde. »

Qu'en feraient-ils ? Ils ne savaient trop et ils hésitaient ; le livrer au roi de France qui, sur la simple constatation de son identité, le ferait fusiller, disait lord Liverpool ; le pendre, disait Blücher. Fi ! répondait Lord Wellington ; convient-il à des hommes comme nous, qui avons joué un rôle si éminent dans ces affaires, de devenir des bourreaux ? « Si les souverains, ajoutait-il, veulent le mettre à mort, qu'ils cherchent un bourreau, ce ne sera pas moi. »

L'opinion de Wellington et sa résolution lui faisaient honneur, mais son avis prévaudrait-il ? Les commissaires nommés par Fouché pour traiter de l'armistice ne paraissaient point s'en inquiéter. Le 29, lorsqu'ils rencontrèrent Wellington à Etrées-Saint-Denis, ils lui dirent qu'ils avaient toute raison de croire que Napoléon avait quitté Paris et, au cas qu'il ne l'eut point fait, ils agitèrent diverses combinaisons en vue de s'emparer de lui, de l'envoyer en Angleterre, ou de le confier à l'empereur d'Autriche. À quoi l'Anglais répondit que, s'ils avaient sincèrement l'intention d'en disposer de cette façon, ils auraient mieux fait de l'envoyer soit à lui, Wellington, soit au maréchal Blücher. Ainsi délibérait-on sur son sort et, au moment où ces commissaires offraient ainsi de le livrer, nul d'entre eux ne pensait à stipuler qu'il aurait la vie sauve. Ils se contentaient, au dire de Pozzo di Borgo, de l'assurance qu'il serait traité comme un prisonnier de guerre : prisonnier de guerre des Alliés, sans doute, mais, comme Lord Liverpool devait l'expliquer fort nettement : les Alliés n'auraient qu'à le remettre ensuite à son juge naturel : le roi de France.

La Commission de Gouvernement n'envisageait point expressément cette hypothèse et elle eût résisté à la réaliser, car, si la tête de Napoléon tombait, que de têtes seraient en péril ! Sous cette réserve, elle se fût montrée facile. Pour le moment, elle s'accordait à trouver sa présence à Malmaison importune pour son prestige, dangereuse pour ses desseins, périlleuse pour lui-même qui pouvait être pris ou tué par les éclaireurs de Blücher, si bien que, pour mettre Malmaison à l'abri d'un coup de main, — à moins que ce ne fût pour effrayer l'Empereur, — elle ordonna à Beker de brûler le pont de Chatou. Elle voulait qu'il partît ; mais, elle refusait de rapporter l'article V de son arrêté du 26 ; et Napoléon, de son côté, s'obstinait à ne point quitter Malmaison que cet article ne fût annulé.

Vainement, le 28 au matin, a-t-il envoyé son aide de camp, le général de Flahaut, à la Commission pour demander que les frégates pussent prendre la mer sans attendre les sauf-conduits. Flahaut n'a rien obtenu de Davout qui, très monté de ton, a menacé de faire arrêter l'Empereur, de l'arrêter lui-même s'il ne partait sur-le-champ ; Flahaut, détachant ses épaulettes et les jetant dans la salle avec sa démission, est venu en toute hâte rendre compte à Malmaison.

À une heure de l'après-midi, Joseph écrit au comte Berlier, secrétaire de la Commission, dans les termes les plus pressants, pour réclamer « l'expédition de l'ordre de la Commission provisoire pour le départ des deux frégates qui sont à Rochefort ; dans le cas où l'ordre ne serait point signé, veuillez, dit-il, mettre sous les yeux de M. le duc d'Otrante et de ces Messieurs de la Commission la position de l'Empereur et l'urgence d'une prompte détermination ». Berlier envoie une réponse dilatoire.

Le prince d'Eckmühl, quoi qu'il en eût dit, hésitait à porter la main sur l'Empereur ; mieux valait attendre : quoi ? Peut-être cette nouvelle : « Depuis le 27 juin, écrit de

Rochefort M. de Bonnefoux, la croisière anglaise s'est tellement rapprochée de la côte qu'il est presque impossible que les frégates puissent sortir. » Cela arrange tout ; de la sorte, on ne livrera point Napoléon, mais, comme il ne pourra point sortir de Rochefort, il sera contraint de se livrer lui-même, — et cela permettra aux membres du Gouvernement de déclarer qu'ils n'y furent pour rien.

Le 28 au soir, la Commission rapporte donc cet article V : « En conséquence, écrit Fouché à Decrès, les frégates sont mises à la disposition de Napoléon. Rien maintenant ne met obstacle à son départ. L'intérêt de l'État et le sien exigent impérieusement qu'il parte aussitôt après la notification que vous allez lui faire de notre détermination. » Le comte Merlin est adjoint pour cette mission au duc Decrès. « Il importe, ajoute Fouché, que vous partiez pour Malmaison avec M. Merlin au reçu de cet ordre. Le comte Merlin va venir vous trouver. » Le comte Merlin s'étant rendu invisible, c'est Boulay (de la Meurthe) qui accompagne Decrès. Ils arrivent à Malmaison le 29 à la pointe du jour et sont aussitôt reçus. L'Empereur annonce qu'il partira dans la journée.

Est-il sincère ? Depuis la journée de Waterloo, depuis les terribles cinq journées qui ont suivi la défaite, près d'une semaine a passé. La dépression physique et morale qu'il a subie est dissipée. Il est de nouveau en pleine possession de lui-même. Il a constaté l'incertitude, l'absence de plans des médiocres acteurs qui se sont mis en sa place ; ne pouvant admettre, ni qu'ils soient si sots que de croire aux discours des souverains alliés, ni qu'ils poussent l'inconscience jusqu'à livrer aux Bourbons contre de vagues promesses, l'armée et la France ; n'imaginant point que certains de ces hommes se flattent de devenir, dans la révolution imminente, les indispensables modérateurs et les conciliateurs nécessaires. Napoléon n'attend-il pas que, dans l'extrême péril où se trouve la nation, un souffle de patriotisme passe sur des hommes qui, tels que Carnot, Quinette et Fouché ont siégé à la Montagne, ou comme Caulaincourt et Grenier, ont constamment servi la Révolution ; qu'ils viennent à lui, comme au libérateur et que, dans l'unanime acclamation des citoyens et des soldats, ils lui défèrent le commandement suprême ? Tout de suite après l'abdication, il était sincère dans son projet de partir pour les États-Unis ; il était sincère lorsqu'il demandait des passeports anglais et s'inquiétait du mobilier nécessaire à une maison de ville et une de campagne ; mais était-il aussi sincère lorsque, pour éviter ou retarder son départ, il a prétexté le maintien ou le retrait de cet article V ? Un coup de chance qui se présente et il est prêt à le jouer — et seul il peut le jouer. Or le coup s'offre. Poussée par la hâte furieuse de Blücher, l'armée prussienne s'est séparée de l'anglaise : l'une comme l'autre plus éprouvée que la française. Rassemblée sous Paris, en nombre qui étonne, celle-ci forme une masse dont le patriotisme n'a pas été atteint, dont la valeur est intacte et qui, non sans vraisemblance, attribue ses revers à la trahison. À la tête de cette armée que sa présence enflammera, il détruira, l'un après l'autre, Blücher et

Wellington. « Je puis encore, a-t-il dit, écraser l'ennemi et donner le temps au Gouvernement de traiter avec les puissances. » Il a épinglé ses cartes d'après les renseignements fournis par Lavallette, par Maret, par Joseph, quantité d'autres, car il y a encore des Français ; il est prêt ; il se sent la résolution et le pouvoir de vaincre. Sa ressource est la guerre, et c'est son génie. Il fait appeler Beker et, devant Madame et Fesch venus pour lui dire adieu, il le prie d'aller à Paris, à la Commission, d'y demander de sa part le commandement de l'armée, « non comme empereur, mais comme général dont le nom et la réputation peuvent encore exercer une grande influence sur le sort de l'Empire ». Après avoir repoussé l'ennemi, il promet de se rendre aux États-Unis pour y accomplir sa destinée.

L'Empereur a compté sur le patriotisme de Fouché. « Se moque-t-il de nous ? répond Fouché à Beker, et ne sait-on pas comment il tiendrait ses promesses, fussent-elles acceptables ? » C'est assez dire qu'il a passé marché ailleurs. « Pourquoi, ajoute-t-il, vous êtes-vous chargé d'une pareille mission, lorsque vous deviez presser l'Empereur de hâter son départ dans l'intérêt de sa sûreté personnelle ? » Beker n'essaie point une justification qui n'eût point été entendue ; il réclame seulement une réponse par écrit. Fouché adresse cette réponse au duc de Bassano : il l'invite à user de son influence pour déterminer l'Empereur à partir sans délai, attendu que les Prussiens marchent sur Versailles et vont le faire prisonnier. « Partez promptement, dit-il à Beker, et transmettez à l'Empereur l'invariable résolution prise par nous de ne plus rien changer aux dispositions des arrêtés dont l'exécution vous est confiée. »

Beker retourne à Malmaison. Tout y annonce la guerre et la rentrée en campagne. Napoléon n'a point douté qu'on n'accepte le salut, fût-ce de ses mains. Il prend de Beker la lettre à l'adresse de Bassano : « Ces gens-là, dit-il seulement, ne connaissent pas l'état des esprits en refusant ma proposition. On s'en repentira ; donnez les ordres pour mon départ ; lorsqu'ils seront exécutés, vous viendrez me prévenir. »

La Commission exécutive avait prétendu que l'Empereur partît seul avec Beker dont il eût passé pour le secrétaire, et qu'un seul domestique l'accompagnât. Dans quel but cet incognito ? Pour éviter l'émotion populaire sur son passage, ou pour le mettre à la merci de la moindre émeute ? pour l'aider à passer en Amérique ou pour le livrer plus aisément aux Anglais ? Si quelques personnes voulaient le rejoindre ensuite, la Commission ne semblait point devoir s'y opposer ; mais elle n'avait point prévu que, en dehors de quelques hommes que leur dévouement entraînerait, quantité de ceux qui se jugeraient le plus compromis vis-à-vis du Gouvernement royal s'attacheraient à la fortune de l'Empereur et refuseraient de se séparer de lui. Au retour de Beker, le Grand maréchal Bertrand expédia, de Malmaison, au préfet de police, un officier porteur d'une lettre réclamant des passeports, à destination de Rochefort, pour six généraux, deux colonels, six chefs d'escadron ou capitaines, puis le chambellan Las Cases et son fils, le page Audifredy-Sainte-Catherine, un secrétaire, un médecin, deux maîtres d'hôtel, un officier et sept domestiques.

D'autres allaient suivre en tel nombre, et certains si inattendus, qu'on ne s'explique point comment ils s'étaient imposés : deux femmes, quatre enfants, quatre officiers, deux employés civils, dix-neuf domestiques, outre les dix portés déjà sur les passeports. Bertrand, bien moins au fait de ses fonctions que Duroc et disposé à tourner tout au grand, ne se contentait qu'à peine de ces vingt-neuf domestiques, même en y ajoutant le personnel nécessaire, sous les ordres du piqueur Chauvin, pour vingt chevaux de selle, quarante-huit d'attelage, neuf voitures. De plus, pour les officiers de la suite, onze domestiques dont quatre femmes : près de cent personnes. Même, Napoléon eût-il volontiers emmené quelques savants et, après avoir renoncé à Monge, trop vieux, avait-il fait effort pour décider Bonpland, le naturaliste voyageur, l'intendant des jardins de Joséphine.

Un tel cortège impliquait un départ ostensible, quasi impérial, excluait toute idée de traversée clandestine ; il y avait là un train qui ne pouvait être embarqué sans encombrer les frégates de façon à les rendre presque impropres à naviguer, entièrement à combattre ; il y avait des hommes qui s'accrochaient à l'Empereur comme les naufragés à la bouée de salut : on n'oserait point le tuer, lui, et ils se sauveraient avec lui ; il y avait des femmes et des enfants qu'on n'eût point exposés de gaieté de cœur. Qu'était-ce à dire ? Ou que Napoléon comptait toujours sur les passeports anglais pour gagner les États-Unis ; ou que, à défaut de passeports, il serait traité par les Anglais comme l'avait été Lucien, et ainsi vivrait-il dans un château, à portée d'une ville, recevrait-il qui il lui plairait, irait-il à peu près où il voudrait, au moins dans un certain rayon, correspondrait-il de même presque librement et mènerait-il somme toute une existence encore souhaitable ?

Que l'on compare sa façon d'agir à celle de Joseph au même moment : Joseph demande à Paris des passeports ; c'est sous des noms d'emprunt ; sa suite, des plus restreintes, se compose d'un homme de confiance, d'un médecin espagnol et d'un interprète américain. Joseph est décidé à passer coûte que coûte aux États-Unis, quitte à y débarquer comme un particulier inconnu, quitte à faire la traversée sur un aventurier, quitte à risquer la visite des croisières anglaises et à s'y dérober par un déguisement.

Napoléon trouve de sa dignité de ne partir qu'en souverain ; si donc il ne reçoit point de passeports, il ne lui reste qu'à se livrer aux Anglais, car, à forcer le passage et à combattre la croisière anglaise, y a-t-il songé ? Decrès, lui, y a pensé. Il voit plus juste que l'Empereur la situation ; ministre des marins, averti des ignominies des pontons anglais, il sait ce que vaut l'hospitalité britannique. L'Empereur doit tout affronter pour s'y soustraire, et passer coûte que coûte. S'il a dû subir les ordres de la Commission de Gouvernement, Decrès n'en a pas moins, depuis le début, témoigné à l'Empereur sa bonne volonté, et sa conduite contraste avec celle de Davout et celle de Caulaincourt. Par les instructions antérieures qu'il a données aux commandants de la *Méduse* et de la *Saale*, il a prévu jusqu'aux moindres détails d'installation, mais à présent ses ordres portent sur la sortie de vive force. Il écrit au préfet maritime, dans une lettre datée du 27, mais expédiée seulement le 28 : « Quoique j'aie désigné la *Saale* pour recevoir la personne de l'Empereur, s'il est reconnu cependant que la *Méduse* a sur la *Saale* l'avantage de la marche, Napoléon serait embarqué sur la meilleure marcheuse, et les capitaines Philibert et Ponée changeraient de commandement. » Philibert passait pour un des meilleurs manœuvriers de la marine, et il avait fait ses preuves de bravoure ; Ponée était moins brillant, mais son dévouement était absolu ; le rôle qui lui était réservé était digne de lui.

Le 28, en effet, Decrès recommande que, dès l'embarquement de Napoléon, toute communication cesse avec la terre ; puis il écrit : « Si l'on est obligé de combattre les ennemis en force supérieure, la frégate sur laquelle Napoléon n'est pas embarqué se sacrifiera pour donner à celle sur laquelle il est le temps d'échapper... Les commandants, les officiers et les équipages des frégates trouveront dans leur cœur, et il leur est expressément ordonné, de traiter sa personne avec tous les égards et le respect dus à sa situation et à la couronne qu'il a portée. »

Cet appel à un héroïsme qui, tout à l'heure, n'aura pas besoin d'être commandé pour s'offrir, devait rester inutile.

Dès que l'Empereur voyait s'anéantir cet espoir suprême d'une revanche à prendre en combattant, et que désormais il devait considérer formellement « sa vie politique comme *terminée* », peu semblait lui importer. Sa dignité lui interdisait la sortie clandestine ; cette foule qui s'attachait à lui rendait impossible la sortie de vive force ; une seule solution, dès lors : attendre les passeports ; on lui annonçait qu'il les trouverait à Rochefort. Soit ! D'ailleurs il s'abandonnait aux destins, et lui, qui avait toujours commandé, il obéissait.

Il a fait ses adieux à sa mère, à Fesch, à Hortense, — celle-ci la dernière, qui, jusqu'au bout, avec une grâce inimitable, a rempli son rôle de maîtresse de maison, qui y a porté quelque chose de plus que ses formes habituelles de déférence aimable et froide, une sorte de tendresse compatissante, assez filiale pour être comprise, — qui, tandis que tous les autres demandaient de l'argent à l'Empereur, a eu la pensée de lui apporter son plus beau rang de chatons, le suppliant de l'accepter, — comme avait fait Pauline l'année précédente, au départ de l'île d'Elbe,

À cinq heures du soir, il quitte Malmaison, mais ce n'est point par la cour d'honneur où l'attendent, attirés par les voitures qu'on y a fait ranger, les officiers et les soldats empressés à l'acclamer ; c'est par le parc, comme à la dérobée. À une grille de dégagement attend une calèche attelée de quatre chevaux. Beker l'a fait préparer contre les ordres de la Commission. L'Empereur y monte avec les généraux Bertrand, Savary et Beker. Un valet de chambre prend place sur le siège : on part au galop.

À Rambouillet, l'Empereur s'arrête. Il y voit le concierge, le vieil Hébert, « qui fut de sa chambre en Égypte », soupe, passe dans sa chambre à coucher avec Bertrand, s'y enferme. Au bout d'un temps assez long, Bertrand sort, annonce à Beker que l'Empereur, très fatigué, s'est mis au lit. Il espérait encore.

Le 30, à onze heures du matin, on repart, les équipages de la suite quelques heures après. De Rambouillet à Tours, rien. On est à Tours le 1er juillet, au soleil levant. L'Empereur fait chercher le préfet, M. de Miramon, qui est son chambellan et qui a prouvé dans l'Eure, en 1814, comme il entend le devoir. A-t-il reçu un courrier ? — Non. Malgré les instances de Miramon, qui le supplie « de venir se reposer à la préfecture, l'assurant qu'il n'a rien à craindre d'une population pleine de reconnaissance pour tout ce qu'il a fait dans le pays », il repart.

À Poitiers, il s'arrête à huit heures à la maison de poste et invite Beker à envoyer un courrier au préfet maritime de Rochefort « pour l'engager à venir à sa rencontre. Il désire connaître l'état des frégates mises à sa disposition et s'entendre avec lui sur la possibilité et les moyens de sortir de l'île d'Aix ». À Saint-Maixent, ville bleue que le voisinage de la Vendée rend nerveuse, du monde s'assemble lors de l'arrivée de la calèche. On demande les passeports, et Beker a quelque peine à se les faire rendre ; mais, à tort craindrait-on : Saint-Maixent tout entier acclamerait l'Empereur. À Niort, où il arrive à dix heures du soir, il descend à la poste et veut se reposer. Le préfet, M. Busche, averti de sa présence vers minuit par Savary, se rend à l'auberge et supplie l'Empereur de venir à la préfecture. Il s'y établit le 2 au matin. Aussitôt le peuple et les soldats s'empressent.

Beker reçoit la réponse de M. de Bonnefoux à la lettre écrite de Poitiers. Cet officier se dit malade, refuse de venir de sa personne, confirme que, depuis le 27 juin, la croisière s'est tellement rapprochée de la côte, qu'il est presque impossible que les frégates puissent sortir.

L'Empereur, de plus en plus, hésite, et, devant l'incertitude de sa destinée, se trouble. Les acclamations dont il est accueilli et salué, lui indiquent sa route, lui montrent comme il est « national ». Il est l'âme vivante de ce peuple et de cette armée. Par lui, l'un et l'autre s'animaient ; sans lui, la mort, la corruption, le néant. Il se doit à cette France qui le réclame. Il presse Beker de renouveler à la Commission de Gouvernement la proposition qu'il fit avant de quitter Malmaison. Mais, en même temps, Beker écrit : « L'Empereur désire que le ministre de la Marine autorise le capitaine de la frégate qu'il montera à communiquer avec le commandant de l'escadre anglaise, si des circonstances extraordinaires rendent cette démarche indispensable, tant pour la sûreté personnelle de Sa Majesté que pour épargner à la France la douleur et la honte de la voir enlevée de son dernier asile pour être livrée à la discrétion de ses ennemis. »

Voilà donc les deux tendances qui agissent sur l'Empereur : reprendre le commandement, même comme général, « uniquement occupé d'être utile à la Patrie » ; ou, plutôt que de tomber aux mains des royalistes, communiquer avec la croisière anglaise, c'est-à-dire demander un asile en Angleterre. — Il est vrai que, sur la lettre de M. de Bonnefoux, toute idée de sortir à bord d'une des frégates a dû être écartée.

De Niort, comme ci-devant de Malmaison, l'Empereur ne peut se décider à aller plus avant. Son frère Joseph, parti de Paris après lui, vient le voir ; Mme Bertrand, accompagnée de ses enfants, rejoint ; puis des généraux. Plus les avis sont nombreux, plus ils diffèrent, plus l'incertitude augmente. N'osant agir en geôlier, mais parlant en Mentor, Beker insiste pour que l'Empereur se rende à Rochefort, et il se trouve appuyé par le préfet, dont le dévouement ne fait point doute. Au reste, à Niort, sauf quelques émigrés et quelques Vendéens qui se terrent, il n'y a qu'un cœur, et il est « bleu ». C'est Niort, la dernière ville où l'Empereur sera traité en souverain : quand, le 3 juillet, à quatre heures du matin, il part, le préfet est sur le perron de l'hôtel pour présenter ses devoirs, et, à la portière de la voiture, trotte le colonel de gendarmerie dans sa plus belle tenue.

Le même jour, à huit heures du matin, l'Empereur entre à Rochefort : « Il a reçu, écrit Beker, de la part des habitants des contrées que nous avons traversées, les témoignages de leurs regrets, de leur respect et de leur enthousiasme pour sa personne. » Il descend à la préfecture maritime, où le préfet, si malade l'avant-veille, se trouve subitement guéri : il est conduit à l'appartement d'apparat, celui qui fut décoré et meublé lors de son voyage de 1808. Un conseil des officiers supérieurs et de plusieurs anciens marins est aussitôt assemblé : à l'unanimité, ils déclarent qu'il est impossible de mettre à la voile tant que les Anglais entretiendront une si nombreuse croisière à la vue de nos bâtiments. « En conséquence, écrit Beker, on a fait préparer une frégate au Verdon, dans la Gironde, et l'on arme un brick près de la Rochelle, afin de profiter de l'une de ces occasions si les croiseurs, en se fixant sur un point, découvrent l'autre, pour favoriser le départ ; mais le succès de cette manœuvre n'étant rien moins que certain, il est instant d'obtenir des passeports que les Anglais, intéressés au départ de l'Empereur, ne peuvent plus refuser. » Et il termine : « Nous espérons toujours que M. Otto obtiendra des passeports, et, en attendant qu'ils arrivent, on se met en mesure de courir les chances les plus favorables à la sûreté de l'Empereur. »

On envisage, en effet, toutes les hypothèses, sans qu'on s'arrête à aucune, sans que l'Empereur semble même avoir sur aucune une opinion : corvette partant de la rivière de Bordeaux, que commandera Baudin, déjà en réputation d'audace et de bonheur ; bâtiment américain de marche rapide, qui se glissera comme neutre ; navire danois, chargé d'eau-de-vie, où l'Empereur se cachera dans une futaille ; on tergiverse, on discute, on parlemente en fait, on attend la réponse à la lettre que Beker a écrite le 1er à la

Commission ; on attend surtout les passeports anglais. Ce qu'on reçoit, c'est, le 7 au soir, cette lettre en date du 4 : « Napoléon doit s'embarquer sans délai. Le succès de notre négociation tient principalement à la certitude que les puissances alliées veulent avoir de son embarquement, et vous savez jusqu'à quel point sa sûreté et la tranquillité de l'État sont compromises par ces retards. Si Napoléon avait pris son parti de suite, nous avons sous les yeux un rapport du préfet maritime de Rochefort où il est dit que le départ n'eût pas été impossible le 29. La Commission met donc la personne de Napoléon sous votre responsabilité. Vous devez employer *tous les moyens de force* qui seraient nécessaires, en conservant le respect qu'on lui doit. Faites qu'il arrive sur-le-champ à Rochefort et faites-le embarquer aussitôt. Quant aux services qu'il offre, nos devoirs envers la France et nos engagements envers les puissances étrangères ne nous permettent pas de les accepter, et vous ne devez plus nous en entretenir. Enfin, la Commission voit des inconvénients à ce que Napoléon communique avec l'escadre anglaise. Elle ne peut accorder la permission qui est demandée à cet égard. »

Voici ces moyens de force : « Les ministres de la Marine, de la Guerre et de l'Intérieur ont reçu, chacun pour son département, ordre que leurs agents prêtent main-forte au général Beker et qu'on lui fournisse tous les moyens qu'il réclamera pour le succès de sa mission. »

Le 5, Decrès, en transmettant ces ordres, autorise le préfet maritime à joindre aux frégates un aviso ou une mouche. C'est une porte de salut qu'il entr'ouvre. Est-il, sur ce point, en conformité de vues avec la Commission ? On peut en douter : elle n'a point conclu que l'Empereur partît, mais qu'il fût embarqué. « L'Empereur ne devra partir que si la situation de la croisière ennemie permet de le faire sans compromettre les frégates » : donc, les ordres de combat donnés ci-devant par Decrès sont révoqués ; par les lettres de Bonnefoux et de Beker, la Commission sait que la croisière anglaise est en force et à portée : c'est donc l'interdiction de sortir. Nulle allusion aux corvettes du Verdon, au brick de la Rochelle ; les frégates seules, à bord desquelles Napoléon doit être conduit, même par force, — donc, la prison flottante. On lui interdit de communiquer avec la croisière anglaise. N'est-ce pas qu'on ne veut point qu'il se livre lui-même, qu'on se réserve de le livrer — peut-être aux Bourbons ?

Ces ordres ont été expédiés après la capitulation de Paris : signée le 3, elle est devenue officielle le 4. On devrait la connaître à Rochefort : assurément, tout le monde n'en est point aussi ignorant que Napoléon. Beker, lorsqu'il se présente devant lui, le 8, y fait nettement allusion : « Le sort de la France étant malheureusement consommé dit-il, il faut s'attendre à ce que le Gouvernement envoie des agents à votre poursuite. Dès lors, la scène change : mes pouvoirs, que je ne tiens que d'une Commission provisoire, cessent, et Votre Majesté court de nouveaux dangers dont il est difficile de prévoir la suite. »

Cela, sous l'apparence qu'y donna plus tard Beker, n'est qu'une mise en demeure de monter sur les frégates : en quoi servira-t-il à l'Empereur d'y être, puisqu'il leur est interdit de sortir ? Les ordres des « ministres du roi Louis XVIII » n'atteindront-ils pas aussi bien en rade que sur terre ceux qui sont disposés à y obéir ? qu'y gagnera Beker pour l'Empereur ? L'Empereur y sera pris comme le lièvre au gîte, et, pour s'excuser de l'avoir livré, les membres de la Commission provisoire déclareront qu'ils lui ont donné tous les moyens de s'échapper, que, le 29, la mer était libre, — ce qu'ils allèguent pour la première fois, — qu'ils ont poussé les précautions jusqu'à le contraindre à s'embarquer, mais que lui, par ses retards, a tout perdu, et que seul il est responsable.

Pour la Commission, il n'est question que des frégates, — toute autre combinaison étant, soit ignorée d'elle, soit volontairement passée sous silence ; or, les frégates ne sont ni assez puissantes pour combattre, ni assez légères pour s'échapper. Donc l'intention ne semble point douteuse, mais comment résister à des ordres que Beker et Bonnefoux doivent exécuter, même par la force ? L'Empereur consent à se rendre à l'île d'Aix, près de laquelle les frégates sont mouillées. Il part à quatre heures, mais, en route, il change de but ; il ira directement à la *Saale*. Il y arrive à huit heures. Peut-être a-t-il cru que, comme il vente grand frais, la frégate pourra appareiller dans la nuit ; mais le 9, le vent est tombé. Avant le lever du soleil, l'empereur est sur le pont ; il examine les mâtures des deux navires de la croisière anglaise, le *Bellerophon* et le *Myrmidon* : il ne se renseigne ni n'interroge.

Brusquement, il se décide à visiter l'île d'Aix. Citoyens et soldats l'y accueillent par leurs vivats, comme à Niort, comme à Rochefort[1]. Tous voudraient combattre, et ils espèrent contre l'espérance.

Cependant Beker, qui n'a pas été prévenu de ce départ matinal, a fait armer un canot et est arrivé en grande inquiétude. L'Empereur se détermine à réintégrer la *Saale*. À ce moment, arrive le préfet maritime, porteur de nouvelles dépêches du Gouvernement, en date du 6, contradictoires, au moins en apparence, à celles reçues l'avant-veille. Soit que la Commission, ayant appris quel sort les Bourbons réservaient à l'Empereur, eut renoncé à le livrer ; soit, qu'elle n'eut pas eu besoin, pour s'arranger, de subir cette condition, elle marquait un léger recul quant à la prison flottante, et, annulant l'interdiction de communiquer avec la croisière, poussait l'Empereur à se livrer aux Anglais. Il y avait d'abord un arrêté en six articles : presser l'embarquement et le départ immédiat sur les frégates ; si les chances sont plus grandes sur un aviso, donner un aviso, « sous condition que ledit aviso partira dans les vingt-quatre heures » ; « mais si, par les contrariétés que ce transport peut éprouver sur un aviso, Napoléon préférait être conduit, soit à bord d'une croisière anglaise, soit en Angleterre, le préfet maritime du cinquième arrondissement lui en donnera les moyens, sur sa demande écrite, et, dans ce cas, il sera mis sur-le-champ à sa disposition un parlementaire ».

Et on ajoute : « Dans tous les cas, le commandant du bâtiment destiné à porter Napoléon ne pourra, sous peine de haute trahison, le débarquer sur aucun point du territoire français. »

Les dépêches de Decrès paraphrasent cet arrêté en insistant sur ce point, que, dans le cas où l'Empereur partirait sur un aviso, comme dans le cas où il se ferait conduire par un aviso à la croisière anglaise, il devrait en former la demande écrite. Decrès ajoutait : « Les moindres retards peuvent avoir les conséquences les plus fâcheuses, car qui peut répondre que ces dispositions, prises dans l'intérêt de sa sûreté personnelle, n'éprouveraient pas sous peu des difficultés insurmontables ? »

Cette nouvelle attitude n'avait-elle pas été inspirée à la Commission provisoire par la réception des dépêches, en date du 30 juin, par lesquelles le ministre britannique refusait les passeports ? Arrivées le 2 juillet à Boulogne, peut-être ces dépêches n'étaient-elles point encore à Paris le 4, lorsque Fouché avait fait expédier les ordres par Decrès ; le 6, elles étaient certainement aux mains de Fouché. La Commission pouvait dès lors se montrer libérale ; elle concédait l'aviso, dont Napoléon ne pouvait se servir et qui ne pouvait être prêt sur l'heure pour un tel voyage ; quelque solution qu'il adoptât, elle lui en laissait la responsabilité.

Dans l'état des choses, essayer de partir pour les États-Unis eût paru insensé et n'eût guère été faisable : l'Empereur était embarqué sur la *Saale* dont le commandant « ne pouvait, sous peine de haute trahison, le débarquer sur un point du territoire français ». Aucun moyen donc de gagner, par terre, comme fit Joseph, la rivière de Bordeaux et de s'y embarquer incognito sur un aventurier. Sortir de la rade sur les frégates passait pour impraticable. Restait d'abord franchement les Anglais, de savoir d'eux-mêmes ce qu'ils comptaient faire de lui, de leur demander, soit le libre passage pour les États-Unis, soit un asile dans quelque campagne d'Angleterre ou d'Écosse.

Napoléon fit donc écrire en son nom par le Grand maréchal au préfet maritime, la demande qu'un parlementaire fût envoyé à la croisière anglaise. Le 10, Savary et Las Cases montèrent sur une mouche et se rendirent à bord du *Bellerophon* que commandait le capitaine Maitland. Ils étaient porteurs d'une lettre par laquelle le général Bertrand informait le chef de la station anglaise que l'empereur Napoléon, ayant abdiqué le pouvoir et choisi les États-Unis d'Amérique pour s'y réfugier, était embarqué sur les deux frégates qui étaient dans la rade pour se rendre à sa destination et lui demandait « s'il avait connaissance du sauf-conduit du gouvernement anglais qu'on avait annoncé à l'Empereur ou s'il pensait qu'il fût dans l'intention du gouvernement anglais de mettre de l'empêchement au voyage aux États-Unis ».

Si la Commission de Gouvernement avait insinué que, le 29, le préfet maritime avait déclaré que la croisière s'était éloignée et qu'on eût pu passer, il faudrait croire que M. Bonnefoux eût eu là une révélation aussi subitement acquise que rapidement dissipée.

Le 27 juin, il avait annoncé que « la croisière anglaise s'était à ce point rapprochée des côtes que toute sortie des frégates était impossible ». Il ne s'était point contenté de l'affirmer dans ses dépêches au ministre ; le 1er juillet, il l'avait formellement déclaré à Beker par une lettre que M. de Kerangal avait apportée à Niort. À l'arrivée à Rochefort, le conseil d'officiers de la marine, en activité ou en retraite, convoqué à cet effet, avait unanimement déclaré que les frégates ne pouvaient échapper à la croisière et, dès lors, toutes les spéculations avaient eu pour objet de trouver quelque autre moyen pour gagner la pleine mer.

Or, une fois de plus, il allait être démontré que, chez la plupart de nos marins, la succession des désastres subis avait aboli l'esprit d'aventure et le sens de l'opportunité : car tel était si peu l'avis de Maitland et de son chef, l'amiral Hotham, Maitland se croyait si peu sûr d'empêcher, avec l'unique vaisseau et le brick qu'il commandait, la sortie des frégates que, dans l'entretien, courtois d'ailleurs, qu'il eut avec Savary et Las Cases, il se proposa uniquement de gagner du temps pour attendre des renforts demandés. Il allégua qu'il n'avait reçu aucune nouvelle depuis celle de Waterloo ; il ne révéla rien de ce qu'il savait, ni des ordres qu'il avait reçus : refus du sauf-conduit, empêcher tout navire de sortir, prendre Napoléon, le transférer sur un vaisseau et revenir en toute hâte au port d'Angleterre le plus voisin ; c'était son droit de belligérant ; de même, n'avait-il point à révéler que, jour par jour, presque heure par heure, il était mis au courant, par des Français royalistes, de tous les projets formés pour le salut de l'Empereur…

Qu'il déclarât encore qu'il devait demander des ordres à l'amiral Hotham, alors qu'il avait ces ordres en poche, c'était une ruse permise ; mais qu'il suggérât que l'Empereur demandât asile à l'Angleterre ; que, sous une forme ou l'autre, il insinuât que l'Empereur n'aurait rien à y craindre, ici la duplicité commençait, à moins qu'on ne doive considérer, et que Maitland ne considérât lui-même, cette avance comme le début d'un engagement.

Sans doute, Savary et Las Cases étaient disposés aux illusions, mais Maitland n'a jamais nié qu'il eût prononcé le mot d'*asile*.

De part et d'autre, des imprudences avaient été commises : celle-ci volontairement, d'autres non. Ne pensant point que Las Cases pouvait comprendre l'anglais, Maitland avait, à un subordonné, lâché quelques mots prouvant qu'il était mieux instruit qu'il ne voulait le paraître ; Las Cases, de son côté, avait, fort mal à propos, parlé d'un navire marchand, sortant, soit par les pertuis (Antioche ou Maumusson), soit par la Gironde. Cela mettait Maitland en garde.

Par écrit, le commandant du *Bellerophon* répondit « qu'il ne pouvait dire quelles seraient les intentions de son gouvernement, mais que les deux pays étant pour le présent en état de guerre, il lui était impossible de permettre qu'aucun navire de guerre sortît du port de Rochefort. Quant à permettre que l'Empereur sortît sur un vaisseau marchand, il était hors de son pouvoir, sauf l'autorisation de son chef, Sir Henry Hotham, en ce moment dans la baie de Quiberon, auquel il envoyait la dépêche du comte Bertrand, de permettre à aucun navire sous quelque pavillon qu'il fût, de passer avec un personnage d'une telle importance ».

Cela ouvrait encore une sorte d'espérance : Las Cases et Savary, porteurs de cette dépêche, rentrèrent à quatre heures. Le *Bellerophon* suivit le parlementaire qui les portait et vint mouiller dans la rade des Basques : Maitland profitait de l'imprudence de Las Cases.

Si, jusque-là, l'on s'était bercé du rêve des sauf-conduits, à présent il eût dû se dissiper : pourtant, autour de l'Empereur, on continuait à discuter et certains trouvaient matière à leur optimisme dans la réponse de Maitland. Les officiers de marine n'étaient point dupes : seulement, certains jouaient le jeu des Anglais, d'autres comprenant qu'il n'allait plus rester à l'Empereur que de se livrer, frémissaient de rage et formaient des projets. Decrès, par les instructions *très secrètes*, datées du 27 juin et expédiées le 28, n'avait-il pas prévu le cas ? Si l'une des frégates devait se sacrifier, Ponée, avec sa *Méduse* et l'équipage entier, s'offrait et, durant le temps qu'ils mettraient à mourir, la *Saale* gagnerait la haute mer. Cela tenta. Les ordres furent donnés par le commandant de la division, le capitaine Philibert ; tout devait combattre, même le brick l'*Épervier* destiné à seconder la *Méduse* : puis, ces ordres furent révoqués. Pourquoi ?

Est-ce le fait du préfet maritime, royaliste, avant voulu donner sa démission au retour de l'Empereur, n'ayant cessé, depuis le 27 juin, d'annoncer le renforcement de la croisière, alors que l'amiral anglais, par une lettre au commandant Maitland, se déclarait dans l'impossibilité de lui envoyer même une frégate ? Malgré les instructions *très secrètes* en date du 27, Bonnefoux s'en rapportait-il aux instructions patentes, et ne voulait-il rien compromettre des deux frégates ?

Était-ce du fait de Philibert ? Comblé de faveurs par les Bourbons, fait capitaine à un grand choix le 1er juillet 1814, chevalier de la Légion d'honneur le 12, chevalier de Saint-Louis le 18, il avait pourtant, le 3 juillet 1815, dit à l'Empereur : « Les frégates feront tout ce qu'elles pourront pour éluder ou pour forcer la croisière et, si elles sont attaquées, elles se feront couler plutôt que de cesser le feu avant que Votre Majesté l'ait elle-même prescrit. » Il était alors dans la lettre et dans l'esprit de ses instructions. Le 10, il y était encore lorsqu'il ordonnait à sa division de s'apprêter à combattre. Cet ordre, il le révoque le 11. Faut-il penser que, par le courrier qui apporte à Rochefort les journaux de Paris en date du 5, des contre-ordres sont arrivés ? Doit-on croire que, devant la certitude de la restauration des Bourbons, Bonnefoux, Philibert et Beker ont pris le parti de s'abstenir ?

Le 12 au matin, l'Empereur quitte la *Saale* et se fait conduire à l'île d'Aix où il s'installe. Désormais on rentre dans les projets d'aventure : les corvettes de Baudin qu'on irait prendre à Royan ; ou bien un chasse-marée que de jeunes officiers s'offrent de mener en haute mer jusqu'au premier navire marchand qu'on enlèvera ou qu'on achètera ; ou bien une goélette américaine que Joseph a nolisée à Bordeaux et qu'il est venu offrir à son frère : tout cela est en l'air ; l'Empereur en laisse parler devant lui, paraît discuter, ne s'arrête à rien : dès qu'il ne reprend pas le commandement de l'armée, dès qu'il ne sort pas en souverain sur les frégates, muni d'un sauf-conduit qui le mette à couvert de toute recherche insultante, il ne voit qu'une issue, demander asile à l'Angleterre et déjà il remâche une réminiscence d'histoire grecque sur Thémistocle demandant asile au roi de Perse — cette phrase que tantôt il va écrire.

L'espèce de petite cour qui entoure l'Empereur est singulièrement divisée sur ce qu'on doit faire et déjà se déclarent ces rivalités qui, sous des apparences d'assaut de dévouement, rendront insupportable la fin de l'existence de l'Empereur. Quelques-uns tiennent pour un acte d'audace et supplient Napoléon de ne point se fier aux Anglais dont ils rappellent l'histoire entière ; la plupart sont d'avis d'aller à la croisière et le péril dont certains se croient menacés redouble leur conviction. Un en arrive à insulter quiconque le contredit ; Mme Bertrand, anglaise par son père, ayant passé en Angleterre une grande partie de son enfance, pleure. Le seul projet qui offre quelque chance de succès, est celui de se confier à Baudin. Sans doute Baudin n'a, comme il l'a écrit lui-même, « aucune affection pour cet homme, ni même aucune compassion pour son malheur », mais « puisque cet homme n'a pas pu, n'a pas su mourir », il voudrait qu'il ne tombât pas « vivant entre les mains de ces infâmes Anglais », et il ne négligerait rien pour le sauver. Or, ce glorieux manchot, dont la réputation d'audace n'est plus à faire, a la fortune en poupe, mais il faudrait que l'Empereur gagnât par terre Royan, où sont les corvettes, et, en vertu des ordres qu'il a reçus de ne point laisser Napoléon, une fois embarqué, reprendre terre, Beker s'y oppose.

Le 13, l'Empereur a pris son parti : le 14 au matin, il envoie en parlementaires au *Bellerophon*, Las Cases et le général Lallemand. Las Cases reparle des sauf-conduits, du voyage en Amérique ; Maitland répond simplement : « Je ne suis autorisé à acquiescer à aucun arrangement, mais je crois pouvoir prendre sur moi de recevoir l'Empereur à mon bord pour le conduire en Angleterre », et peut-être ajoute-t-il, comme il l'a écrit plus tard : « Toutefois, je ne puis faire aucune promesse sur les dispositions de mon gouvernement à son égard, puisque, dans le cas que je viens de supposer, j'agirai sous ma propre responsabilité sans être même certain que ma conduite obtiendra l'approbation du gouvernement. » Puis, il parle d'arrangement, d'accueil convenable, des sentiments généreux de la nation anglaise, de l'asile qu'elle offrira certainement à des proscrits tels que Lallemand et Savary.

L'on peut croire que, des deux parts, on était sincère : Lallemand savait sa tête en jeu, Las Cases était fort neuf en pareilles affaires, pénétré de son importance, disposé à prendre ses désirs pour des réalités, désireux de rapporter à l'Empereur de bonnes nouvelles et par là de se rendre l'homme nécessaire ; il devait se convaincre que des paroles de courtoisie étaient des engagements en forme. Et, d'autre part, comment Maitland n'aurait-il point appuyé sur les formules et outrepassé les politesses alors que se présentait pour lui l'occasion d'enlever, sans même combattre, le plus désirable trophée que la fortune put réserver à un officier anglais ? D'ailleurs, il était un soldat et très brave. Il y avait sans doute, sous le drapeau anglais, des soldats qui, par ignorance ou par superstition, croyaient à la foi britannique, à la magnanimité de la nation, et rien ne démontre qu'à ce moment, Maitland ne fût pas de bonne foi et ne crût pas résolument que l'Angleterre s'honorerait en offrant l'hospitalité à son ennemi désarmé.

Lorsque Las Cases et Lallemand revinrent à l'île d'Aix, l'Empereur, pour la forme, tint un dernier conseil. Lallemand, peut-être Montholon, opinèrent encore contre. Tous les autres pour. L'Empereur, d'ailleurs, avait pris sa décision : il écrivit de sa main une lettre à l'adresse du Prince régent ; cette lettre, Gourgaud eut mission de la porter, de la remettre en mains propres ; puis de demander des passeports pour l'Amérique ; à défaut, un asile en Angleterre. L'Empereur prendrait le nom de colonel Muiron, habiterait une maison de campagne à dix ou douze lieues de Londres, assez spacieuse pour y loger tout son monde. « Si le Ministère avait envie de mettre un commissaire anglais auprès de moi, ajouta Napoléon, il veillera à ce que cela n'ait aucun air de servitude. »

Las Cases retourna avec Gourgaud sur le *Bellerophon*. Il devait demander que Gourgaud fût envoyé directement en Angleterre : lui-même, avec Maitland, devait diriger les préparatifs pour la réception de l'Empereur à bord. Gourgaud fut en effet expédié sur le *Slaney* qui avait rejoint la croisière. Las Cases passa la nuit sur le *Bellerophon* et, témoin des inquiétudes marquées par Maitland que l'Empereur lui échappât, il conçut une notion moins favorable de l'hospitalité qui lui était réservée.

Durant la nuit, sur la goélette *Sophie* et sur le brick l'*Épervier*, on chargea les bagages de l'Empereur, y compris sa calèche et deux chevaux, et on embarqua la plus grande partie de sa suite.

Le 15 juillet, au point du jour, l'Empereur qui avait repris la tenue militaire abandonnée depuis Malmaison, monta sur l'*Épervier*. Il y fut reçu par la garde assemblée. À six heures, au moment, où le *Superb*, battant pavillon de l'amiral Sir Henry Hotham, entrait dans la baie, l'Empereur abordait au *Bellerophon* : « aucun des honneurs généralement rendus à une personne de haut rang ne l'attendait... L'heure me servit d'excuse », a écrit Maitland.

l'*Épervier* s'éloigna saluant l'Empereur de ses acclamations, et montrant le dernier, à ses yeux, les trois couleurs de son pavillon.

Il était temps : au début de la nuit du 14 au 15, était arrivé de Paris le nouveau préfet de la Charente, un baron Richard, conventionnel régicide, ami de Fouché. Cet homme avait été, au Consulat, préfet de la Haute-Garonne ; en 1806, préfet de la Charente-Inférieure, ce qu'il était resté jusqu'en septembre 1814 ; alors il avait été remplacé, mais moyennant une gratification de 24.000 francs et une pension de 6.000. Préfet du Calvados le 22 mars 1815, « il y avait comprimé l'anarchie et défendu les fidèles serviteurs du roi ». Ce pourquoi, après six semaines, l'Empereur l'avait destitué ; mais le roi venait de le ramasser et de le nommer à nouveau préfet à Rochefort. Sans doute serait-il disposé à suivre les instructions secrètes de Fouché ; mais il était porteur des ordres adressés, en date du 10, à Bonnefoux par le nouveau ministre de la Marine, M. de Jaucourt, ci-devant premier chambellan du roi Joseph et sénateur. M. de Jaucourt confirmait, au nom de Louis XVIII, les instructions émanées de la Commission provisoire. « D'après ce que la Commission vous a prèscrit écrivait-il, vous avez dû vous opposer à toute tentative de débarquement de Napoléon, soit seul de sa personne, soit accompagné. Vous avez dû également vous opposer à toute communication qu'il chercherait à établir avec les bâtiments anglais en croisière ou tous autres. Je confirme ces dispositions, Monsieur, qui, au moment où je vous écris, me garantissent que Napoléon est à bord de la frégate la *Saale*, capitaine Philibert. J'ajoute formellement à ces dispositions que Napoléon ne doit, sous aucun prétexte, quitter la frégate sur laquelle il est embarqué et dont le capitaine Philibert doit, dans tous les cas, avoir le commandement. »

Donc, Jaucourt ignorait l'arrêté de la Commission et les dépêches de Decrès en date du 6, par lesquels l'autorisation avait été formellement accordée de communiquer avec la croisière, pourvu que l'Empereur en fît la demande par écrit. On avait dû lui faire mystère de ces documents, car, aux dispositions qu'il estimait avoir été maintenues il ajoutait l'ordre « à la frégate et à l'aviso de rentrer sur-le-champ dans le port avec toutes les personnes qui étaient à bord. Aucune considération, disait-il, ne doit empêcher ce mouvement qui devra être fait sans aucune communication avec la frégate sur laquelle est Napoléon et exécuté avec autant de prudence que de célérité. »

Ces ordres de Jaucourt, Bonnefoux les avait reçus de Richard avant la nuit. Il savait que le lendemain, à la pointe du jour, l'Empereur irait à la croisière anglaise ; il gagna du temps, partit tard, se dirigea sur la *Saale* où il savait que l'Empereur n'était pas, y arriva à une heure du matin, laissa Philibert envoyer un exprès à Beker pour le prévenir, ne manifesta nulle intention de descendre lui-même à l'île d'Aix et laissa les destinées s'accomplir. Richard ne semble avoir insisté en aucune façon sur l'exécution des ordres qu'il avait apportés et qu'il connaissait. En cela ne se conformait-il pas aux instructions de Fouché qui s'était alors donné pour tâche de soustraire des victimes à la réaction royaliste, et qui, en bien des cas, y parvint ? Au surplus, bien qu'ils ne fussent nullement décidés dans leurs opinions et qu'on ne pût croire à leur dévouement, tous les hommes qui pouvaient alors influer sur le sort de l'Empereur s'entendaient à mi-mot pour qu'il partît, qu'il eût au moins l'air de partir volontairement et qu'il leur évitât la honte de le livrer. — tous, aussi bien Richard que Bonnefoux, Philibert que Beker. Celui-ci, qui, dans une relation publiée vingt ans plus tard, s'est donné une attitude forcée de respect et de dévouement, n'en avait pas moins témoigné au proscrit des égards que celui-ci eût vainement attendus de tout autre, et il s'était presque constamment prêté aux désirs de l'Empereur, tout en exécutant à peu près intégralement les ordres de la Commission. Il n'en avait pas moins eu pour premier objet de la contenter, car, de retour à Paris le 21 juillet, il écrivit au duc d'Otrante que, en récompense de la mission qu'il venait de remplir et, comme témoignage de la satisfaction du gouvernement, il demandait à être nommé grand-croix de la Légion d'honneur. Fouché, qui n'avait plus besoin de lui, apostilla sa lettre de cette note : « Lui écrire une lettre obligeante et lui promettre l'appui du ministère. » Il est des besognes qui avilissent si l'on en a escompté le salaire et lorsque, par surcroît, le salaire manque, l'on reste à la fois dupe et complice.

Très vite on l'apprécia mieux, il fut compris en 1818 dans le cadre des huit lieutenants généraux placés à la tête de l'armée ; en 1819, M. Decazes le fit pair de France ; en 1825, le sacre lui valut le cordon rouge de Saint-Louis, et, en 1831, il obtint de Louis-Philippe la grand'croix de la Légion. Il n'est que de vivre.

Seul excepté de la loi qui frappait les régicides, le baron Richard obtint de plus un secours annuel de 6.000 francs. Philibert, maintenu dans son commandement, eut la rosette en 1821 et le grade de capitaine de vaisseau de première classe en 1822. Mais Bonnefoux fut destitué ; Jourdan de la Passardière, commandant de l'*Épervier*, fut mis en non activité, les officiers qui s'étaient offerts pour le service des chasse-marée furent rayés des cadres de la Marine et mis sous la surveillance de la haute police ; et, de même, furent destitués ou obligés de démissionner les officiers, comme Besson et Baudin qui, de près ou de loin, s'étaient occupées de soustraire Napoléon à son sort.

Par ces exécutions auxquelles présida M. de Jaucourt, l'on peut juger à quel point certains membres du Conseil du roi s'étaient trouvés déçus par le départ de l'Empereur. Que prétendaient-ils donc faire de lui ?

D'abord, pour les Bourbons comme pour les Anglais, le point essentiel était d'empêcher que, en se livrant par un acte volontaire, en se plaçant spontanément sous la protection des lois anglaises, en réclamant de l'Angleterre un asile, il ne parvînt à se soustraire à la condition de prisonnier. Étant pris, même désarmé, mais malgré lui et contre sa volonté, l'homme qui était au ban de l'Europe était justiciable soit de l'Europe — mais alors devant quel tribunal ? — soit de la monarchie que l'Europe venait encore de restaurer et qui, selon les opportunités, pouvait envisager Napoléon comme rebelle, en tant que sujet — ce qu'il n'était point — ou comme flibustier, cela en vertu du traité de Fontainebleau, dont elle avait violé chacune des clauses. Cela n'était point fait pour l'embarrasser, ni d'ailleurs l'Angleterre, laquelle avait d'abord adopté cette hypothèse.

« Si nous prenons Buonaparte, avait écrit le 7 juillet Lord Liverpool à Lord Castlereagh, nous devons le garder à bord du vaisseau jusqu'à ce que l'opinion des Alliés ait pu être recueillie, La mesure la plus commode sera de le remettre au roi de France, mais alors nous devons être tout à fait certains qu'on lui fera son procès et qu'il n'a aucune chance d'échapper. J'ai eu quelques conversations avec les jurisconsultes et ils sont de l'opinion que telle serait, à tous égards, la mesure la moins sujette à objection. Nous aurons le droit de le considérer comme un prisonnier français et, comme tel, nous le rendons au Gouvernement français. »

Assuré de l'approbation de ses alliés, le roi Louis XVIII eût préféré s'emparer lui-même de l'Usurpateur plutôt que d'attendre que les Anglais le lui livrassent et c'est pourquoi M. de Jaucourt, ministre de la Marine, avait, par le baron Richard, expédié à M. de Bonnefoux l'ordre de mettre l'Empereur au secret sur la *Saale*.

Seulement, ce qui s'était ainsi trouvé retardé, c'est-à-dire l'exécution de l'Empereur sur la simple constatation de son identité, ne pouvait à présent s'accomplir sans inconvénients graves. Depuis que le roi de France avait remporté la victoire de Waterloo, Wellington, Castlereagh et

Pozzo di Borgo qui représentaient près de lui des alliés dont l'opinion valait d'être comptée, s'employaient à lui démontrer que la France n'était pas un pays qu'il eût conquis et où il pût impunément suivre le système de gouvernement qui avait rendu la révolution du 20 mars inévitable. Ils l'avaient contraint à chasser Blacas, à écarter Monsieur, comte d'Artois, et ses amis, à subir Fouché et Talleyrand à tenter l'expérience d'un gouvernement constitutionnel.

Ils voyaient les conséquences d'un meurtre qui eût creusé un abîme entre la France et le roi qu'ils lui imposaient. Ils comprenaient quel soulèvement d'horreur eût secoué la nation et l'armée et comme on la ferait payer, cette tête ! S'ils n'avaient pas peur de cette universelle révolte, au moins ne jugeaient-ils pas à propos de la provoquer.

Cette pression qu'ont exercée les représentants des Alliés à Paris est révélée par la lettre que Lord Liverpool répond le 15 au vicomte Castlereagh : « Si vous parvenez, écrit-il, à vous mettre en possession de sa personne (la personne de Napoléon), et que le roi de France ne se sente pas assez fort pour le livrer à la justice comme rebelle, nous sommes prêts à prendre sur nous la garde de sa personne au nom des Puissances alliées, et, en vérité, nous pensons qu'il sera mieux qu'elle soit confiée à nous qu'à aucun autre membre de la confédération. » Et, dès lors, Lord Liverpool annonce que le Ministère incline fortement à l'opinion « que la meilleure place pour la prison (*Custody*) serait à une distance de l'Europe et que le Cap de Bonne-Espérance et

Sainte-Hélène seraient les meilleurs endroits pour ce dessein ».

Cette dépêche de Lord Liverpool supplée à la lettre non retrouvée de Castlereagh dont elle résume l'esprit. Ainsi se trouve expliqué dans quelles conditions le 13 juillet, M. de Jaucourt, agissant par ordre du roi, a dépêché à Rochefort un capitaine de frégate, son aide de camp, M. de Rigny, accompagné d'un lieutenant de vaisseau, M. Fleuriau. M. de Rigny, qui n'avait point vingt-neuf ans lorsque l'Empereur l'a promu à son grade, a reçu pour instructions de s'assurer que Napoléon est à bord de la *Saale* : il n'y est plus un passager, il est un prisonnier dont le commandant de la frégate est responsable devant le roi. La frégate ne doit point sortir de la rade sans un ordre du roi. « Napoléon Buonaparte n'est pas même prisonnier du seul roi de France ; il est celui de tous les souverains garants du traité de Paris, et tous les princes envers lesquels il a violé ses propres engagements en portant la guerre et la révolte en France ont un droit égal sur sa personne.

« Dans de telles circonstances, il est donc d'une conséquence naturelle que les moyens (quel que soit le souverain qui peut en faire un prompt usage) propres à s'assurer de Napoléon Buonaparte soient déployés immédiatement ; et ce serait en vain que le roi de France tenterait de faire prévaloir la générosité naturelle à son cœur ; il ne s'agit pas aujourd'hui de sa cause personnelle seulement ; il s'agit de celle de toute l'Europe que Napoléon a contrainte à s'armer.

« En conséquence, le commandant des forces anglaises qui bloquent les rades de l'île d'Aix est chargé par son gouvernement de sommer le commandant du bâtiment sur lequel se trouve Napoléon Buonaparte de le lui remettre immédiatement. »

À cet effet, le capitaine de frégate français de Rigny est porteur d'une lettre de J. W. Croker, secrétaire de l'Amirauté, à l'adresse du commandant de la station anglaise. Le ministre de la Marine y a joint ses ordres pour le commandant Philibert ; le ministre de la Guerre, maréchal Gouvion-Saint-Cyr, les siens pour le commandant de l'île d'Aix. Ces officiers doivent remettre le prisonnier au commandant anglais. « Les ordres dont vous êtes porteur, écrit M. de Jaucourt, sont donc dictés par le sentiment de l'humanité. Ce sentiment a seul déterminé dans cette circonstance l'intervention des ministres du roi, puisque les souverains alliés pourraient agir sans le concours de la France. »

M. le ministre de la Marine règle ainsi les détails d'exécution : lorsque M. de Rigny aura eu, avec M. de Bonnefoux, des conférences suffisantes et qu'il aura recueilli des notions bien positives sur la situation des bâtiments et sur la présence de Napoléon Buonaparte, il se rendra à bord du commandant de la station anglaise ; il remettra à cet officier les pièces dont il est chargé ; il lui fera part, dans le plus grand détail, de tout ce qu'il aura appris à Rochefort et il lui communiquera la dépêche du ministre « dont les dispositions ont été concertées avec le ministre de S. M. Britannique » (Castlereagh).

Et ensuite ?... Ce que l'on fera ensuite, si le commandant Philibert se refuse à livrer, sur la première sommation, au commandant des forces anglaises, le souverain proscrit qui est venu librement se réfugier à son bord, ce que l'on fera ? — « Toutes les forces qui attaqueront Napoléon Buonaparte seront des forces françaises et européennes ; elles agiront au nom du roi de France comme au nom de leurs souverains respectifs, et, conséquemment, les Français qui ne veulent pas se constituer en état de rébellion contre leur roi et contre leur patrie, doivent traiter en alliés, en amis, les commandants des forces de terre et de mer qui combattraient pour s'emparer de Napoléon Buonaparte. » Le commandant Philibert ne doit point voir un officier anglais dans le commandant des forces navales anglaises. « Il est celui de tous les souverains alliés de Sa Majesté, il est celui du roi de France. » Et en terminant, M. de Jaucourt revient aux menaces : « Si vous étiez assez coupable et assez aveugle, écrit-il, pour résister à ce que je vous prescris, vous vous établiriez en rébellion ouverte contre le roi et votre patrie. Vous seriez responsable du sang qui aurait coulé, de la destruction d'un bâtiment et d'un équipage que vous devez conserver à votre pays. Vous compromettriez même l'existence du prisonnier que vous auriez hésité de remettre. »

De telles objurgations et de telles menaces montrent assez que le conseil du roi était conscient de l'ignominie qu'il imposait au commandant de la *Saale*. Elles prouvent à quel point il redoutait que le préjugé de l'honneur militaire ne l'emportât sur le devoir envers le souverain légitime. M. de Jaucourt n'avait de celui-ci qu'une révélation récente ; pour celui-là, il en avait oublié les lois, ce maréchal de camp de 92, qui, pour ses campagnes au Tribunat, dans la maison de Joseph, au Sénat, mais surtout au Gouvernement provisoire, s'était fait promouvoir lieutenant général le 25 octobre 1814.

Aussi bien, vu cette compétence spéciale, M. de Jaucourt avait pris la haute direction de toute l'affaire. Ainsi avait-il rédigé l'ordre signé par le ministre de la Guerre, Gouvion-Saint-Cyr, et expédié au commandant de l'île d'Aix. Il y était formellement défendu à celui-ci de seconder par les forces sous ses ordres, le commandant de la frégate, et le ministre ajoutait : « Je vous ordonne dans le cas où Napoléon Buonaparte tenterait de s'évader en abordant à l'île d'Aix, de vous emparer de sa personne et de la remettre au commandant anglais. » Le général du Coëtlosquet — nommé à trente ans général de brigade par l'Empereur — avait été délégué par le ministre de la Guerre pour accompagner M. de Rigny.

Ces officiers arrivent à Rochefort le 18. Grâce à Bonnefoux, à Richard, à Philibert et à Beker, l'ordre de M. de Jaucourt en date du 10 n'a point été exécuté. L'Empereur est embarqué, il est à bord du *Bellerophon* ; il n'a point été pris, il n'a point été livré ; il est venu librement réclamer l'hospitalité britannique et se placer sous la protection du pavillon anglais.

M. de Rigny envoie alors à bord du *Superb*, mouillé dans la rade des Basques, le lieutenant de vaisseau Fleuriau porter à l'amiral Sir Henry Hotham, avec la lettre de M. Croker, une lettre par laquelle il lui fait connaître qu'il a gardé par devers lui les dépêches qui lui avaient été remises pour le commandant de la *Saale* et le commandant de l'île d'Aix, sa mission étant désormais sans objet.

Sir Henry Hotham approuve cette suppression des dépêches : « Je vous demande la permission, écrit-il, d'exprimer mon opinion que vous avez bien agi en gardant les dépêches dont vous étiez chargé pour le capitaine de l'*Amphitrite* et les commandants de l'île d'Aix. »

Ainsi, pour l'honneur des deux pays, les officiers qui auraient été chargés d'exécuter une telle mission, s'entendirent pour en supprimer les traces[2], mais il s'en était fallu de quelques heures que les ordres du roi Louis XVIII contraignissent un commandant de navire à livrer un proscrit, hier son souverain, librement réfugié à son bord — ou, pour peu que cet officier eût d'honneur, contre cette frégate, sur le signal donné par M. de Rigny, le *Bellerophon* et le *Superb*, la *Méduse* et l'*Épervier* se fussent mis en ligne au même signal ; les batteries de terre et de mer eussent ouvert à bout portant le feu sur le navire rebelle à la trahison, jusqu'au moment où il eût coulé à pic, où il eût péri, rival du *Vengeur*, laissant encore à la conscience humaine un plus admirable exemple et une leçon plus haute.

Lorsque le *Bellerophon* ayant l'Empereur à bord arriva à Torbay, l'amiral Lord Keith écrivit au capitaine Maitland : « Vous pouvez dire à Napoléon que je lui ai la plus grande des obligations personnelles pour l'attention qu'il a eue pour mon neveu qui fut pris et amené devant lui à Belle-Alliance et qui fût mort, s'il n'eût ordonné à un chirurgien de le panser immédiatement et ne l'eût envoyé dans une chaumière. Je suis heureux que cela soit tombé entre vos mains en ce moment (*I am glad it fell into your hands.*) parce qu'un Français avait été envoyé de Paris pour la mission, un monsieur Drigni. » Ce parallèle dit tout. Si Napoléon a sauvé la vie à son neveu, William-George Keith-Elphinstone, Maitland a sauvé la vie de Napoléon.

Lord Keith n'a point le droit d'en dire davantage ; cela montre pourtant qu'il sait tout. Il a réalisé ce que présente d'horreur cette alternative infligée à un soldat : livrer l'Empereur ou sacrifier avec lui son équipage entier. Si, dans cette rade désastreuse, ce drame s'était accompli, qui en réalisera les conséquences ! Chaque boulet tiré sur la *Saale* eût ricoché sur les Bourbons et, au moment même où la frégate eût sombré, le trône, que les étrangers relevaient à si grand'peine, se fût écroulé pour jamais.

L'Empereur a échappé aux Royaux ; il est aux mains des Anglais, lequel est pire ?

Monté à bord du *Bellerophon* et arrivé sur le gaillard d'arrière, il s'est découvert et il a dit à Maitland : « Je viens me mettre sous la protection de votre prince et de vos lois. » D'une âme qui semble parfaitement sereine et d'un air qui impose à tous, il s'est fait présenter les officiers, il a visité le vaisseau, il s'est informé de toutes choses avec cette curiosité appliquée qui est un des secrets de son génie ; il a posé des questions sur les habitudes des Anglais. « Il faut maintenant, a-t-il dit, que j'apprenne à m'y conformer, puisque je passerai probablement le reste de ma vie en Angleterre. »

Le *Superb* étant à portée, le capitaine Maitland alla rendre compte à l'amiral : « Je pense, lui dit-il, que j'ai bien fait et que le Gouvernement approuvera ma conduite, ayant considéré qu'il était de beaucoup d'importance d'empêcher le départ de Buonaparte pour l'Amérique et de prendre possession de sa personne. » Sir Henry Hotham répondit : « Gagner de le prendre, en quelque condition que ce fût, était de la plus grande conséquence ; mais, comme vous n'êtes entré avec lui dans aucune condition quelconque, il ne peut y avoir aucun doute que vous n'obteniez l'approbation du gouvernement de Sa Majesté. »

Ainsi Maitland considérait non seulement possible, mais probable, que l'Empereur eût passé en Amérique ; ainsi n'était-il pas sans s'inquiéter du rôle qu'il avait joué ; et l'amiral n'approuvait sa conduite que sous la réserve qu'il n'eût stipulé aucune condition ; il lui indiquait même une nuance qui eût pu lui sembler inquiétante.

Invité par Maitland d'abord, puis par le général Bertrand, à venir voir l'Empereur, Sir Henry Hotham est retenu à dîner à bord du *Bellerophon*. C'est l'empereur qui traite ; ce sont les gens de l'Empereur qui servent ; et l'Empereur « se considère comme personne royale », prenant partout la première place. Cela étonne Maitland. L'Empereur est bien mieux reçu par Hotham lorsque, le 16, étant venu déjeuner à bord du *Superb*, l'amiral lui rend, sauf le canon, les honneurs souverains : l'équipage entier dans les vergues et le gréement, les soldats sous les armes. À ce déjeuner, il fut convenu qu'on embarquerait, outre les deux voitures et les chevaux que Maitland avait accepté de recevoir, six voitures et quarante-cinq des chevaux restés à Rochefort. L'ordre fut adressé au capitaine Philibert, qui, même s'il en avait eu la volonté, n'avait aucun moyen de l'exécuter.

On revint au *Bellerophon* vers midi. Par ordre de l'amiral, tous les bâtiments anglais en rade avaient envoyé les équipages dans le gréement et sur les vergues. Comment penser que ce fût à un prisonnier et non à l'hôte impérial que fussent rendus de tels honneurs ? À peine à bord, on leva l'ancre : le *Bellerophon*, accompagné du *Myrmidon*, sur lequel étaient embarquées les personnes de la suite qui n'avaient point trouvé place sur le vaisseau, devait se rendre en toute diligence à Torbay ; un officier du *Superb* et un officier du *Bellerophon* y prendraient la poste pour porter à Plymouth et remettre à l'amiral Lord Keith les dépêches de Hotham et de Maitland.

La traversée fut belle, mais longue : le *Bellerophon* n'arriva à Darmouth que le 24. L'Empereur, persistant dans sa confiance, faisait « quantité de questions sur les mœurs, les coutumes, les lois de l'Angleterre, et répétait souvent ce qu'il avait dit le premier jour qu'il avait passé à bord : savoir qu'il fallait qu'il prît tous les renseignements possibles sur ces objets, afin de pouvoir s'y conformer, parce qu'il « finirait probablement ses jours au milieu des Anglais ».

En arrivant à Torbay, le capitaine Maitland trouva l'ordre d'y attendre les ordres des Lords commissaires de l'Amirauté : nul ne devait monter à bord sans une permission expresse signée d'eux ou de l'amiral. Cela eût pu passer pour une sorte de quarantaine, mais il y avait bien d'autres symptômes : Gourgaud avait reçu défense de débarquer, et rapportait la lettre qu'il devait remettre aux mains du Prince régent ; les journaux, que Maitland avait fait venir de terre, annonçaient ouvertement « qu'on ne permettait à aucun passager de débarquer en Angleterre ». Certains parlaient de la Tour de Londres ou d'un château perdu en Écosse, où l'Empereur serait confiné ; d'autres disaient : « dans le cas où l'on croirait devoir lui conserver la vie, il sera certainement séparé de toutes les personnes de sa suite, que l'on distribuera dans diverses forteresses » ; enfin, le bruit s'accréditait que le lieu de sa destination ultérieure était fixé et que ce serait Sainte-Hélène. Sans doute, au Congrès de Vienne, ce nom avait déjà été prononcé, mais avec d'autres ; à présent, le ministère anglais y revenait, pour des raisons qui n'étaient point toutes diplomatiques. « Nous sommes tous décidément d'opinion qu'il ne faut point résoudre pour le confiner dans ce pays-ci, écrit Lord Liverpool à Lord Castlereagh, le 21 juillet. Des questions légales très délicates se trouveraient soulevées à ce sujet et seraient particulièrement embarrassantes. Mais, indépendamment de ces considérations, vous connaissez assez les sentiments du peuple de ce pays-ci pour ne point douter que Buonaparte ne devînt immédiatement un objet de curiosité, et sans doute, après quelques mois, un objet de compassion, et la circonstance de son séjour ici, ou n'importe où en Europe, contribuerait à maintenir un degré de fermentation en France. » C'est pourquoi on s'arrêtait à Sainte-Hélène, d'abord parce que ce qui était illégal en Angleterre était légal dans cette île, domaine de la Compagnie des Indes ; que cette île, hors de toute route, était comme l'*in pace* de l'Océan ; qu'on pouvait d'autant plus facilement y garder un prisonnier que la nature avait tout fait pour rendre ses côtes inabordables ; qu'aucun mouvement d'opinion n'y était à craindre, puisque la population entière y dépendait du gouverneur, — la blanche à cause des places, la noire ou la jaune à cause du fouet et de la vie ; bref, une prison naturelle et qui avait l'avantage de passer pour un agréable lieu d'exil ou de déportation. L'on s'empressa de recueillir des renseignements, car ce point des possessions de la Compagnie était singulièrement négligé, et le seul ouvrage qu'on eût jusqu'alors écrit en anglais sur Sainte-Hélène, l'*History of the Island of St. Helena*, que T. H. Brooke avait publié en 1808, semblait inconnu aux ministres de Sa Majesté ; tout le moins y préféraient-ils des témoignages directs.

Le même jour où Lord Liverpool écrivait ainsi à Lord Castlereagh, le 21, le comte Bathurst, ministre des Colonies, demandait au major général, Sir Henry Torrens, qui avait longtemps résidé dans l'île, un rapport détaillé qui lui était remis le lendemain ; le 25, tous les arrangements étaient pris par le comte de Buckinghamshire avec les directeurs de l'East India Company pour la remise de l'île à la Couronne pendant le temps nécessaire ; les détails les plus complets sur la force naturelle de la place et les moyens d'en assurer la garde étaient fournis par le major général Beatson et le lieutenant général Mann ; le 29, enfin, Lord Castlereagh annonçait à Lord Liverpool que les Puissances alliées accédaient à la proposition d'interner Buonaparte à Sainte-Hélène ; mais, avant qu'on put agir, le traité devait être mis en forme et signé.

Jusque-là, il fallait empêcher que Napoléon invoquât, sur territoire anglais, la loi anglaise, obtînt d'un juge un « writ d'Habeas Corpus » et le fit signifier à ceux qui le tiendraient en captivité, car alors ils risqueraient de graves peines. C'était là, on l'a vu, une des préoccupations de Lord Liverpool. — Le remède : garder Napoléon à vue et l'empêcher de communiquer avec qui que ce fût.

Par ailleurs, Lord Liverpool avait prouvé qu'il connaissait bien ses compatriotes. L'arrivée de l'Empereur à Torbay avait provoqué une curiosité qui n'attendait qu'un moment pour se muer en enthousiasme. De partout affluaient des demandes pour être admis sur le *Bellerophon* ; la mer, tout alentour, était couverte de barques, remplies de curieux à couler ; il n'était que temps de soustraire l'Empereur à ces démonstrations. Dans la nuit du 25 au 26, ordre de mener le *Bellerophon* à Plymouth. On y arrive dans la journée. L'Empereur demande aussitôt à voir l'amiral Lord Keith, qui commande la flotte. Keith allègue qu'il n'a point encore reçu d'instructions et qu'il ne saurait comment le traiter. Mais les ordres qu'il a en mains et qu'il transmet à Maitland suffiraient, s'ils étaient communiqués à l'Empereur, pour ne lui laisser aucun doute sur le caractère de prisonnier qu'on veut lui imposer : défense à qui que ce soit du vaisseau de communiquer avec la terre ; défense de recevoir qui que ce soit à bord, de laisser approcher ou rôder des barques à moins d'une encablure ; deux frégates, la *Lissey* et l'*Eurotas*, viennent mouiller à chaque bord du *Bellerophon* « pour prévenir l'évasion de Buonaparte », et marins et soldats y montent les quarts comme en présence de l'ennemi. Le soir même, des barques de ronde, les matelots tirent des coups de balle pour écarter les embarcations des curieux. Le 27, sur l'ordre des Lords commissaires de l'Amirauté, on enlève du *Bellerophon*, pour les faire passer sur la *Lissey* et le *Myrmidon*, les officiers de la suite de l'Empereur, au-dessous du grade de général. Il est enjoint de « considérer et de traiter Napoléon Buonaparte comme un officier du rang de général d'armée, et on lui en donnera le titre en s'adressant à sa personne ». Le même jour, de l'amiral

Keith, ordre de redoubler de vigilance pour prévenir l'évasion de Napoléon Buonaparte, étant donné le mécontentement qu'il a exprimé de ce que les journaux disent qu'il va être envoyé à Sainte-Hélène.

Le 28, rien, hormis une visite de Lord Keith, fort brève. C'est toujours à l'Empereur que l'on parle ; en apparence, c'est toujours en hôte qu'on le traite, si, par les mesures qu'on prend, il est prisonnier. Toutefois, les journaux deviennent de plus en plus affirmatifs ; ils annoncent qu'un sous-secrétaire d'État va venir signifier à Buonaparte la décision du ministère. En effet, ce même 28 juillet. Lord Melville, un des Lords de l'Amirauté, a expédié à Lord Keith Sir Harry Bunbury, porteur d'une lettre, dont le contenu doit être signifié à l'Empereur, mais qui, par un raffinement délibéré, ne lui est point adressée à lui, mais à Lord Keith. Le 31, la communication est faite par Lord Keith, assisté de Sir Harry Bunbury. En voici le texte : « My Lord, comme il peut être dans les convenances du général Buonaparte qu'il soit instruit, sans plus de délai, des intentions du Gouvernement britannique à son égard, Votre Seigneurie a la liberté de lui communiquer les informations contenues dans cette lettre. Il serait incompatible avec nos devoirs envers le pays et envers les Alliés de Sa Majesté que nous laissions au général Buonaparte les moyens ou la commodité de troubler de nouveau la paix de l'Europe et de renouveler toutes les calamités de la guerre ; il est par suite inévitable qu'il soit restreint dans sa liberté personnelle autant qu'il sera nécessaire pour assurer notre premier et souverain objet.

« L'île de Sainte-Hélène a été choisie pour sa future résidence. Le climat y est sain et la situation locale permettra qu'il y soit traité avec une indulgence plus grande qu'en aucun autre lieu, avec une égale sécurité.

« Des personnes qui ont été conduites en Angleterre avec le général Buonaparte, il lui est permis de choisir (exception faite des généraux Savary et Lallemand) trois officiers qui, avec le chirurgien, recevront la permission de l'accompagner à Sainte-Hélène. Douze domestiques, compris les serviteurs des officiers, seront aussi alloués. Il devra être distinctement entendu que tous ces individus seront soumis à des restrictions durant leur service auprès de lui et leur résidence à Sainte-Hélène, et qu'il ne leur sera point loisible de se retirer, sauf la sanction du Gouvernement anglais.

« Le contre-amiral Sir George Cockburn, qui est désigné pour commander en chef au Cap de Bonne-Espérance et mers adjacentes, conduira à Sainte-Hélène le général Buonaparte et sa suite, et recevra des instructions détaillées touchant l'exécution de ce service. Sir George Cockburn sera probablement prêt à embarquer dans peu de jours. Il est donc désirable que le général Buonaparte fasse sans délai le choix des personnes qui l'accompagneront. »

L'Empereur subit le choc sans rien laisser paraître, devant Keith et Bunbury, des sentiments qu'il éprouvait ; il protesta ensuite avec une extrême énergie, et il écrivit au

Prince régent une nouvelle lettre que Maitland porta dans l'après-midi à Lord Keith, et que celui-ci expédia sur-le-champ à Londres. L'Empereur y disait : « Je suis l'hôte de l'Angleterre ; je suis venu dans ce pays sur le vaisseau anglais le *Bellerophon*, après avoir communiqué au capitaine la lettre que j'écrivis au Prince régent et en avoir reçu l'assurance que ses ordres lui prescrivaient de me recevoir à son bord et de me transporter en Angleterre avec ma suite, si je le demandais. L'amiral Hotham m'a, depuis, réitéré les mêmes assurances. Du moment que j'ai été reçu librement sur le *Bellerophon*, je me suis trouvé sous la protection des lois de votre pays. Je désire vivre libre dans l'intérieur de l'Angleterre, sous la protection et la surveillance des lois, et en prenant tous les engagements et mesures qui pourront être jugés convenables. Je ne veux entretenir aucune correspondance avec la France, ni me mêler d'aucune affaire politique... C'est en l'honneur du Prince régent et la protection des lois de votre pays que je mets ma confiance. »

À cette lettre, nul ne répondit ; aucune réponse n'était possible, hormis qu'il plaisait aux ministres britanniques qu'il en fût ainsi ; car ils n'avaient eu garde d'aborder la question de droit, qui d'ailleurs leur était indifférente. Restait la question de légalité, plus embarrassante, car cet appel aux lois, si souvent réitéré, pouvait se rendre effectif, et, en Angleterre, il semblait pouvoir être de conséquence. Le 28, « l'Empereur, frappé de tout ce qu'il entendait, avait dicté à Las Cases une pièce propre à servir de base aux légistes pour discuter et défendre sa véritable situation politique. On avait trouvé moyen de la faire passer à terre. »

Si quelque légiste, s'appuyant de la *Magna Charta Libertatum* de 1215 et de l'*Habeas Corpus* Act de 1679, obtenait d'un magistrat un « writ d'Habeas Corpus » en faveur de Napoléon, les conséquences pouvaient en être singulièrement embarrassantes ; mais une autre question était soulevée par le choix de Sainte-Hélène comme lieu de déportation. « Nous avons déjà insinué, écrivait un journaliste anglais dont l'article était, le 3 août, reproduit à Paris par l'*Aristarque* — seul journal qui restât à Fouché depuis la suppression de l'*Indépendant* (31 juillet), seule arme avec quoi il combattit la réaction, — nous avons déjà insinué que, pour légitimer la détention de Buonaparte en Angleterre, il était nécessaire d'avoir un acte du Parlement à cet effet. La même autorisation est indispensable pour le détenir dans un établissement anglais… Quelque légitime et même indispensable que soit une pareille mesure, elle est cependant, dans un sens constitutionnel, la plus grande innovation dans les lois de l'Angleterre depuis que notre constitution a été amenée au point de perfection où elle est. En effet, c'est une innovation de transformer un établissement anglais en une prison d'État, dans laquelle nous tiendrons renfermé pour la vie un souverain détrôné (car il a été universellement reconnu pour souverain). Ce ne serait pas même une moins grande innovation de notre part de tenir ainsi enfermé un individu anglais pour une infraction aux lois qui ne serait pas très criminelle et de nous établir geôliers au nom de ceux qui se croiraient le plus offensés. »

Si telle était l'opinion qu'exprimaient les journaux de l'opposition, le courant qui commençait à se former dans la nation était bien autrement fort. Chaque jour, l'affluence augmentait à Plymouth et de façon à devenir inquiétante. De tous les points de l'Angleterre, arrivaient des gens qui espéraient apercevoir Napoléon. « Le dimanche 30, écrit Maitland, la multitude des bateaux fut plus considérable que je ne l'avais encore vue. Je suis certain de ne pas exagérer en disant qu'il y en avait autour du vaisseau plus de mille, dans chacun desquels, en moyenne, il n'y avait pas moins de huit personnes. » Pour les écarter, on avait recours à des mesures d'une brutalité sauvage. À force de rames, les chaloupes de garde chargeaient ces barques légères de façon que, si elles les rencontraient, elles les coulassent à pic, et cela arriva. On en était encore à la curiosité, sans doute, mais elle tournait à l'enthousiasme. Les femmes portaient à leur corsage des œillets rouges et en agitaient des bouquets : autant que les hommes, elles poussaient des acclamations. Cela pouvait-il être toléré ? D'ailleurs, Lord Keith était informé qu'un *writ* avait été obtenu d'un magistrat, à l'effet d'obliger qu'on mît Buonaparte à terre, et qu'un homme de loi était en route pour venir le signifier. Or, il fallait gagner encore quelques jours : d'une part, pour que le traité réglant avec l'Europe le sort de l'Empereur eût été signé ; d'autre part, pour que, à défaut du *Bellerophon*, hors d'état d'entreprendre le voyage de Sainte-Hélène, le

Northumberland, qui devait y mener l'Empereur, fut complètement prêt. Que faire ?

« Buonaparte nous donne beaucoup de trouble à Plymouth, écrit, le 3 août, Lord Liverpool à Lord Castlereagh. Nous avons été obligés de donner ordre au navire, par télégraphe, de croiser jusqu'à ce que le *Northumberland* puisse faire route. Nous avons eu des preuves abondantes qu'il eût été tout à fait impraticable de le détenir ici sans les plus graves inconvénients. » Et le 4 : « Trouvant, d'après le rapport fait par Sir Harry Bunbury lors de son arrivée hier, et d'après les lettres qu'écrit Lord Keith, que de considérables inconvénients résultaient du concours de peuple dans la baie de Plymouth, aussi bien que de l'esprit d'opposition de quelques-uns des compagnons de Buonaparte, nous avons envoyé par télégraphe et répété par exprès, l'ordre que le *Bellerophon*, accompagné du *Tonnant* et d'un autre vaisseau prît immédiatement la mer pour croiser au-devant, sans rentrer au port. Le *Northumberland* est sorti hier de Portsmouth, mais, comme le vent est contraire, il n'atteindra point Plymouth avant demain. Il prendra, j'espère, les passagers sans rentrer dans aucun port. Toutefois, le vent est frais, et ils peuvent être forcés d'aller à Torbay. Lord Keith mentionne, dans sa lettre d'aujourd'hui, que les visiteurs étaient moins troublants et moins entreprenants, surtout depuis que les chaloupes des vaisseaux de guerre avaient coulé une barque et noyé un monsieur. »

Donc, le *Bellerophon* prit la mer, et, de cette façon, se trouva coupé l'enthousiasme, sans que la marine anglaise eut davantage d'Anglais à noyer, de même que fut mis hors d'état de remplir sa mission l'homme de loi porteur d'un *Sub pœna* enjoignant que Buonaparte se présentât comme témoin devant la Cour du Banc du roi. Alors que toutes les chaloupes des navires en rade remorquaient le *Bellerophon* qui avait le vent et la marée contraires, une embarcation fut détachée, avec ordre de ne laisser approcher aucune barque venant de terre. L'homme de loi se retourna alors contre Lord Keith, qu'il tenta de rejoindre dans sa maison : l'amiral échappa par une porte dérobée, se jeta dans un canot, suivi de près par le porteur du *writ* qui, lui aussi, avait trouvé une barque ; il passa sur le *Tonnant* qu'il traversa, descendant d'un côté, durant que l'individu montait de l'autre ; il fut suivi encore vers Cadzand, mais, étant sur une barque à douze avirons, il distança l'homme, lui donna le change autour du Ramehead, et gagna le *Prometheus*, sur lequel il hissa son pavillon, en attendant que le *Tonnant* l'eût rejoint. Par les transes où étaient jetés ainsi, en même temps que les ministres, les chefs de la marine anglaise, s'ils étaient rejoints par ce porteur d'un papier dont ils ignoraient le contenu, mais auquel ils eussent dû obéir s'ils avaient été touchés par lui, c'est assez pour juger quelle était, dans leur conscience même, la violation de la Constitution et quel l'abus de la force.

C'était le 4 août à midi. Le 2, à Paris, entre la Grande-Bretagne et l'Autriche, la Grande-Bretagne et la Russie, la

Grande-Bretagne et la Prusse, des traités identiques avaient été signés. Ils étaient ainsi conçus :

Au nom de la Très Sainte et Indivisible Trinité, Napoléon Buonaparte étant au pouvoir des Puissances alliées, Leurs Majestés… se sont concertées, en vertu des stipulations du traité du 25 mars 1815, sur les mesures les plus propres à rendre impossible toute entreprise de sa part contre le repos de l'Europe.

I. — Napoléon Buonaparte est regardé, par les puissances qui ont signé le traité du 25 mars dernier, comme leur prisonnier.

II. — Sa garde est spécialement confiée au Gouvernement britannique. Le choix du lieu et celui des mesures qui peuvent le mieux assurer le but de la présente stipulation, sont réservés à Sa Majesté Britannique.

III. — Les cours impériales d'Autriche et de Russie, et la cour royale de Prusse nommeront des commissaires qui se rendront et demeureront au lieu que le gouvernement de Sa Majesté Britannique aura assigné pour le séjour de Napoléon Buonaparte, et qui, sans être chargés de sa personne, s'assureront de sa présence.

IV. — Sa Majesté Très Chrétienne sera invitée, au nom des quatre cours ci-dessus mentionnées, à envoyer également un commissaire au lieu de détention de Napoléon Buonaparte.

V. — Sa Majesté le roi du Royaume-Uni de la Grande-Bretagne et d'Irlande s'engage à remplir les obligations qui résultent pour elle de la présente convention.

Telle fut la loi que l'Europe décréta, sans invoquer un autre droit que celui de la force, sans entrer dans la question si Napoléon était le prisonnier ou l'hôte des Anglais. « Il est au pouvoir des Puissances alliées » ; cela suffit. Le traité que celles-ci ont conclu entre elles le 23 mars, ce traité fondé sur l'allégation de faits matériellement faux et réfutés point par point par le Conseil d'État impérial, pouvait seul revêtir d'un semblant de légalité l'acte, sans analogue dans l'histoire, dont elles prenaient la responsabilité. De l'aveu même des signataires, — l'Angleterre et la Russie entre autres, — le traité de Fontainebleau avait été violé en toutes ses clauses par le roi Louis XVIII à l'égard de Napoléon ; et celui-ci, pour échapper à la misère, à un enlèvement, à des risques d'assassinat constamment renouvelés, pour recouvrer sa femme et son enfant, pour assurer la subsistance de ses parents et de ses serviteurs, n'avait eu d'autre issue que de rentrer en possession des États qu'il avait abdiqués par ce traité. Lui avait satisfait à toutes les clauses ; à son égard, aucune n'avait été exécutée, aucune ne subsistait. En droit, sa situation était inattaquable. Tout contrat est résilié dont l'une des parties refuse de remplir les clauses onéreuses tout en conservant les bénéfices. Mais Napoléon était hors du droit, et on le lui prouva en le « plaçant hors des relations politiques et sociales » et en déclarant « que, comme ennemi et perturbateur du repos du monde, il s'était livré à la vindicte publique ».

Qu'avait-il affaire à l'Europe ? Les puissances avaient participé au traité de Fontainebleau ; c'était avec elles que ce traité avait été conclu et signé ; elles en avaient délégué l'exécution au Gouvernement provisoire, puis au roi de France, lesquels, l'un après l'autre, en avaient explicitement et formellement reconnu et accepté les charges. Les puissances garantes eussent donc dû contraindre le roi de France à tenir ses engagements. Point du tout ; c'était Napoléon qui était livré à la vindicte publique pour avoir repris ce qui lui appartenait. C'est que, pour les souverains d'Europe, les Bourbons étaient récemment devenus la pierre d'angle de l'édifice ; ils passaient pour représenter essentiellement le Droit divin et le système monarchique, et si peu qu'on les aimât, si peu qu'on les estimât, si peu qu'on se fiât à leur loyauté, leur restauration, à présent que l'Europe les avait mis en posture de rois, était la condition, la preuve et la formule même de sa victoire. Très nouvellement, on lui avait révélé la solidarité royale ; certains, qui n'y croyaient point un an plus tôt, lorsqu'ils songeaient à un Bernadotte pour roi de France, s'en étaient entichés au point que tout cédait là devant. Si les engagements pris avec les Bourbons se trouvaient valides, ceux pris avec des hommes tels que Buonaparte et Murat ne l'étaient point. Vis-à-vis d'eux, il n'y avait que le bon plaisir de l'oligarchie européenne, selon quoi les engagements les plus solennels étaient annulés, la qualité des êtres changée et leur caractère transformé. Il avait suffi que, « au nom de la Sainte et Indivisible Trinité », les ministres des souverains eussent décrété que Napoléon Buonaparte avait rompu le traité de Fontainebleau pour que cette rupture lui incombât, et, de même qu'il était le prisonnier de l'Europe, pour que l'hospitalité qu'il avait réclamée de l'Angleterre devînt justement la captivité.

Toutefois, si, pour violer ses propres lois tout en gardant les hypocrites apparences de la nation hospitalière et généreuse, l'Angleterre s'était retirée derrière l'Europe, elle ne se souciait point, ce fait étant acquis, que l'Europe entrât dans quoi que ce fût de ses arrangements vis-à-vis de Napoléon. Si elle n'avait pu écarter l'idée de commissaires nommés par les puissances et résidant à Sainte-Hélène, parce que cette idée avait été d'abord suggérée par Castlereagh lui-même, elle avait eu soin, par le texte même des conventions, de réduire leur mission à constater l'existence de Napoléon. Les principes mêmes d'économie que professaient alors les ministres avaient cédé devant cette inébranlable volonté de disposer uniquement de l'Empereur. Liverpool ayant tiré de l'institution des commissaires cette conséquence que Napoléon, étant le prisonnier de l'Europe, devait être défrayé par l'Europe, Castlereagh n'eut point de peine à le faire renoncer à exiger cette répartition de dépenses par quoi les Alliés se trouveraient autorisés à exercer un contrôle ou une surveillance. L'Angleterre, qui seule allait profiter de la victoire de l'Europe ; qui, à la chute de Napoléon, gagnait, pour un siècle au moins, la domination de la mer ; l'Angleterre qui, seule, depuis vingt années, entretenait une guerre dont elle connaissait l'enjeu, pouvait, en vérité, payer les frais de la prison. Seulement, il y avait des formes à conserver ; l'hypocrisie anglaise y excellait. Le ministère pouvait se trouver mal d'avoir exercé ce droit de la force et d'avoir retenu Napoléon Buonaparte en une captivité illégale ; mais si l'Angleterre, en ce cas, n'agissait que comme déléguée de l'Europe, le ministère ne serait-il pas couvert par ce congrès de souverains qu'éclairait la Sainte Trinité ?

Napoléon se devait au moins de protester. Il rédigea, le 4, protestation qu'il remit, le 5, à Maitland et à Keith : « Je proteste solennellement ici, à la face du ciel et des hommes, contre la violence qui m'est faite, contre la violation de mes droits les plus sacrés, en disposant par la force de ma personne et de ma liberté. Je suis venu librement à bord du *Bellerophon*. Je ne suis pas le prisonnier, je suis l'hôte de l'Angleterre. J'y suis venu à l'instigation même du capitaine, qui m'a dit avoir des ordres du Gouvernement de me recevoir et de me conduire en Angleterre avec ma suite, si cela m'était agréable… Si le Gouvernement, en donnant des ordres au capitaine du *Bellerophon* de me recevoir ainsi que ma suite, n'a voulu que me tendre une embûche, il a forfait à l'honneur et flétri son pavillon…

« J'en appelle à l'histoire : elle dira qu'un ennemi qui fit vingt ans la guerre au peuple anglais vint librement, dans son infortune, chercher un asile sous ses lois. Quelle plus éclatante preuve pouvait-il lui donner de son estime et de sa confiance ? Mais comment répondit-on, en Angleterre, à une telle magnanimité ? On feignit de tendre une main hospitalière à cet ennemi et on l'immola. »

Ces paroles demeurent : l'histoire les recueille comme l'expression exacte et définitive des événements. Que Napoléon rencontrât des obstacles pour prendre la mer et gagner l'Amérique ; qu'il fût obligé de quitter Rochefort et l'île d'Aix ; que la terre se fermât derrière lui et aussi la mer, cela n'a rien à voir avec ce qu'a dit et fait Maitland : celui-ci et l'amiral Sir Henry Hotham l'ont accueilli et traité comme un hôte ; son caractère n'a pu changer du simple fait qu'il a plu au ministère anglais de le changer, même si l'Europe y acquiesçait et s'en rendait complice. Ce fait domine toute la captivité de Napoléon ; il en proclame l'iniquité, il en explique les péripéties ; il caractérise les luttes que Napoléon devra subir contre ses geôliers. Dès lors qu'on le traite en prisonnier, l'Empereur abdiqué ne peut plus se tenir à l'incognito qu'il eût admis comme hôte. Il revendique toutes les dignités que la libre volonté du peuple français a accumulées sur sa tête ; il revendique l'onction sacrée que le Souverain Pontife a imprimée à son front ; il revendique son titre d'Empereur et le traitement de Majesté Impériale, que lui ont reconnus tous les souverains d'Europe. Sous peine de déchoir lui-même, sous peine de déshériter son fils de cette imaginaire succession qui peut être l'Empire du Monde ; sous peine de reconnaître et d'avouer que, durant vingt années, tout ce qu'a fait la nation française fut illégitime, en la prison où l'Angleterre, exécutrice des œuvres de l'Europe, va le confiner et le détenir, il est condamné, par sa conscience et par la puissance du Droit national, à être à perpétuité l'Empereur. — Et c'est l'Empereur qu'il sera, seul s'il le faut, contre ses compagnons, ses gardes, l'Angleterre, l'Europe, seul ; et à cette dernière lutte d'un homme contre l'humanité conjurée, contre les armées de dix rois, et leurs flottes et leurs trésors, qui donc aura la victoire ?

1. ↑ On a prétendu que le cri le plus vivement exprimé aurait été : « À l'Armée de la Loire ! » Il n'y a pourtant eu une armée de la Loire que lorsque, après l'évacuation de Paris, l'armée fut arrivée sur la Loire : or, elle n'y fut point avant le 10 juillet.
2. ↑ Ils avaient compté sans les minutes écrites par Jaucourt sur du papier à registre, rayé de quatre raies rouges, formant un carré long et marquant des marges ; sans une copie des instructions et de la lettre de l'amiral Hotham trouvée par un imprimeur de Chartres ; sans une lettre passée sur un catalogue d'autographes. Le rapport de M. de Rigny parut dans le *Moniteur* du 24 ; il renfermait un historique succinct de ce qui s'était passé à Rochefort du 3 au 17 juillet, mais ne renfermait que cette allusion à la mission essentielle : « Mes instructions me prescrivant d'avoir des communications officielles avec M. l'amiral Hotham, commandant la station anglaise, je m'empressai de lui écrire en lui adressant en même temps les dépêches de M. Croker, secrétaire de l'Amirauté d'Angleterre, dont j'étais porteur. Ces lettres furent remises à M. l'Amiral par M. le lieutenant de vaisseau Fleuriau que Votre Excellence avait bien voulu m'adjoindre. »

II

CEUX QUI SUIVENT L'EMPEREUR

Le 6 août au matin, du *Bellerophon,* on aperçut le *Northumberland.* L'escadre entière se dirigea vers la côte et vint jeter l'ancre à l'ouest de Berryhead. Le lieu était solitaire, nulle crainte qu'on y fût troublé et que les Anglais vissent se lever de la mer le Spectre de la Loi. Jusque-là, malgré l'affectation de donner à Napoléon le titre de général, — cela depuis le 31 juillet et seulement, semble-t-il, dans la lettre de Lord Melville, communiquée par Lord Keith, — l'Empereur était resté l'Empereur, aussi bien pour les officiers et pour l'équipage du *Bellerophon* que pour Keith lui-même. Il était l'hôte de l'Angleterre : à présent, la comédie est jouée, il en est le prisonnier. Ordre de Keith à Maitland d'enlever aux Français de *tout rang* à bord du vaisseau qu'il commande, toutes les armes qu'ils possèdent, de quelque espèce qu'elles soient. Le 7 au matin seulement, Keith se ravise. En vérité, cela est trop. Donc, quand le général quittera le vaisseau, on ne lui prendra pas son épée, mais, seul des Français, il aura ce privilège. On visitera les effets du *général* ; on passera les meubles et les livres ; on saisira l'argent, les diamants, les billets négociables ; non pas pour en confisquer la propriété, mais pour en prendre l'administration et en appliquer à ses besoins l'intérêt ou le principal, selon le montant de la somme. On n'admettra à le suivre que les personnes qui l'accompagneront volontairement et après qu'on leur aura expliqué qu'elles seront soumises à toutes les règles qu'on jugera convenable d'établir pour s'assurer de la personne du *général*. « On laissera savoir au *général* que, s'il essayait de s'échapper, il s'exposera à être mis en prison, ainsi que quiconque de sa suite sera découvert cherchant à favoriser son évasion. Toute lettre qu'il écrira ou qui lui sera adressée, ainsi qu'à ceux de sa suite, sera remise à l'amiral ou au gouverneur qui en prendra connaissance, et de même devra-t-on remettre ouvert tout papier contenant des désirs ou des représentations, afin que le gouverneur ou l'amiral puisse y joindre les observations qu'il jugera convenables. »

Tel est le régime réservé au prisonnier d'État. L'Angleterre, qui imagina l'horreur des pontons pour les marins et les soldats que le sort des combats ou la fortune de la mer avaient mis entre ses mains, ne devait point manquer d'imaginer des contraintes particulièrement offensantes pour celui que l'astuce de ses officiers avait attiré sous le pavillon britannique. Néanmoins, ceux qui suivront l'Empereur sont dûment avertis. Avec ou sans droit, les détenteurs de la force imposent leur loi, mais ils doivent la publier. Les Anglais n'y manquent pas : ils affichent le règlement de la prison ; libre aux captifs de l'enfreindre à leurs dépens.

Jusqu'à ce que l'Empereur ait quitté le *Bellerophon*, comme par un restant de pudeur, on continue à lui rendre des devoirs comme à un hôte, soit que Maitland prétende ainsi esquiver sa félonie ou que ce soit une comédie qu'on en donne. Pour la dernière fois, au moment où l'Empereur se dispose à partir, il reçoit les honneurs, la garde sous les armes et le tambour roulant trois fois. Les officiers ont le chapeau à la main, l'équipage est assemblé tout entier dans la « Grand'rue » et sur le gaillard d'avant. Plus assuré et plus serein que ceux qui le livrent, Napoléon parcourt les rangs, salue les officiers et les matelots, puis, dans le canot où il descend, il s'entretient avec Lord Keith, sans donner aucun signe d'émotion ni de contrainte.

Sur le *Northumberland*, où il monte à deux heures, la garde aussi est assemblée, les officiers aussi ont le chapeau à la main, mais ce n'est point pour le général Buonaparte, c'est pour l'amiral Lord George Keith Elphinstone, baron Keith of Stonehaven Marischal en Irlande, baron Keith of Banheath dans le Royaume-Uni, vicomte Keith, G. G. B., amiral de la Rouge. Tout à l'heure, devant l'Empereur, les officiers affecteront de rester couverts ; quand ils lui parleront, ils ne manqueront pas de l'appeler Général ; le contre-amiral Sir George Cockburn, qui commande la division, ne lui offrira pas même la chambre d'arrière ; il lui assignera, pour la traversée, qui durera soixante et onze jours, du 7 août au 17 octobre, une cabine — une seule — mesurant neuf pieds sur douze ; la table sera des pires ; l'Empereur sera contraint d'y rester une heure ou une heure et demie, car, si le contre-amiral lui désigne une place d'honneur, ce n'est pas moins lui qui reçoit, qui impose ses heures, ses menus, ses habitudes, et, à sa table, Sir George Cockburn prend ses convenances.

Cependant on a permis à ceux de ses compagnons qui ne sont pas autorisés à le suivre de lui faire leurs adieux : les généraux Savary, duc de Rovigo, et Lallemand l'aîné ; les chefs d'escadron Schultz, Planat, Résigny, le capitaine Piontkowski, le lieutenant Mercher, les sous-lieutenants Autric et Rivière, et le page Sainte-Catherine. De tout le zèle témoigné à Malmaison, voilà ce qui est venu jusqu'à Spithead. Ni le général La Bédoyère, qui paiera de sa vie son amour pour sa jeune femme, ni les colonels Bâillon et Deschamps qui, remplissant dans le Palais les fonctions de « fourriers », avaient reçu à ce titre, depuis qu'ils étaient sortis comme lieutenants de la Gendarmerie d'élite, un extraordinaire avancement ; ni les chefs d'escadron et capitaines Morin, Saint-Yon, Saint-Jacques, officiers d'ordonnance dans la dernière campagne ; ni le secrétaire Rathery, dont la femme a pourtant accepté une pension de l'Empereur ; à Paris, ils s'étaient présentés, exaltés d'enthousiasme, pour obtenir des passeports : tous les avaient reçus, aucun n'avait rejoint.

Il n'y avait eu pour suivre l'Empereur que ces dix hommes : quinze avec Bertrand, Montholon, Gourgaud et les deux Las Cases ; la plupart avaient obéi à la nécessité, certains, proscrits par les Bourbons ; d'autres, enfants de la balle, ne sachant où se réfugier et s'attachant désespérément à l'épave impériale — bien peu par dévouement pur.

Ce pourquoi la séparation de l'Empereur et de ces hommes avait quelque chose de tragique. Leur dernière chance de salut leur échappait, et le choix qu'avait dû faire l'Empereur des compagnons que le gouvernement anglais l'autorisait à emmener avait été pour les autres une condamnation : pourtant il avait fallu. Des quinze embarqués sur le *Bellerophon*, les Anglais n'en avaient admis que trois, puis cinq, à le suivre ; et ils avaient nominativement exclu les généraux Savary et Lallemand. Dès le 24 juillet, ceux-ci avaient été, par les Bourbons, portés sur la première liste de proscription, celle « des traîtres devant être traduits devant les conseils de guerre compétents dans leurs divisions militaires respectives » : cela d'accord avec les Anglais qui, le même jour 24 juillet, avaient signifié que « ces deux flagrants criminels », comme écrit Lord Castlereagh, ne pourraient échapper à la vindicte royale en accompagnant Buonaparte. « Nous l'avons fait, écrira Lord Bathurst le 25 août, sous l'impression que nous devrions, si, nous le trouvions opportun, les livrer au gouvernement français. » Le trouvera-t-on opportun ? À la façon dont on le traite, l'Empereur doit tout craindre pour eux ; mais l'essentiel n'est-il pas rempli dès que Napoléon est sur la voie de sa prison ? Désormais, vis-à-vis de personnages sans importance, le gouvernement britannique pourra revendiquer sa réputation d'hospitalité. Avec l'énergie d'hommes qui savent que, si on les livre, l'échafaud les attend, Savary et Lallemand affirmeront qu'ils ne sont venus à bord du *Bellerophon* que sur la promesse formelle du commandant qu'ils trouveraient, sous le pavillon anglais, un asile inviolable. Poussé à bout et adjuré sur l'honneur de dire la vérité, Maitland écrira à Lord Melville une lettre qui donnera trop de fondement à cette déclaration, quoique ne la confirmant pas expressément, pour qu'il fût grave de protester ainsi la parole du commandant du *Bellerophon*. Avouer la promesse faite à Savary et à Lallemand, et y donner la suite convenable, rendra plus vraisemblable que Maitland n'ait rien dit de l'Empereur. Pour celui-ci, Las Cases a affirmé, Maitland nia. Peu importe. Avec Savary et Lallemand, un tel scrupule pouvait se lever et le gouvernement britannique, après quelques mois de prison à Malte, rendrait aux deux généraux et aux officiers qui les avaient accompagnés une précaire liberté ; mais, contre Napoléon, qui donc, dans le ministère, n'eût pris le faux serment sur sa conscience ?

Lallemand eût pu être, dans la captivité, de quelque utilité à l'Empereur, auquel il s'était dévoué depuis Vendémiaire an IV ; sans doute ses origines et son éducation ne l'avaient point préparé à figurer dans une cour, mais il fut de ceux — combien rares ! — qui, jusqu'à la fin, demeurèrent fidèles. Savary, on n'en saurait douter, eût été un compagnon désirable, car il ne manquait point d'esprit, ni d'éducation ; il était de famille militaire et avait reçu une éducation libérale ; depuis Marengo, il était attaché à la personne de Napoléon, qui l'avait comblé de grades, de titres et de dignités ; dès 1812, sa fidélité était suspecte, et en 1815, on ne pouvait conserver d'illusions sur son dévouement. S'il suivit l'Empereur à bord du *Bellerophon* c'est qu'il redoutait la haine de Fouché et la proscription ; il n'avait aucune idée de l'accompagner plus loin. Avant même qu'il eût appris qu'il était exclu par les Anglais, il avait écrit à Lord Keith que « le voyage de Saint-Hélène n'entrait pas dans ses calculs et qu'il ne lui était pas permis de disposer de lui à ce point-là ». Mais, en même temps, tremblait-il à la pensée que les Anglais pouvaient le livrer à Louis XVIII, et, du *Bellerophon* même, de sa cabine proche de celle de l'Empereur, écrivait-il lettre sur lettre, aussi bien aux gens qu'il connaissait qu'à quantité qu'il ne connaissait pas : Baring, Laffîte, les Polignac, les parents de Madame la duchesse de Rovigo qui, née Faudoas-Barbazan, était alliée à ce qui était le mieux dans la nouvelle cour ; il appelait à l'aide ses anciens camarades ralliés aux Bourbons, auxquels on n'avait garde de reprocher leurs peccadilles révolutionnaires ; il suppliait tout le monde : « On me persuade ici, écrivait-il à Laffîte, que je dois être transféré en France ; je me refuse à le croire, parce que ce serait m'assassiner sans motif ni de justice, ni d'utilité… Vous savez bien… » Que savait donc si bien Laffîte, l'escompteur de tant de spéculations suspectes ?

Ces deux que les Anglais avaient exclus eussent pu être d'utilité pour l'Empereur, parce qu'il les connaissait ; pour tous les autres qui se trouvaient écartés, il les avait vus à peine. Planat et Résigny avaient été, avant 1815, aides de camp des généraux Drouot et Lebrun, et, par suite, ils avaient fait en campagne un service analogue à celui des officiers d'ordonnance. En 1815, ils avaient été nommés officiers d'ordonnance, mais ils avaient été envoyés l'un et l'autre en mission dans le Midi, et ils n'avaient rejoint qu'après Waterloo. L'Empereur pourtant appréciait Planat ; il l'avait choisi pour l'accompagner. Il devait bien souvent le regretter, et Planat, de son côté, aspira constamment à rejoindre son maître, mais ce fut le seul. Il n'avait rien à faire de Résigny, brave cœur mais tête folle, ni de Schultz, Polonais intrépide et dévoué, qui servait depuis 1783, d'abord dans son pays, puis en Turquie, puis dans la légion italo-polonaise et dans les lanciers de la Vistule ; qui, de 1809 à 1813, avait été prisonnier des Anglais, et qui, comme capitaine dans l'escadron des Chevau-légers, avait suivi à l'île d'Elbe ; encore moins de Piontkowski, aventurier dont la vie mystérieuse est constamment suspecte ; du lieutenant Mercher, sorti de Saint-Germain en janvier 1813, qui avait quitté son régiment pour suivre l'Empereur, sans qu'on sache de qui il avait pu s'autoriser ; du lieutenant Autric (Mathieu-Marius), neveu du brave général Desmichels, que, à Digne, la baronne Desmichels avait amené et donné à l'Empereur ; de Rivière, qui, au 1er hussards, avait mis neuf années à gagner l'épaulette, malgré un coup de feu à Eylau et un coup de sabre à Wagram et que, pour des raisons inconnues, le général Montholon avait réclamé, en juin 1815, pour aide de camp.

Et c'était tout : tel était l'état-major que l'Empereur avait gardé après que le vent des désastres eut passé sur lui. Deux généraux proscrits, dont un refusait de l'accompagner, deux chefs d'escadrons français, deux capitaines polonais, trois lieutenants, dont deux à un an de service. Quelle misère !

Au moins ceux qui allaient l'accompagner étaient-ils tels qu'ils pussent lui rendre dans la captivité l'essentielle consolation de le servir à sa guise, de le distraire, de fournir un aliment à son oisiveté, d'apaiser ses nerfs irritables, de lui tenir *société* ? Sauf à l'île d'Elbe, où pourtant il ne chômait pas un jour d'audiences ni de visites, il n'avait jamais senti le poids des heures, entraîné qu'il était par la course effrénée de ses destins, par l'obligation des affaires auxquelles le jour et la nuit ne suffisaient point, par la représentation militaire et civile, par cette vie où, à juger par son œuvre, les années comptèrent pour lui comme les siècles pour le commun des hommes. Mais, à présent, il avait besoin qu'on l'entourât, qu'on le distrayât, qu'on écartât les pierres de sa route, que, sans servilité ni bassesse, on lui formât une cour. Qu'étaient-ce donc les quatre hommes qui allaient vivre avec lui, — qu'il les eût choisis ou qu'ils se fussent imposés à son choix ?

Un, dès qu'il s'offrait, n'avait pas à être discuté. le général comte Bertrand, grand maréchal du Palais. « Bertrand est désormais identifié à mon sort, a dit Napoléon ; c'est devenu historique. » C'était un petit homme chauve, grêle, peu représentatif, bon ingénieur, général médiocre, mais parfaitement brave ; d'une intégrité absolue, d'un entendement court, d'un entêtement invincible et d'une belle tenue morale. D'une famille bourgeoise du Berry, — mais de ces bourgeois en route pour la noblesse et déjà vivant noblement, — il se destinait au génie civil lorsque éclata la Révolution ; le 11 septembre 1793, il entra sous-lieutenant-élève à l'École du Génie militaire. Très peu de temps à l'Armée de Sambre-et-Meuse, détaché d'abord à l'École Centrale des Travaux publics, puis à la mission de Constantinople, il arriva en mai 97 à l'Armée d'Italie, d'où il rejoignit l'Armée d'Égypte. Il avait alors trois ans de grade de capitaine. Depuis ce moment, il fut l'homme de Bonaparte qui, en douze mois, le fit chef de bataillon, chef de brigade et sous-directeur des fortifications. Il revint d'Égypte général de brigade, et, après avoir commandé le génie au camp de Saint-Omer, il fut nommé, le 7 mars 1805, aide de camp de l'Empereur. Général de division le 30 mai 1807, il épousa, l'année suivante, Fanny Dillon, fille du général Arthur Dillon, guillotiné en 1794, et de Laure Girardin de Montgérald, en premières noces Mme de la Touche.

Les Dillon tenaient à ce qui est le plus grand dans l'Angleterre catholique et loyaliste. Un siècle durant, ils avaient été, en France, propriétaires d'un régiment de leur nom et ils avaient, avec leur sang, contresigné toutes les victoires de la royauté au XVIIIe siècle. Arthur Dillon, qui avait donné dans la Révolution, en fut vraisemblablement un des héros inconnus. Peut-être est-ce à lui que l'impartiale histoire attribuera d'avoir sauvé la France de l'invasion. De père, Fanny Dillon avait une sœur qui épousa M. de la Tour du Pin, préfet de l'Empire, l'un des négociateurs de Vienne, de ceux qui mirent Napoléon au ban des nations. De mère, elle avait un frère, M. de la Touche, et une sœur qui avait été mariée au duc de Fitz-James. Nul plus que celui-ci n'était ardent en ses convictions royalistes.

Petite parente de l'Impératrice, Mme veuve Dillon avait reçu de l'Empereur deux pensions : une de 5.000 francs sur le Trésor public, une de 9.000 sur la Cassette. Elle avait eu jadis de terribles rivalités avec Mme de Beauharnais, lui ayant enlevé son mari et ayant ourdi contre elle la plus vilaine intrigue ; mais Joséphine, bonne fille, avait pardonné. Pour le mariage, l'Empereur donna à son aide de camp, outre les 87.000 francs de dotation dont il l'avait gratifié ci-devant, 200.000 francs de capital et le pavillon de la Jonchère, tout meublé, avec le parc qui l'entourait ; à la mariée, 200.000 francs de dot en actions du canal du Loing, 50.000 francs de diamants, 30.000 francs de trousseau.

Fanny Dillon, dont l'enfance s'était en grande partie écoulée en Angleterre, dans un milieu exclusivement royaliste et catholique, se fût pleinement réconciliée avec le nouveau régime, sous la condition que sa cousine lui fit faire un mariage égal pour le moins à ceux qu'avaient faits Mlle de Beauharnais et Mlle Tascher. Elle avait été fiancée à Alphonse Pignatelli, frère du comte de Fuentès, mais il mourut. On avait parlé pour elle du prince Aldobrandini, celui auquel Joséphine donna sa petite cousine La Rochefoucauld, avec l'hôtel de la rue de la Chaise et tant d'argent ; puis c'avait été le duc de Médina Sidonia, même le prince de Neuchâlel, et l'on était au prince Bernard de Saxe-Cobourg lorsque l'Empereur, revenant de Bayonne s'avisa qu'elle allait sur ses vingt-deux ans et qu'il convenait de l'établir. Bertrand l'aimait et il avait plusieurs fois sollicité sa main qu'elle lui avait toujours refusée. S'il était une médiocre proie, il valait mieux qu'une ombre. L'Empereur s'en mêla, y mêla Mme de la Tour du Pin dont il avait fait la préfète de Bruxelles. Joséphine en fit l'annonce à Fanny, qui se répandit en sanglots et retourna, désespérée à Beauregard, chez sa cousine Mme de Boigne, née d'Osmond, qui lui offrait l'hospitalité. Le lendemain, elle revint à Saint-Cloud, espérant attendrir l'Impératrice, et elle était toute fondue en larmes lorsque l'Empereur entra. Elle osa lui reprocher de l'avoir trompée en ses espérances, et, s'animant par degrés, elle s'emporta à lui dire : « Quoi, Sire, Bertrand,

… Bertrand,
Singe du pape en son vivant ! »

« Assez, Fanny », dit sèchement l'Empereur ; et il sortit de la chambre.

Pour classique qu'elle était, cette réminiscence de la fable : *Le Singe et le Léopard* n'était guère opportune. Si l'Empereur passait beaucoup à ces petites parentes de Joséphine, dont les saillies, l'entrain et la gaieté le distrayaient à condition qu'il fût de bonne humeur, l'épigramme ici, contre un des généraux de son intimité, sentait l'émigré et offensait le système. Que serait-ce si on tournait en risée les noms qui n'étaient point de noblesse ? Aussi bien Joséphine se chargea de ramener à des sentiments moins altiers la descendante des Dillon. Elle lui parla des grandes places qu'aurait son mari et du titre ducal sous lequel l'Empereur ne manquerait point de celer le nom qui paraissait fâcheux. Bref, sans trop de peine, elle convainquit cette Fanny, qui appréciait peu le charme d'être fille et de demeurer la commensale de Mme de Boigne. Le mariage eut lieu à Saint-Leu, chez la reine Hortense, et tout y fut à merveille.

Ensuite, Fanny se trouva fort bien du mari qui était tout à ses ordres et aux ordres de sa mère, de son frère et de tous les siens ; mieux encore de la grande vie, de l'hôtel rue Neuve-du-Luxembourg, n° 14 ; des voyages dans les résidences, des toilettes raffinées qu'elle prenait chez Leroy et qui seyaient à son élégance blonde, à la longueur aristocratique de son corps, à son col très long supportant sa tête petite, contrastée du noir des yeux au clair de la chevelure. Après la campagne de 1809, durant l'armistice, elle rejoignit à Vienne son mari qui, pour le passage du Danube, avait reçu le grand aigle de la Légion ; elle fut de sa reconnaissance en Croatie ; elle prit sa belle part des fêtes et divertissements du mariage autrichien et pensa que l'Archiduchesse, elle aussi, avait trouvé son Bertrand ; elle fit encore un voyage d'ingénieur en Hollande, mais ce n'étaient là que préliminaires. Le 9 avril 1811, le comte Bertrand fut nommé gouverneur général des Provinces illyriennes, ce qui le mettait au rang des grands dignitaires. « Ah ! çà, comtesse Fanny, dit l'Empereur, vous allez là-bas remplacer le roi Marmont. Avez-vous un bon cuisinier ? — Sire, répondit Mme Bertrand, je conduis avec moi celui que j'ai ici à mon service et qui possède une grande réputation. — Ce n'est pas assez reprit l'Empereur. Il vous en faut deux, avec un officier de bouche, un bon maître d'hôtel, et vous irez à six chevaux, entendez-vous bien, Madame la Gouvernante ? » Et ainsi fut-il.

Peu à peu, Mme Bertrand avait déployé son caractère. Elle était dominante et formelle, n'admettait guère qu'on lui résistât et eût volontiers usé, pour emporter une plus prompte obéissance, de moyens énergiques. Avec la domesticité, ils ne lui réussissaient plus, car, en France, « il y avait quelque chose de changé ». mais, à Laybach, ils étaient de mise. Elle emmena une bonne partie de sa famille, sa mère, l'ancienne rivale de Joséphine, délicieuse encore avec ses cinquante-trois ans, mais éprouvant, à mastiquer des bouts de bougie, une joie surprenante ; puis ses deux enfants, ses neveux, Fitz-James, fille et garçon, un domestique immense et tous les raffinements du luxe parisien. On ne sortait qu'à six chevaux, les voitures menées à la d'Aumont ; la table était plus soignée qu'aux Tuileries ; les bals étaient merveilleux ; on y tirait en loterie les modes les plus nouvelles, apportées de Paris par courrier spécial et disposées gracieusement entre les colonnes d'un temple de l'Amour érigé dans la grand'salle. Mme Bertrand mettait tout en train, et, pour entreprendre les excursions de curiosité et de plaisir comme les voyages les plus fatigants et les plus périlleux, ne s'inquiétait point qu'elle fût enceinte ou non. Aussi prenait-elle comme une habitude des fausses couches. Il n'en était avec elle ni plus ni moins, et elle ne s'arrêtait presque pas. On a prétendu que nulle femme n'avait porté l'inexactitude au point où elle l'avait poussée ; elle en avait la passion, la manie plutôt ou la maladie ; mais, en Illyrie, c'était jeu de princesse ! Qu'elle se plût dans ces splendeurs et qu'elle aimât s'y faire voir, point de doute. Elle envoie à ses parents de la Martinique la miniature de son mari en grand uniforme et la sienne « très plaisante, en velours vert avec des ornements d'or et un col *monté*, non autour du cou, mais autour de la robe. » Et cette miniature, passant par l'Angleterre, où elle révéla la chérusque, fit l'admiration de tous les Dillon, leurs parents et leurs alliés.

À la fin de 1812, Bertrand, remplacé à Laybach par Junot, fut appelé à un service de guerre et chargé, pour la première fois, d'un commandement en chef — celui du 4e corps de la Grande Armée, qu'il avait organisé à Vérone. Rien ne l'y avait préparé : néanmoins il fit à peu près figure. « Ses moyens, a dit Ameil, étaient peut-être au-dessous de son imagination. Il ne s'en faisait point accroire là-dessus. Il n'a jamais repoussé un conseil. L'intimité dans laquelle il vivait avec le général Morand lui fit le plus grand honneur. » D'autres sont plus sévères, critiquent âprement ce goût qu'eut l'Empereur d'attribuer des grands commandements à des officiers généraux ses aides de camp, qui n'avaient ni capacité ni expérience — tels Bertrand et Lauriston, « quoiqu'il y eût une grande différence dans la trempe de caractère de ces deux officiers ». Excellent ingénieur, Bertrand ne sortait point de la règle en menant mal un corps d'armée.

Lorsque l'Empereur dut pourvoir au remplacement de Duroc, grand maréchal du Palais, blessé à mort le 22 mai, au combat de Makersdorff, il hésita quelque temps ; Caulaincourt faisait fonction, puis, à Dresde, Drouot. Il agita les noms de Lauriston, de Drouot, peut-être de Narbonne et même, a-t-on dit, de Flahaut, avant de s'arrêter à Bertrand. Pour la fidélité, il ne pouvait mieux choisir. Bertrand, nommé le 18 novembre, reçut l'ordre de se rendre à Paris et de laisser à Morand le commandement de son corps d'armée. Il prêta serment le 20 et s'installa aux Tuileries. Très neuf en ses fonctions, il s'enquit, mais sans se mettre au ton, et ne réussit guère. Mme Bertrand avait installé près d'elle sa mère et son frère, M. Levassor de la Touche, qui n'avaient aucun scrupule à répéter ce qu'ils entendaient ; les parents royalistes, flairant la catastrophe, se pressaient aux nouvelles ; cela constituait pour elle une situation pénible, car, personnellement, elle était fidèle et dévouée. Le Grand maréchal, qui avait été nommé par l'Empereur aide-major de la Garde nationale de Paris, n'en put remplir les fonctions, retenu qu'il fut, jusqu'au dernier jour, au Grand quartier général. Au 30 mars, Mme Bertrand, grosse alors de six mois, quitta Paris avec l'Impératrice, qu'elle suivit à Blois et à Orléans. D'Orléans, elle vint à Fontainebleau pour prendre ses dispositions avec son mari afin de le rejoindre à l'île d'Elbe. Bertrand n'avait pas hésité. Son inflexible droiture n'admit pas un instant qu'il se séparât de l'homme qui lui avait confié — depuis six mois à peine — la sûreté de sa personne et la direction de sa maison. Durant que Bertrand faisait avec l'Empereur ce périlleux voyage où les embûches avaient été préparées de longue main, Mme Bertrand gagnait Châteauroux, où elle devait attendre chez son beau-père, le moment propice. Au début de juillet, elle partit, munie de tous les passeports exigés. Enceinte de huit mois, elle voyageait avec son beau-frère, ses enfants, un domestique et une femme de chambre. À Bourges, le 13 juillet, au moment même où les chevaux étaient mis, le baron Didelot, préfet du Cher, assisté de son secrétaire général, intervint. Un officier de paix, « sûr et intelligent », tout exprès arrivé de Paris, monta dans la voiture. « La voiture fut fouillée, toutes les malles, coffres et boîtes furent visités avec le soin le plus scrupuleux. » On n'y trouva aucun papier. Certains dénonciateurs, gens du monde bien pensants, avaient annoncé que la comtesse emportait deux cent cinquante lettres. On en découvrit douze, bien comptées, toutes insignifiantes, dans son écritoire et dans le portefeuille de son beau-frère. « Mme Bertrand, écrit le policier, parut surprise et affectée de cette saisie, qui était commandée par les circonstances... Elle montra d'autant plus de mécontentement que, selon elle, le roi savait que son mari devait rentrer en France au mois d'avril prochain. »

Ainsi elle n'entend point sacrifier sa vie au roi de l'île d'Elbe et compte que, moyennant une année de séjour, elle libérera leur reconnaissance. D'ailleurs, cette femme si bien née ne saurait se plier à ce qui est l'essentiel de la vie de cour, l'exactitude. Elle pousse la méconnaissance des heures à un degré rare, même pour une femme, et, à l'île d'Elbe, cela devient un objet de querelles avec l'Empereur, qui s'est toujours piqué d'exactitude pour les autres. Plusieurs fois on l'a attendue pour passer à table ; une fois elle arrive lorsque l'Empereur a pris place dans la salle à manger avec sa mère et sa sœur. Elle veut s'excuser. « Madame, lui dit l'Empereur, ce n'est pas bien ni poli que vous vous fassiez attendre. » Elle demeure interdite, pleure un peu, et la princesse Pauline détourne les chiens. Mais il lui en est resté une sorte de dépit, et, sous le prétexte de sa santé, elle s'abstint de sortir, de se promener, de dîner chez l'Empereur. D'ailleurs elle était accouchée, au mois d'août, d'un enfant qui mourut au mois d'octobre, par une déplorable erreur du pharmacien. Toute sa famille anglaise compatissait à « pauvre Mme Bertrand, très *ennuiée* à Elbe » ; Lady Jerningham disait : « Elle l'écrit à sa mère à Paris, mais, je pense, le climat sera bon pour elle. »

L'Empereur, lorsque, au jour de l'an 1815, elle était venue lui présenter ses vœux, n'avait eu pour elle que des caresses, mais rien n'y faisait. Tout comme sa cousine l'Impératrice, hors de Paris, cette créole pensait mourir. Aussi, à peine l'Empereur sorti de l'île d'Elbe, elle n'écouta rien ni personne. L'ordre était qu'elle suivit Madame mère et la princesse Pauline ; elle s'embarqua, malgré Madame, avec ses trois enfants, ses domestiques et quelques femmes d'employés de la Maison, sous la conduite d'un sieur Mialaret, contrôleur des Droits réunis (celui dont la fille fut Mme J. Michelet), qui avait, paraît-il, accepté la mission de les conduire à Paris. Elle aborda vers Antibes, eut fort à se plaindre du préfet, M. de Bouthilier, fut transférée à Marseille, où elle fut enfermée dans les prisons de la ville, les hommes étant détenus au Château d'If. Elle ne fut libérée que sur les ordres envoyés de Paris par l'Empereur.

Durant les Cent-Jours, elle se réinstalla dans son appartement des Tuileries, mais sans entrain et sans goût aux choses : Bertrand avait une si médiocre confiance aux événements que, prenant ses précautions, il avait placé en fonds anglais toute la portion disponible de sa fortune. Bien lui en prit ; ce fut sur cet argent que, durant deux années au moins, l'on vécut à Sainte-Hélène.

Après Waterloo, elle fut naturellement assidue à Malmaison et ne parut point faire d'objections à un départ dont, pour son mari même, elle comprenait la nécessité. Son voyage de Malmaison à Rochefort, sous l'escorte du capitaine Piontkovski, qui s'était constitué son défenseur, ne fut marqué que par des incidents attestant la fidélité de la nation à son chef. Arrivée à Rochefort, dans ces sortes de conseils à porte ouverte qui se tenaient autour de l'Empereur et où chacun donnait son avis, elle fut des plus vives pour qu'on allât en Angleterre. Bertrand lui-même a écrit : « Jamais le général Bertrand n'a conseillé à l'Empereur de se rendre en Angleterre. La comtesse Bertrand, il est vrai, le désirait et elle le disait. » Anglaise de naissance, elle croyait fermement à l'honneur anglais, à l'hospitalité britannique. N'avait-elle point, elle, fille d'un général français, été accueillie par ses parents anglais comme leur enfant ? Au lieu d'un asile, c'était une prison que l'Angleterre réservait à celui qui était venu se placer sous la protection de son pavillon. Et quelle prison ! Mme Bertrand s'affola. Elle écrivit aux ministres « pour qu'ils empêchassent son mari de suivre Buonaparte, assurant qu'il ne le faisait que par honneur et à regret ». On lui répondit que le ministère ne s'occupait pas de ces détails. Alors, elle courut à la cabine de l'Empereur, entra sans être annoncée, fit une scène de larmes, de désespoir et de colère, et, comme l'Empereur répondait à ses objurgations qu'il ne pouvait défendre à Bertrand de l'accompagner, elle se jeta à la mer. Elle fut arrêtée par Mme de Montholon, qui la saisit par une jambe. Mais ce suicide manqué ne la calma point, et, jusqu'au dernier moment, elle s'acharna, employant tous les moyens, les discours, les larmes, les violences pour empêcher Bertrand de remplir son devoir. Il fallut à cet homme un sentiment très vif de l'honneur, une volonté vraiment admirable pour résister ainsi à une femme qu'il adorait ; il tint bon. Toutefois, il concéda une promesse de rester seulement une année, et sa femme en prit acte. « Mon cher cousin, écrivit-elle à Lord Dillon, nous partons pour Sainte-Hélène ; nous y passerons un an, ensuite je reviendrai en Angleterre avec mon mari et mes trois enfants… » Et le général écrivit lui-même : « J'ai le projet de revenir en Angleterre l'année prochaine ; j'écris à Lord Keith pour m'obtenir les autorisations nécessaires, et je vous prie de vouloir bien seconder la demande qu'il fera à ce sujet. »

Voilà le chef de la Maison, l'homme essentiel, le personnage décoratif, celui qui devrait jouer le premier rôle et ranger tout le personnel à ses ordres. Il n'est là qu'en passant ; dans douze mois il partira, et, par suite, il ne saurait faire de projets ni prendre de responsabilités. Entre son dévouement à l'Empereur, son amour pour sa femme, sa faiblesse pour ses enfants, il est constamment étreint et s'égare. Il ne satisfait personne et se mécontente lui-même. Plus il sera honnête, plus il montrera de vertus, plus il prouvera sa droiture, moins il fera sa cour, et Mme Bertrand le trouvera d'autant moins attentif qu'ailleurs il sera plus dévoué. Dès Rochefort, elle s'est rendu compte de l'isolement absolu dans lequel elle sera condamnée à vivre et qui, pour une femme telle qu'elle est, sera entre les pires supplices. Elle est, en effet, peu disposée à frayer avec de nouvelles connaissances qui ne touchent pas à la société où elle naquit et où elle vécut, au moins jusqu'à son mariage ;

plus tard même, semble-t-il, car elle prit l'époux plus que son milieu, vivant très intime avec sa mère, son frère, ses neveux, cousins et cousines, auxquels se joignait la maison militaire du général, mais peu mêlée à la Cour et point du tout à la Ville. Jamais, ni ici, ni là, elle n'aurait d'ailleurs pu rencontrer M. ni Mme de Montholon, et c'étaient pour elle des personnages qu'il ne lui semblait point qu'elle pût jamais fréquenter.

Ce n'était pas que Charles-Tristan de Montholon ne fût d'une famille ancienne qui, au XVIe siècle, fournit deux gardes des Sceaux et qui, depuis lors, se distingua dans la robe ; mais il y avait l'homme même et son personnel.

Au XVIIIe siècle, Mathieu de Montholon, conseiller au parlement de Metz, eut de Marie-Louise Maurin, fille d'un conseiller à la Cour des Aides, un fils aussi nommé Mathieu, qui entra au service et acheta une compagnie dans Schomberg-Dragons. Il épousa Mlle de Rostaing, qui était de la Cour et tenait à tout par son père, maréchal de camp, et sa mère, née Lur-Saluces. Par ce grand mariage, il se faufila d'abord chez le duc de Penthièvre, dont il devint un des familiers et duquel il obtint Penthièvre-Dragons. De là, il prit son essor : il eut l'agrément de Monsieur pour la charge de premier veneur, qu'il acheta du comte de Botherel-Quintin ; cela pouvait le mener bien haut, mais il lui manquait d'avoir les honneurs de la Cour et, premier veneur du frère du roi, d'avoir suivi la « chasse de Sa

Majesté et d'être monté dans ses carrosses ». Ce n'était plus là question de faveur, et il y avait des règles qu'on n'avait point encore entrepris de violer. En 1784, M. de Montholon fit présenter ses titres par son père, lequel se qualifiait conseiller d'Honneur au parlement de Metz. Il allégua que sa famille, connue depuis le XVIe siècle, se rattachait ci-devant à une famille d'ancienne noblesse, les seigneurs de Lee et de Monthelon ou Montholon en Antunois ; mais la construction parut fragile, et les preuves ne furent point reçues ; en compensation, Mathieu de Montholon, le conseiller au parlement de Metz, obtint des lettres du 6 octobre 1787, portant reconnaissance d'ancienne noblesse d'extraction et autorisant le fils aîné dudit sieur de Montholon à prendre à l'avenir le titre de comte de Lee. Ce Lee avait une apparence britannique, mais il est divers Lee en Bourgogne (entre autres un hameau de la paroisse de Culètre). On ne profita pas moins par la suite des confusions que procurait l'homonymie avec les Lee anglais, dont était un André, lieutenant général et grand'croix de Saint-Louis, mort à Saint-Germain en 1734, et un autre André, lieutenant-colonel du régiment de Bulkeley, mort à Paris en 1787. Mathieu de Montholon, — le premier veneur, — qui se faisait appeler le marquis de Montholon, mourut d'accident en 1788, laissant quatre enfants : Charles-Tristan (comte de Lee) âgé de cinq ans ; Louis-Désiré, qui en avait trois, et deux filles : Marie, de onze ans, et Félicité-Françoise, de huit. La veuve se remaria, deux ans plus tard, à M. Huguet de Montaran de Sémonville, qui, pour lors, était conseiller au Parlement, mais qui, durant sa très longue vie, toucha à toutes choses de la politique et des affaires, et qui réussit merveilleusement, par une intrigue constamment active, à se tenir en équilibre dans des places d'importance. Il s'occupa, avec un dévouement quasi paternel, des enfants de sa femme, mariant Marie au comte de Sparre ; Félicité, d'abord au général Joubert, puis au général Macdonald, adoptant les deux garçons, dont l'aîné, Charles-Tristan, avait, dit-il et ici on peut le croire, obtenu à cinq ans la survivance de la charge de premier veneur de Monsieur, la finance en étant réservée.

M. Huguet de Sémonville avait réclamé, en plein Parlement, la convocation des États Généraux, mais il n'y fut point élu ; il se consacra pourtant à en suivre les séances et servit, dit-on, d'intermédiaire en diverses de ces négociations que le régime parlementaire rend opportunes, où la corruption est le principal mobile et qui profitent surtout à ceux qui les mènent. La Cour sentit le besoin de s'attacher un homme aussi remarquable, et M. de Sémonville, envoyé comme ministre, d'abord à Bruxelles, puis à Gênes, emmena chaque fois sa nombreuse famille. À Turin, où il avait été nommé, on ne voulut point reconnaître son caractère, et, par manière de compensation, il fut nommé par le roi ambassadeur à la Porte. La République lui conserva cette place, ce qui prouve ses talents, et il s'embarqua avec tous les siens sur une frégate de la nation, la *Junon*, qui devait le conduire à son poste. On sait que, pour attendre des renseignements sur les intentions du

Divan, Sémonville relâcha à Ajaccio, où il joua un rôle politique, rattachant à lui les membres fort désemparés du parti français, et en particulier les Bonaparte, qui essayèrent de lui être utiles lorsqu'il fut dénoncé sur une pièce compromettante trouvée aux Tuileries. Il était entré dès lors en relations avec Joseph et avec Napoléon, surtout avec le jeune Lucien, qui, lors de son retour en France, l'accompagna comme secrétaire-interprète, à moins que ce ne fût comme délégué de la Société populaire d'Ajaccio, et multiplia, dans les clubs de Toulon et de Marseille, les motions en sa faveur. Ce garçon de dix-huit ans qui, pour son début oratoire, faisait proscrire tous les siens et séparait la Corse de la France, ne fut pas au moins sans servir puissamment son patron.

Charles-Tristan de Montholon a dit que, durant ce séjour à Ajaccio, il fut logé chez Mme Bonaparte qui fut pleine de bontés pour lui, que Napoléon lui apprit les mathématiques et Lucien le latin ; mais il a dit tant de choses[1].

Sémonville, qui était parvenu une fois de plus à se justifier et à garder sa place, ne pouvait plus penser à rejoindre son poste par la voie de mer que fermaient les croisières anglaises ; il prit la route de Genève, d'où, par la Suisse, il passerait en Toscane : il avait à remplir, près du grand-duc, une mission analogue à celle dont Maret était chargé près de la cour de Naples. Tous deux furent, ainsi que leurs suites, arrêtés à Vico-Soprano, sur le territoire des Grisons, par des agents et des soldats autrichiens. Charles-Tristan a prétendu alors qu'il avait été blessé en défendant son beau-père. Il existe trois rapports sur cette arrestation : par Camus, Sémonville et Maret : nulle part il n'est question de cette blessure du jeune Montholon.

Mme de Sémonville avait été laissée libre ainsi que ses enfants et la femme du secrétaire d'ambassade. Elle rentra à Paris où Napoléon la retrouva deux ans plus tard ; il écrivait à Joseph, le 9 août 1795 : « J'ai vu hier Mme de Sémonville dont le mari doit être échangé contre la petite Capet. Elle est toujours la même, ainsi que ses deux filles fort laides, mais la petite a de l'esprit. » Charles-Tristan ne pouvait manquer de bons appuis : à seize ans, le 7 octobre 1799, il fut nommé adjoint du génie par le général Championnet, commandant en chef l'Armée d'Italie. Le 18 mars 1800, il fut confirmé dans l'emploi d'adjoint de deuxième classe et, le 31 mai, promu lieutenant et détaché, comme aide de camp, près du général en chef Augereau, moyennant quoi, un an plus tard, le 3 novembre 1801, il passa capitaine. Il a dit que, détaché à l'Armée d'Allemagne, il avait fait la campagne de Hohenlinden et que, pour sa belle conduite, il fut honoré d'un sabre d'honneur. Nulle trace. Au contraire, à partir de l'an IX (1801), sa fortune militaire hésite. Il est réformé, avec traitement, le 22 décembre ; détaché près le ministre des Relations extérieures le 2 août 1802 (peut-être en Danemark, près de Macdonald) ; il rentre dans l'armée le 30 décembre, comme aide de camp du général Klein, de chez qui il revient, le 12 mai 1803, près de Macdonald. Après de tels services, il mérite, à coup sûr, d'être avancé, ce pourquoi son beau-père Sémonville réclame pour lui, du ministre de la Guerre, le 18 novembre 1804, le grade de lieutenant-colonel et un emploi au 4e régiment de dragons. « Le régiment avec lequel mon fils a eu l'honneur de servir a bien voulu lui conserver de l'intérêt et en attacher un réel à lui voir remplir ce grade. » Berthier, lié de vieille date avec Sémonville, propose à l'Empereur M. de Montholon, le recommandant en son nom et au nom de « M. Maret, ministre et secrétaire d'État, qui prend un intérêt particulier à l'avancement de cet officier, à la famille duquel il est étroitement attaché ». Berthier n'oublie aucun des titres qui peuvent faire valoir les Sémonville en vue d'influer sur l'Empereur, mais celui-ci répond en marge : « Cet officier n'a pas le temps de service nécessaire. » Montholon, hier si pressé de reprendre rang dans un régiment, « les circonstances rendant oisif le service de plusieurs états-majors », ne s'en souciait que lieutenant-colonel. Il reste donc dans les états-majors où il n'a rien à faire. Le 11 septembre 1805, quittant le général Macdonald, il se fait mettre en congé de six mois pour servir durant ce temps à l'État-major général de la Grande Armée ; il obtient dans la semaine d'y être définitivement employé : c'est là une faveur essentielle qu'il doit à Berthier. Il énonce donc un fait doublement inexact lorsqu'il écrit : « L'Empereur ne reconnut Montholon que sur le champ de bataille d'Austerlitz. Il dit le soir à Berthier : « J'ai vu un officier de chasseurs qui, sûrement, est le Montholon que j'ai connu à Ajaccio. Faites-le chercher et prenez-le pour aide de camp. » Or, ce fut seulement le 6 septembre 1807 qu'il devint l'un des aides de camp du prince de Neufchâtel, alors que sa présence à l'État-major général lui avait déjà valu l'étoile de la Légion le 14 mars 1806 et le grade de chef d'escadrons, le 9 janvier 1807. Avait-il fait un service au 15e Chasseurs, où il avait été classé pour ordre, cela paraît douteux, mais il n'était pas moins en passe de tout obtenir. Dans la seule année 1809, le 13 mai, il fut promu adjudant-commandant — grade de colonel ; le 28 mai, par lettres patentes de cette date, il fut nommé comte de Sémonville sur transmission du titre de son beau-père ; le 15 août, il reçut une dotation de 4.000 francs sur les biens réservés en Hanovre au Domaine extraordinaire ; le 21 décembre, il fit partie de la grande promotion des chambellans. Voici en quels termes, après avoir énuméré ses titres, il avait posé sa candidature : « Le délabrement de sa santé, suite des fatigues de la guerre, ne lui permettant pas de continuer à servir activement, il sollicite l'honneur d'être attaché à la Maison de S. M. l'Impératrice qui l'honore de sa protection. »

Là semblait devoir s'arrêter sa carrière militaire. Quelle avait-elle été et pour être à vingt-six ans colonel ne fallait-il point qu'il se fût signalé ? En effet, il a dit que, à Iéna, il avait été blessé en chargeant avec Auguste Colbert : ses états de service ne le mentionnent pas. Le marquis de Colbert qui recueillit — avec quelle passion ! — les *Traditions et Souvenirs* de son père, n'en sait rien. Il a dit que, à Heilsberg, il avait sauvé d'une destruction totale quelques bataillons de la division Savary ; il n'y avait pas de division Savary ; il y avait la brigade des Fusiliers de la Garde dont Savary, aide de camp de l'Empereur, venait à l'instant de recevoir le commandement et, nulle part, Savary, dans ses *Mémoires*, ne fait la moindre allusion à Montholon. De même, à Eckmühl, il avait chargé à la tête de la cavalerie wurtembergeoise ; à Madrid, à la tête des Marins de la Garde, il avait repris l'arsenal, pour quoi il avait été fait baron de l'Empire avec 5.000 francs de dotation et officier de la Légion ; à Wagram, il s'était signalé au point que l'Empereur l'avait nommé comte de l'Empire et l'avait attaché comme chambellan à sa personne. Nulle de ces assertions ne se trouve confirmée ni par un document officiel, ni même par un témoignage ; la plupart sont formellement contredites. M. de Montholon avait obtenu, grâce à son beau-père, un avancement singulièrement rapide, mais aucun de ses grades n'avait été conféré sur le champ de bataille, aucun n'avait été la récompense d'une action d'éclat.

Si cet adjudant-commandant de vingt-six ans avait eu derrière lui un si magnifique passé, on peut douter qu'il eût sacrifié l'avenir à une place de chambellan. Il est exact qu'il reçut le titre de comte, grâce à un majorât qu'avait établi en sa faveur M. de Sémonville ; il est exact qu'il fut, grâce à la protection de l'impératrice Joséphine, nommé chambellan, mais toutes ses autres allégations — toutes sans exception — sont contredites par les pièces officielles.

Durant les années 1810 et 1811 il fit quelque service comme chambellan, mais il ne fut point employé ni distingué dans les grandes cérémonies ; il fut seulement détaché près de l'oncle de la nouvelle impératrice, le ci-devant grand-duc de Toscane, devenu, par la grâce de Napoléon, grand-duc de Wurtzbourg et membre de la Confédération du Rhin. N'est-ce pas là ce qui, moyennant l'influence de Sémonville, le désigna pour être accrédité près de Son Altesse Impériale, en qualité de ministre plénipotentiaire et envoyé extraordinaire, au traitement annuel de 40.000 francs ? Il fit ainsi partie d'une fournée de diplomates que l'Empereur prit dans le salon de service le 20 janvier 1812 et qui, du jour au lendemain, se trouvèrent avoir contracté l'éducation, l'instruction, la fidélité et la discrétion qui conviennent aux fonctions de chef de poste.

Il y avait alors à Paris deux sœurs élégantes et coquettes qui avaient épousé les deux frères. Elles étaient de finance par naissance et mariage : leur grand-père Jean Le Vassal ou Vassal, receveur général en Languedoc, avait acheté d'être anobli par une charge de secrétaire du roi, et il avait marié fort bien ses enfants, la fille à un Séguier, avocat général au parlement de Paris ; le fils, Jean-André, à une Pas de Beaulieu. De là ces deux belles personnes : Jeanne-Suzanne-Lydie et Albine-Hélène. Elles furent unies à deux frères Roger, financiers genevois établis à Paris, mêlés à toutes les grandes affaires et considérés, au point qu'ils devaient l'un et l'autre, Daniel qui avait épousé la cadette des Vassal et Salomon-Louis qui avait épousé l'aînée, recevoir, les 10 février 1809 et 17 mai 1810, collation du titre de baron moyennant l'établissement de majorats de 8.400 et de 13.000 francs. Salomon-Louis eut deux fils qui épousèrent, par la suite, l'un Mlle Thuret, l'autre Mlle Le Roux, veuve de M. Régnier, marquis de Massa ; Daniel n'eut qu'un fils, qu'on appela, après la Restauration, le comte Roger (du Nord) et qui joua une sorte de rôle dans le monde parlementaire. Au début de 1809, dans des conditions sur lesquelles on ne saurait insister, Daniel Roger dut demander d'être séparé de corps et de biens de sa femme, laquelle ne semblait point alors connaître M. de Montholon ; il obtint la séparation le 26 avril. Plus tard, suivit une instance en divorce durant laquelle Mme Roger s'établit en intimité avec M. de Montholon et tous deux convinrent de se marier dès que la sentence serait rendue. Mme Roger paraît avoir loué, en janvier 1812, une chambre à Draveil, village de l'arrondissement de Corbeil, afin d'y acquérir le domicile exigé par le Code Napoléon. Le divorce fut prononcé le 26 mai ; aussitôt on publia les bans dans cette mairie où M. de Montholon était aussi inconnu que Mme Albine-Hélène Vassal. Montholon quittant sans congé son poste de Wurtzbourg, arriva à Paris, y prit quatre témoins obscurs et s'en fut, avec eux et la future épouse, à Draveil, où, le même jour 2 juillet, le maire, bien disposé ou intimidé, maria gravement ces deux étrangers. Il ne demanda qu'on lui représentât ni l'autorisation de l'Empereur, ni les actes respectueux qui auraient dû être signifiés à Mme de Sémonville, ni les actes établissant la date du divorce de Mme Roger. Il se contenta d'insérer dans l'acte public de mariage ces énonciations fournies par M. de Montholon : en ce qui le concerne : « sa mère n'a formé aucune opposition » ; en ce qui concerne Mme Roger : « divorcée par acte rendu par le tribunal de première instance de la Seine le 21 avril 1809. » Et, par-dessus, il offrit à déjeuner aux nouveaux époux qui, aussitôt après, rentrèrent à Paris avec leurs témoins.

Ce déjeuner et la cérémonie qui l'avait précédé ne furent point sans coûter cher à Louis Beaupied, maire de Draveil ; mais sa double condamnation n'annula point les effets du mariage. « C'était à Mme de Sémonville à l'attaquer, écrivit le Grand Juge, si elle croyait avoir des motifs suffisants pour le faire annuler. » Mais, s'il était marié, Montholon ne fut plus chambellan et il reçut l'ordre de cesser immédiatement l'exercice de son emploi à Wurlzbourg. Sa Majesté, écrivit le ministre des Relations extérieures, « a jugé le mariage que vous avez contracté incompatible avec les honorables fonctions qu'elle a daigné vous confier ».

Tout cela traîna. L'Empereur était en Russie et Montholon avait tablé sur son absence ; mais, de son quartier général, Napoléon gouvernait l'Empire et il se réservait de statuer sur des cas de cette gravité. Toutefois, fallait-il que les lettres allassent et revinssent. La destitution fut donc prononcée seulement le 8 octobre ; Montholon ne prit son audience de congé que le 31 octobre ; les poursuites contre le maire de Draveil ne furent ordonnées que le 4 décembre.

Dans une des biographies qu'il s'est consacrées, M. de Montholon a attribué « sa destitution à un mémoire qu'il adressa à l'Empereur sur la situation intérieure de l'Allemagne et sur les dispositions des princes confédérés ». Ailleurs il a écrit : « En 1812, un rapport que quelques prêtres fanatiques imposèrent à Savary provoqua, fort mal à propos, la colère de l'Empereur... Sa disgrâce fut complète. »

Il semble qu'alors M. de Montholon dépensa en peu de temps, outre la fortune qu'il pouvait avoir recueillie de son père, celle que Mme Roger avait pu lui apporter. Il excella, toute sa vie, dans un art de s'endetter où nul ne l'égala et qui lui paraissait tout simple. En cette même année 181 2, il devint père d'un fils auquel il donna les noms de Charles-François-Napoléon-Tristan. Cette naissance prématurée acheva de rendre difficile sa situation à Paris où sa famille et la société se montrèrent aussi froides que la Cour vis-à-vis de sa femme. Il se réfugia à Changy, près Nogent-sur-Vernisson, où il vécut dans une retraite obligée.

S'il n'était plus diplomate ni chambellan, Montholon comptait toujours comme adjudant-commandant dans le cadre d'activité. Après la campagne de Russie, on fit appel à tous les officiers non employés et il fut désigné, au début d'avril 1813, pour se rendre à Metz et y remplir les fonctions de chef d'état-major de la 2e division de cavalerie légère. « C'est avec le plus vif regret, répondit-il au ministre, que je suis obligé d'exposer à Votre Excellence que, par suite de mes blessures, celle entre autres d'une fracture du côté gauche, je suis dans l'impossibilité de monter à cheval sans éprouver des hémorragies affreuses. » Cette blessure n'étant pas portée aux états de services provenait, sans doute, d'une chute accidentelle ; elle fut constatée et M. de Montholon fut remplacé dans son emploi. Au mois de septembre, on pensa l'envoyer chef d'état-major du prince d'Essling qui commandait à Toulon, — position essentiellement sédentaire, — mais il esquiva la désignation ; le 4 décembre, il fut avisé qu'il était mis à la disposition du général Decaën, commandant en chef dans les Pays-Bas, quartier général à Gorkum. À quoi il répondit qu'il s'y rendrait aussitôt « que sa maladie le lui permettrait. Je serais parti sans délai, écrivit-il le 9 décembre, si je n'étais retenu par la fièvre. » Le ministre riposta, le 7 janvier 1814 par l'ordre au général Hulin, commandant la 1re division militaire, de rechercher Montholon où qu'il fût et de lui intimer formellement de rejoindre le 1er corps d'armée. Découvert à Paris le 22 janvier, il essaya de se couvrir d'un certificat médical attestant qu'il ne pouvait à ce moment faire un service actif ; mais, en même temps, il sollicita le commandement d'un département, « heureux si, dans ce poste, il pouvait trouver l'occasion de prouver à Sa Majesté son dévouement sans bornes à sa personne ». Le 3 mars seulement, il reçut avis que l'Empereur lui confiait le commandement du département de la Loire et que le général commandant la 19e division lui remettrait ses lettres de services. Hulin, par ordre, fit appeler Montholon qui promit de partir sur-lechamp. Il se rendit, en effet, à

Montbrison où le préfet, M. de Rambuteau, nouvellement arrivé du département du Simplon, où il avait joué un rôle si honorable, organisait la défense, formant des escadrons et des bataillons provisoires dans les sept dépôts des régiments réfugiés sur son territoire et créant ainsi le noyau de la petite armée dont Montholon prit le commandement vers le 10 ou 12 mars. Il y avait là quatre à cinq mille hommes marchant d'assez mauvaise grâce, d'ailleurs mal armés et sans instruction militaire. Les bataillons que le préfet avait formés des ouvriers des forges tinrent mieux, mais les gardes nationaux refusèrent le service et désertèrent à l'envi. Montholon avait pour mission d'appuyer le maréchal duc de Castiglione et, dans ce but, il s'était porté vers la Franche-Comté, quoique Rambuteau eût souhaité qu'il marchât sur la rive droite de la Saône. Obligé de se retirer sur Lyon et Roanne, il fut prévenu à Roanne par le préfet qui concentra toute la garde nationale à Rive-de-Gier, et transporta le chef-lieu du département à Saint-Bonnet-le-Château, en pleine montagne. Il y envoya sa femme et ses enfants qu'accompagna Mme de Montholon. M. de Montholon, quittant sa troupe, les y rejoignit. De Saint-Bonnet, le 24 mars, il annonce l'occupation de Saint-Étienne par les Autrichiens et sa retraite sur les montagnes « pour y compléter l'organisation du faible corps qu'il a réuni et conserver tous les moyens d'inquiéter sans cesse l'ennemi en défendant pied à pied toutes les positions et portant sans cesse des partis sur tous les points qui se trouveraient dégarnis ».

Si les troupes dites réglées et les gardes nationales ne rendaient point facile la tâche du commandant ; si « en entendant battre la générale, 570 hommes désertaient sur 1.000 à 1.100 » ; par contre, des partisans, des paysans, des troupes dites cantonales montraient une vigueur et une activité qui eussent mérité une autre direction. Avant l'arrivée de Montholon, le 5 mars, M. G. de Damas, chef des partisans de la 19e division militaire, avait détruit, à Saint-Bois, une reconnaissance autrichienne ; plus tard, avec 2.000 hommes qu'il avait rassemblés il s'était proposé de marcher de Montbrison sur Saint-Étienne, et, lorsque Montholon eut abandonné Montbrison, il avait prouvé qu'on pouvait y tenir, en le réoccupant au moins durant quelques heures ; le 30 mars, les troupes cantonales défendaient victorieusement Roanne contre des hussards autrichiens ; le 3 avril, les partisans repoussaient l'ennemi à Feurs et détruisaient le pont de bateaux qui venait d'y être jeté. Nulle part, Montholon n'avait paru : il n'avait point bougé de Saint-Bonnet.

Le 2 avril, le général Poncet, commandant la division, lui envoya l'ordre de quitter cette position de tout repos pour se rapprocher de la Loire dans la direction de Feurs et empêcher le passage de la rivière. Les partisans l'y avaient prévenu ; mais le succès qu'ils avaient remporté ne pouvait arrêter les Alliés, déterminés à briser la résistance des populations. Moyennant les renforts considérables envoyés au prince de Cobourg, les Autrichiens qui avaient débouché de Saint-Étienne et passé la Loire près de Saint-Rambert, s'emparèrent, le 10, de Montbrison ; une autre de leurs colonnes menaçait Roanne qui capitula le même jour. Déjà, Montholon avait évacué son département et s'était retiré vers le Puy-de-Dôme. Le 9, au moment de quitter la 19e division, il requit à Noirétable les proposés du payeur de lui verser « la somme de 2.000 francs imputable sur le 1er trimestre 1814 pour ses appointements, plus le mois de décembre 1813 arriéré ». Le 14, à Clermont-Ferrand, il enleva de la caisse du payeur général du département la somme de 5.970 francs, « pour valoir sur la solde des troupes qu'il commandait, l'arrivée de l'ennemi dans une heure ne permettant pas de régulariser les paiements ». Ces deux réquisitions devaient avoir des conséquences.

Que fit-il ensuite ? Il a fait écrire par l'un de ses biographes : « *Le général* Montholon n'ayant plus aucun chef dont il pût prendre les ordres, confia son commandement au colonel Genty, du 5e léger, et il se rendit immédiatement près de l'Empereur à Fontainebleau… Il conjura l'Empereur de lui permettre de l'enlever dans les montagnes de Tarare. L'enlèvement opéré, *le général* Montholon, avec environ 8.000 hommes qu'il avait dans le département de la Loire, aurait conduit l'Empereur aux 24.000 braves que la trahison d'Augereau enchaînait à Valence et qui, à leur tour, ayant Napoléon à leur tête, se seraient facilement réunis aux corps d'armée d'Eugène, de Soult, de Suchet, etc… L'Empereur médita beaucoup, hésita longtemps. Il lui dit en l'embrassant : « Restez en France, gardez-moi votre fidélité et partez d'ici sans que les commissaires étrangers vous voient. » *Le général Montholon obéit : il vint à Paris, déposa son commandement entre les mains du ministre de la Guerre et ne servit pas les Bourbons.* »

En effet, le 16 avril, M. de Montholon, de son quartier général de Pongibaud, adressa à ses troupes une proclamation où on lisait : « Soldats… de toutes parts l'air retentit des cris de vive Louis XVIII et la déposition de l'Empereur Napoléon, est prononcée par le Sénat conformément à la Constitution à laquelle vous avez juré fidélité… Le silence des ministres me décide à me rendre à Paris… » Peut-être a-t-il passé à Fontainebleau ainsi qu'il le dit dans une lettre adressée le 6 juin 1815, à l'Empereur qui, en l'annotant favorablement, en reconnut sans doute la véridicité. « Le 21 avril 1814, a-t-il écrit, dix-huit jours après la trahison de l'Armée de Lyon dans laquelle je servais, j'ai été à Fontainebleau offrir à Votre Majesté la brigade que je commandais et que je lui avais conservée fidèle, au milieu d'une armée rebelle et d'une population révoltée. Je n'ai pas craint alors le danger auquel m'exposait ma résistance aux ordres du maréchal Augereau, aux séductions du marquis de Rivière et aux insistances de ma famille. Tout dévoué à Votre Majesté, j'ai tout sacrifié pour Elle. »

Il faut croire à une erreur de plume lorsqu'il écrit *21 avril*. Dans une lettre en date du 20, datée de Paris, Hôtel de Bretagne rue de Richelieu, adressée au colonel Genty et signée marquis de Montholon, il dit : « Faites reconnaître

Louis XVIII pour roi de France et de Navarre. L'Empereur Napoléon m'a déclaré le 18 à Fontainebleau avoir abdiqué et engage les Français à servir fidèlement le Roi ». Quant au projet que peut-être il n'avait pas été le seul à former, *s'il l'a formé* il avait été ébruité de façon que, selon des écrivains royalistes, Augereau, d'accord avec les généraux autrichiens, prit les mesures nécessaires pour le faire échouer. Quoi qu'il soit de cette démarche, à cette même date du 20 avril, « le comte de Montholon, commandant le département de la Loire », faisait une autre démarche, prouvée celle-là, près du comte Dupont, commissaire au département de la Guerre pour le roi Louis XVIII : « J'ai l'honneur, écrivait-il, d'exposer à Votre Excellence qu'accablé depuis dix-huit mois de la disgrâce du Gouvernement par suite d'un rapport du général Savary, mon avancement militaire a été complètement arrêté et que déjà j'ai près de six ans de grade d'adjudant-commandant. Permettez-moi, Monseigneur, de solliciter de votre bonté le grade de général de brigade. Je servirai le roi aussi fidèlement que mes pères servaient Henri II et François Ier. » Le 25, par une lettre signée : marquis de Montholon, il demandait Saône-et-Loire au lieu de la Loire, dont le commandement lui avait été maintenu ; cela lui tenait d'ailleurs moins au cœur que le grade ; d'avril à juillet, trente-six maréchaux de camp avaient été nommés par le roi et le marquis de Montholon ne figurait point sur les listes. De Paris, où il résidait de préférence, il écrivit à Louis XVIII le 31 juillet cette lettre qui doit être publiée tout entière : « Sire, j'ai ressenti les augustes bienfaits de Votre Majesté avant qu'il me fût permis de les apprécier. Je n'avais pas atteint 1 âge de six ans que Votre Majesté daigna, par une faveur spéciale, me conférer, à la sollicitation de Mme la princesse de Lamballe, à laquelle j'avais l'honneur d'appartenir, la place de premier veneur, occupée précédemment par mon père et qui a péri sur ma tête. Sire, parvenu à seize ans, privé de ma fortune et de mon prince, j'ai cherché à me rendre au moins digne de l'honneur que j'avais reçu de vous.

« Votre Majesté venait d'ordonner le licenciement des Armées royales.

« J'ai servi mon pays. Treize campagnes, dix grandes batailles auxquelles j'ai concouru, trois blessures, plusieurs chevaux tués sous moi, tous mes grades obtenus à l'armée, tels sont les titres que j'ai l'honneur de déposer aux pieds de Votre Majesté. J'ose la supplier de se faire rendre compte de mes services par son ministre de la Guerre et de me permettre de verser tout mon sang pour elle dans le grade de maréchal de camp qu'occupent aujourd'hui mes cadets. » Il signe : « *Le colonel marquis de Montholon, beau-fils de M. le comte de Sémonville, grand référendaire de la Chambre des Pairs.* »

Il fut nommé maréchal de camp, et son brevet, à la date du 24 août 1814, fut signé par le roi et contresigné par le ministre de la Guerre.

Si le roi ne le rétablit pas dans la charge de premier veneur, au moins lui en rendit-il les honneurs et y joignit-il les entrées de sa Chambre, ce qui parut une grâce insigne et un acheminement à la haute faveur ; mais, à ce moment même, éclata cette affaire de Clermont, l'enlèvement de la caisse du receveur général, sans qu'aucune justification eût été produite de l'emploi des fonds. Remplacé dans son commandement, Montholon réclama d'abord avec une sorte de modération d'être replacé ou de toucher à Paris la solde d'activité (24 octobre). « Mes longs et bons services, écrit-il, le rang que j'occupais à la cour du roi, celui de ma famille me font espérer, Monseigneur, que vous voudrez bien ne pas rejeter ma demande. » Mais les accusations se précisent et s'aggravent ; Augereau, que Montholon prétend être son ennemi, intervient : il ne s'agit de rien moins que du conseil de guerre. « Le général Montholon se préparait à se défendre, écrit un de ses biographes officieux, lorsque le comte d'Artois, frappé sans doute par les souvenirs de ce nom familier à l'ancienne cour, l'envoya chercher par le marquis de Champagne et lui ordonna d'expliquer les circonstances qui avaient donné lieu à la dénonciation dont il était l'objet. Le général Montholon répondit sans hésiter ; sa réponse, forte d'énergie et de précision, le justifia pleinement. Le comte d'Artois ordonna la cessation des poursuites… Le général Montholon se retira dans ses terres. »

Ces énonciations sont, comme toujours, inexactes. Le général Dupont ayant ajourné sa décision sur les instances qu'avait formées M. de Montholon, celui-ci les renouvela, le 6 décembre, près de son successeur, le maréchal Soult, alléguant que le ministre « avait reconnu la justice de sa demande et l'avait assuré même qu'il allait le remettre en activité à Paris ». Sur quoi il réclamait d'être employé dans le gouvernement de Paris. Sa requête fut appuyée avec une extrême vivacité par ses beaux-frères, le maréchal Macdonald et le comte de Sparre. Soult ne se laissa pas fléchir et passa. Le 11 janvier 1815, le marquis de Montholon, voyant qu'il n'avait point à espérer un commandement, demanda au moins une compensation. « Je réclame, écrit-il, de la justice de Votre Excellence, la décoration de commandant de la Légion d'honneur. J'ose espérer que vous daignerez ne pas la refuser à mes longs services et surtout à mon ancienneté de grade d'officier de la Légion d'honneur. » Officier ? M. de Montholon est porté comme membre de la Légion d'honneur du 14 mars 1806 dans ses états de service ; il prend cette qualité de membre de la Légion dans son acte de mariage, en 1812 ; il est désigné comme simple légionnaire sur toutes les listes antérieures à 1814 ; il faut croire que tout le monde s'y était trompé — et lui-même.

Il n'eut point la cravate de la Légion et pas davantage un département ; il fut invité à ne point paraître à la Cour ; il se trouva exclu de tout, mis en quarantaine et singulièrement mortifié. Ce pourquoi, avec sa femme, accouchée — plus régulièrement — le 28 novembre 1814, d'un second fils,

Charles-François-Frédéric, il disparut et s'en alla vivre à la campagne.

Lorsque l'Empereur arriva, il se compromit par un acte désespéré : il alla au-devant de lui, le rejoignit, a-t-il dit, dans la forêt de Fontainebleau, lui donna des renseignements sur ce qui se passait à Paris et sur les dispositions des troupes réunies à Villejuif, et il assuma le commandement des régiments qui rejoignaient : 4e et 6e lanciers, 1er et 6e chasseurs. De cela aucune trace ; mais ailleurs il écrit : « Depuis le retour en France de Votre Majesté, jusqu'à l'arrivée à Paris, j'ai cherché l'occasion de la servir et, le 20 mars, je marchai à la tête de son escorte. » Cela semble possible. Néanmoins, son nom ne se trouve sur aucune des listes, visées par Drouot, des officiers ayant rejoint l'Empereur depuis son débarquement ou ayant passé aux Tuileries la nuit du 20 au 21 mars.

De ce jour où, à l'en croire, il s'était à ce point signalé par son dévouement jusqu'au 2 juin, Montholon garde le silence ; a-t-il pensé qu'il serait compris sur la liste supplémentaire des chambellans qui parut seulement le 1er juin et sur laquelle il n'était pas ? Cela peut être. Le cas n'en est pas moins étrange. Le 2 juin seulement, par une lettre au prince d'Eckmühl, ministre de la Guerre, il demande sa mise en activité et sa confirmation dans le grade de maréchal de camp. « Je n'ai fait, dit-il, aucune demande pour être confirmé et je me suis borné à demander du service. » Le 5 juin, il écrit à l'Empereur lui-même ; il lui rappelle ce qu'il est venu lui dire à Fontainebleau le *21 avril* de l'année précédente et le 20 mars de cette année : « Sire, écrit-il, Votre Majesté jugera si, de tous ses serviteurs restés en France, aucun plus que moi ne s'est rendu digne de ses bontés par son constant dévouement et, s'il m'est permis de déposer à ses pieds le pénible sentiment que m'a fait éprouver la préférence qu'elle a donnée sur moi à plusieurs de mes camarades dont la conduite fut opposée à la mienne.

« Sire, par le dévouement dont j'ai fait preuve, je pouvais avoir l'espoir d'être appelé à un service militaire près de Votre Majesté ; par mon nom, le premier de la magistrature française, ma fortune territoriale et l'existence de ma famille, je pouvais avoir des droits à faire partie de la Chambre des Pairs. Je ne réclame point auprès de Votre Majesté ce que j'eusse été doublement heureux de devoir à sa bienveillance, mais je la supplie de m'accorder de l'activité et un poste d'honneur. »

L'Empereur renvoya cette lettre à son aide de camp « le général Flahault », lequel, de plus, se trouva saisi, par le ministre de la Guerre, d'un rapport en date du 4 sur la pétition de Montholon du 2 ; le même jour 5, sans autre enquête, Montholon fut nommé — ou confirmé — dans ce grade de maréchal de camp qu'il avait reçu de Louis XVIII. Il a dit qu'il avait été destiné à commander une brigade Jeune Garde ; il a dit qu'il avait reçu le commandement d'une division de deux régiments de marins et de deux régiments de tirailleurs ; il a dit que, le 15 juin, il avait été nommé aide de camp de l'Empereur et général de division

— après dix jours de maréchal de camp ; tout cela est faux : M. de Montholon ne fut pas employé militairement pendant les Cent-Jours ; au retour de Waterloo, quoiqu'il n'eût point été nommé chambellan, il fit un service comme tel en habit écarlate ; il y marqua de l'assiduité et du dévouement, et il se plut à déclarer que, où irait l'Empereur, il le suivrait. Il se trouvait dans une terrible passe : comblé de grâces par les Bourbons, il avait rejoint l'Empereur et s'était attaché à son service ; il pouvait donc dire, peut-être croire, qu'il serait proscrit ; socialement, il était dans la position la plus fâcheuse, plus qu'embarrassé d'argent, brouillé avec sa famille, écarté de la Cour et même de la Ville. À suivre l'Empereur, à le suivre avec sa femme et l'aîné de ses fils, il avait tout à gagner, rien à perdre, même dans l'hypothèse qu'il n'eût pas dès lors envisagé l'une des combinaisons qui ouvraient constamment à son esprit la spéculation des fortunes imaginaires.

Tel est, uniquement d'après ses lettres et les biographies qu'il s'est consacrées mises en regard des documents officiels, l'homme destiné à jouer auprès de Napoléon le rôle prépondérant et à se rendre le maître en la maison de l'Empereur. Rien de ce qui s'y est passé n'est compréhensible si l'on n'a pénétré un caractère que mettrait bien mieux en lumière la succession des événements postérieurs à 1821 auxquels il prit une part mal étudiée jusqu'ici. Mais les traits qu'on a rapportés suffisent à former une opinion au moins sur M. de Montholon.

Il est moins aisé d'être fixé sur Mme de Montholon : qu'elle fût coquette, intrigante, habile, experte en louanges et toujours prête ; qu'elle fût décidée à faire place nette et à écarter quiconque contrarierait les ambitions de son ménage, c'est ce qu'on voit dès le premier jour ; mais qu'elle joigne à ces défauts une remarquable endurance, le mépris de ses aises, une admirable exactitude, une égalité d'humeur qui lui permet de recevoir, sans broncher, les rebuffades et de faire presque toujours bonne mine, c'est ce qu'on ne saurait contester et, pour jouer son jeu, cela lui donne bien des atouts.

Pour lutter contre le ménage Montholon, il eût fallu une souplesse extrême, un sang-froid imperturbable et une éducation raffinée ; le général Gourgaud n'avait aucune de ces qualités. Né d'une famille qui tenait à la fois aux coulisses des théâtres et à la domesticité de la Maison royale, il était apparenté de très près à tous ces Gourgaud, qui, sous le pseudonyme commun de Dugazon, parurent aux Français, à l'Opéra et à l'Opéra-Comique et marquèrent si fort que leur nom désigne un emploi. Son grand-père, Pierre-Antoine, après avoir débuté sans succès à la Comédie, avait couru la province et fait divers métiers, même celui de directeur d'hôpitaux à l'armée d'Italie. De Marie-Catherine Dumay, qui, elle aussi, avait joué la comédie, en particulier au théâtre de Strasbourg, il avait eu au moins quatre enfants, dont trois entrèrent au théâtre : Jean-Baptiste-Henri Gourgaud, dit Dugazon, un des premiers comiques des Français, qui épousa Louise-Rosalie Lefèvre, de la Comédie Italienne, la célèbre Mme Dugazon ; Marianne du Gazon qui débuta en 1768 à la Comédie dans les soubrettes ; Marie-Rose Gourgaud-Dugazon, laquelle, ayant épousé Paco-Vestris, de la Comédie Italienne, frère de Vestris Ier le célèbre danseur de l'Opéra, obtint le 19 décembre 1768, sous le nom de Mme Vestris, un ordre de début à la Comédie où elle fut reçue, en 1769, premier rôle tragique et comique. Le quatrième enfant de Pierre-Antoine Gourgaud, Étienne-Marie, n'entra point au théâtre ; il étudia la musique non sans succès, fut reçu l'un des quatorze violons du Roi à 1.500 livres d'appointements et 500 livres de gratification ; à quoi il joignit une place de musicien ordinaire de la Chapelle. Cet Étienne-Marie épousa Hélène Gérard, dont la famille entière était de la domesticité royale et qui, elle-même, était une des remueuses du duc de Berry. De ce mariage naquit, le 14 novembre 1783, Gaspard Gourgaud, puis une fille qui devint Mme Tiran. On a dit que Gaspard avait été le frère de lait du prince : à cinq ans d'intervalle ! L'a-t-il connu avant la Révolution ? Peu. Il avait cinq ans et demi lorsque, en juillet 1789, les Princes, fils du comte d'Artois, jusque-là internés loin de la Cour au château de Beauregard, sous l'exclusive tutelle du duc de Sérent, leur gouverneur, suivirent leur père en émigration. On a dit que Gaspard avait d'abord été destiné à la peinture, qu'il avait même passé à l'atelier de Regnault. À quel âge ? À seize ans, le 23 septembre 1799, il fut admis à l'École polytechnique qui menait alors à tout — et à rien. Il se tourna du côté du militaire, entra à l'École de Châlons le 22 octobre 1801 et en sortit le 23 septembre 1802, lieutenant en second au 7e régiment d'Artillerie à pied. Il avait été un brillant élève et avait marqué des aptitudes aux mathématiques ; aussi, trois mois après sa sortie de Châlons, le 4 janvier 1803, fut-il adjoint au professeur de fortifications à l'école de Metz. Il compta au 6e d'Artillerie où il passa lieutenant à huit mois de grade, et servit d'aide de camp au général Foucher (de Careil) lorsque celui-ci quitta le commandement de l'École de Metz pour aller prendre le commandement en second de l'artillerie au camp de Saint-Omer. Gourgaud fit avec son général les campagnes d'Allemagne, fut blessé à Austerlitz et reçut l'étoile de la Légion après Pultusk. Capitaine en second le 30 août 1808, il rentra le 22 septembre au 6e d'Artillerie et fut employé au siège de Saragosse. Dès lors, il avait concentré ses visées sur une place d'officier d'ordonnance, mais quelle chance avait-il d'y parvenir ? « Toutes les places d'officiers d'ordonnance sont données, il y a même des surnuméraires, lui écrivait de Madrid un camarade, officier d'ordonnance lui-même. Le moyen pour vous d'y arriver serait de devenir aide de camp d'un des aides de camp de l'Empereur, s'il y en a quelqu'un à qui vous puissiez être fortement recommandé. » Gourgaud commença donc des démarches près du général Lacoste, aide de camp de l'Empereur, qui commandait l'artillerie devant Saragosse. Mais Lacoste fut blessé à mort le 1er février 1809, et le capitaine en second alla faire la campagne d'Autriche sans trouver une occasion de se distinguer. À peine la paix signée, il écrivit pour retourner en Espagne où le général Foucher le demandait ; il se croyait si sûr qu'il n'attendit point la réponse et partit avec armes et bagages. Il trouva à Bayonne l'ordre de retourner en Allemagne. Il allégua son excès de zèle, les dépenses qu'il avait faites. « J'ose prier Votre Excellence, écrivit-il, de vouloir bien me dispenser de retourner à cette dernière armée et de me permettre de m'instruire dans la fabrication des armes en m'employant dans une de leurs manufactures… Je m'adresse à l'indulgence de Votre Excellence, disait-il encore, pour la prier d'oublier mes torts et de m'accorder mes frais de poste. » Le général Gassendi, auquel l'affaire fut renvoyée, écrivit en marge : « M. Gourgaud a obéi, reconnaît sa faute, est jeune, bon officier ; il a conséquemment des droits à l'indulgence du ministre… » et il proposa qu'on l'employât à la manufacture de Versailles. Il y fut nommé le 24 février 1810, et de là il mit en branle tous ses protecteurs. Il parvint ainsi jusqu'à M. de Nansouty, premier écuyer, qui, en l'absence du Grand écuyer, était chargé du travail des officiers d'ordonnance ; au mois d'août, il fut mis sur la liste. C'était le ciel ouvert. « Mais, répondit le Grand maréchal à un ministre qui le pressait en faveur de Gourgaud, jusqu'à présent Sa Majesté s'est refusée à faire aucune nomination et elle les a ajournées indéfiniment. »

Cet ajournement était d'autant plus grave pour Gourgaud qu'il avait en vue, à ce moment, un mariage inespéré. Sans doute la personne qu'il recherchait n'était pas bien jeune ni belle, à en croire son père lui-même ; mais elle avait de la fortune, était destinée à en avoir davantage et elle était la fille d'un des premiers personnages de l'Empire : le sénateur comte Rœderer. À la vérité, Mme Rœderer, née Guaita, ayant divorcé et s'étant remariée au général Poissonnier-Desperrières, Mlle Marthe Rœderer vivait avec sa mère et, si celle-ci paraissait favorable, le sénateur, de qui tout dépendait, ne paraissait nullement disposé à donner son consentement. Mais Gourgaud n'arriverait-il pas à vaincre ses répugnances s'il se présentait en officier d'ordonnance de Sa Majesté ? Il fut nommé le 3 juillet 1811 en même temps que Christin, Taintignies, Galz-Malvirade et Lauriston. La proposition qui le concernait était des plus flatteuses : « A de l'instruction et des talents, a bien fait la guerre, est en état de bien observer et de bien rendre ce qu'il a vu ; sait bien dessiner ; parle espagnol et allemand. »

L'uniforme bleu clair à broderies d'argent, si seyant qu'il fût, n'eut point raison encore des préjugés de M. Rœderer. « On ne peut me dire, écrivait-il, ni qui est le père, ni qui est la mère, ni qui sont les frères et sœurs du jeune homme, il n'a que le grade de capitaine ; il est vrai qu'il vient d'être nommé officier d'ordonnance de l'Empereur, mais cela le fera chef d'escadron dans un an ou deux, et alors, et aujourd'hui, quelle est sa fortune ? »

Même lorsque tout Paris parla de Gourgaud qui, à Givet, fit passer Leurs Majestés sur un pont volant quand l'inondation eut enlevé le pont fixe, Roederer ne se rendit pas : il donnait son consentement, non son approbation. Pourtant, le 1er janvier 1812, « le chevalier Gourgaud, officier d'ordonnance », avait reçu une dotation de 2.000 francs. C'était au moins un commencement.

Durant la campagne de Russie, il chercha et trouva les occasions de se faire remarquer. Blessé légèrement à Smolensk le 16 août, il entra le premier au Kremlin et découvrit la mine que les Russes y avaient préparée, ce qui lui valut d'être nommé, le 3 octobre, baron de l'Empire, à la vérité en même temps que Mortemart, d'Hautpoul et Christin, ses camarades ; mais il estima qu'il n'y avait eu que lui ; son zèle en fut augmenté : il fut de ceux qui, après Jacqueminot, traversèrent la Berezina à la nage, avant l'établissement des ponts, pour reconnaître les rives. Il en sortit, car tout lui succédait. Le 30 novembre, à un bivouac voisin de celui de Sa Majesté, ne trouva-t-il pas le colonel Rœderer — le fils aîné du sénateur — blessé d'une balle « qui avait traversé les lèvres en coupant les dents à la fleur des gencives » ? Il l'amena à Ivan, le chirurgien de l'Empereur, le fit panser et ne le quitta qu'en deçà de Wilna. À son arrivée à Paris, il se crut autorisé à porter des nouvelles au sénateur, qui le reçut fort bien mais ne céda point tout de même. Il parut alors renoncer, pour le moment, à ses projets et se consacra à son avancement. Le 27 mars 1813, il fut promu chef d'escadron d'artillerie à cheval : suivant la règle, il devait alors quitter l'état-major de l'Empereur ; mais il avait rendu des services, il abattait du travail, il savait demander ; il fit valoir le précédent créé en 1810, lors de la promotion au grade de chef de bataillon du capitaine du génie Deponthon, maintenu sous-chef du bureau topographique. À la vérité, il n'avait point de fonctions spéciales : il convenait qu'on lui en créât. Le 27 mars, l'Empereur prit ce décret : « Il y aura près de nous un premier officier d'ordonnance du grade de chef d'escadrons. Il sera chargé de régler le service de nos officiers d'ordonnance, de signer les instructions à leur donner et de correspondre avec eux pour les missions qu'ils doivent remplir. » Le même jour, il nomma le chef d'escadrons Gourgaud aux fonctions de premier officier d'ordonnance.

C'était là une faveur inappréciable et qui n'était point pour faire des amis au nouveau commandant. « Le premier officier d'ordonnance avait, pour son travail, l'accès au Cabinet intérieur de l'Empereur ; il avait place à la table des secrétaires du Cabinet, logement dans les palais ; il accompagnait l'Empereur dans ses voyages » et devenait officier de la Maison avec tous les privilèges que comportait ce titre, et, de plus, les grandes entrées. Son traitement, fixé à 12.000 francs sur la Cassette, était plus que doublé par les gratifications et se cumulait avec le traitement du grade dans la Garde. Le 20 juin, alors que les autres officiers d'ordonnance obtenaient des dotations de 1.000 et de 2.000 francs, il en avait une de 4.000, sur le propre mouvement de l'Empereur ; le 30 août, après Dresde, il recevait l'aigle d'or, mais il ne se ménageait pas. À la vérité, l'on est embarrassé d'admettre toutes ses narrations, car il est seul à les certifier, et certaines se trouvèrent fortement contestées. Ainsi, il raconta que, le 29 janvier 1814, le soir de la bataille de Brienne, il avait tué d'un coup de pistolet un Cosaque qui était sur le point de percer l'Empereur de sa lance ; il fit même graver le récit de ce haut fait sur la lame de son sabre ; Napoléon, en ayant eu connaissance, nia le fait de la manière la plus vive, face à Gourgaud, qui ne put ni le prouver ni se défendre, mais ne le fit pas moins, plus tard, inscrire dans ses états de services. Le 11 février, il fut blessé à la bataille de Montmirail, légèrement sans doute, car, le 8 mars, il dit avoir dirigé une expédition heureuse de deux bataillons et trois escadrons de la Vieille Garde sur Chivy et Laon. Ces divers faits d'armes lui valurent, le 15 mars, le grade de colonel d'artillerie à cheval ; le 23, la cravate de commandant de la Légion.

Le 14 avril, à Fontainebleau, l'empereur le congédia avec une gratification de 50.000 francs qui ne lui fut point payée. Il lui écrivit : « J'ai été très satisfait de votre conduite et de vos services. Vous soutiendrez la bonne opinion que j'ai conçue de vous en servant le nouveau souverain de la France avec la même fidélité et le même dévouement que vous m'avez montrés. »

On a dit « qu'il avait dû partir avec l'Empereur pour l'île d'Elbe… mais que, la veille du départ, il demanda la permission d'aller embrasser sa vieille mère et lui faire ses adieux ; il alla et ne revint pas ». Sa situation était pénible ; sa mère et sa sœur étaient sans fortune ; à lui-même tout manquait : ses dotations de 6.000 francs, son traitement de 12.000, ses gratifications, même qui sait ? son grade. On comprend qu'il ait hésité ; on comprend moins que, sollicitant un emploi, il se soit montré contre les Bourbons « extrêmement mécontent ». Il avait pourtant réclamé la protection du duc de Berry qui, à diverses reprises, intervint et le sauva des conséquences de ses discours. Il fut rétabli, le 10 juillet, colonel au corps de l'Artillerie ; il fut décoré de la croix de Saint-Louis, ce qui n'était point une grâce ; mais, ce qui en était une, il fut nommé, le 1er novembre, chef de l'état-major de la 1re division militaire à Paris. Le 20 mars 1815, au moment où ses camarades, officiers d'ordonnance de l'Empereur, le venaient chercher pour aller ensemble à Fontainebleau au-devant du Maître, il recevait de M. le général Evain avis qu'il était employé dans son grade à l'état-major de l'armée royale. Il se porta malade, ce qui simplifia les choses. Le lendemain, l'Empereur, rentré aux Tuileries, le trouva au salon de service, en grand uniforme d'officier d'ordonnance. Il refusa de le voir, « ce qui n'empêcha point Gourgaud de s'installer, bon gré, mal gré, dans une petite chambre des combles du Château. Il y resta huit jours sans pouvoir arriver à ses fins… Il criait, il pleurait et jurait chaque jour qu'il allait se brûler la cervelle si l'Empereur ne voulait pas le recevoir. » Enfin, le 3 avril, l'Empereur se laissa attendrir ; il lui pardonna et le confirma à la fois dans le grade de colonel et dans les fonctions de premier officier d'ordonnance. Gourgaud fit donc la campagne de Belgique avec Napoléon ; il revint avec lui à Paris le 20 juin. Le 21, par un décret rendu *in extremis* expédié seulement le 26 au ministre de la Guerre qui en donna avis à l'intéressé le 29, il fut nommé maréchal de camp. La date n'était point certaine : Bertrand, plus tard, donnait celle du 22, mais le 22, l'Empereur avait abdiqué ; on avait sans doute pris la précaution d'antidater le décret.

Gourgaud suivit l'Empereur à Malmaison, puis à Rochefort, et fut un des plus vifs à conseiller qu'il se rendît aux Anglais. Il fut dépêché en courrier impérial avec la lettre destinée au Prince régent et se retrouva à bord du *Bellerophon*, apportant, avec la lettre non décachetée, les premières déceptions et l'annonce de la déportation. Sans doute ne mit-il pas en doute qu'à Paris il ne fût proscrit ou qu'il ne dût l'être ; en tout cas, sa carrière lui semblait brisée, et il n'avait plus guère d'espoir que de partager la fortune de l'Empereur.

Les Anglais ne concédant à l'empereur que trois officiers, Bertrand, grand officier de la Couronne, général de division, était de droit chef de la Maison. D'ailleurs son nom figurait sur les listes de proscription et sa sûreté était intéressée à son départ. Montholon pouvait alléguer qu'il était dans le même cas : chambellan, diplomate, général, il se prêtait à tous les emplois ; il s'était offert, on l'avait accepté ; il se fût d'ailleurs imposé comme il imposait sa femme, laquelle prenait dès lors le premier rang, même sur Mme Bertrand, et excellait à se rendre agréable. Mais Gourgaud ? Pour tous les services que ne pouvaient rendre ni le Grand maréchal, ni le général chambellan, un officier de grade subalterne était indiqué, et, parmi les fidèles qui l'avaient suivi, l'Empereur avait nominativement désigné Planat, dont il appréciait l'intelligence, l'activité et l'aptitude au travail. Il l'avait donc inscrit sur la liste remise aux agents anglais dans la matinée du 7 août. Mais Planat n'était point sur le *Bellerophon* ; par ordre de l'amiral Lord Keith, il avait été transféré sur la *Liffey* puis sur l'*Eurotas* ; il ne put être immédiatement avisé de la décision prise à son égard. Gourgaud, qui était sur le *Bellerophon,* apprit tout de suite son exclusion et entra dans une colère furieuse ; il employa tous les moyens, menaces et prières, pour obtenir que Bertrand fit revenir l'Empereur sur sa décision, et il parvint à être inscrit le troisième sur la liste des officiers qui devaient partir.

Cela fut un grand mal : entre Montholon et Planat, nulle rivalité n'eût été possible, et si Planat, comme on s'en assura par la suite, était ombrageux et inquiet, le dévouement l'eût assoupli et l'eût fait passer sur les contrariétés. Gourgaud, général, devait être en constante rivalité avec Montholon, son ancien, mais de si peu, dont les actions de guerre ne pouvaient compter ; par bonheur, il était mal renseigné, — tout aussi mal que les autres et que l Empereur lui-même.

Par la carrière qu'il avait parcourue en moins de trois ans, de capitaine à général de brigade, comment n'aurait-il pas eu la tête échauffée, cet homme de trente-deux ans, si grand, si fort, si sanguin, qu'on vit, seul de toute l'armée, porter sa barbe coupée aux ciseaux, tant elle était épaisse et fournie ? Dès Moscou et sa nomination de baron « son orgueil n'avait plus de bornes » ; violent, brutal, « mauvais coucheur », brave en même temps et volontiers l'épée en main, il était né contradicteur, et ce n'était point son éducation qui l'avait réformé. Il eût pu se corriger au régiment, mais, s'il compta au 6e d'Artillerie, il y parut à peine. Vis-à-vis des supérieurs, il se contraignait, mais depuis qu'il était de la Maison, connaissait-il des supérieurs ? S'il se laissait aller et qu'il parlât, c'était du mauvais ton déclamatoire ; il se montait, s'exaltait, perdait conscience des mots qu'il prononçait, du lieu où il se trouvait et des gens qui l'entendaient. Cela le mena loin. Il était très capable de travail, pourvu qu'on l'en fournît constamment, qu'il fût tout le temps contraint de s'appliquer à des tâches qui lui parussent utiles en lui procurant des agréments et des honneurs. Son intelligence réelle, mais spécialisée, avait été poussée dans ses travers par l'étude des mathématiques ; par l'esprit *artilleur*, qui est de critique et de dénigrement, par la rapidité d'un avancement tel qu'il autorisait toutes les ambitions, et que l'arrêt dans un tel essor, la chute d'une telle hauteur lui paraissaient, même en présence de l'Empereur, des attentats de la Destinée. De là, il se trouvait un mécontent. Bon fils et bon frère, il s'inquiétait de sa mère et de sa sœur qui, disait-il, allaient se trouver sans ressources ; il le répétait très souvent. Cela le menait à des comparaisons, des jalousies et des convoitises. Tout lui était sujet d'ombrage, puis de discours, d'insolences et de provocations. Il en souffrait, mais les autres ! Il avait rêvé d'être le compagnon, l'ami, le confident de l'Empereur et au premier rang, tout au plus après Bertrand et à égalité avec lui. Or, déjà Montholon s'interposait avec des formes qui savaient plaire et un ton que Gourgaud ne pouvait prendre. Et puis un autre surgissait, encore plus redoutable.

De la façon dont on allait vivre, de conversations, de répliques destinées seulement à éveiller le discours de l'Empereur, d'égards, de complaisances, de flatteries même si l'on veut, — car, si elle est désintéressée, ici la flatterie est sacrée ; dans ces entours si peu nombreux et si médiocrement intéressants, Napoléon devait aller fatalement à l'interlocuteur nouveau, capable de l'entendre, même de servir sa parole et de la développer, instruit assez de toutes les choses extérieures pour rendre la conversation profitable, mais trop peu de l'histoire de l'Empire pour qu'il ne prît point un plaisir à la lui révéler et à se révéler lui-même. En M. le comte de Las Cases, il trouvait l'interlocuteur rêvé, et c'était un homme de cour, aux manières et à la façon de penser de l'ancien régime, — ce pourquoi, dès les premiers jours, Gourgaud le poursuivit de sa haine et de ses provocations, comme par la suite quiconque lui parut entrer davantage dans une faveur qu'il enrageait de ne point accaparer.

L'on dit que vers la fin du xie siècle, lorsque Henri de Bourgogne franchit les Pyrénées pour combattre les Maures et conquérir un royaume, il avait avec lui un porte-étendard d'une étonnante bravoure qui, en plusieurs occasions, l'aida à fixer la victoire. En l'un de ces combats, l'étendard fut porté si avant dans la mêlée, il reçut tant de coups des Maures acharnés à le prendre que, le soir, seule une bande bleue à bordure rouge pendait à la hampe. Henri, roi de ce Portugal conquis, fit largesse à celui auquel il attribuait part à sa gloire, de toutes les maisons — *todas las casas* — qu'on apercevait du champ de bataille. Cela fit son nom : *Las Casas*, et il eut pour armoiries : *d'or à la bande d'azur, à la bordure de gueules*. Passée plus tard en Andalousie et établie à Séville, la lignée du porte-étendard suivit — au moins partiellement — Blanche de Castille en France. Les Las Cases y achetèrent de grandes terres, se fixèrent en Languedoc, subirent des fortunes diverses, mais, par leurs alliances et leurs services, se maintinrent constamment au premier rang.

Marie-Joseph-Emmanuel-Auguste-Dieudonné de Las Cases naquit au château de Las-Cases, paroisse de Belle-Serre en Languedoc, le 20 juin 1766 ; il était le fils aîné de François-Hyacinthe, marquis de Las Cases, seigneur de La Caussade, Puylaurens, Lamothe et Dournes, chevalier de Saint-Louis, et de dame Jeanne Naves de Ranchin. Il fit ses études au collège de Vendôme, tenu par les Pères de l'Oratoire et passa de là à l'École militaire de Paris. On a dit que sa taille exiguë et la faiblesse de sa constitution l'avaient déterminé à servir dans la marine : ce fut surtout la protection escomptée du grand amiral, le duc de Penthièvre, près duquel ne pouvaient manquer de l'appuyer ses cousins de la branche cadette, le marquis et la marquise de Las Cases-Beauvoir, celle-ci née Budes de Guébriant, dont la mère était Kergariou-Coëtilliau ; le marquis de Las Cases-Beauvoir, colonel en second de Penthièvre-infanterie en 1776, colonel de Languedoc en 1782, devint, en 1786, premier gentilhomme du duc de Penthièvre, et la marquise, depuis 1782, était dame de la princesse de Lamballe. Garde-marine en 1782, et tout de suite embarqué sur l'*Actif*, commandant de Cillart, il assista ainsi aux dernières opérations de la guerre contre les Anglais et il fut même blessé, le 20 novembre, au siège de Gibraltar. Débarqué de l'*Actif* en 83, il embarqua sur le *Téméraire*, commandant Puget-Bras, à destination de Saint-Domingue, où il passa trois années, de 83 à 86 ; il fit deux campagnes sur le *Patriote*, sous le commandement de M. de Beaumont, avec lequel il devait rembarquer comme élève après un court séjour sur l'*Alouette*. Le 7 novembre 1787, il fut nommé élève de première classe sur l'*Achille*. On le loue d'avoir navigué ensuite sous diverses latitudes et d'avoir sollicité d'être de l'expédition de La Pérouse. Il semble avoir été un officier ambitieux, se poussant fort, réclamant, à peine lieutenant de vaisseau, des commandements d'importance et mettant en avant sa qualité, ses protecteurs, ses parentés et, ses alliances, car il s'était encore rapproché de sa cousine Las Cases en aspirant à la main de sa nièce, Mademoiselle de Kergariou-Coëtilliau, et il n'avait point négligé ses présentations : le 13 juillet 1790, le sieur Emmanuel de Las Cases avait été présenté à Leurs Majestés ; s'il n'était point monté dans les carrosses, c'est que le roi n'y montait plus, et s'il n'avait point chassé, c'est que le roi n'avait plus le droit de sortir de Paris, même pour aller à Saint-Cloud.

Vers le mois de septembre de cette même année, il émigra : d'abord à Worms, dans le rassemblement du prince de Condé, puis à Mayence et à Cologne, à la cour de Monsieur et du comte d'Artois, à Aix-la-Chapelle, à la cour de la princesse de Lamballe ; il y vit naître et grandir toutes les espérances d'une rentrée triomphale. Dans l'Armée des Princes, il prit part à la campagne d'invasion, fut licencié comme ses camarades, parvint à gagner Rotterdam et l'Angleterre. Comment y vécut-il ? En donnant des leçons, a-t-il dit ; en enseignant l'après midi ce qu'il avait appris le matin. Faut-il ajouter une foi entière à ce qu'il raconte des occasions de fortune qui se seraient alors présentées à lui et qu'il négligea volontairement, telles que la direction d'un grand établissement à la Jamaïque ou une place des plus lucratives aux Indes ? Que d'événements se fussent alors pressés dans sa vie, outre « une entreprise infructueuse dans la Vendée », l'expédition de Quiberon, « où il n'échappa que par une espèce de miracle » : sans compter la conception — au cas qu'elle soit vraiment de lui, ce qu'on a nié — et, en tout cas, l'exécution « d'un atlas historique et généalogique où, par des procédés ingénieux, il rendait parfaitement claires la succession des dynasties et les révolutions des empires ». Las Cases, qui avait adopté le pseudonyme de Le Sage, « n'en livra d'abord qu'une esquisse, et cette entreprise fut couronnée du plus heureux succès. Elle lui procura la jouissance d'une petite propriété, d'un cercle d'amis estimables et de connaissances dont l'intimité était pleine d'agréments. »

Quelque plaisir qu'il éprouvât ainsi à vivre en Angleterre, vers la fin de l'an X. il se présenta, ainsi que son frère, ancien officier au régiment d'Auvergne, devant le commissaire de Calais, auquel il fit les déclarations et soumissions requises par la loi. Il obtint ainsi sa « surveillance » sous le nom d'Emmanuel de Las Cases, dit Le Sage, et il profita des loisirs qui lui étaient faits pour « donner plus d'étendue et une forme nouvelle à son atlas historique », qui eut, dit il, un succès extraordinaire et dont le produit remplaça avantageusement ses propriétés patrimoniales vendues révolutionnairement. Le 22 septembre 1806, il écrivit à l'Empereur une lettre des plus déférentes pour lui en faire hommage. Le souvenir de cette lettre était sorti de son esprit lorsque, plus tard, il affirma n'avoir jamais sollicité de l'offrir. De même la lettre en date du 10 mars 1808, par laquelle il demandait la décoration de la Légion d'honneur, qui eût agréablement suppléé, en France, la croix de Saint-Louis qu'il avait, en 96, reçue en Angleterre des mains du duc d'Angoulême. Il n'obtint la croix d'honneur ni alors, ni plus tard ; mais, le 28 janvier 1809, il reçut l'autorisation de constituer un majorât au titre de baron, et il fit régler ses armoiries où, bien qu'il ne fît point partie de l'Institut, on lui concéda le franc quartier des barons tirés des corps savants. Le 10 février, témoignant, à cette occasion, sa reconnaissance à Sa Majesté, il se mit à sa disposition tout entier, « de cœur et d'action ». Pour le prouver, lors de la descente des Anglais à Flessingue, il s'empressa, dit-on, de partir comme volontaire ; l'on a même assuré qu'il avait alors été employé à l'état-major de Bernadotte, ce qui n'eût point été une recommandation auprès de l'Empereur. Il trouva sans doute d'autres répondants, car, à la fin de l'année 1809, il fut recommandé à l'Empereur, pour une place de chambellan, par cette note : « Le baron de Las Cases, ancien officier de marine, auteur de l'*Atlas historique* publié sous le nom de Le Sage, jouissant de trente mille livres de rentes, tant de son chef que de celui de Mademoiselle de Kergariou, qu'il a épousée ; homme fort instruit, de fort bonne compagnie, sollicitant depuis longtemps l'honneur d'être attaché à la Maison de Sa Majesté, lui ayant été présenté et jouissant de la meilleure réputation. » Il fut donc compris dans l'immense promotion du 21 décembre, mais, comme la plupart de ses collègues, il ne fut appelé à aucun service ; au moins utilisa-t-il son titre pour solliciter un emploi plus actif, et, six mois plus tard, le 27 juin 1810, fut-il en effet nommé maître des requêtes au Conseil d'État, section de la Marine. La même année, il fut envoyé en Hollande pour prendre possession de tous les objets utiles à la marine et aux constructions navales. L'année suivante, il présida la Commission de liquidation des dettes des Provinces illyriennes. « Chargé de ce service spécial », le 6 juin, il obtint, le 4 juillet, que le prince archichancelier demandât pour lui la croix de la Légion. Elle fut encore refusée. Par contre, comme tous ses collègues chambellans, il reçut, le

15 août, le titre de comte, et, sur son écusson, il échangea le franc quartier de baron tiré des corps savants contre celui de comte faisant partie de la Maison impériale : D. A. *Domus Augusti*. Il a dit que, dès la naissance du Roi de Rome, l'empereur, vu son atlas, avait pensé à lui pour quelque place près de son fils : vanité d'auteur qui, à toute occasion, proclame et atteste l'immense succès de son livre et qui profite de la moindre ouverture pour passer une réclame. Cela, chez Las Cases, fait pendant à la vanité nobiliaire, qui n'est pas moindre ; mais celle-ci est improductive, tandis que de l'autre il entend tirer de palpables avantages. On sait que, vers l'année 1810, l'Empereur avait imaginé un système de licences accordées à des navires qui, moyennant l'exportation de telle quantité de produits français, étaient autorisés à importer telle quantité de denrées coloniales. Les produits de l'imprimerie française étaient compris parmi ceux de l'exportation ; mais les livres ainsi expédiés ne cherchaient point des lecteurs, ils étaient jetés à la mer et remplacés par du sucre, du café ou de l'indigo. On ne choisissait donc point pour l'ordinaire ceux dont le débit était le plus courant. Aussi la Commission de librairie fixait-elle la somme que les porteurs de licence devaient payer aux auteurs et aux éditeurs, et déterminait-elle le rabais sur le prix fort. Las Cases n'admit point que le prix de son atlas pût être *minoré*. Le 12 février 1812, il écrit au ministre du Commerce et des Manufactures, M. Collin de Sussy, qu'il a profité du système des licences pour expédier en Angleterre de nombreux exemplaires de son *Atlas historique et généalogique* ; or, la Commission de librairie a

frappé son ouvrage d'un rabais de 50 p. 100. C'est là une manœuvre de rivaux jaloux de son succès, et il invite le ministre à retirer la mesure prise par ses subordonnés, car son atlas trouvera en Angleterre vingt mille acheteurs pour le moins. Vingt mille exemplaires rien que pour l'Angleterre ! L'exemplaire se vendant 120 francs, cela eût fait 2.400.000 francs. Il est vrai qu'en France il y avait eu l'édition de 1803-1804, celles de 1806, 1807,1809. Il devait y en avoir en 1814, 1820, 1823, 1824, 1826, et ainsi indéfiniment. Cela grise : Las Cases se considéra sérieusement comme ayant fait le livre du siècle.

En 1812, il obtint une mission pour inspecter les établissements publics de bienfaisance, prisons, hôpitaux, fondations pieuses et dépôts de mendicité, et tout aussitôt — car il était un homme modeste — il fit graver en tête de son papier : LE CHAMBELLAN *de l'Empereur, maître des requêtes en son Conseil d'État, en mission spéciale dans les départements de l'Empire.* Ses rapports témoignent d'un extrême contentement de soi, d'une grande inexpérience, de bonnes intentions et d'un goût peu administratif pour la littérature. Certains détails surprennent.

Au moment où la Garde nationale de Paris fut organisée, M. de Las Cases obtint le commandement en second de la 10e légion, dont, durant la crise, il fut le chef unique. Il ne semble pas s'être distingué, mais ces fonctions l'empêchèrent de se conformer aux ordres de l'archichancelier et de suivre la Régente sur la Loire. Qu'advint-il de lui ensuite ? Faut-il croire qu'il se fit oublier et que, loin de rien demander, il partit pour l'Angleterre afin d'éviter des spectacles qui choquaient son patriotisme ? Ce ne fut pourtant pas, semble-t-il, sans avoir été nommé capitaine de vaisseau et conseiller d'État. Toutefois, dès le retour de l'Empereur, il s'empressa près de lui ; sa nomination de conseiller d'État fut confirmée, et il fut nommé président de la Commission des pétitions. Après Waterloo, il fut, avec Montholon, seul à prendre le service de chambellan que, jusque-là, il n'avait jamais rempli. Il le continua à Malmaison, et ce fut là qu'il résolut d'accompagner l'Empereur où qu'il allât. Napoléon, qui le connaissait à peine, le regarda avec étonnement lorsqu'il « le supplia de lui permettre d'attacher à jamais sa destinée à la sienne ». « Savez-vous où cela peut vous mener ? lui dit-il. — Je n'ai, à cet égard, fait aucun calcul, répondit Las Cases, mais le plus ardent de mes désirs sera satisfait si vous m'accordez ma demande. — Bien, bien ! » fit l'Empereur. Et Las Cases, prenant ces mots comme un assentiment, courut à Paris pour préparer quelques bagages ; pour se munir d'argent, dont il emporta assez pour n'être nulle part embarrassé ; pour faire sortir du Lycée son fils aîné âgé de quinze ans, mais d'une raison, d'un tact et d'un développement bien supérieurs à son âge, et qu'il voulait emmener ; pour embrasser enfin sa femme et ses autres enfants qui, pensait-il, ne tarderaient pas à le rejoindre, — il y a, en effet, quantité de demandes que forma pour cet objet Mme de Las Cases-Kergariou.

Celle-ci avait eu une existence singulièrement traversée. Son fiancé l'avait quittée en 1791 pour rejoindre l'Armée des Princes, et ne l'avait revue, assure-t-on, qu'en 1799, où, au risque de sa vie, il vint d'Angleterre en Bretagne la retrouver et faire bénir leur union par un prêtre insermenté. Il ne renouvela son mariage dans les formes légales qu'en 1808.

Las Cases emportait dans sa malle un uniforme de capitaine de vaisseau, qu'il revêtit pour paraître sur le *Bellerophon*, et il demanda alors à l'Empereur à se décorer de la Légion d'honneur ; cela doit être remarqué, car les mobiles qui déterminèrent Las Cases à s'attacher à Napoléon demeurent obscurs. Il n'obéissait point à un devoir étroit comme Bertrand ; il ne cherchait pas, comme Montholon ou comme Gourgaud, l'occasion de rétablir sa fortune ou d'échapper à une proscription probable ; il n'était point si jeune, à cinquante ans, que l'enthousiasme l'emportât à des actes irréfléchis, et il savait fort bien régler sa conduite ; il avait à peine approché l'Empereur durant son règne. « De tous ceux qui l'avaient suivi, a-t-il écrit, j'étais celui qui le connaissait le moins. » Qu'était-ce donc ? Le caractère de Las Cases ne ressort-il pas de sa carrière antérieure, et, de là, ne peut-on essayer une explication ? Sans doute, M. de Las Cases est convaincu que l'Empereur est un grand homme et, peut-être le plus grand des hommes ; sûrement il a voulu dévouer sa vie à partager l'infortune de ce grand homme ; il n'entend tirer de ce sacrifice aucun avantage pécuniaire ni matériel ; c'est volontairement qu'il s'est présenté, et, malgré qu'il eût servi aux Cent-Jours, les Bourbons ne lui eussent point tenu rigueur ; mais quelle gloire il s'assure, et, à rendre son nom inséparable de celui du Héros, ne serait-il point déjà payé par-dessus ses mérites ? Et si la vanité d'homme de lettres qu'on a vue paraître à propos de l'atlas de Le Sage allait trouver à s'exercer en quelque journal de la vie de l'empereur, en quelque récit où se trouveraient rapportées les explications que donnerait celui-ci des principaux actes de sa vie, les justifications qu'il invoquerait des crimes dont on le charge ; bref, si M. de Las Cases s'instituait le porte-paroles de Napoléon, l'interprète autorisé de son verbe, alors ce ne seraient plus pour l'Angleterre les vingt mille exemplaires de l'atlas, mais des millions et des millions de volumes qui, dans toutes les langues, jusqu'à la consommation des âges, porteraient aux extrémités du monde le nom de Las Cases uni au nom de Napoléon. Cela n'était point si mal raisonné, et M. de Las Cases est tombé juste.

Outre qu'il était instruit de quantité de choses qu'ignoraient ses compagnons ; qu'il offrait à l'Empereur un interlocuteur nouveau, avide de l'entendre, heureux de l'écouter, fier de relater ses paroles et de paraître en scène aux côtés d'un si glorieux compagnon ; outre qu'il avait été marin, ce qui, pour un voyage au long cours, le rendait intéressant ; qu'il avait vu se dérouler bien des événements et d'un côté opposé à celui d'où l'Empereur les avait pu juger ; qu'il appartenait seul à cette caste où Napoléon s'était plu à recruter ses confidents momentanés, dont il recherchait les suffrages et dont il appréciait l'éducation et les manières, il avait cette supériorité de comprendre la langue anglaise, et cela sans que les Anglais sussent qu'il l'entendît. Ils se méfiaient de Madame Bertrand, Anglaise par son père et apparentée à des Anglais, mais comment penser qu'un Français de la suite de Bonaparte eût appris à parler anglais ?

Las Cases, agréé comme secrétaire, en sus des trois officiers concédés par le gouvernement anglais, considéré en inférieur par Montholon et par Gourgaud, brimé dès les premiers jours par celui-ci, qui croyait trouver une victime résignée, allait se relever au premier rang et devenir en peu de temps le seul homme dont la conversation — mieux, dont la façon d'écouter — plût à l'Empereur. Il est celui qui, sans vanterie ni fracas, rend des services essentiels ; car Madame Bertrand, bien qu'elle ait en Angleterre des parents proches, des mieux placés pour la servir, n'a pu, su ou voulu établir avec eux des communications qui fussent utiles à l'Empereur, tandis que Las Cases, par une certaine Lady Clavering qu'il a connue en France, a, dès l'entrée en rade du *Bellerophon,* formé une correspondance dont le premier résultat semble avoir été l'apparition du terrible porteur du writ. Cette Lady Clavering est Française : on dit chez les Dillon qu'elle fut marchande de modes à Orléans et que sa réputation n'est pas brillante. Marchande de modes peut-être, bien qu'elle figure au *Barouetage* comme Clara, fille de Jean de Gallais de la Bernardine, comte de la Sable, en Anjou, — noms et titres qui laissent rêveur, — brave fille pour sûr, car, si l'amitié qu'elle portait à Las Cases lui inspira ses démarches, celles-ci n'en furent pas moins adroites, désintéressées et compromettantes. Par la suite, Las Cases obtint par elle de moindres succès, mais l'on peut croire qu'elle demeura toujours aussi disposée à le servir.

Les Bertrand, les Montholon, Gourgaud, Las Cases, tels étaient les éléments sociaux qui allaient entrer en contact et forcément en frottement : ils étaient les plus disparates qu'on pût imaginer, et rien, peut-on dire, ne pouvait rendre à ces êtres une cohabitation supportable. Dès que s'atténueraient les formes de l'étiquette ; dès que, n'étant plus contraintes par l'ambition, par le prestige du trône ou par la discipline militaire, les natures véritables se feraient jour, la bataille s'engagerait et ce seraient alors les meilleurs ou tout au moins les plus sincères qui succomberaient.

L'Empereur, quoi qu'il fît pour maintenir la balance égale entre ses compagnons, ne pouvait trouver le même agrément aux uns qu'aux autres ; il eût fallu pour les contenter qu'il dosât les mots qu'il leur adressait avec une précision scientifique ; il avait ses raisons pour exiger de ses compagnons des formes telles qu'aux jours les plus éclatants de sa puissance ; il devait à lui-même de protester solennellement ainsi contre l'abus de la force dont il était la victime ; il le devait à son fils, à la dynastie qu'il avait fondée et dont il empêchait les droits d'être prescrits ; il le devait enfin « au peuple, sans qui rien ne se fait que d'illégitime », au peuple qui lui avait confié ses destinées et qui, vaincu avec lui, prisonnier comme lui, livré par ses vainqueurs de hasard à des geôliers couronnés, verrait au moins le droit qu'il avait eu de disposer de lui-même affirmé par celui qu'il avait rendu légitime et contre lequel nul n'aurait prévalu. Mais, n'eût-il point eu des raisons si hautes et si graves, il n'avait qu'un moyen de maintenir ses compagnons au moins dans une concorde apparente, c'était de leur imposer autour de lui des formes de vivre, une attitude, des égards qui prévinssent autant que possible les heurts.

Ce qui amena encore de graves complications, ce fut l'absence d'un médecin français. Le médecin que Corvisart avait amené à Malmaison pour suppléer le docteur Foureau de Beauregard, auquel l'Empereur avait ordonné de rester à Paris pour remplir son mandat de représentant, avait, à bord du *Bellerophon*, en rade de Spithead, déclaré qu'il ne voulait point partir. Il avait consenti à aller aux États-Unis, où il avait des affaires, nullement à Sainte-Hélène. Aussi, ce Maingault déclara-t-il que s'il avait donné parole, il n'avait rien signé. On partait. Nul moyen de faire venir de France un médecin, ni même d'en engager un qui rejoindrait l'Empereur. On comptait alors sur Foureau. Il fallut prendre ce qu'on avait sous la main. On s'adressa donc au chirurgien du *Bellerophon*, Barry-Edouard O'Meara, dont certains des passagers avaient reçu des soins. Il stipula qu'il resterait officier anglais, serait payé par l'Amirauté et ne dépendrait en rien de Napoléon : par là on ouvrit la source de difficultés sans nombre, de contrariétés évitables et de souffrances inutiles.

Dans une cour aussi peu nombreuse, les figurants devenaient des personnages. Certains n'apparurent que plus tard et ne jouèrent presque aucun rôle. On les mentionne ici que pour n'être point obligé d'expliquer leur venue au cas où leur nom traverserait le récit. D'autres jouent un rôle d'importance et mériteraient une étude particulière.

On ne saurait compter le mystérieux officier polonais Piontkowski, lequel, après avoir accompagné l'Empereur de Malmaison à Rochefort, le suivit en Angleterre et, alors que tous ses compagnons — ceux auxquels on avait refusé Sainte-Hélène — étaient déportés à Malte, obtint, on ne sait sur quelles protections ni par quelles influences, d'être envoyé à Napoléon, trouva le moyen de se rendre suspect à la fois aux Anglais et aux Français, et, après quelques mois d'un séjour qui demeure une énigme, fut ramené en Angleterre ; puis, en récompense de son hypothétique dévouement de six mois, reçut des pensions et des secours moyennant lesquels il vécut largement près d'un demi-siècle en parcourant l'Europe en tous sens.

À Sainte-Hélène, nul ne l'avait demandé, nul ne l'attendait, nul ne le regretta, et c'est en vérité un mystère qui s'attache à cet homme devant qui, sans aucune raison que l'on perçoive, s'abaissent les barrières, se lèvent les consignes, qui apparaît devant l'Empereur sous un uniforme auquel il n'a aucun droit, qui s'installe, se fait tolérer, ment à l'heure, ne sert à rien, repart sans qu'on en sache mieux la raison que celle de sa venue, et qui probablement n'est, cet individu qui a joué sous jambe le gouvernement anglais, l'empereur Napoléon, la Sardaigne, l'Autriche, la Russie et le reste de l'Europe, qu'un chevalier d'industrie.

Attendus, par contre, même attendus avec une impatience fiévreuse, le prêtre que le cardinal Fesch, sur la demande de l'Empereur, obtint d'envoyer à Sainte-Hélène et le médecin qui dut remplacer O'Meara.

Fesch, sans consulter qui que ce soit de la Famille, avait choisi trois Corses, les plus impropres à coup sûr et les moins préparés à une telle mission : le chef, si l'on peut dire, était un certain abbé Antonio Buonavita, âgé de soixante-cinq ans, natif de Pietralba, anciennement curé en Espagne et au Paraguay, protonotaire apostolique à présent, que Madame avait trouvé à Rome, lors de son séjour en 1814, et qu'elle avait emmené comme aumônier à l'île d'Elbe et à Paris. C'était un fort saint homme assurément, qui, après avoir quitté Madame, avait été recueilli par la princesse Pauline ; mais, outre que son intelligence avait toujours été médiocre et qu'il ne parlait que l'italien et l'espagnol, il avait subi récemment deux attaques d'apoplexie qui lui avaient laissé un continuel tremblement, et « parfois il ne pouvait pas s'exprimer ». Il faut reconnaître que, d'abord, Fesch avait pensé à un abbé Parigi, dont l'archevêque de Florence avait dénoncé l'immoralité et auquel « le Saint-Père ordonna qu'on retirât les pouvoirs dont il avait été revêtu sur la demande du cardinal Fesch ». M. le duc de Blacas n'avait pas nui à cette exclusion, tandis « qu'il ne fit aucune démarche pour empêcher qu'on conférât à Buonavita — qu'il tenait pour octogénaire — les pouvoirs nécessaires ». Vu son âge et son infirmité, Fesch lui adjoignit un prêtre plus jeune, Ange-Paul-Vignali, né en 1789, à Bilinchi, canton de Morsaglia, lequel avait, semble-t-il, passé par le séminaire de Saint-Sulpice, et, après avoir terminé à Rome ses études théologiques, aurait fait des études de médecine ; il aurait passé quelque temps à l'île d'Elbe durant que l'Empereur s'y trouvait, puis serait revenu pratiquer à Rome. L'on assure d'ailleurs que l'abbé Vignali était, en toute matière autre que la médecine, d'une ignorance qui faisait mal augurer des connaissances qu'il s'attribuait, et l'Empereur lui fit savoir qu'à Longwood il n'aurait à s'occuper que de ses fonctions sacerdotales. Il lui assigna un traitement de 8.000 francs, durant qu'il portait au double celui de l'abbé Buonavita.

Ces deux prêtres étaient ternes et ne furent d'aucune ressource pour l'Empereur, mais au moins ne furent-ils pas pour lui nuire. Il n'en fut pas de même du chirurgien, François Antommarchi : il était né en 1779, à Morsaglia, village du cap Corse, et prétendait que son père était notaire, — notaire dans un village corse de 673 habitants ! Il quitta, a-t-il dit, la Corse à l'âge de quinze ans. Où avait-il fait ses études ? Peut-être à Bastia, qui n'était qu'à huit lieues ; il n'en dit rien. De Corse, il alla à Livourne, puis à

Pise et à Florence. Il fut, dit-il, reçu docteur en philosophie et en médecine de l'Université de Pise en 1808, à l'âge de dix-neuf ans. C'était avant l'annexion du royaume d'Étrurie à l'Empire, au temps où il suffisait du paiement des droits de passage pour se coiffer du bonnet. De Pise, toujours à son dire, il vint à Florence, où il se serait livré à des études physiologiques et aurait été attaché à l'hôpital de Sainte-Marie-Neuve. En 1812, il aurait obtenu de l'Université impériale le diplôme du docteur en chirurgie, et le grand maître l'aurait nommé prosecteur d'anatomie attaché à l'Académie de Pise avec résidence à Florence. Ce qui paraît positif, c'est qu'il était devenu l'aide du professeur Mascagni pour ses travaux anatomiques et que, après la mort de ce savant, une « Société d'Amis des Arts et de l'Humanité », dont faisaient partie plusieurs Anglais, ayant entrepris de publier, au profit de la famille de Mascagni, ses œuvres posthumes, le chargea de surveiller l'impression et de corriger les épreuves. Antommarchi connaissait un certain Simon Colonna di Leca, qui avait été intendant à Aquila, sous Murat, et qui, depuis 1814, s'était attaché à Madame mère, près de laquelle il faisait fonction de chambellan ou de chevalier d'honneur. Ce Colonna, étant Corse, avait l'entière confiance de Fesch ; et lorsque, pour diverses raisons, le cardinal résolut d'éliminer Foureau de Beauregard, qui s'offrait et que tous les fidèles de l'Empereur recommandaient, il fit écrire par Colonna à Antommarchi, lequel comprit aussitôt le parti qu'il tirerait de cette aubaine. Les scrupules lui étaient inconnus, comme la ligne de son devoir ; sa culture générale était au niveau de sa science médicale ; mais il ne doutait de rien et se tenait égal à tous, à Montholon, au grand maréchal, même à l'Empereur, parlant à chacun sur un ton de familiarité choquante et s'arrogeant même la supériorité. Cet homme haïssable ne fut d'aucune ressource pour l'Empereur et lui causa d'extrêmes désagréments. Les prêtres et le chirurgien ne semblent avoir été invités à la table de l'Empereur qu'une seule fois : le 1er janvier 1820 ; ils déjeunèrent quelquefois dans le jardin avec lui lorsque, durant les premiers mois de cette année, il s'éprit de faire travailler à son jardin, et mit à tous ses entours la bêche et la pioche en main.

Dans la vie courante, dès le début, les serviteurs ont joué des rôles importants ; par suite des circonstances, certains d'entre eux devinrent les témoins uniques et les confidents, se montrèrent les amis véritables, les seuls amis : qui sont-ils et d'où viennent-ils ?

Du très nombreux personnel que le Grand maréchal avait emmené de Malmaison, les Anglais ne permirent d'embarquer que douze domestiques : Marchand, premier valet de chambre de Sa Majesté ; Saint-Denis et Noverraz, ses chasseurs ; Cipriani Franceschi, qui faisait fonctions de maître d'hôtel ; Pierron, chef d'office ; Rousseau, ferblantier-bougiste ; Lepage, cuisinier ; les deux Archambault, sortant de l'Écurie et pris comme valets de pied, ainsi que l'Elbois Gentilini. On passa encore le Corse Santini, qui avait été, aux Cent-Jours, garde du portefeuille ;

deux domestiques — Bernard et sa femme — pour servir le général Bertrand, sa femme et leurs enfants ; une femme de chambre, Joséphine Brûlé, à Mme de Montholon, et ce fut tout. On dut renvoyer Nicolas Gillis, qui servait l'Empereur de longue date comme valet de chambre ; Toutain, maître d'hôtel, un garde d'office, un garçon d'office, sept valets de pied, deux garçons de garde-robe, un courrier, un charron, plus les deux secrétaires du grand maréchal et huit domestiques aux Bertrand, aux Montholon et à Gourgaud. Gourgaud était parvenu à embarquer son valet de chambre François : arrivé à Sainte-Hélène, on le renvoya.

De ces gens de service, aucun n'est sans intérêt ; un surtout mérite une particulière attention : personnage romanesque sur lequel on ne saurait espérer des renseignements formels, car sa profession même exigeait qu'il échappât aux regards et déroutât les curiosités ; mais, par ce qu'on entrevoit de sa vie, il a joué un rôle bien plus important qu'on ne le penserait : c'est Cipriani Franceschi. On a dit que, républicain de caractère et d'opinions, il s'était surtout attaché à l'Empereur depuis ses revers ; au fait, peut-être ce Corse connaissait-il Napoléon depuis toujours et était-il des patriotes qui se réfugièrent sur le continent en 1793. On a dit qu'il avait servi dans un des bataillons corses ; cela est possible, quoiqu'on n'ait point retrouvé son nom ni son dossier ; mais ce n'était guère dans le militaire que Saliceti recrutait ses hommes, et Franceschi fut toujours très avant dans la confiance de ce personnage si intéressant, si mystérieux et si peu connu. Cipriani semble avoir été employé, en 1808, à pratiquer les Corses à la solde anglaise qui formaient, avec un bataillon maltais, la garnison de l'île de Capri, et cette intrigue ne nuisit point à l'escalade du rocher. On a dit qu'en 1814, ayant rejoint l'empereur à l'île d'Elbe, il eut mission de se rendre à Vienne et d'y recueillir des informations ; que ce fut lui qui avertit l'Empereur du plan que les Alliés avaient formé de le transporter dans une île des mers africaines. Cipriani ne figure point sur les registres de la Maison impériale antérieurement aux Cent-Jours, où il y est qualifié maître d'hôtel ; comme tel son service pouvait avoir des lacunes, mais ce ne fut point là son emploi principal à Sainte-Hélène, et l'on peut bien penser qu'il ne l'avait pas été davantage à Paris. Il fut chargé de prendre des informations, d'obtenir des nouvelles, et lui seul — ou presque — constitua le service des renseignements. L'Empereur avait en lui une confiance entière et il le lui témoignait de façon à provoquer la jalousie de certains de ses compagnons : « Il nous donnerait tous pour Cipriani », dit Gourgaud. Sans doute, ce Corse avait avec les Bonaparte une liaison ancienne, une de ces liaisons familiales, à la romaine, où le client se trouve agrégé pour jamais à la maison, ainsi que sa femme et ses enfants. La femme de Cipriani, Adélaïde Chaînant, était à Rome avec ses enfants : son fils chez le cardinal Fesch, sa fille chez Madame mère. Leur fortune était assez notable, et ils étaient loin d'être dénués de moyens, Cipriani ayant des fonds considérables placés à Gênes.

Près de lui, à un rang très inférieur, un autre Corse, Giovan-Natale Santini, vingt-cinq à vingt-six ans, tirailleur corse jusqu'en 1812; depuis lors, employé comme estafette au Grand quartier général. En 1814, il avait volontairement suivi l'Empereur à l'île d'Elbe où, pour l'occuper, on l'avait nommé garde du portefeuille et huissier. Maintenant, on ne savait trop que faire de lui, mais Napoléon n'avait point pensé à le remplacer par quelque autre qui pût se rendre utile : il était Corse.

Le service personnel de l'Empereur était assuré par son premier valet de chambre, Louis Marchand, qui, tout jeune, avait fait ses preuves d'intelligence, de dévouement et de discrétion. Il était entré dans la Maison en 1811, à l'âge de dix-neuf ans, dans une fournée de garçons d'appartement recrutés dans la petite bourgeoisie, ayant reçu une certaine instruction et présentant de sérieuses garanties morales. Sa mère était berceuse du Roi de Rome et se montrait parfaitement dévouée. Cette année 1811, Marchand suivit l'Empereur dans le voyage de Hollande. En 1812, il devait tirer au sort, et Mme de Montesquiou, gouvernante des Enfants de France, avait sollicité de l'Empereur qu'il l'exemptât du service militaire ; Napoléon refusa, mais, de sa cassette, il paya un remplaçant. Pourtant, il ne connaissait point cet humble figurant, qui fut du voyage de Dresde et rentra ensuite à Paris. Marchand se trouva à Fontainebleau lors de l'abdication. Constant, le premier valet de chambre, et Roustam, le mameluck, s'étaient enfuis devant l'infortune du maître. Aux autres valets de chambre, l'Empereur paraissait peu habitué ; peut-être avait-il des raisons pour n'en pas vouloir au premier rang, bien que certains fussent dévoués et que plusieurs eussent reçu de l'instruction ; surtout, ils étaient dispersés avec les Services envoyés sur divers points et qui n'avaient pu rejoindre. Marchand fut choisi par le grand maréchal pour remplacer Constant, et, durant que sa mère suivait à Vienne le Roi de Rome, il suivit l'Empereur à l'île d'Elbe. Ses soins plurent par l'activité, l'adresse et la discrétion qu'il montra. L'Empereur lui marqua une confiance entière et n'eut jamais à s'en repentir. Tel à Paris qu'à Porto-Ferrajo, Marchand ne fut point enivré aux Cent-Jours par sa subite fortune — les gros gages, 8.000 francs, et 1.500 francs d'habillement, la table de quatre couverts, le cabriolet, l'entrée aux Théâtres impériaux, — et il se trouva pareil à lui-même, aussi respectueux, aussi dévoué, aussi attentif à Rochefort et sur le *Bellerophon* qu'aux Tuileries et à l'Élysée. C'était un homme d'une santé admirable et d'une incroyable résistance ; c'était surtout un homme de cœur. On le voit bien dans ses *Mémoires*.

Après Marchand et avec lui, l'homme qui approchait le plus près et le plus souvent l'Empereur, était Louis-Étienne Saint-Denis, chasseur ou, si l'on veut, mameluck. Fils d'un piqueur des Écuries du roi, il était né à Versailles en 1788, et, après des études assez complètes et un stage de petit clerc dans une étude de notaire, il était entré, en 1806, dans la Maison comme élève piqueur. Il fit campagne en Espagne et en Allemagne, et fut du voyage de Hollande en

1811. À la fin de cette année, Napoléon voulut avoir un second mameluck. Saint-Denis fut choisi, prit le costume oriental et reçut le nom d'Ali — cet Ali ramené d'Égypte comme Roustam, qu'on n'avait pu, à cause de ses violences, garder dans la Chambre et que l'Empereur avait relégué garçon d'appartement à Fontainebleau. Désormais, il remplit, dans un des Services, les mêmes fonctions que Roustam dans un autre, comme valet de chambre, chasseur et aide-porte-arquebuse ; il suivait donc en campagne, portant la lorgnette et le flacon d'argent rempli d'eau-de-vie. Ainsi fit-il la campagne de Russie et la campagne de Saxe ; mais, étant du Service laissé à Mayence, il s'y trouva bloqué et ne put prendre part à la campagne de France. Après la reddition de Mayence, il rejoignit son maître à l'île d'Elbe, où il fut seul mameluck ; il revint avec l'Empereur à Paris et ne le quitta point de la campagne de Belgique. C'était un homme qui, avec une bonne instruction primaire, avait le goût des livres et, comme Marchand, une écriture très nette, qu'ils perfectionnèrent et rapetissèrent, durant la captivité, de façon à tracer lisiblement des caractères à l'infini sur la plus petite surface de satin ou de papier. Par son dévouement, son zèle, son honnêteté, sa discrétion, il était digne de Marchand, dont il devint l'ami. Saint-Denis seulement, plus âgé que son compagnon, n'avait pas, semble-t-il, la même adresse ni la même résistance, et des circonstances particulières l'empêchèrent seules d'atteindre la même fortune. Lorsque, comme il faut l'espérer, les *Souvenirs* de Saint-Denis seront publiés, l'on comprendra mieux le rapprochement qui s'impose entre ces deux hommes.

Pierron, qui était le maître d'hôtel véritable, — Cipriani faisant plutôt le service de contrôleur, comme on disait dans les maisons princières, — eût dû être chef d'office, car c'était là son métier : il était entré en 1807 comme aide d'office, il avait fait aussi le voyage de Hollande et ensuite il avait suivi l'Empereur dans les campagnes de 1813 et de 1814. À la fin, il était un des six garçons d'office à 450 livres de gages. À Fontainebleau, il sollicita de partir pour l'île d'Elbe à la place d'un de ses supérieurs qui avait « déserté », et il fut emmené comme chef d'office. Il garda la place au retour à Paris, fit la campagne avec l'Empereur et ne le quitta plus.

La première table des gens devait se composer, à Sainte-Hélène, de Cipriani, Pierron, Marchand et Saint-Denis : cela marque la hiérarchie.

À la table de l'office s'asseyait, avec Santini, un chasseur nommé Noverraz. Originaire du canton de Vaud, il avait été admis dans la Maison en 1809 ; il était, en 1813, le dernier entré des sept valets de pied relevant du service du grand écuyer, et il touchait 960 francs de gages ; il fit ainsi les campagnes de 1813 et de 1814 sur le siège des voitures impériales. Il fut promu chasseur, fut coiffé du bicorne à plumes de coq et revêtu du costume traditionnel qui comportait, comme on sait, des armes apparentes. Dans le voyage de Fontainebleau à Fréjus, Noverraz était sur le siège de la voiture de l'Empereur. À Orgon, un homme se jeta comme un furieux pour ouvrir la portière. Noverraz tira d'une main son sabre, et, dans l'autre, tenant une espingole, sans s'embarrasser de la multitude, menaça le premier qui oserait s'approcher de la voiture. Le grand maréchal baissa aussitôt la glace et lui cria de se tenir tranquille. Néanmoins, on avait gagné du temps, les chevaux étaient mis, et l'on repartit. Noverraz était un homme sur le dévouement duquel on pouvait compter, mais il n'était point dans son rôle d'approcher l'Empereur.

Des deux Archambault qui devaient composer le personnel de l'Écurie, l'un, Achille-Thomas-L'Union, était entré dans le service du grand écuyer en 1805. En 1814, il avait sollicité avec opiniâtreté de suivre l'Empereur à l'île d'Elbe ; il y avait été brigadier des valets de pied. Revenu à Paris au 20 mars, il avait été maintenu dans sa place et avait fait en cette qualité la campagne de Belgique. Son frère, Joseph-Olivier, avait, comme lui, passé par l'Écurie avant d'être valet de pied. Tous deux étaient des cochers d'une incroyable habileté, telle qu'il la fallait à Sainte-Hélène, menant vite comme l'Empereur voulait qu'on menât, aussi bien à grandes guides qu'en postillons. Quant au dévouement, ces deux hommes étaient de ceux qu'on ne saurait louer, tant leur caractère passe l'éloge qu'on en ferait.

Dans la Maison, Rousseau avait été ferblantier-bougiste. On le destinait à présent à tenir l'argenterie, ce qui ne serait point une sinécure, vu les quantités qu'on avait emportées, car, lors du départ, Colin, contrôleur de la Maison, ne s'était pas arrêté au service d'argenterie de douze couverts, tel que la Commission du Gouvernement avait ordonné qu'on en délivrât un. Il y avait joint toute l'argenterie venue avec le service de l'Empereur à l'Élysée à celle apportée des Tuileries, en sorte qu'il se trouvait ainsi un triple ou quadruple service, avec nombre de grandes pièces, et un service complet à dessert, en vermeil. Un nommé Gentilini, canotier-chef à l'île d'Elbe, qui avait suivi à Paris comme valet de pied, était encore valet de pied à Sainte-Hélène.

Tous ces serviteurs avaient donc au moins passé par les Tuileries. Le cuisinier Lepage venait, au contraire, de la maison du roi Joseph. À Rochefort, le nommé Ferdinand Rousseau, chef de cuisine à l'île d'Elbe, puis aux Tuileries durant les Cent-Jours, était entré en discussion avec le Grand maréchal et avait refusé de partir, disant qu'on ne lui avait pas payé ce qu'on lui avait promis pour aller à l'île d'Elbe. On se trouva donc dans un grand embarras. Joseph offrit son cuisinier, Michel Lepage, un garçon de Mortefontaine, qui l'avait suivi et devait passer avec lui en Amérique. Lepage consentit par grâce à accompagner l'Empereur ; mais il était médiocre en son art, peu débrouillard, d'un caractère difficile et d'un dévouement problématique. On dut le renvoyer en 1818.

Il y eut dans cette domesticité, certaines mutations : Cipriani mourut à Sainte-Hélène ; Archambault jeune, Rousseau, Santini furent nominativement contraints par les Anglais de quitter leur maître ; Gentilini malade fut rapatrié. En remplacement de Cipriani et de Lepage, la Famille impériale envoya le chef d'office Jacques Coursot et le cuisinier Jacques Chandelier. Coursot venait de Madame mère, dont il avait été un des valets de chambre ; Chandelier, né à Melun en 1798, était entré, en 1813, page-rôtisseur dans la Maison, et, après 1815, était passé chez la princesse Pauline. Il était de médiocre santé, mais sincèrement dévoué. Ces deux hommes étaient de même formation que les autres serviteurs, et ne les déparaient pas.

De plus, le général Bertrand avait pour valet de chambre un nommé Bernard Hayman, natif de Gand, dont la femme était femme de chambre de la comtesse ; ils avaient avec eux leur fils, âgé de quinze ans ; Bernard, qui s'enivrait et cherchait alors querelle à ses compagnons, fut congédié par le général et renvoyé en Europe ; il fut remplacé, au milieu de 1819, par un nommé Étienne Bouges, fils d'un petit fermier de la famille, qui s'était offert pour rejoindre son maître, qui se montra dévoué et intelligent et dont les *Souvenirs* présentent quelque intérêt. La femme de Bernard fut remplacée par la femme d'un soldat de la garnison ; mais, pour ses enfants, Mme Bertrand demanda à Lady Jerningham, sa tante, de lui choisir une gouvernante dont elle obtiendrait l'admission à Sainte-Hélène. Lady Jerningham lui envoya une jeune fille, Betzy Hall, dont la joliesse fit grande impression sur les reclus de Longwood, — une telle impression que Saint-Denis l'épousa. Aussi bien, toute fille eût trouvé mari parmi ces célibataires énamourés, et Joséphine Schouter, la femme de chambre de

Mme de Montholon, épousa Noverraz, un peu malgré l'Empereur, qui « ne trouvait pas ce mariage dans les intérêts d'un homme à qui il voulait du bien ». Dans ce climat, sous cette latitude, une sorte de folie d'amour emportait les êtres : bonne d'enfant, femme de chambre, fille de cuisine, métisse ou négresse, il n'importe, c'était une femme, et il se livrait des batailles autour de l'évier pour ces Hélènes graillonneuses.

Voilà, au complet, l'entourage : autant les personnages du premier plan sont divers d'origine, d'éducation, de milieu, impuissants à former entre eux des relations amicales et même incapables de se plier, pour plaire à leur maître, à dissimuler leurs hostilités ; autant devront s'exaspérer entre eux les rivalités, les ambitions et surtout les cupidités ; autant les figurants, domestiques de tous ordres, sortis de familles pareilles, ayant reçu une éducation analogue, rompus par la même discipline, se trouvent, bien sûr avec des nuances dans le caractère et plus ou moins d'affinement dans l'esprit et dans les manières, unis par le dévouement qu'ils portent à l'Empereur, le culte qu'ils lui ont consacré. Ils éprouvent de sa part les effets continuels d'une bonté qui, au milieu des plus atroces souffrances, se retrouve toujours pareille, reparaissant après les crises qui parfois ont entraîné un moment de colère, s'attestant par un mot, un sourire, un regard, et pénétrant ces cœurs simples d'une religion à laquelle on trouve, à présent encore, leurs races obscurément fidèles.

1. ↑ Entre autres, qu'alors, à neuf ans, il était élève de marine ; qu'il avait pris part à l'expédition de Sardaigne, qu'il y avait été grièvement blessé et qu'alors on l'avait amené chez Madame Bonaparte, laquelle l'avait maternellement soigné durant plusieurs mois. Or, Sémonville est parti pour Toulon à la fin de mars, tout de suite après l'expédition de Sardaigne.

III

LA PRISON. — LE GEOLIER
LES COMPARSES

En l'année 1788, à Auxonne, le lieutenant Buonaparte, étudiant, d'après le livre de l'abbé de Lacroix, la géographie élémentaire, inscrivait sur un cahier les principales notions qu'il souhaitait retenir. Arrivé aux *Possessions des Anglais en Amérique, Asie et Afrique,* il écrivit : « En Afrique, Cabo Corso en Guinée, château assez fort, à côté est le Fort Royal défendu par 16 pièces de canon.

« Sainte-Hélène, petite île…

Et après avoir écrit : *Sainte-Hélène, petite île,* comme si la destinée eût arrêté sa main, il s'interrompit et laissa ensuite la page blanche.

Il y a ainsi des mystères de la prescience humaine, qui échappent à toute analyse et défient toute solution.

Petite île ! C'est tout ce que Napoléon savait de Sainte-Hélène en 1788 et, en 1815, le public n'était guère mieux instruit. Pourtant, cette vigie que les Anglais avaient dressée sur l'Océan et où ils entretenaient tant de moyens de guerre n'a point été sans attirer et retenir l'attention de l'Empereur.

De Mayence, le 7 vendémiaire an XIII (30 septembre 1804), il écrit au ministre de la Marine pour ordonner trois expéditions ; l'une aux Antilles, la deuxième aux colonies hollandaises de Surinam, la troisième à Sainte-Hélène : « Prendre Sainte-Hélène, écrit-il, et y établir une croisière pendant plusieurs mois ; il faut pour cet objet 12 à 1.500 hommes... Quant à l'expédition de Sainte-Hélène, ajoute-t-il, je vous ai remis un mémoire à Boulogne. Faites venir l'auteur de ce mémoire qui est à Givet. Les Anglais ne s'attendent à rien moins qu'à cette expédition ; il sera très facile de les surprendre » ; il dit encore : « L'homme qui est à Givet sera retenu près de vous jusqu'au dernier moment. Il partira en poste de Paris, se rendra à Toulon et s'embarquera immédiatement à bord du vaisseau de l'amiral qui doit aller à Sainte-Hélène. » L'expédition devait comprendre deux vaisseaux, quatre frégates, deux bricks, portant 2.100 hommes, aux ordres du général de brigade Reille. Tout le monde était à bord, lorsque l'Empereur renonça à Sainte-Hélène pour renforcer l'expédition de Surinam que commandait Lauriston, auquel Reille fut adjoint. On appareilla, mais, à peine sortie de Toulon, l'escadre subit un coup de vent qui l'obligea d'y rentrer. C'était le commencement des faiblesses et des indécisions de l'amiral Villeneuve ; on renonça donc alors à Surinam comme à Sainte-Hélène. Aussi bien n'avait-on, semble-t-il, que les renseignements de l'homme de Givet, un Anglais ; car, à Givet, étaient internés nombre des Anglais arrêtés à la rupture de la paix d'Amiens.

Pour avoir échoué cette fois, Napoléon ne perd point de vue son dessein. Au début de l'an XIV, lorsqu'il lance, contre le commerce anglais, la croisière-brûlot de Willaumez, « croisière bizarre et incalculable », comme il dit, il ordonne que, du Cap, l'escadre se dirige sur Sainte-Hélène et s'établisse pour deux mois au vent de cette île « très haute et très saine » ; la croisière échoue misérablement, et l'escadre, dont fait partie le *Vétéran* commandé par Jérôme Bonaparte, ne parvient pas même à reconnaître le pic de Diane.

Malgré « l'homme de Givet », Napoléon n'était vraisemblablement pas mieux informé que ses contemporains du climat, de la faune, de la flore, de la population de Sainte-Hélène et, en vérité, l'on n'avait guère de moyens pour s'en mieux instruire. Le *Dictionnaire géographique portatif* le plus répandu, celui de Vosgien, chanoine de Vaucouleurs, « traduit sur la treizième édition anglaise de Laurent Eckard », en donnait cette description : « Les montagnes qui se découvrent à vingt-cinq lieues en mer sont couvertes la plupart de verdure et de toutes sortes de grands arbres comme l'ébène, etc. Les vallées sont fort fertiles en toutes sortes de fruits excellents, légumes, etc. Les arbres fruitiers y ont en même temps des fleurs, des fruits verts et des fruits mûrs. Les forêts sont remplies d'orangers, de limoniers, de citronniers, etc. Il y a du gibier et des oiseaux en quantité ; de la volaille et du bétail qui est sauvage. On n'y voit aucun animal vorace ni venimeux. La mer y est fort poissonneuse. »

Vosgien, chanoine de Vaucouleurs, était en personne un sieur Jean-Baptiste Ladvocat, né à Vaucouleurs, censeur royal, docteur, bibliothécaire et professeur en Sorbonne, lequel compila son dictionnaire à Bagneux, près Paris, et en publia, en 1747, la première édition. Mais il n'avait guère fait qu'abréger le *Grand Dictionnaire géographique historique et critique* de M. Bruzen de la Martinière, géographe de S. M. le roi d'Espagne Philippe V, ce qui reportait à 1726 cette notion communément adoptée sur Sainte-Hélène ; et comme Bruzen de la Martinière avait copié la *Description de l'Afrique contenant les noms, la situation et les confins de toutes ses parties*, par Olivier Dapper, dont une bonne traduction du flamand avait été imprimée à Amsterdam en 1686 ; comme Dapper s'était inspiré de la *Description générale de l'Afrique*, par Luis Marmol Garjaval, datant de 1573, l'on peut dire qu'il y avait là une tradition que les géographes se repassaient bénévolement depuis plus de deux siècles sans la vérifier et qui, vraisemblablement, provenait de voyageurs ayant visité Sainte-Hélène moins d'un demi-siècle après sa découverte par Jean de Nova, en 1502. Selon cette tradition, le territoire de l'île, naturellement fort sec, étant arrosé par des pluies fréquentes, était rendu propre à produire toutes sortes de fruits ; la plupart des montagnes étaient couvertes de verdure ; on y trouvait, en particulier, des ébéniers, « puis d'autres grands arbres qui produisent de belles fleurs incarnates et blanches, à peu près comme les tulipes, qui font un très bel ornement ». Et il y avait de bonnes oranges, des grenades, des limons assez pour servir de rafraîchissements aux équipages de cinq à six vaisseaux. Et il y poussait toutes sortes d'herbes qui guérissent en huit jours du scorbut. Et il y avait des chèvres et des sangliers, quantité de cabris et de boucs très gras, et de pourceaux de diverses couleurs. Et il y avait des perdrix, des pigeons, des tourterelles, des paons, mais point de bêtes dévorantes, d'oiseaux de proie, ni de serpents venimeux. Tout eût été parfait n'étaient de grosses araignées, des mouches aussi grosses que des sauterelles et surtout les rats, lesquels, au dire d'Owington, voyageur anglais, se rendaient singulièrement incommodes.

En 1808, à la vérité, avait paru à Londres, sous le titre *History of the Island of Saint Helena*, la première monographie de l'île. L'auteur, T. H. Brooke, appartenait à une famille habituée dans le pays depuis l'occupation anglaise ; il y avait personnellement résidé quinze années, il avait rempli les fonctions de secrétaire public et ainsi avait eu accès à tous les dépôts d'archives ; mais, sauf l'introduction descriptive, singulièrement optimiste, l'ouvrage de Brooke était uniquement historique ; on y trouvait détaillé jusqu'au moindre accident dans l'administration, et ce récit était singulièrement fastidieux et plat : d'ailleurs, aucun exemplaire n'en avait, à ce qu'il semble, traversé la Manche et, en Angleterre, on ne paraissait guère mieux renseigné qu'en France.

En 1815, l'opinion générale sur Sainte-Hélène restait telle que l'avaient formée les manuels et les dictionnaires. Les descriptions à l'infini qu'on publia pour satisfaire la curiosité publique à l'annonce de la déportation de Napoléon — descriptions que propagea la police ou que répandit la spéculation — ne firent que reproduire ces notions datant de deux cents ans pour le moins. Et voici quelles : « Quoique cette île ne paraisse être de tous côtés qu'un amas de rochers volcaniques et stériles dont les moins élevés ont huit cents pieds de hauteur, les montagnes qui s'élèvent au milieu de cette enceinte escarpée sont couvertes d'une excellente terre végétale d'un pied et demi de profondeur, qui produit naturellement toutes sortes d'herbes, de racines et d'arbustes... Des grandes forêts d'arbres d'ébène, de bois de rose et d'aloès s'élèvent sur le penchant des monts... Les forêts sont toutes remplies de bêtes fauves, comme chèvres, boucs sauvages dont plusieurs sont aussi gros que de petits veaux, sangliers de diverses couleurs, etc. On n'y trouve aucune bête féroce et carnassière, aucun oiseau de proie, ni loups, ni lions, ni ours, ni éperviers, ni milans, pas même d'animaux venimeux comme les serpents, mais, en revanche, une multitude incroyable de rats... Les volatiles sont beaux et nombreux à Sainte-Hélène ; on y trouve des perdrix, des poules d'Inde, des tourterelles, des pigeons, des gelinottes des bois, des paons, des faisans, des pintades en quantité.

« Lorsque les Portugais eurent pris possession de Sainte-Hélène, ils y apportèrent plusieurs arbres fruitiers de leur pays, des pêchers, des citronniers, des orangers, des grenadiers. Tous ces arbres ont singulièrement prospéré… Les fruits sont en si grande quantité qu'on pourrait en charger tous les ans six vaisseaux.

« La vallée de la Chapelle ressemble à un véritable paradis terrestre. De tous côtés, ce ne sont que de charmantes allées de citronniers, d'orangers, de grenadiers, de palmiers, de figuiers, de bananiers, d'ananas. La plupart de ces végétaux sont, en même temps, couverts de fleurs, de fruits qui mûrissent et de fruits prêts à couper. »

Et partout coulent des ruisseaux à travers d'admirables vallées qui nourrissent deux mille quatre cents à trois mille bœufs, dont la chair est du goût le plus succulent et le plus délicieux. Outre les bœufs, il y a un grand nombre de cochons et de moutons d'Angleterre et l'on y trouve aussi des chevaux qui sont petits, mais qui marchent bien, et sont d'une grande utilité pour les dames.

Et ce n'est pas assez des fruits, il y a une immense quantité de graines et de légumes. Les fleurs ne peuvent manquer, sous un climat qui leur est si favorable. On en trouve qui sont originaires de toutes les parties du monde. La mer est très poissonneuse et, pour comble de bonheur, les femmes sont charmantes. Si quelques-unes sont galantes, toutes sont rigidement attachées aux règles de l'honneur. Elles ont une austère probité et ne se livrent point à l'intérêt.

On peut regarder le séjour des Hélénois comme un coin du Paradis terrestre. « Puisse, dit l'auteur de la *Description*, le spectacle de leur félicité n'être pas pour Napoléon un supplice encore plus cruel que son exil. »

Ce n'est pas seulement par ces *Descriptions* à bon marché, destinées au populaire, que sont accréditées ces notions. Il est des livrets pour toutes les bourses. M. Toulouzan de Saint-Martin, un des auteurs de l'*Essai sur l'Histoire de la nature*, écrit : « On dirait que Le Tasse a puisé dans ce paysage (de Sainte-Hélène) les couleurs dont il s'est servi pour peindre le séjour délicieux que l'art magique d'Armide sut préparer à Renaud au milieu des rochers arides des Îles Fortunées… L'intérieur de l'île est un paradis terrestre. Le rocher, inaccessible dans son contour, est agréablement diversifié au centre par des monticules et des coteaux couverts d'habitations et de jardins ; des eaux abondantes et limpides coulent des rochers et arrosent le fond des vallées aujourd'hui métamorphosées en prairies ; là croissent les plantes des deux mondes, les fruits les plus exquis et les fleurs les plus suaves ; l'air est si pur et le climat si égal que les malades y recouvrent la santé en peu de temps… L'air, toujours pur et serein, n'est momentanément obscurci que par des nuages qui se dissipent aussitôt qu'ils ont versé les pluies dont s'alimentent des sources nombreuses. On n'y connaît pas non plus ces insectes destructeurs qui anéantissent l'espoir du travailleur… On brûle beaucoup de charbon de terre à Sainte-Hélène ; il y a, du côté de l'ouest, une mine considérable de houille. »

S'élève-t-il dans ce concert une dissonance, Malte-Brun s'indigne et il terrasse l'imprudent : « L'enthousiasme unanime des voyageurs qui ont admiré les vallées pittoresques de l'intérieur de l'île de Sainte-Hélène doit, écrit-il, faire écarter l'assertion hasardée d'un savant, d'ailleurs estimable, M. Bory de Saint-Vincent qui, avec trop de légèreté, prétend avoir eu, dans ses conversations avec les officiers anglais, la preuve que l'intérieur de l'île est couvert de cendres, de scories et d'une végétation languissante. » Faudrait-il penser que ce fut pour avoir imprimé, dix années plus tôt, le *Voyage aux îles d'Afrique* que Bory de Saint-Vincent fut placé, en 1815, par la clémence du roi, sur la deuxième liste des proscrits — ceux dont on ne réclame pas encore la tête, mais qui sont exilés à perpétuité ?

Bory de Saint-Vincent ne saurait compter pour Malte-Brun, mais voici que J. Cohen, ancien censeur royal, publie un extrait du livre de Brooke par quoi l'on sort des descriptions enthousiastes. À la vérité, de cet ouvrage déjà singulièrement optimiste, Cohen atténue les termes, et même les chiffres. Ainsi, Brooke fournit un tableau des prix maximum et minimum des objets de consommation usuelle. Cohen ne cite que quelques articles et le prix le plus bas. Ici toutefois on approche des réalités, mais c'est par un livre relativement cher, qui échappe au populaire, tandis que les *Descriptions* se vendent quelques sous ; elles se rencontrent encore par centaines, usées, dirait-on, par les mains calleuses qui en ont tourné les feuillets salis, et par là, comme sanctifiés.

Ce que concèdent les pessimistes, c'est qu'il y a des rats, quantité de rats ; mais ce n'est là, aux yeux du populaire, ni un supplice, ni un danger, tout au plus une incommodité. Il s'attache à cette vermine une sorte de prestige comique qu'atteste l'infinité des proverbes ou des locutions où l'on en fait entrer le nom. Peut-être n'est-il pas noble d'en parler, le rat ayant été inconnu des anciens et n'étant arrivé en Europe, le noir qu'au XIVe siècle et le brun qu'au XVIIIe. Ce qui est pour beaucoup un objet de dégoût et d'horreur ; ce qui est, pour le savant, l'habituel propagateur des grandes épidémies, provoque le rire des sots ; qu'il y ait des rats à Sainte-Hélène, qu'importe ? Sans être un danger pour la vie de Bonaparte, c'est un ridicule. Vraisemblablement par les matelots anglais qui seuls, depuis vingt ans, ont relâché à Sainte-Hélène, cette notion s'est extraordinairement répandue en Angleterre. Tout Anglais sait qu'il y a des rats à Sainte-Hélène, Napoléon va dans l'île aux rats ; il y est déporté et c'est très drôle. Quelle veine pour les faiseurs de caricatures ! D'Angleterre les images arrivent au continent où on les contrefait et on les copie. Voici l'Empereur au milieu de ses nouveaux sujets : il leur propose un Acte additionnel ; il entre triomphalement dans ses États ; il fuit devant ses sujets révoltés ; il les combat, monté sur un bouc ou sur un chat ; il a des rats pour valets de chambre et pour courtisans ; il en fait manœuvrer une armée ; nouveau Robinson, il les apprivoise et les dresse ; lui-même est devenu rat et, pris au piège, il prononce un discours. On trouve de cette sorte, tant en Angleterre qu'en France et en Allemagne, une trentaine de composition qui obtiennent un tel succès que certaines sont reproduites dans les trois pays. Tant est populaire cette réputation de Sainte-Hélène que, lors du départ de l'Empereur, des avis manuscrits répandus à Chester et aux environs annoncèrent que le gouvernement, pour détruire les rats qui infestaient l'île, était résolu d'y envoyer une cargaison de chats ; un officier du roi devait passer à Chester à jour dit, payer seize shillings un chat adulte, dix une chatte, deux et demi un chaton. De tous les coins du comté, les paysans arrivèrent au jour indiqué avec des paniers pleins de chats et, lorsqu'ils apprirent que c'était là une plaisanterie des joyeux compères de Chester, ils entrèrent en fureur, lâchèrent leurs chats par les rues, saccagèrent l'hôtel de ville et blessèrent plusieurs bourgeois. Dans les trois semaines qui suivirent, on tua plus de quatre mille chats à Chester et aux environs.

Les rats et l'aspect rébarbatif de l'île, forteresse inexpugnable, voilà ce qui frappe le peuple, voilà ce que lui apprennent des images multipliées à grand nombre ; mais toujours, entre les murs à pic qui ferment l'entrée de l'unique port, Jamestown, on aperçoit, dans les gravures, une vallée d'une miraculeuse fertilité, telle que l'a annoncée Bruzen de la Martinière.

Par ces descriptions, par ces estampes et ces caricatures, la police des Bourbons s'efforçait-elle d'accréditer en

France l'opinion que Napoléon allait être aussi heureux matériellement qu'il pouvait l'être dans un séjour enchanté ; par suite, de détruire par avance l'effet que pourraient produire ses plaintes, si l'écho en parvenait en Europe ? La police, après quelque temps, jugea opportun d'arrêter les caricatures, vu que le silence est préférable à la satire, si mordante soit-elle, mais on peut presque croire qu'elle n'avait point eu à intervenir ; dès que le public demandait des renseignements sur Sainte-Hélène, les compilateurs lui fournissaient ceux qu'ils avaient trouvés dans des livres qui, n'ayant point été composés à dessein, devaient être pris pour véridiques.

Le Gouvernement anglais n'était guère mieux informé que le public, car, sauf quelques officiers du génie envoyés pour organiser un système de fortifications, il n'entretenait point à Sainte-Hélène, colonie de la Compagnie des Indes, d'agents capables de le renseigner. Les officiers qui avaient averti Bory de Saint-Vincent avaient dû faire leurs rapports, mais ne leur avait-on pas demandé du technique et non du pittoresque ? D'ailleurs, rien n'est tenace comme une légende et les ministres, sans doute, s'en tenaient à la légende.

Aussi bien cette légende n'était point entièrement fausse ; il est à Sainte-Hélène des coins de verdure sous les montagnes pelées et arides ; il est des plateaux où prospèrent les arbres de la zone tempérée, aussi bien que ceux des tropiques ; des jardins où mûrissent les légumes d'Europe en même temps que les fruits d'Amérique ; à la vérité, ces coins bénis ne sont pas nombreux et si, dans certaines anfractuosités du rocher où ne pénètre pas la brise de mer, la chaleur est excessive, au moins y a-t-il de l'ombre, des eaux jaillissantes et courantes, des sources glacées, des cascades qui, de si haut tombant, apportent en même temps qu'une fraîcheur diamantée, les arcs-en-ciel prometteurs. Au moins y a-t-il le repos entre les fleurs joyeuses, une nature qui sourit aux yeux et apaise l'esprit ; il semble qu'on pourrait y être heureux.

Là, furent construites les quelques habitations qui pussent, à Sainte-Hélène, paraître propres à loger des Européens : Rosemary Hall, au colonel Smith ; Sandy Bay, à M. Doveton ; The Briars, à M. Balcombe et le chalet de Miss Mason ; mais la plupart de ces maisons pouvaient loger tout juste une famille médiocrement fortunée ; elles avaient toutefois de bons jardins, des promenades abritées, de la verdure et des ruisseaux, en particulier, Rosemary Hall, que l'on devait par la suite proposer d'acheter pour y loger l'Empereur.

Aucune comparaison pourtant entre Rosemary Hall et Plantation House, la résidence de campagne du gouverneur. Située à trois milles de la ville, Plantation House est une belle habitation, bien construite et de grand air, bâtie entre les années 1791 et 1792. L'art a été combiné avec la nature pour rendre ce lieu le plus beau de l'île. On y a réuni, près des plantes indigènes, des plantes et des arbres des contrées les plus éloignées et des climats les plus divers ; le mimosa de la Nouvelle Galles du Sud y croit avec la même luxuriance qu'au pays d'origine, près du pin du Nord et du bambou de l'Inde. Abrité par les chaînes des montagnes dont se détachent le pic de Diane (2.700 pieds) et le mont de Halley (2.467 pieds), Plantation House est garanti du vent du sud-est, funeste à toute végétation.

Dans cette maison, qui était un palais et où abondaient les serviteurs chinois et nègres, les gouverneurs nommés par la Compagnie des Indes étaient tenus d'héberger les passagers de distinction venant des Indes ou s'y rendant. C'était vraiment là une belle demeure au milieu d'un admirable parc ; sans doute les voyageurs, en traçant leurs relations, ne s'étaient souvenus que de l'hospitalité grandiose qu'ils y avaient reçue et, d'après elle, ils avaient jugé l'île entière.

À mesure qu'on s'élève, le sol se fait plus âpre, la végétation plus pauvre, le vent plus violent. Par étages successifs, l'on arrive à des hauteurs où règne, entretenu par les vapeurs qui montent de l'Océan, un brouillard pénétrant. On y passe sans transition d'une chaleur moite qui imbibe les vêtements à une froidure qui oblige à entretenir du feu constamment. Les arbustes, les arbres chétifs qui parviennent à croître s'inclinent tous du même côté, sous le vent du large et donnent une impression d'instabilité et de désordre. Point d'ombre à en attendre, leur feuillage, comme desséché, est rare et misérable. De petits bois de gommiers qu'on a plantés sont morts et leur nom reste seul pour figurer un bois : *Deadwood*.

À cinq cents mètres au-dessus du niveau de l'Océan, s'étend du côté exposé au vent et assez près de la mer, un plateau assez vaste ; sur la mer, de Sugar Loaf Hill à Prosperous Bay, les côtes en sont inaccessibles, le flot y brise constamment ; et, sauf une route qui, suivant les ressauts de la montagne entre le gouffre et le roc, débouche sur le plateau, après des lacets compliqués, la terre n'est pas moins inhospitalière que l'Océan.

Là s'élevait, en 1815, une sorte de grange construite en 1755, au temps où le gouverneur Dunbar, ayant imaginé que ce plateau devait être fertile, l'avait mis en culture. La première récolte d'orge, d'avoine et de blé avait donné de telles espérances qu'on avait construit cette grange et qu'on avait édifié quelques bâtiments que devaient habiter les fermiers de la Compagnie ; mais, les récoltes suivantes ayant été nulles, on convertit la grange en maison de campagne pour le lieutenant-gouverneur. Cet insuccès dans la culture avait été attribué au climat, à quelque particularité du sol et l'on avait officiellement démenti que les semences eussent été mangées par les rats. Pourtant ces rats étaient si nombreux que, « en 1756, faute d'autre nourriture, ils écorcèrent les gommiers de Longwood ».

Malgré cet échec, on était dans l'île si fort à court de terre arable ou prétendue telle, que, en 1777, on imagina, pour utiliser Longwood en y créant des pâturages, d'y amener de l'eau moyennant un travail qui eût exigé des sommes considérables. La Compagnie renonça momentanément à ce projet ; elle adopta de replanter les bois dévastés par le bétail, les chèvres et les moutons. Les arbres étaient en effet dans l'île d'une telle rareté qu'il était interdit d'en couper, sous les peines les plus sévères. Tout le combustible, bois et charbon venait d'Angleterre. Pour planter Longwood, on s'arrêta d'abord à des peupliers d'Italie dont on espérait de l'ombre et une croissance rapide ; ils ne prospérèrent point ; l'on revint alors aux gommiers, seuls capables de résister au vent et de végéter sur ce sol de basalte. La clôture et la plantation de Longwood, sur environ six cents acres, coûtèrent à la Compagnie au delà de huit mille livres sterling, sans lui rapporter jamais un pied de bois de charpente.

Pour prévenir une insurrection militaire telle que celle de 1811, où le lieutenant-gouverneur avait été enlevé à Longwood par les mutins sans avoir pu se défendre, le gouverneur Wilkes, qui avait singulièrement développé le travail des Chinois dans l'île, imagina, en 1813, de mettre en culture certains terrains du plateau, au lieu appelé Deadwood, et d'y établir des troupes à demeure. Il fit donc défricher et enclore une étendue de trente-six acres, où il réunit des baraques, des corps de garde, une maison de gouvernement, un hôpital et d'autres bâtiments, qu'il alimenta d'eau moyennant des aqueducs et réservoirs, dont l'établissement coûta treize mille livres sterling. Cet ensemble de constructions se trouvait groupé sur le même plateau que Longwood, mais à une certaine distance ; l'eau, très chargée de magnésie, médiocrement potable et devant d'abord être bouillie, n'était amenée par les conduits qu'aux baraques de Deadwood. De Longwood, il fallait aller chercher l'eau potable à une source située à douze cents mètres de la maison ; on la charriait dans des tonneaux ouverts ayant contenu du vin ou du rhum et elle arrivait sale et trouble.

Dans l'enclos de Longwood, les bœufs de la Compagnie pénétraient à leur aise ; aussi rien n'y poussait. Au surplus, on ne trouvait guère dans l'île de légumes frais qu'au jardin de la Compagnie ; les quelques habitants qui faisaient valoir leurs terres n'y cultivaient que des pommes de terre, qu'ils vendaient avantageusement aux navires en relâche ; ils en produisaient ainsi entre six et sept mille boisseaux par an et ne se souciaient point de cultures qui eussent exigé plus de frais... Tous les objets de consommation venaient du Cap de Bonne-Espérance, d'Angleterre, du Brésil, ou de la côte d'Afrique, mais surtout d'Angleterre et du Cap. Ainsi les vêtements, les meubles, les matériaux même de construction, jusqu'au charbon de terre dont, malgré l'assurance des géographes, on ne trouvait pas dans l'île un simple morceau. La livre de bouvillon coûtait six pence et demi ; le bœuf, première qualité, 1 sh. 2 d.; inférieur 11 d. ; le mouton, de 1 sh. 2 d. à 1 sh. 6 d. ; l'agneau, par quartier, 10 sh. ; le porc, par livre, de 1 sh. 6 d, à 1 sh. 8 d. ; un poulet, de 6 à 9 sh. ; une dinde 30 à 40 sh. ; un jambon, 3 liv. st. ; une douzaine d'œufs, 5 sh. ; le beurre, 3 sh. la livre ; la chandelle, 3 sh. 6 d, la livre ; le sucre candi, la livre, 2 sh. ; le sucre raffiné, la livre, 3 sh. ; le fromage, la livre, 3 sh. Les bœufs arrivaient du Cap à l'état de squelettes ; les moutons étaient si maigres que, parfois, à Longwood, on plaça une chandelle dans la carcasse non dépouillée d'un mouton qu'on venait de tuer et qui faisait ainsi lanterne. Qu'ils vinssent du Cap, de Rio ou d'Angola, les animaux sur pied étaient le plus souvent dans un état d'épuisement et d'étisie dont ils ne pouvaient se remettre sur les maigres pâturages de l'île où, d'ailleurs, on les laissait ruminer le moins possible. Quant au mouton, il avait beau brouter, par un singulier phénomène, il n'engraissait point du tronc ni des jambes, mais de la queue, et cette queue était tout graisse molle et puante.

On vivait à la merci d'un coup de vent ; d'un jour à l'autre, on pouvait être réduit aux salaisons. De celles-là, on ne pouvait manquer, les Anglais ayant soin d'entretenir une réserve suffisante pour nourrir trois années la garnison et les habitants. Mais alors on délivrait ces vivres par rations. Au surplus, les règlements étaient tels que sur un navire en mer ; les Anglais résidents, tous ou presque employés de la Compagnie, fournisseurs patentés des navires ou concessionnaires de quelque service, étaient soumis à des lois que s'exerçait à rendre plus strictes chaque gouverneur nouveau : interdiction de couper du bois, de tuer ses propres bœufs ; de chasser le faisan, gibier réservé à la table du gouverneur ; il est vrai qu'on pouvait chasser la tourterelle ou la perdrix, mais à condition de l'atteindre et une fois tuée de l'aller chercher dans des ravins. Pour peu qu'on devînt suspect, renvoi. Les nègres, les mulâtres, les Chinois, les Indiens vivaient sous le bon plaisir de Son Excellence ; l'esclavage étant le régime des uns et, à peu de chose près, celui des autres.

Il y avait quelques routes, une très bonne de Jamestown à Plantation House ; une assez dure, entre le rocher et l'abîme, sans parapet ni garde-fou, conduisant à Longwood. Si bon cavalier qu'on fut, on tombait souvent et, à chaque fois, au risque de la vie.

L'île se défendait elle-même, semble-t-il ; mais partout les Anglais avaient multiplié les fortifications ; il n'était pas un point semblant abordable où n'eût poussé une batterie. L'Empereur arrivant, des sentinelles seront posées sur toutes les crêtes ; un système de signaux permettra au gouverneur d'être instruit de toutes choses à tout moment. Il y aura dans l'île cinq cents pièces d'artillerie en batterie, vingt-quatre pièces de campagne et quelques mortiers ; d'autres pièces, en nombre considérable, dans les magasins. On en rapportera encore. Les troupes seront réparties sur trois points principaux : Deadwood, Ladded Hill et Jamestown. Des postes, en outre, seront établis à Sandy Bay, High Peak, Lemon Valley, Egg Island et Tag Lake ; au camp de Deadwood seront établis les dragons légers du 21e au nombre de vingt, commandés par un lieutenant et servant d'ordonnances ou de guides ; les Ouvriers royaux, 20 hommes commandés par un lieutenant, le 2e bataillon du 53e (le régiment changera, mais l'effectif restera sensiblement pareil), 26 officiers, 619 sous-officiers, caporaux, tambours et soldats. À Ladded Hill, tout près de Deadwood, seront les ingénieurs royaux, 3 officiers et 48 hommes ; l'Artillerie royale, 3 officiers et 66 hommes ; l'infanterie de l'île, 19 officiers, 288 hommes ; à

Jamestown, la portion principale du 2ᵉ bataillon du 66ᵉ régiment (17 officiers, 420 hommes) : l'artillerie de l'île (16 officiers et 376 hommes) et les Volontaires chasseurs (12 officiers, 530 hommes). Ainsi 493 officiers, sous-officiers, caporaux et tambours et 2.291 hommes de troupes seront appointés pour garder Napoléon, empêcher tout débarquement clandestin, toute tentative d'évasion ou de communication. Et ils prendront le service comme en présence de l'ennemi, tout ce qui ne sera pas sous les armes devant être prêt au premier signal.

Outre cette garnison à l'intérieur, l'île sera gardée, en seconde ligne, par une escadre entière : trois vaisseaux ou frégates, deux « vaisseaux armés » chacun de 20 pièces, six bricks de 10 à 18 pièces, chargés du service d'éclaireurs ou de courriers. L'îlot désert de l'Ascension pouvant servir de base d'opération à des libérateurs, on y tiendra un brick en station et, sur le rocher, on construira et l'on armera une batterie gardée par soixante-cinq matelots qu'on ravitaillera, de Sainte-Hélène, en vivres et en eau fraîche.

Avant 1815, Sainte-Hélène n'avait qu'un maître, le représentant de la Compagnie des Indes, sous le contrôle du Conseil des Directeurs ; à présent, la Compagnie a, momentanément, résigné ses pouvoirs aux mains de la Couronne, et le gouverneur, nommé par le roi, réunira entre ses mains tous les pouvoirs. Mais il n'exercera plus son autorité à la façon du gouverneur de la Compagnie, lequel, s'il était officier supérieur, n'en était pas moins quelque peu traitant et offrait l'hospitalité aux passagers allant aux Indes ou en revenant. Payé et défrayé à cet effet, il était tenu à une courtoisie dont aucun des agents de la Compagnie ne se départit, même à l'égard du prisonnier de l'Europe.

Sans doute n'avaient-ils point d'autorité sur lui, et n'avaient-ils reçu de la Compagnie aucun ordre, sauf qu'ils eussent à rentrer en Angleterre ; sans doute leur règne finissait et ils cédaient la place, mais encore eussent-ils pu trouver quelque moyen de témoigner leur inimitié ou leur mauvaise éducation.

Tout au contraire, le colonel Mark Wilkes, en fonctions lors du débarquement de l'Empereur, parut à Las Cases « un homme du meilleur ton, fort agréable ; sa femme était bonne et aimable, sa fille charmante » — au point que Gourgaud en tomba tout aussitôt follement amoureux. « Voilà une femme ! » s'écriait-il chaque fois qu'il rencontrait « l'adorable Laura ». Les officiers de l'Empereur étaient reçus au mieux à Plantation House. Le gouverneur venait avec sa femme et sa fille faire visite à l'Empereur ; et, outre qu'il était homme de bonne compagnie, il avait assisté à des événements capables de l'intéresser, ayant été longtemps agent diplomatique de la Compagnie près de divers princes de l'Inde. Il avait commencé, en 1810, sous le titre : *Historical Sketches of the South of India,* la publication d'un grand ouvrage où étaient retracés les événements accomplis dans le royaume de Mysore jusqu'en 1799. C'était l'histoire du souverain qui eût pu être, pour la France, le plus précieux des alliés et auquel, d'Égypte, Bonaparte avait voulu tendre la main. À eux deux, Tippou-Saeb et Bonaparte, ils eussent anéanti aux Indes la puissance de l'Angleterre… et qui sait ? Mais devant l'un comme devant l'autre, se dressa l'homme du destin, cet Arthur Wellesley, qui sera le prince de Waterloo… Quel interlocuteur eût été pour l'Empereur l'homme qui avait le mieux connu l'héroïque vaincu de Seringapatam !

Et puis il y eût eu avec Wilkes tant d'autres sujets de conversation : la chimie, le Blocus continental, les systèmes militaires des deux nations ; et les deux femmes eussent apporté dans les relations un charme et un agrément singulièrement précieux.

La société du lieutenant-gouverneur, le colonel J. Skelton, eût pu être plus précieuse encore. L'Empereur qui avait succédé aux Skelton dans leur maison de Longwood, les retenait volontiers à dîner lorsqu'ils venaient le voir, se promenait avec le colonel à cheval ou en voiture, jouait aux échecs avec Mrs. Skelton, à laquelle il inspirait une respectueuse pitié.

Il en est une preuve qu'on ne contestera point. Lorsque, un mois environ après les Wilkes, les Skelton durent, le 13 mai 1816, quitter Sainte-Hélène, Mrs. Skelton se montrait inquiète, nerveuse, attristée de laisser l'Empereur aux mains du nouveau gouverneur. « Elle dit qu'elle aurait bien voulu emporter un souvenir de l'Empereur ; elle parle comme quelqu'un qui a envie d'un cadeau », écrit Gourgaud, et, là où il y a le pieux désir d'une relique, il voit un esprit de rapacité. Elle ne reçoit rien, pas même une fleur que sa main aurait touchée, et, à peine débarquée en Angleterre, elle écrit à Madame mère. Elle lui donne des nouvelles du captif, elle l'assure que le 13 mai il se portait bien. « Vous ne sauriez imaginer, lui répond Fesch, le 22 août, le bonheur qu'a apporté votre lettre à ma sœur et à moi ; c'est la première fois que nous avons des nouvelles de Longwood. Quelle demande pourrais-je vous faire sans craindre de vous être importun ? Vous-même vous pourriez connaître ce que vous pourriez dire de bien agréable à sa mère et à son oncle qui le chérissent de tout leur cœur. A-t-il reçu de nos nouvelles ? Pourrions-nous lui en faire parvenir ? Voudriez-vous avoir l'extrême complaisance de nous en donner lorsque vous en recevrez de Sainte-Hélène ? Sauriez-vous nous indiquer ce que nous pourrions lui envoyer qui put lui être agréable, des livres ou autre chose ? »

N'y a-t-il point une émotion bienfaisante à constater que, en dépit des haines nationales et des préjugés, cette femme, au cœur maternel, a pensé qu'il y avait là-bas une mère douloureuse ? Elle, simplement, écrit : « Je l'ai vu. Il allait bien. » Et cette lettre pitoyable apporte la première attestation qu'il vive encore.

On n'eût pu attendre de telles attentions de l'amiral Sir George Cockburn qui réunissait momentanément tous les pouvoirs comme commandant de l'escadre et comme gouverneur de l'île. Il était plus hautain, moins souple, plus convaincu de son importance, plus infatué de son grade et de sa noblesse, car il était cadet de grande famille ; il avait des manières, il était du monde, mais il était Anglais, marin, amiral ; sa consigne était stricte et il savait l'observer. « Comme geôlier nous n'eûmes qu'à nous louer de lui, a dit Las Cases, mais comme hôte, nous eûmes à nous en plaindre. » Cockburn n'estimait point qu'il fût un hôte, ni qu'il eût à remplir vis-à-vis du général Buonaparte des devoirs d'hospitalité ; étant chargé de sa garde, il entendait remplir vis-à-vis de son roi ses devoirs de loyal sujet, tout en témoignant à son prisonnier les égards que lui méritaient la position qu'il avait occupée, la carrière qu'il avait remplie et la fortune qui lui était échue ; mais, de là à considérer que Napoléon eût été empereur, qu'il eût légitimement occupé un trône, non pas ! La doctrine anglaise s'en fût trouvée renversée tout entière.

Sir George Cockburn qui faisait ses preuves depuis le début du XIIIe siècle et dont un lointain ancêtre avait obtenu, en 1358, du roi d'Écosse David II la baronnie de Carridon, au comté de Linlithgow, était d'une famille qui, depuis des siècles, marquait dans l'armée, au parlement et dans la politique ; son frère, major général, avait été sous-secrétaire d'État pour la Guerre et les Colonies ; lui-même, né en 1772, entré tout jeune dans la Marine, commandait, à vingt-trois ans, la frégate *Meleagre* au combat du 13 mars 1795; en 1809, il avait son pavillon de commodore sur le *Pompée*, lors de la prise de la Martinique. Il avait été de l'expédition de Walcheren et, promu amiral le 12 août 1812, il avait pris une part active et heureuse à la guerre contre les États-Unis. Il était destiné aux plus hautes fonctions et aux grades les plus élevés — lord de l'Amirauté, conseiller du Grand amiral duc de Clarence, amiral du Royaume-Uni et grand-croix de l'ordre du Bain. Un tel homme ne pouvait manquer d'être fortement attaché à la politique qui avait prévalu dans son pays, d'avoir embrassé les préjugés du parti qu'il devait bientôt soutenir de ses votes au parlement et qui allait l'associer à son administration ; mais, en même temps, il était de trop bonne maison pour s'abaisser à des tracasseries qu'il eût trouvées indignes d'un homme bien né.

Certes, étant Anglais et amiral, il avait partout gardé la première place et lorsque, l'Empereur ayant le mal de mer, Bertrand avait demandé pour lui une cabine plus vaste : « Dites au général, avait répondu Cockburn, qu'il est contraire aux règlements du bord de prêter la cabine de l'amiral à qui que ce soit, à plus forte raison à un prisonnier de guerre » ; il avait entendu que l'Empereur se pliât aux règlements qu'il avait établis, et, lorsque la cloche du dîner ayant sonné à trois heures, Bertrand vint lui dire que l'Empereur, souffrant, demandait qu'on retardât : « Dites au général, avait-il répondu, que j'ai l'ordre formel de ne faire pour lui aucun changement au service du bord » ; certes, sur son vaisseau, il avait marqué qu'il entendait être le maître, — cela d'une façon si raide que certains de ses compratriotes s'indignèrent ; mais, à Sainte-Hélène, tout en se réservant à lui-même, en sa qualité d'Anglais et de gouverneur, la meilleure habitation, il s'empressa, pour rendre moins désagréable au général Buonaparte la demeure que celui-ci avait choisie ; il fit dresser des tentes ; il organisa mal que bien des chambres ; puis, lorsque Longwood fut désigné, à défaut d'autre, et que Napoléon s'attacha à vouloir s'y installer dans la pensée d'échapper aux fâcheux, d'avoir une sorte de liberté dans une enceinte naturellement fortifiée qu'il put parcourir à son gré, ou simplement par besoin de changer ; lorsque l'amiral se trouva dans l'obligation d'établir, en la petite maison du lieutenant-gouverneur, la suite disproportionnée de l'Empereur : douze maîtres, quatorze domestiques français, des domestiques anglais, des nègres, des Chinois presque à la centaine ; il s'employa avec une activité admirable, adjoignant aux ouvriers mis en réquisition dans l'île entière, les charpentiers de ses navires et des corvées de marins qui traînaient, de Jamestown à Longwood, les bois apportés du Cap ou de la Côte d'Afrique ; il s'ingénia à présenter la maison sous une parure qui dissimulât le mieux possible le délabrement des murs et des parquets, la misère de l'installation, la pauvreté du mobilier.

De cela Napoléon devait souffrir moins qu'un autre ; moins que certains des hommes qui l'entouraient. Il a dit qu'il n'avait pas de besoins, cela était vrai ; le cadre lui importait peu. Il y amenait son génie et c'était assez. Depuis le dortoir de Brienne et la mansarde de l'École militaire, il avait, partout et toujours, campé sans s'arrêter nulle part plus de quelques jours. À peine, sauf durant les premiers temps du Consulat, le trouve-t-on un mois de suite dans sa capitale. Il va d'auberge en chambre garnie, de bivouac en palais, de la maison d'un curé au palais d'un empereur et tout ce qui l'entoure le laisse indifférent. En a-t-il vu quelque chose ? On ne saurait dire — mais partout il emporte, comme son *butin* de sous-lieutenant, des nécessaires, des armes, des portraits, quelques objets familiers auxquels il tient par-dessus tout, non pour leur valeur artistique ou matérielle, mais pour le souvenir qu'ils évoquent, ce qu'ils lui rappellent d'êtres, d'événements, de gloire et d'orgueil. Dès qu'il s'est entouré de ces reliques, qu'il a fait accrocher ses cadres, disposer ses boîtes, il est chez lui, que ce soit auberge, chaumière ou château. Pour cela, il est demeuré primitif ; il est resté Corse ; il ne souffre pas directement du manque de commodités et de confortable. Si l'on a pris de la peine pour lui procurer ses aises, il en témoigne un certain contentement, mais qui ne tient point à une sensualité satisfaite, uniquement à l'idée qu'on l'a traité comme on doit. Et c'est par là, dans son orgueil blessé, dans le changement de ses habitudes, — de ses habitudes morales plus que physiques, — qu'il est destiné à souffrir.

Sous le gouvernement de Cockburn, il n'y a eu de sa part, malgré l'irritation que témoigna l'Empereur à diverses occasions, que l'exécution, tempérée par une forme de déférence respectueuse, des instructions positives du gouvernement anglais et si Napoléon, par l'abus que l'Angleterre fait de la force vis-à-vis de lui, ne se trouvait en droit de tout dire et de tout faire, on serait embarrassé, en présence de certaines violences, de certaines espiègleries, auxquelles, par actes ou paroles, il se laisse aller vis-à-vis de l'amiral, de donner tort à celui-ci.

L'Empereur dut souffrir impatiemment que l'amiral lui refusât le titre que le peuple français lui avait décerné ; mais le gouvernement anglais l'avait expressément ordonné. L'Empereur ne put voir sans colère qu'il fût interné dans des limites gardées par des sentinelles ; qu'il fût accompagné, chaque fois qu'il sortait de ces limites, par un officier anglais ; qu'il ne pût recevoir ni écrire une lettre sans qu'elle fût lue par l'amiral ; et que cette défense s'étendît même aux lettres qu'il écrirait pour exprimer au gouvernement anglais un désir ou une représentation ; mais tout cela était expressément formulé dans le mémorandum, en vingt-six articles, que Lord Bathurst, secrétaire d'État au Département de la Guerre et des Colonies, avait fait transmettre, le 30 juillet 1815, à l'amiral par les Lords de l'Amirauté ; ce mémorandum était accompagné d'une lettre, écrite au nom du Prince régent, où, « en recommandant à l'amiral d'avoir toute la déférence possible pour les désirs du général », on avait bien soin de marquer la condition qu'il n'y eût rien de contradictoire à la nécessité que l'amiral, aussi bien que le gouverneur de Sainte-Hélène, devait avoir toujours présente à l'esprit « de bien garder la personne du général Buonaparte ». Telle était donc la règle imposée à l'amiral. Ses consignes, d'un formalisme quasi liturgique, l'enfermaient en un cercle étroit que lui permettraient à peine d'élargir son tact, son esprit de conciliation, le juste sens des convenances. Même en enfreignant certains articles, il ne devait jamais contenter l'Empereur, moins encore se faire bien venir ; mais, en se tenant strictement à sa place, en ne se permettant aucune démarche qui put être mal interprétée, en écrivant le moins possible, en traitant les affaires de haut, avec sérénité, sans y porter ni passion ni intérêt, il était parvenu à ne provoquer aucun éclat, à n'entretenir aucune polémique ; il faut l'avouer, à prendre le beau rôle. « L'amiral était un gendarme », a dit Napoléon. N'est-ce pas un éloge ?

Ce qui rendait moins difficile la position de Cockburn, c'est que sa fonction était temporaire, qu'il savait son remplaçant en route et qu'il allait lui remettre le service avec les ennuis qu'il comportait et dont, d'ailleurs, en officier général qui a vu bien des choses, il ne s'exagérait point la portée ; en second lieu, il était muni d'instructions dont l'exécution stricte était, dans une mesure, subordonnée à son tact. Il relevait des ministres, mais moyennant une intervention du Prince régent ; et sa mission vis-à-vis de Napoléon était accessoire à son commandement d'escadre.

Le gouverneur qui allait arriver serait permanent ; les obligations de service qui lui seraient imposées ne tiendraient point à un mémorandum du ministre et à une lettre du Prince régent, mais à un acte du Parlement, rendu en la forme la plus solennelle le 11 avril 1816 (*Acte pour rendre plus efficace la détention de Napoléon Buonaparte.* 56 George III. Chapitre XII). Là, par huit paragraphes qui sont huit lois, le Parlement d'Angleterre a déclaré « qu'il sera et veut être légal pour Sa Majesté, ses héritiers et ses successeurs, de détenir et de placer ledit Napoléon Buonaparte sous la garde de telle personne ou de telles personnes, dans un tel lieu des possessions de Sa Majesté, et sous telles restrictions durant le bon plaisir de Sa Majesté, de ses héritiers et successeurs, qu'il pourra sembler d'un temps à l'autre convenable à Sa Majesté, à ses héritiers et à ses successeurs ».

Par là même « la Très Excellente Majesté du Roi », les Lords spirituels et temporels et les Communes ont attesté que, jusqu'à cette date du 11 avril 1816, où l'acte a été rendu et proclamé, la détention de Napoléon a été illégale et inconstitutionnelle. La légalité qu'on lui donne à présent ne vaut guère mieux. Le Parlement britannique n'a point à porter des lois sur le cas d'un étranger qui n'est point son justiciable ; mais l'hypocrisie anglaise couvre d'une phraséologie légale un fait que nul Acte d'aucun Parlement saurait rendre légitime.

Par le second paragraphe, il sera légal pour Sa Majesté et pour ses successeurs de placer « Napoléon Buonaparte, regardé, considéré et traité comme prisonnier de guerre, sous la garde de telle personne sujette de Sa Majesté qu'elle aura nommée et désignée par un warrant ». de fixer le lieu de sa détention, et d'investir le gardien de « plein pouvoir et autorité pour employer tous les voies et moyens pour détenir ledit Napoléon Buonaparte… qui peuvent être légalement employés pour détenir et garder… un prisonnier de guerre quelconque »

Et il s'agit ensuite de la peine de mort, comme dans les cas de félonie, contre tout sujet de Sa Majesté qui délivrerait ou tenterait de délivrer ledit Napoléon Buonaparte ou qui, sciemment et volontairement, prêterait aide ou assistance à son évasion ; il s'agit de la mort, avec la plus minutieuse énumération des cas où l'évasion pourrait se produire, avec l'extension de la juridiction de l'Angleterre à quiconque serait accusé d'avoir, en « tout autre pays » et même « sur les hautes mers », prêté « aide, assistance ou concours audit Napoléon Buonaparte pour échapper et aller vers d'autres possessions ou lieux quelconques ». Et il est dit que « toutes les infractions à cet Acte, en quelque lieu qu'elles puissent être commises, dans les possessions de Sa Majesté, ou au dehors de ces possessions, ou sur les hautes mers, seront instruites, entendues, jugées et condamnées dans un comté quelconque de l'Angleterre, comme si elles avaient été commises dans ce comté ». Et il s'agit de la détention légale et de l'envoi en Angleterre de toute personne qui sera appréhendée au corps sous l'accusation d'avoir enfreint cet Acte ; et encore que, à toute action, poursuite, bill, plainte, information ou accusation intentée pour une chose faite sous l'empire ou en vertu de cet Acte, il suffira d'opposer une fin générale de non-recevoir pour en avoir le plein avantage.

Reste à désigner celui qui sera l'exécuteur d'une telle loi. L'homme qui l'a présentée, saura choisir l'homme chargé de l'appliquer et, constamment, il tiendra la main à ce que ce subordonné ne se relâche point de sa sévérité, car, de tous les aristocrates qui ont mené la guerre contre la France et contre Napoléon, le secrétaire d'État à la Guerre et aux Colonies est le plus ardent et le plus irréconciliable. Il les confond dans une haine étendue à toute doctrine qui n'est point strictement, étroitement conservatrice. Il déteste la France autant qu'il détestera la Réforme constitutionnelle, Napoléon autant que le Pape. Comme il est d'une famille médiocre et qu'il trouve à sa quatrième génération la noblesse d'un alderman de Londres ; comme, de cet alderman Lancelot qui vivait au XVIIe siècle, à lui Henry Bathurst, comte Bathurst, baron Bathurst, de Bathlesden, et baron Apsley, de Apsley, en Sussex, sa race a crû en honneurs et en dignités, sans qu'aucun de ses représentants ait porté l'épée, qu'aucun ait versé pour son pays une goutte de sang ; comme toute la gloire que les Bathurst ont acquise leur est venue de la chicane ou de leur domesticité chez quelque princesse de Danemark ou chez certains Hanovriens, Lord Bathurst, comte Bathurst, pousse naturellement l'intransigeance loyaliste bien plus loin que les neveux des conquérants ou que les descendants de ceux qui ont fait l'Angleterre. Ce n'est pas lui qui admettrait, pour le prisonnier de l'Europe, quelques tempéraments à la rigueur des règlements ; qui, puisque cette hospitalité qu'a réclamée Napoléon, s'est, sous prétexte de raison d'État, changée en captivité, tenterait au moins de témoigner au prisonnier, par des égards et des formes, par l'aisance matérielle de la vie, une sorte de déférence qui ne coûterait guère et ne compromettrait ni le budget, ni la sûreté des Trois-Royaumes. D'autres, qui auraient été soldats ou marins, comprendraient qu'à un tel soldat — à n'envisager Napoléon qu'ainsi — on doit au moins les égards que se rendent, après la bataille, les officiers de toutes les nations ; d'autres, qui connaîtraient son histoire et qui auraient apprécié son génie, sauraient, puisque l'Angleterre est définitivement victorieuse, marquer au captif, dans des formes qui pourraient lui plaire, que l'exécution stricte de leur consigne n'arrête point leur personnelle admiration. Cela n'est point impossible, puisque le successeur de l'amiral Cockburn, l'amiral Sir Pulteney Malcolm, y parviendra : il n'est point gouverneur sans doute, mais le serait-il, sa conduite serait pareille, car il est de bonne maison, d'éducation distinguée, de famille militaire, et sa femme, née Elphinstone, partage, vis-à-vis de Napoléon, les sentiments de reconnaissance d'une partie des siens ; mais jamais Lord Bathurst n'aurait recours à de tels hommes pour leur confier la garde de Napoléon.

Ce qu'il cherche c'est, comme il le dit dans le règlement qu'il a édicté, un homme qui veille sans relâche « à ce que le général Buonaparte ne puisse s'échapper ni avoir aucune communication avec qui que ce soit » ; un homme qui ne manque à aucun des articles du règlement établi pour faire constamment accompagner le général Buonaparte par un officier, ou par un officier et des soldats ; pour le renfermer dans les limites gardées par les sentinelles chaque fois qu'un vaisseau arrivera à Sainte-Hélène ; pour dresser à son sujet tout règlement qui paraîtra utile ; pour ouvrir et lire toute lettre qui sera adressée soit à lui, soit aux personnes de sa suite ; pour confisquer toute lettre ou tout objet qui n'aura pas été transmis à Sainte-Hélène par le secrétaire d'État ; pour transformer sous son bon plaisir l'île entière en une prison d'où sera expulsée toute personne suspecte, où nul bateau de pêche, nul navire étranger, nul bâtiment de commerce ne pourra aborder. Cet homme sera juge de tout ce qu'il conviendra de permettre au prisonnier ; il ordonnera de la maison qu'on enverra et qu'on bâtira à Sainte-Hélène et des meubles qu'on y placera ; « l'intention du gouvernement de Sa Majesté est que les appartements occupés par Napoléon Buonaparte soient convenablement meublés ; mais que cependant on évite soigneusement les dépenses superflues ; les meubles doivent être solides et bien choisis, mais sans aucune dépense superflue ».

Ainsi eût parlé Lancelot Bathurst, alderman de Londres. Malgré ses titres et ses dignités, l'arrière-petit-fils n'a point appris à être un grand seigneur et il demeure un marchand de la Cité…

Trouvera-t-on, dans l'armée anglaise, un officier général disposé, comme écrit Bathurst lui-même au duc de Wellington, à accepter « une situation d'autant de contrainte, de responsabilité et d'exclusion de la société » ?

Certes les avantages d'argent sont considérables : en dehors du traitement de grade (pour un lieutenant général, 2.000 livres, 50.000 francs), le traitement de gouverneur, de 12.000 livres (300.000 francs), avec tous les agréments de logement, de domesticité, d'approvisionnements qu'avaient les gouverneurs de la Compagnie des Indes et sans les obligations qui leur incombaient de recevoir et d'héberger les passagers et les officiers de la Compagnie ; mais cette fortune est-elle pour tenter au métier qu'il faut faire quelqu'un des officiers de haut grade, appartenant tous, ou presque, à l'aristocratie du Royaume-Uni, ayant tous, ou presque, la réalité ou l'espérance de grands biens, occupant un rang social égal, pour le moins, à leur rang militaire, et peu attirés, quelque sincère que soit leur loyalisme, par ces fonctions de geôlier, de gouverneur dans une colonie qui ne relève que momentanément de la Couronne, dont le climat est médiocrement réputé, et où il faut renoncer à toutes les habitudes d'une vie, non pas mondaine, mais sociale ?

Il n'y a, au dire de Lord Bathurst lui-même, qu'un seul officier dans toute l'armée pour passer délibérément sur ces inconvénients et pour répondre à toutes les exigences qu'on peut formuler ; un officier qui, quoique revêtu du grade de major général, reste, si l'on peut dire, en marge de l'armée ; un soldat de fortune, sans relations, sans famille et sans biens, qui ne s'est point signalé par des actions de guerre, qui n'a prouvé ni talent, ni génie, mais qui s'est constamment distingué par la stricte observation des règlements, par une assiduité continuelle à ses devoirs, par un formalisme qui lui impose la consigne comme une religion. D'une intégrité absolue, car il est sorti pauvre de places où bien d'autres se fussent enrichis, austère dans sa vie privée, sobre à table, ayant tout d'un presbytérien jusqu'à la débordante faculté de parler ou d'écrire, l'intarissable abondance d'un pasteur ; par surcroît, pour garder Buonaparte, pour entrer dans son caractère, pour avoir raison de ses finesses, pour déjouer ses ruses, pour lui imposer « *les restrictions* », cet officier a, aux yeux de Lord Bathurst, une aptitude que nul autre officier anglais ne peut posséder au même degré ; une habitude de près de quatorze années à vivre avec des Corses, à en tirer parti et à les plier à ses ordres.

Aussi, dès le 24 juillet 1815, Lord Bathurst, sans hésitation, ni délibération quelconque, a désigné cet officier, le major général Sir Hudson Lowe, colonel des *Royal Corsican Rangers*.

Que le fait de donner pour gardien à l'Empereur un officier qui fit son avancement entier à commander des Corses rebelles à la France, ne soit point, dans l'esprit de Lord Bathurst, un outrage prémédité, ceux-là seuls le nieront qui n'ont pris aucune idée de son caractère. Pour lui, qu'il s'agisse de l'Empereur des Français ou de mercenaires ayant déserté leur pays pour servir l'ennemi national moyennant une solde plus forte, il n'importe, ce sont des Corses ; ils méritent le même traitement et subiront le même chef.

Pour cet Anglais, si uniquement Anglais, que peut être Napoléon ? « Un aventurier corse » qui s'est révolté contre son roi, qui a fait une fortune inouïe, mais n'en reste pas moins un insurgé. Rien n'existe aux yeux d'un loyal Breton de ce qui s'est passé en France depuis la Révolution. Les Anglais, — sauf quelques *Whigs*, très rares et nullement en faveur, — se sont fait des âmes d'émigrés. Ils ne savent point, ne veulent point que la France ait vécu, combattu, grandi, durant vingt-deux ans. Grades, titres, noms, fonctions, ils n'admettent rien. Lorsque Lord Bentinck, commandant des forces anglaises en Sicile, négocie, au nom de l'Angleterre et pour ses intérêts, avec Murat, roi de Naples, Grand amiral et prince français, à grande contrainte il l'appelle maréchal et de quel air ! Il a pourtant fait un immense effort sur lui-même et sur l'orgueil national. Pour Bathurst comme pour Lowe, pour quantité d'Anglais, — presque tous, — c'est déjà beau de reconnaître à Buonaparte le titre de général. Ne l'a-t-il pas reçu du Conseil exécutif de la République, donc des insurgés ? Légalement, n'était la paix d'Amiens où l'Angleterre eut la faiblesse de lui donner du général, que serait-il ? — Capitaine. De ce grade-là, il reçut le brevet royal ; depuis 92, il eut de l'avancement, mais conféré par les révoltés, et qui ne compte pas. Ainsi, le comte de Provence ayant succédé à son neveu, qui « a régné dans les fers », a pris le nom de Louis XVIII et a daté son premier acte de la dix-neuvième année de son règne ; malheureusement, il n'a point été logique lors de la Restauration, parce qu'il s'est trouvé là un empereur russe imbu d'idées révolutionnaires ;

il n'a donc pu efficacement rayer de l'histoire, il n'a pu abolir, en en détruisant tous les monuments et en en effaçant toutes les traces, les vingt-trois années écoulées depuis le triomphe des factieux et son heureux voyage. Un seul souverain a été logique, bien inspiré et conséquent : le roi de Sardaigne ; à son retour à Turin, il a remis toutes choses au point où elles étaient à son départ ; les colonels sont retombés pages ; les généraux, lieutenants ; cela fut la Restauration intégrale. Que si Louis XVIII avait remis Buonaparte capitaine avant de le faire fusiller comme rebelle, cela eût été pour plaire au descendant de l'alderman Bathurst comme au chevalier Lowe. Général, Buonaparte ! ce qu'il est lui, le colonel des *Royal Corsican Bangers*, c'est beaucoup lui donner et il faut que ce soit un ministre qui le commande. Mais enfin c'est la consigne, et il obéira. Seulement il sait la distance de lui à ce révolté.

Ce rapprochement, qu'eût évité tout homme ayant souci des convenances, a paru, du premier coup, sublime à Lord Bathurst. Ce fut un trait de son génie. Nul n'a recommandé Hudson Lowe, nul n'a intrigué pour lui ; lui-même n'a connu sa désignation possible que par l'ordre qu'il a reçu de rejoindre l'Angleterre en toute hâte. Le choix qu'on a fait de lui fut spontané et raisonné : proposé par le comte Bathurst, il fut délibéré et voté par l'administration dont le comte de Liverpool était le chef, dont étaient membres le comte de Harrowby, le comte de Westmoreland, Sir Vansitlard, le comte de Murgrave, Lord Melville, le comte Sidmouth, le vicomte Castlereagh et le comte Bathurst. Ces noms-là doivent être prononcés : ces hommes s'instituèrent les juges. Il convient qu'ils soient jugés.

Hudson Lowe était le fils de John H. Lowe, chirurgien du 50ᵉ régiment à pied, et d'Eliza Morgan, fille de John Morgan, du comté de Galway. Il était né à Galway, en Irlande, le 28 juillet 1769, plus vieux ainsi de dix-huit jours que Napoléon. Dans sa première enfance, il fut emmené en Amérique par son père, qui y avait suivi son régiment, et, devenu vieux, il gardait encore le souvenir des belles manœuvres des troupes hessoises : jamais il ne retrouva des soldats ainsi dressés au bâton. Revenu d'Amérique, il fut placé à l'école de Salisbury, où il fit son éducation : « Il resta, dit-on, attaché à cette ville et à sa magnifique cathédrale jusqu'à la fin de sa vie. » Étant au collège, à douze ans, il reçut une commission d'enseigne dans la milice de East-Devon, ce qui lui permit, à dix-huit ans, en 1787, d'être nommé enseigne au régiment de son père, en garnison à Gibraltar. Il s'y distingua par son assiduité, son impeccabilité dans le service ; il se rappelait encore, dans les dernières années de sa vie, la réprimande qu'il avait reçue d'un supérieur parce que, faisant une ronde sur les remparts sous une tempête de vent et de pluie, il ne l'avait point interpellé à la distance réglementaire. Après cinq ans de services, il obtint un congé, mais ce ne fut point pour l'employer à de futiles plaisirs : avec très peu d'argent, il fit un long voyage à travers l'Italie, sans en savoir le moins du monde la langue. Il apprit ainsi l'italien et le parla couramment, ce qui lui fut d'un grand secours pour sa carrière. De plus, il vit beaucoup de choses : entre autres, à Rome, tuer Bassville.

De Gibraltar, où il était rentré, il vint en Corse avec son régiment, sous les ordres supérieurs de Sir David Dundas, qui avait commandé la garnison anglaise à Toulon. Il prit part aux opérations de guerre et, semble-t-il, au combat de Bocognano, où le 50e subit des pertes. Il tint garnison à Ajaccio, capital de ce royaume avec lequel Paoli avait tenté la vanité anglaise pour qu'elle se rendit propice à la rapacité corse. Il s'y lia avec certains insulaires devenus employés anglais, tels Campi, celui-là même qui fut secrétaire général du département du Liamone en l'an VI, et mena une guerre implacable contre quiconque n'était point de son avis. Campi lui fit, sur Napoléon Buonaparte et ses services devant Toulon, des récits enthousiastes : les Corses, même ralliés à l'Angleterre, manifestaient vis-à-vis de ce nouveau général cet esprit d'acquisition qui les rend personnellement vaniteux de la gloire ou de la fortune de leurs compatriotes et les persuade que l'une ou l'autre devrait leur appartenir. Campi, d'ailleurs, était un familier des Bonaparte, et il eut plus tard, dans des circonstances graves, la confiance entière de Mme Bonaparte et de Lucien. Il ne faut pas s'étonner de le trouver au service des Anglais. Le nombre des Corses qui siégèrent dans le Parlement anglo-corse, qui occupèrent des places et reçurent des grâces du gouvernement britannique, fut tel que, lorsque la France eut repris possession de la Corse, l'on renonça presque aussitôt à appliquer le décret qui excluait des emplois publics les Corses ayant servi les Anglais. Hudson Lowe semble d'ailleurs avoir reçu de son ami Campi des notions assez imprécises sur les Bonaparte, puisque, d'après lui, il affirme que, durant l'occupation anglaise, Mme Bonaparte et certains de ses enfants étaient restés en Corse.

De ce contact avec les Corses, Hudson Lowe, capitaine depuis 1795, garda non seulement des souvenirs, mais des relations, car ayant, après l'évacuation de l'île, tenu garnison d'abord à Porto-Ferrajo, où il fut désigné comme juge suppléant au conseil de guerre, puis à Lisbonne et à Minorque, il fut, à Minorque, chargé de recruter, d'organiser et d'instruire un bataillon de deux cents hommes composé de Corses et appelé *Corsican Rangers*. On a prétendu que l'affluence des Corses réfugiés aux Baléares était telle qu'elle rendait ce recrutement des plus aisés. Il ne serait point impossible, en effet, que les persécutions du directoire du Liamone dont Campi, secrétaire général, était le chef effectif, eussent contraint à la fuite les adversaires du clan victorieux, c'est-à-dire, pour le moment, les catholiques ; pourtant, en 1799, la plupart de ces fugitifs durent rentrer, le directoire du Liamone ayant été cassé et des élections, peut-être plus libres, ayant changé l'administration. Il n'est pas vraisemblable que Lowe recrutât parmi les proscrits politiques, bien plutôt parmi les réfugiés qui auraient eu affaire à la justice. Les guerres familiales, soit par les crimes qu'elles causaient, soit par la terreur qu'inspiraient les vengeances prochaines, peuplaient les îles voisines au moins autant que le maquis, et il fallait vivre.

Donc Hudson Lowe, soit qu'il eût trouvé ses recrues aux Baléares, soit qu'il les eût tirées de la Corse même, parvint à mettre sur pied un bataillon de deux cents hommes, dont il reçut le commandement avec le grade temporaire de major. À la tête de ces Corses, il prit part, en 1801, à l'expédition de Sir Ralph Abercromby contre les Français occupant l'Égypte. Son corps était de la réserve que commandait le général Moore et fut engagé aux combats des 8, 13 et 21 mars ; mais, malgré qu'il eût tenu au feu, ce fut surtout dans le service quotidien qu'il se distingua. « Lowe, lui disait Moore, quand vous êtes aux avant-postes, je suis sûr d'une bonne nuit. » Lors de l'évacuation de l'Égypte, Lowe vint à Malte, et, à la paix d'Amiens, les *Corsican Rangers* furent licenciés. Quelque temps en demi-solde, à la suite du 7ᵉ fusiliers, Lowe fut nommé l'un des assistants du quartier-maître général, au moment où l'incertitude de la paix faisait naître des craintes d'invasion en Angleterre ; puis, il fut employé à diverses missions secrètes, notamment en Portugal. Il parlait, en effet, le portugais, comme l'espagnol et l'italien ; mais sa science ne lui servit de rien au cas présent ; le Prince régent de Portugal, ayant conclu — de mauvais gré sans doute — un traité d'alliance avec la France, abandonna les projets de mise en défense du royaume par les Anglais et Lowe fut envoyé dans la Méditerranée « pour lever un corps étranger qui devait être composé d'hommes du même pays que celui qu'il avait ci-devant commandé ». « Il n'est point inutile de faire remarquer, écrit un de ses biographes, un de ses camarades officiers, que cette mission présentait beaucoup de difficultés, ce pays étant sous la domination de la France, et la Sardaigne étant neutre. » (Cette discrétion quant à nommer la Corse prouve que tout le monde ne partageait pas l'opinion de Lord Bathurst.)

Lowe fit un premier voyage en Sardaigne, en vue d'obtenir la permission d'y réunir les recrues qu'il parviendrait à faire, mais la Cour n'y ayant point officiellement consenti, il dut prendre ses mesures secrètement, et ce fut l'île de la Magdelaine qu'il adopta comme quartier général. Il expédia des agents qui parcoururent la Corse et qui, communiquant avec la Magdelaine par un système de signaux, assurèrent le passage des individus engagés. De sa personne, il courait la Méditerranée, de Naples en Sicile et en Sardaigne, provoquant l'enrôlement d'individus originaires des divers États d'Italie, en particulier du Piémont. Des officiers employés sous ses ordres, un des plus affidés semble avoir été un certain comte Rivarola, qui parvint, dans l'armée anglaise, au grade de major général. Le corps, ainsi constitué en 1805 et appelé *Royal Corsican Rangers*, fut composé d'abord de cinq compagnies et il fut porté à dix après une année de service. Quel qu'eût été le nombre des compagnies, l'effectif ne paraît jamais avoir dépassé 700 hommes (709 au 1er novembre 1805, 656 au 1er août 1806, 728 au 1er décembre 1806, 700 au 1er juillet 1807, 780 en juin 1809). Lowe en eut le commandement avec le grade de lieutenant-colonel (31 décembre 1803). Le second lieutenant-colonel et le major étaient Anglais ; sur les dix capitaines, six, d'après l'*Army List* de 1810, étaient Corses (Domin. Rossi, A. Giuteria, P. A. Gerolami, Giovanni Arata, G. Panatieri, Giovanni Susini, M. Carabelli) ; sur treize lieutenants, dix étaient Corses (Bernardi Boccheiampi, Manfredi, Zerbi, Ciavaldini, Gaffori, Délla Giudara, Ordioni, Astuto, M. Scipioni) ; sur neuf enseignes, quatre au moins étaient Corses, ainsi que le quartier-maître. Le recrutement continua à s'opérer par des Corses, témoin les officiers nommés au corps de 1810 à 1812 (neuf lieutenants et six enseignes corses). De plus, les *Royal Corsican Rangers* fournirent, en 1806, la plupart des officiers d'un bataillon de cinq cents hommes, levé en Sicile à la solde anglaise et portant l'uniforme anglais. Cela dit pour montrer qu'il ne s'agissait point d'un ramas d'Italiens ou d'étrangers ; mais de Corses, au moins en grande majorité ; malheureusement on n'a point davantage de détails, les biographes anglais de Lowe étant muets sur le recrutement et l'organisation des *Royal Corsican Rangers*, dont aucun historique ne semble avoir été rédigé.

Le première affaire à laquelle participa le régiment fut, en novembre 1805, une expédition dans la baie de Naples. Il comptait dans l'armée combinée anglo-russe, — vingt-cinq mille hommes au total, — dont l'unique exploit fut d'avoir contraint Napoléon, victorieux à Austerlitz, à conquérir le royaume de Naples. Le général anglais, Sir James Craig, ne hasarda point de tirer un coup de fusil contre les Français et d'arrêter leur marche. Il se retira, avec son monde, en Sicile.

Lowe, avec ses *Corsican Rangers*, fut associé désormais à la plupart des opérations dirigées de Sicile, contre les Français, dans le royaume de Naples. C'est ainsi que deux ou trois cents de ses chasseurs figurèrent dans la descente dont le principal épisode fut le combat de Sainte-Euphémie ; Lowe n'y était point de sa personne. Avec cinq compagnies, que devaient bientôt rejoindre les compagnies détachées, il avait été désigné pour occuper l'île de Capri, où Sir Sidney Smith avait récemment résolu de s'établir et qu'avait emportée, avec une remarquable énergie, le capitaine de vaisseau Sir Charles Rowley.

Les Anglais, ayant dû principalement leur succès à l'absence de fortifications, s'empressèrent aussitôt de mettre l'île en état de défense, et Sir Charles Stuart, qui avait succédé à Sir James Craig dans le commandement des forces britanniques en Sicile, y utilisa une grande partie des ressources dont il disposait, de façon à rendre inexpugnable un site déjà singulièrement fortifié par la nature. Quant au gouverneur Hudson Lowe, il ne manqua point de déployer toute son activité pour répandre à Naples les nouvelles défavorables à la France et pour organiser un système d'informations et d'espionnage. Au mois d'août 1808, il fut renforcé par le Régiment de Malte, de dix compagnies. Ce régiment avait été en mauvaise réputation de bravoure, mais on assurait que, sous son nouveau commandant, le major

Hammil, officier respecté et aimé de ses hommes, il se conduirait mieux.

La garnison était donc composée de quatorze cents réguliers — Corses ou Maltais — à solde anglaise, plus d'un nombre d'habitants de Capri armés et organisés, lorsque, le 9 octobre 1808, elle fut attaquée par seize cents Franco-Napolitains commandés par le général Max. Lamarque. Lowe était prévenu depuis la veille, où un bateau était arrivé de Naples avec des lettres, des journaux et une communication verbale d'un de ses agents l'avisant d'une attaque prochaine. Il avait donc pu prendre ses précautions ; il n'en fut pas moins, après treize jours de siège, obligé de capituler. Toutefois, il obtint, malgré l'avis du roi de Naples, de retourner en Sicile avec ses hommes. À tout moment, il pouvait recevoir des renforts. l'île était cernée par les frégates anglaises ; quatre cents soldats anglais étaient déjà débarqués, huit à neuf cents autres attendaient une accalmie ; les troupes assiégées à Capri étaient au moins égales en nombre aux françaises qui les attaquaient ; il était d'une importance majeure que les fortifications, où des millions avaient été dépensés par les Anglais, restassent intactes, et que l'on fît vite. « J'ai donc consenti, écrit le général Lamarque, à ce que Monsieur le colonel Lew (*sic*) évacuât la place en nous abandonnant tous les magasins, qui sont très considérables, toutes les munitions et tous les effets appartenant au gouvernement. »

L'expédition avait été formée de détachements pris dans la plupart des régiments français et napolitains stationnés à

Naples et de la portion principale du régiment Royal-Corse, ci-devant Légion corse, au service de Naples. « Parmi nos officiers et hommes et les leurs, écrit Lowe dans son rapport en date du 18 octobre, il y avait des frères, des cousins, des parents, et les uns furent, pendant douze jours, constamment en face des autres. Des proclamations, signées de M. Saliceti, étaient adressées à mes officiers et mes hommes, les pressant, par toutes sortes de promesses et de menaces, de quitter le service de Sa Majesté et de se joindre aux Français ; mais la tentative resta sans effet ; durant tout le cours des hostilités, le feu le plus vif fut constamment entretenu entre eux, et l'on ne vit pas se produire le moindre cas de perfidie. »

Il parait certain, en effet, que durant l'action, les *Royal Corsican Rangers* demeurèrent fidèles à leurs drapeaux ; l'on veut croire qu'après la capitulation, le nombre de ceux qui passèrent aux Napolitains fut infime ; mais, si Lowe avait sa police à Naples, Saliceti avait sa police à Capri, — peut-être les agents étaient-ils les mêmes. Saliceti avait préparé l'expédition, et un Corse, son agent préféré, Cipriani Franceschi, s'y était employé du mieux qu'il avait pu : lorsque ce même homme accompagna l'Empereur à Sainte-Hélène, sachant que Lowe, qui ne l'avait jamais vu, le connaissait sous le nom de Franceschi, il ne donna que son prénom de Cipriani.

À la tête de son régiment rentré en Sicile, Lowe prit part, en juin 1809, à cette expédition dirigée par Sir Charles Stuart, contre le royaume de Naples, qui aboutit à une descente dans les îles d'Ischia et de Procida. Lowe, avec quatre cents *Corsican Rangers,* était du détachement qui, sous les ordres du major général Mac Farlane, débarqua à Ischia : il semble même avoir signé la capitulation du fort avec le général Colonna qui s'y était réfugié. Mais à peine les Anglais étaient-ils maîtres de l'île qu'ils jugèrent prudent de l'évacuer. En septembre, Lowe fut embarqué avec son régiment pour l'expédition dirigée, sous les ordres du brigadier général Oswald, contre les îles Ioniennes. Les îles n'étaient pas en état de défense et les Anglais eurent raison, presque sans coup férir, des quelques hommes qui formaient les garnisons de Zante, de Céphalonie, d'Ithaque et de Cérigo. À Lowe, en compensation, semble-t-il, de la capitulation de Capri, fut réservé l'honneur de signer, au nom des vainqueurs, les capitulations de Zante et de Céphalonie, comme ci-devant d'Ischia. Même en y joignant le gouvernement des deux îles conquises, c'étaient là de médiocres revanches. Il en eut une meilleure lorsque, à Sainte-Maure, le 10 avril 1810, après une série d'engagements des plus vifs et neuf jours de bombardement, le général Camus de Moulignon, dont les troupes albanaises avaient déserté, fut contraint de capituler. On peut se demander si le lieutenant-colonel Lowe, habitué aux pratiques policières, n'avait point préparé la conquête de Sainte-Maure, par l'intervention opportune des guinées anglaises.

À la suite de la prise de Sainte-Maure, Lowe fut appelé à la présidence d'un gouvernement comprenant aussi les îles de Céphalonie et d'Ithaque, il eut alors à traiter des affaires extrêmement complexes, tant avec le résident britannique et les diverses autorités des îles qu'avec Ali, pacha de Janina, et il poussa énergiquement à une attaque contre Corfou, quoi que l'on put penser de l'infériorité des forces britanniques. Le 1er janvier 1812, il fut nommé colonel, à vingt-quatre ans de services, sans perdre pour cela son régiment, qui, à l'effectif de 1.160 hommes, était encore à Corfou en mars 1815 et ne fut licencié qu'au début de 1817 ; il partit en février pour l'Angleterre, où il n'avait point paru depuis neuf années. Avant de s'embarquer, il reçut du conseil administratif de Sainte-Maure, une adresse louangeuse et un sabre à poignée d'or, sur la lame duquel devaient être gravés ses hauts faits — monnaie habituelle des compliments septinsulaires.

Son congé dura plus d'une année. Au commencement de 1813, il fut envoyé en mission dans le nord de l'Europe, avec le général Hope, auquel il était attaché. Ils devaient former et organiser, sous le nom de Légion russo-germanique, des rassemblements composés tant de déserteurs et de prisonniers provenant des contingents de la Confédération du Rhin que de levées à faire sur les territoires que les Alliés comptaient conquérir. On prévoyait que cette légion pourrait atteindre l'effectif d'un corps d'armée. Le prince royal de Suède était désigné pour en recevoir le commandement, qui lui était naturellement dévolu. Mais à leur arrivée à Gothembourg, le 4 février, les émissaires anglais apprirent la convention de Taurogen et la défection du général prussien York, ce qui modifiait singulièrement leur négociation. Après un court séjour à Stockholm, Lowe fut expédié par le général Hope pour inspecter les détachements de la légion qui avaient reçu un commencement d'organisation et qui devaient prendre la solde anglaise. Il passa par Saint-Pétersbourg, où il retrouva Pozzo di Borgo, qu'il connaissait de la Corse et qu'il venait tout récemment de quitter à Londres. Il suivit les côtes de la Baltique jusqu'à Kœnigsberg, d'où il vint à Kalisz, quartier général de l'empereur Alexandre ; il rendit compte de ce qu'il avait vu à Lord Cathcart, lequel le présenta à l'empereur. « J'espère, lui dit Alexandre, que le peuple anglais sera satisfait de ce que j'ai fait. »

De Kalisz, il repartit pour continuer son métier de recruteur et d'organisateur, chargé surtout, semble-t-il, de contrôler les effectifs, en vue des subsides dont l'Angleterre payait l'Europe. En mai, il retourna au quartier général des Alliés et arriva à temps pour assister à la bataille de Bautzen. Ce fut là que, « grâce à sa bonne lunette anglaise ». il vit pour la première fois Napoléon et qu'il eut l'orgueil de le désigner aux souverains dans le voisinage desquels il se trouvait et à leur état-major. Il accompagna l'armée alliée dans sa retraite en Silésie, où il resta durant l'armistice ; puis il vint aux bouches de l'Elbe, où la Légion russo-germanique, sous le commandement du comte Walmoden, était destinée à participer aux opérations contre le maréchal Davout et contre les Danois. Au mois de novembre, il revint au quartier général des Alliés, arriva juste à temps pour la bataille de Leipsick, et, sans qu'alors on lui connaisse de mission officielle, s'attacha, comme observateur officieux, à l'état-major de Blücher. Il le suivit à la poursuite des Français, adressant des rapports très précis et très utiles à Sir Charles Stewart. Après la bataille d'Hanau, il retourna dans le Nord, où il s'occupa d'inspecter les levées allemandes et hanovriennes. Ce fut seulement au début de 1814, la campagne étant commencée, qu'il reçut l'ordre l'attachant à l'état-major de Blücher. La vie y était médiocrement facile pour les subordonnés, même pour les officiers étrangers ; mais Lowe jouissait, paraît-il, de la faveur particulière du maréchal. Il le rejoignit sur le champ de bataille de Brienne et assista, à ses côtés, à la bataille de la Rothière ; il adressa le lendemain, à son chef Sir C. W. Stewart, une dépêche renfermant presque tous les faits signalés depuis lors dans les relations officielles.

Il serait intéressant d'avoir le texte intégral des rapports rédigés par Lowe durant la retraite de l'armée de Silésie ; d'après certains extraits qui ont été imprimés, il y aurait fait preuve d'intelligence politique et stratégique ; et ses dépêches, où il a raconté les batailles de Laon et de Fère-Champenoise, ainsi que les mouvements de l'armée prussienne, fournissent des détails qu'on chercherait vainement ailleurs. Il raconte longuement, mais d'une façon précise et claire. À ce point, il était entré dans la faveur de Blücher que celui-ci le chargea de porter au Prince régent la nouvelle de la capitulation de Paris. Soit que Lowe fût parti plus tôt, soit que les circonstances l'eussent favorisé, il arriva à Londres avant tout autre messager, fut introduit près du prince, qu'il trouva au lit, et cette action de guerre lui valut, avec la commanderie du Bain, le titre de knight et la qualification de Sir, le grade de major général (14 juin 1814).

Il avait pourtant rendu des services aux Alliés, si l'on en croit le général von Gneisenau, qui, comme chef de l'état-major de Blücher, avait tout fait pour réparer les fautes que commettait le maréchal. « C'est avec la plus grande satisfaction, mon très cher et honoré général, écrivait-il à Lowe, le 23 novembre 1814, que j'ai reçu votre lettre du 15 septembre, qui me dit que vous avez encore conservé le souvenir d'un homme qui vous est infiniment attaché et qui, dans le cours d'une campagne mémorable s'il en fut jamais, a appris à apprécier vos rares talents militaires, votre jugement profond sur les grandes opérations de guerre et votre sang-froid imperturbable dans les jours de combat. Ces qualités et votre caractère de loyauté me lieront éternellement à vous. » Il lui rappelle qu'il a constamment « opposé à des conseils timides une fermeté à l'épreuve des revers et qu'il ne s'est jamais départi de la conviction que, pour ramener l'Europe à un état d'équilibre juste et équitable, et pour renverser le gouvernement du Jacobinisme impérial, il fallait se saisir de sa capitale. Sans cela, point de salut. »

Le major général Lowe semblait en passe d'arriver à tout. Durant l'été de 1814, il avait été nommé quartier-maître général de l'armée dans les Pays-Bas, et, sous ce titre, examinait et inspectait l'état des forteresses à établir comme barrière contre la France. Il était encore dans cette position lorsque Napoléon revint de l'île d'Elbe. Le prince d'Orange commandait en chef, avec Lowe comme chef d'état-major. De curieuses négociations furent ouvertes alors entre lui et les généraux prussiens pour amener ceux-ci sur la Meuse ; elles furent presque aussitôt désavouées par le roi des Pays-Bas ; un extrême désordre, une terreur panique régnaient partout ; si l'Empereur avait pris une offensive immédiate, les événements eussent sans doute tourné différemment.

En avril, le duc de Wellington vint prendre le commandement de l'armée : les perpétuelles inquiétudes et les hésitations de Lowe, « qui était, dit Lord Seaton, un grand agité », le mirent hors de lui. Lowe ne pouvait répondre sans s'être longuement consulté et avoir pris toutes les précautions pour se prouver à lui-même qu'il ne se trompait pas. « Où mène cette route, Sir Hudson ? », lui dit un jour le duc. Lowe commença par tirer sa carte de sa poche et l'examina longuement. Wellington, à mi-voix, dit à un officier : « Sacrée vieille bête » (*Damn'd old fool*) et il piqua.

Ce n'était nullement son genre à lui, très grand seigneur et ne tolérant guère de parvenus, ni d'officiers de fortune dans ses entours ; aussi s'empressa-t-il de demander le changement de Lowe, lequel, en mai, fut envoyé à Gênes pour commander les troupes destinées à s'embarquer sur la flotte de Lord Exmouth et à faire une descente dans le Midi.

En rejoignant son poste, au commencement de juin, il passa par Heidelberg où il eut, le 10, avec l'empereur Alexandre, une conférence secrète, et il arriva à Gênes lorsque le sort de la France et de l'Empereur avait été décidé à Waterloo. Les navires de Lord Exmouth virent, sans coup férir, Marseille et Toulon arborer le drapeau blanc. Cette campagne fut signalée seulement par le massacre des Mamelucks à Marseille, l'assassinat de Brune à Avignon, les meurtres commis par les Verdets dans le Midi. Ce fut à Marseille que Sir Hudson Lowe reçut la proposition d'aller à Sainte-Hélène pour y être le geôlier de Napoléon.

Pour cette mission, on lui donnait (9 novembre 1815) le rang (*Local rank*) de lieutenant général ; le *Local rank* était accordé à plus ou moins d'officiers généraux exerçant au dehors un commandement indépendant (74 en 1821 — 61 en 1827), et n'entraînait, pour aucun, le grade effectif (*Army rank*) que Hudson Lowe obtint seulement après quinze ans, le 22 juillet 1830 ; mais il y avait les avantages pécuniaires qu'on a vus et qui étaient pour tenter un officier sans fortune, sans famille, et sans relations.

Telle fut la carrière d'Hudson Lowe ; pour le désigner à l'attention du ministère, on ne saurait compter ni ses services à l'armée de Blücher, si réels soient-ils, ni ceux à la flotte de Lord Exmouth, si peu brillants. Reste que, de 1799 à 1812, il a commandé les *Corsican Rangers*, n'a commandé qu'eux, car il n'eut point le moindre rapport avec un régiment régulier de l'armée britannique et c'est pourquoi le ministre de la Guerre, qui se remémore ses états de service, s'est proposé d'utiliser son expérience pour la détention du Corse Buonaparte. Si l'on n'alléguait point ce motif, il faudrait penser que, en désignant cet officier, le ministère s'est proposé de faire à l'Empereur, considéré comme révolté contre son souverain légitime, la plus sanglante des injures. On ne voudrait point le croire. Pourtant c'est l'époque où l'empereur Alexandre choisit pour le représenter à Paris, un Corse tel que Pozzo di Borgo qui, ayant, depuis dix-huit ans, déclaré la vendetta à Napoléon, les a passés à lui susciter des ennemis et à lui tendre des embuscades, et il fait ainsi triompher Pozzo sur Napoléon. N'est-ce pas l'époque où le duc de Wellington, prince de Waterloo, écrivant à l'amiral Sir Pulteney Malcolm, rappelait que lui aussi avait relâché à Sainte-Hélène et qu'il avait occupé aux Briars la maison de M. Balcombe, où l'Empereur était logé et, en ces termes : « Dites à Boney que je trouve ses appartements, à l'Élysée Bourbon, très convenables, et que j'espère qu'il aime les miens chez Balcombe. » Pourquoi ne voudrait-on pas que, par manière d'épigramme en action, Lord Bathurst ait choisi Hudson Lowe, parce qu'il avait commandé à des Corses, mercenaires anglais, et, par là même, excellents royalistes ?

Peut-être est-ce chercher loin ? Pourtant, par ailleurs, quelle raison, sinon que, dans l'aristocratie des Trois-Royaumes, qui seule fournissait aux hauts grades, on n'eût trouvé personne pour accepter une telle mission ? Pour quoi l'on eût pris ce major général, qui avait fait sa carrière militaire hors de l'armée régulière, dans un corps de mercenaires étrangers (*foreign service*), et qui, bien que revêtu du grade et pourvu d'un titre, n'était pas plus un général aux yeux des généraux de l'Armée qu'il n'était un noble aux yeux des nobles du Royaume-Uni.

Il était, dit un jour Wellington à Lord Stanhope, « un homme manquant d'éducation et de jugement » ; un autre jour, il dit : « Il était un homme stupide ; il n'était pas méchant de nature, mais il ignorait tout *du monde*, et comme tous les gens qui ne savent rien *du monde*, il était soupçonneux et jaloux. » Cela suffit et cela exprime tout. Il eût pu être « stupide » et être « du monde » ; cela n'a rien d'incompatible ; il eût pu manquer de jugement, même d'éducation et être « du monde » ; mais « ne point être monde », cela, qui est impalpable, indéfinissable, explique toutes les sottises, toutes les impropriétés de mots, de termes, d'actes et de démarches. Et cela n'est point comme un grade ou une décoration, rien ne saurait faire qu'on l'acquière.

Tel est l'homme que, par un warrant à la date du 12 avril 1816, le secrétaire d'État à la Guerre, comte Bathurst, a préposé à la garde de l'Empereur : « le lieutenant général Sir Hudson Lowe, chevalier commandeur du très honorable ordre militaire du Bain, est nommé lieutenant général de l'armée de Sa Majesté à Sainte-Hélène et gouverneur de ladite île de Sainte-Hélène pour avoir la garde dudit Napoléon dans ladite île, le détenir et le garder comme prisonnier de guerre et le traiter et considérer comme un prisonnier de guerre, sous les restrictions et de la manière qui lui auront été ou qui lui seront, d'un temps à l'autre, signifiées à cet égard par Sa Majesté, sous la signature d'un des principaux secrétaires d'État de Sa Majesté ».

Lowe choisit ses subordonnés à son image ; il exige d'eux la même assiduité que de lui-même, et il leur impose le même zèle dans le service. Il compose son état-major de soldats auxquels il accorde justement sa confiance, mais qui manquent autant que lui des formes et de l'usage du monde. Il y a le lieutenant-colonel Sir Thomas Reade, vice-adjudant général, le major Gorrequer, aide de camp, le lieutenant-colonel Lyster, inspecteur de la milice, le major Emmet, du corps des Ingénieurs royaux, le lieutenant Basil Jackson de l'état-major, le docteur Baxter : celui-ci vient certainement des *Corsican Rangers* ; d'autres aussi sans doute. Ces hommes, ce sont des masques que revêt Lowe ; on ne saurait leur attribuer d'autre personnalité que la sienne. D'ailleurs celle-ci est si dominatrice qu'il l'imposera à la plupart des officiers généraux ou supérieurs résidant à Sainte-Hélène. Ils deviendront, sous ses ordres, tout différents de ce qu'ils étaient avant son arrivée ; ils subiront son ascendant, non seulement dans le service, mais dans leurs rapports avec le prisonnier et avec les officiers de sa suite ; ils perdront avec lui le sens des égards ; ils ne seront plus « du monde ». Et, s'il en est ainsi des officiers de troupe, qu'est-ce des officiers de l'état-major ? Ce sont autant de Lowe ; ils se tiennent solidaires de leur chef, fût-il retraité, fût-il mort, et ils acceptent la responsabilité de tous ses actes. Pourtant, comme il les fit aller, virer, courir, comme il les reprit à la moindre faute, et comme il exigea d'eux qu'ils fussent constamment alertes ; car son activité est égale à son inquiétude, il est toujours debout, toujours pressé, toujours galopant, plein de sa responsabilité, pénétré de son devoir, exalté de son importance qui, en même temps, le terrifie ; il est enivré par un avancement qui dépasse ses rêves les plus ambitieux, par un titre qui, à son compte, l'a fait entrer dans la hiérarchie sociale, bien autrement fermée que la militaire, par son tout récent mariage (31 décembre 1815) avec la sœur du colonel Sir William Howe de Lancey, un des héros de Waterloo, veuve avec deux filles, deux enfants, — l'aînée à dix ans — du lieutenant-colonel William Johnston. Par là s'est ouvert devant lui le paradis aristocratique et il tremble de le perdre ; il tremble pour cet énorme traitement qu'augmentent toutes sortes de redevances, d'ailleurs légales, — car il est probe, — toutes les aises que la Compagnie des Indes accorde à ses employés et qui lui permettent d'assurer à Lady Lowe et à ses deux filles les agréments d'une existence somptueuse, sans lesquels ses quarante-six ans eussent paru médiocrement tentants à une femme que chacun s'accorde à dire charmante, infiment désirable, tout à fait distinguée et du meilleur monde.

Il ne faudrait pourtant pas croire qu'il fût disgracié de la nature, ni surtout qu'il ressemblât à ces portraits qu'on publia de lui pour mettre son visage en accord avec les actes qu'on lui prêtait. « De sa personne, a écrit un de ses amis, Sir Hudson Lowe était plutôt au-dessous de la taille moyenne, constitué non en force, mais en souplesse. Son front était large et un peu haut ; le derrière de sa tête large ; ses yeux, enfoncés dans l'orbite et abaissés à l'angle externe ; ses sourcils, très longs et épais, son nez plutôt aquilin ; sa lèvre supérieure avancée, son menton pointu. Il était haut en couleurs et ses cheveux étaient clairs ; il tenait sa tête droite et n'eut jamais, même à soixante-dix-sept ans, aucune tendance à se courber. Sa marche et ses gestes étaient généralement rapides et parfois « saccadés ». En parlant, il était souvent embarrassé pour trouver ses mots et, dans la société, il alternait d'une extrême taciturnité à une véhémente animation pour discourir. » Il n'avait point été sans avoir des bonnes fortunes ; d'une liaison formée « dans les pays de la Méditerranée », il avait ramené deux enfants naturels, et de Lady Lowe, il eut, à Sainte-Hélène, deux fils et deux filles. Ce n'était donc ni un monstre ni un barbon, et il faut le voir tel qu'il fut.

Il fut, avant tout, — et ceci on est loin de le lui reprocher, — un loyal Breton, un Breton qui s'est encore mieux convaincu, à commander des étrangers, de la prééminence non seulement de l'Angleterre sur toutes les nations, mais de l'individu anglais sur tout individu d'une autre nationalité. Nationalité n'est pas même le mot propre : l'Irlandais, pour lui, n'est pas Anglais.

Il est l'adorateur émerveillé de la hiérarchie dont il a franchi le premier degré et où, très haut, là où il n'atteindra jamais, planent les hommes et les femmes titrés ; il ne les envie, ni ne les jalouse ; il s'en pare et s'en glorifie et, par cet admirable sentiment national qui se trouvait alors chez tout Anglais, il se rehausse de leur élévation et s'enorgueillit qu'il y ait, dans sa patrie, des êtres ainsi faits, auxquels tout de même, il est relié par sa nationalité d'abord, puis par son grade, enfin, et surtout, par son *knighthood*.

Tout ce qui est de l'étranger lui est indifférent, il n'y attache aucune importance, et n'y reconnaît aucune valeur. Il y a l'Angleterre, il y a le roi d'Angleterre, les pairs du Royaume-Uni dans l'ordre de leur préséance, les titulaires de dignités, de places, selon leur hiérarchie. Et puis, très loin, très bas, il y a les étrangers dynastiques et loyalistes, les empereurs, les rois, les princes, qu'il tient tous plus ou moins pour des mercenaires anglais. Quant aux Français, il les place naturellement après tous les autres peuples, et ce n'est point sa faute s'il agit ainsi.

L'homme a donc des œillères doubles, triples. Rien ne peut les lui enlever ; rien ne fera qu'il ne reste pas tel qu'il est. Il a l'étoffe, l'éducation, le caractère, l'instruction, même la manie écrivassière d'un portier-consigne qui fut adjudant, et l'Angleterre a fait de lui un lieutenant général pour l'établir le geôlier de l'Empereur.

Tout vient de là, de ces divers éléments qui ont constitué sa mentalité et formé son caractère. Il peut, comme le disent ses apologistes, avoir été dans son intérieur et dans sa vie privée, un excellent homme — quoique prodigieusement ennuyeux ; il a des vertus et, à un haut point, celles-là qui constituent l'admirable subalterne. Il a la religion du devoir militaire ; il est toujours debout et attentif ; il ne vit que pour sa consigne ; il ne rêve que d'elle au point qu'il en perd la tête. De cette consigne, il n'est pas responsable ; il a juré de l'exécuter, il l'exécute ; une ou deux fois, il prend sur lui de la suspendre, et, de sa part, c'est un triomphe de sa conscience de gentleman sur sa conscience de soldat ; il a rougi pour ses maîtres des ordres qu'ils lui donnaient, de leur lésinerie et de leur vilenie, mais, sauf ces cas, il porte dans le courant de la vie une raideur, un manque de formes, une absence de manières, une méconnaissance de ce qu'est son prisonnier qui semblent justement autant d'outrages. C'est qu'il n'est pas « du monde ».

Le fond n'appartient pas à Hudson Lowe, mais au ministère anglais ; la forme est de Lowe et c'est assez ; mais le ministère a su qui il prenait ; il a choisi Lowe entre tous parce que Lowe était tel, qu'il savait qu'il resterait tel et que rien ne ferait qu'il ne fût pas tel ; il a constamment approuvé Lowe d'avoir été tel ; il lui a recommandé expressément de demeurer tel ; pas une fois, durant cinq années, il ne lui a reproché d'avoir aggravé ses instructions ; au contraire, il l'a repris avec une extrême violence de ne pas y avoir porté assez de raideur et d'avoir eu trop de ménagements.

En donnant à Hudson Lowe un rôle majeur, on a faussé l'histoire de la captivité, et, pour ce dessein, l'Empereur, ses compagnons et les écrivains français ont, sans en avoir conscience, uni leurs efforts avec les ministres et les écrivains anglais. On a attiré sur Lowe toutes les haines et on l'a présenté tel qu'il n'était pas. Les Français, à Sainte-Hélène, ne voyaient que lui, subissaient à tout instant son inquisition, étaient l'objet de ses fébriles inquiétudes, souffraient par lui et lui attribuèrent les persécutions dont ils avaient été les victimes. Les ministres anglais, de leur côté, rejetèrent sur cet homme qui ne tenait à rien, qui n'avait ni nom, ni fortune, et qu'ils brisèrent ensuite comme un outil hors d'usage, la responsabilité des ordres qu'il lui avaient donnés ; il plut aux historiens britanniques de sacrifier un concitoyen obscur pour sauver le prestige de la dynastie, de l'administration et de la nation. Lowe est l'effet ; on a mis l'effet en lumière et ainsi a-t-on noyé d'ombre la cause. C'est la cause qu'il faut chercher et la lutte alors vaut d'être racontée ; non cette lutte mesquine qui rabaisse l'empereur Napoléon le Grand au niveau de ce pauvre diable, le colonel des *Royal Corsican Rangers*, mais la lutte héroïque qui grandit et ennoblit encore celui qui la tente, lutte qui dure depuis vingt-cinq ans et qui trouve là son suprême épisode ; où Napoléon, champion de la France et de la Révolution, seul, moribond, sans communication avec le monde extérieur, sans nouvelle de ce qu'il aime plus que sa vie, sans espérance ailleurs que dans la mort, tient tête à l'oligarchie d'Europe, dont les Oligarques anglais se sont institués les bourreaux.

Il convenait que l'Europe assistât au supplice, au moins par ses délégués. C'est ce qu'elle était convenue de faire par les traités du 2 août 1815, à l'article III desquels il était dit : « Les cours impériales d'Autriche et de Russie et la cour royale de Prusse nommeront des commissaires qui se rendront et demeureront au lieu que le gouvernement de S. M. B. aura assigné pour le séjour de Napoléon Buonaparte et qui, sans être chargés de sa garde, s'assureront de sa présence»; et à l'article IV : « Sa Majesté Très Chrétienne sera invitée, au nom des quatre cours ci-dessus mentionnées, à envoyer également un commissaire au lieu de détention de Napoléon Buonaparte ».

L'Angleterre, qui s'était retirée derrière l'Europe, pour violer ses propres lois et garder hypocritement les apparences de la générosité, de l'hospitalité et du libéralisme ; l'Angleterre qui, par Lord Castlereagh, avait ouvert l'opinion que l'Europe, en lui abandonnant la garde de Napoléon, pourrait tout de même le faire surveiller, ne se fut nullement souciée, ce point acquis, que l'Europe entrât dans ses arrangements à l'égard d'un prisonnier. Avant même qu'on se fût emparé de lui, le 15 juillet. Lord Liverpool écrivait à Lord Castlereagh : « Dans le cas où nous le prendrions, nous préférerions qu'il n'y eût point de commissaires appointés par les autres puissances, mais qu'il fut entièrement remis à notre propre discrétion ». Le 21, il écrivait : « Nous sommes extrêmement peu portés à admettre des commissaires de la part des autres puissances ; un tel arrangement pourrait être admissible pour quelques mois, mais, lorsque des personnages d'un tel caractère résident dans un endroit où ils n'ont rien à faire, ils sont bientôt fatigués, se querellent vraisemblablement entre eux et ces disputes peuvent devenir un embarras sérieux pour la garde exacte du prisonnier. » L'idée des commissaires ayant été suggérée, au début, par Castlereagh lui-même, il pouvait reconnaître, après examen, qu'elle ouvrait la porte à beaucoup d'objections, mais il se sentait embarrassé pour la retirer. Liverpool insinua alors que, pour sauvegarder le principe, et, en même temps, ménager des économies aux Puissances alliées, il serait simple, moyennant un arrangement entre elles, qu'elles envoyassent alternativement, durant une année, un commissaire, ce qui donnerait moins de tracas et produirait moins d'intrigue que trois ou quatre. Le principe de l'envoi des commissaires n'en fut pas moins adopté, le 28 juillet (dix-septième séance), par les délégués des quatre puissances (Autriche, Grande-Bretagne, Prusse et Russie) — la conférence à Quatre qui réglait alors les destinées de la France — et Lord Castlereagh ne fit aucune difficulté pour signer, quatre jours plus tard, la convention du 2 août. Il est vrai que Lord Liverpool en tira aussitôt cette conséquence que, Napoléon étant le prisonnier de l'Europe, l'Europe devait contribuer à son entretien et à sa garde ; que l'une et l'autre coûteraient cher — trois millions ou tout près (2.946.350 francs) rien que pour les charges militaires et civiles et plus de trois millions (3.280.875 francs) pour l'escadre ; au total, 300.000 livres sterling, soit 7.506.000 francs sans parler de son entretien. C'était de l'argent et, si l'empereur de Russie n'eût point hésité à payer sa part, le roi de Prusse eût assurément refusé son écot, Blücher ayant offert des façons bien autrement expéditives de le régler. Lord Liverpool ne poussa point toutefois sa menace jusqu'à en faire un objet de négociation : il aurait eu trop à y perdre, tant par la diminution de prestige que par des complications que n'eussent pas manqué de susciter le contrôle et l'apurement des comptes, les prétentions des uns et des autres à assurer la garde du captif, les rivalités d'influence et jusqu'aux préséances. Il subit donc les commissaires, mais il trouva fort opportune la résolution du roi de Prusse de ne point en entretenir, et, à mesure qu'une des trois puissances rappela le sien, il n'eut garde d'insister pour qu'elle le remplaçât. Pour l'instant, la Russie, l'Autriche et le roi de France ne manquèrent pas d'user d'un droit qui consacrait leur triomphe.

Ce n'était point que l'empereur de Russie se proposât d'intervenir pour procurer un traitement plus favorable à l'homme qu'il avait si souvent assuré de son amitié ; ce n'était pas qu'il prétendît être tenu régulièrement au courant de ses besoins physiques, de ses souffrances morales, afin d'intervenir pour soulager les unes et satisfaire les autres ; mais il entendait avoir, à Sainte-Hélène, quelqu'un qui écoutât et qui regardât, qui lui rapportât le moindre geste que ferait le prisonnier et amusât ainsi son ennui ; à présent que le fauve avait été pris au piège et qu'il était enfermé dans la cage de fer, ne fallait-il point aposter quelqu'un pour noter ses bonds, ses rages, ses cris et ses appels ?

Nulle pitié, mais l'insultante joie de retrouver abaissé, vaincu, misérable et gémissant l'être qu'on vit superbe, glorieux et terrible, et dont on eut si grand'peur. Rien d'autre.

L'homme que l'empereur Alexandre a désigné pour l'envoyer à Sainte-Hélène, se nomme Alexandre Antonovitch de Balmain ; il descend de la famille Ramsay de Balmain, éteinte en Écosse dans les mâles, le 21 février 1806, à la mort de Sir Alexander Ramsay de Balmain, sixième baronet de son nom et membre du Parlement, mais perpétuée en une branche qui, demeurée fidèle à Jacques II, l'a suivi dans sa proscription, et dont un membre s'est établi à Constantinople d'où il est passé plus tard en Russie avec Bruce, destiné à une si grande fortune.

Bogdan Andrianovitch Ramsay de Balmain, le premier qui entra au service russe, parvint au grade de colonel commandant du régiment de la Trinité et fut tué à la bataille de Vilmanstrand, en 1741. Il semble avoir pris le titre de comte. On avait connu, dans la famille Ramsay, un titre de comte de Holderness, créé, en 1621, par Jacques Ier d'Angleterre (Jacques VI d'Écosse) en faveur de Jacques Ramsay, son ancien page, mais ce titre s'était éteint en 1625 par la mort sans hoirs de ce Jacques dont un frère fut seulement créé baronet cette même année 1625, et la branche russe n'avait point même de rapport avec celui-ci.

Le fils de Bogdan, Antoine, fut gouverneur général de Koursk et d'Orel et prit une part remarquée aux guerres du Caucase, car, à sa mort, en 1790, l'impératrice Catherine gratifia sa veuve de cinq cents feux et de quelques milliers de déciatines de terre. Alexandre Antonovitch avait alors neuf ans ; il fut promu cornette, inscrit dans un régiment de cavalerie de la Garde et placé, jusqu'à terminaison de ses études, dans le Corps des Cadets ; l'impératrice y nomma de même son frère cadet Karl, connu plus tard par son extraordinaire bravoure et ses succès mondains, qui, couvert de blessures, mourut, à vingt-six ans, général major ; son troisième frère entra aux pages ; ses deux sœurs, dont la plus âgée fut demoiselle d'honneur de Sa Majesté, furent placées aux frais du Trésor au monastère de Smolna.

Alexandre Antonovitch était capitaine en second dans un régiment de cavalerie de la Garde lorsque, au mois de mars 1801, « ayant suivi un camarade qui faisait beaucoup de folies », il frappa au visage un commissaire de police. L'empereur Paul ordonna qu'il fût dégradé, avec privation de tous les droits de la noblesse, et qu'il fût incorporé, comme simple soldat, dans un régiment d'infanterie caserné à Pétersbourg. Il n'y passa que trois jours ; l'empereur Paul ayant été tué le 23 mars et le premier soin de l'empereur Alexandre ayant été de rapporter toutes les décisions prises par feu son père.

Néanmoins, les trois jours que Balmain avait vécus dans la caserne d'infanterie, l'avaient dégoûté du service militaire et il s'empressa de le quitter. Dès le 20 août 1801, il entra au département des Affaires étrangères ; il fut d'abord attaché à la légation près le roi de Sardaigne, d'où il passa, le 3 janvier 1803, à celle près le roi de Naples. Le

30 juin 1810, il fut nommé secrétaire d'ambassade à Vienne ; en 1812, avant l'ouverture des hostilités, il fut envoyé en mission secrète à Gratz et à Trieste ; et, après le passage du Niémen par les Français, à Prague, à Carlsbad et à Dresde ; le 3 octobre, il fut nommé secrétaire d'ambassade à Londres. Le 23 mars 1813, il rentra au service militaire avec le grade de lieutenant-colonel et partit de Londres, avec des dépêches, pour le quartier général impérial à Dresde. Jusqu'à l'armistice, il fut à l'avant-garde des troupes commandées parle général Walmoden ; il passa ensuite à l'armée du prince de Suède et assista aux combats de Gross-Beren, d'Uterborn, de Wittenberg et à la bataille de Dennevitz — pour quoi il fut décoré de Saint-Vladimir, 4° classe, avec ruban. Détaché en septembre près de Czernitcheff, il prit part, sous les ordres du colonel de Benkendorff, à l'échauffourée de Cassel, ce qui lui valut Sainte-Anne, 2° classe. Il suivit Czernitcheff dans la poursuite de l'armée française jusqu'au Rhin ; puis, fut chargé de diverses missions près de Wintzingerode et près de Bernadotte, lequel lui conféra l'ordre de l'Épée ; mais il tomba gravement malade à Brême et lorsque, le 1er mars 1814, complètement rétabli, il essaya de rejoindre le détachement du général comte Vorontzov, il ne put y parvenir, les communications étant interrompues par les Français. Il dut donc rester à Nancy jusqu'à l'entrée des Alliés à Paris. Le 4 avril, il vint annoncer au Gouvernement français la reddition des forteresses de Metz et de Luxembourg, ce qui lui valut, du roi de Prusse, l'ordre du

Mérite. Le 11 juin 1815, il fut, par ordre de l'empereur, envoyé au duc de Wellington, près duquel il resta jusqu'à la seconde occupation de Paris ; il remplit encore, non sans danger, plusieurs missions importantes, qui témoignaient de la confiance particulière de son souverain ; en diverses occasions, il fut choisi, à l'exclusion de ses anciens, à cause de sa grande activité, de son exactitude, de son intelligence, de son tact, mais, en le désignant pour Sainte-Hélène, l'empereur Alexandre montra mieux encore comme il l'appréciait, et à des points de vue fort divers.

M. de Balmain était un homme d'esprit ; il gardait sous l'uniforme russe quelque peu de l'humour écossais ; les plaisantes imaginations qu'il glissait parfois dans ses dépêches officielles faisaient le bonheur des employés des Affaires étrangères ; il était la coqueluche des salons, où les femmes l'entouraient, car il excellait à provoquer le fou rire et à le pousser « jusqu'à l'hystérie ». Sans doute les sujets qu'il aurait à traiter avaient besoin d'être égayés et l'on comptait qu'il les présenterait de façon à en souligner le pittoresque et à y insérer des détails qui déridassent l'auguste destinataire. Malheureusement pour la chronique, le comte de Balmain trouva à Sainte-Hélène des séductions qui lui firent peu à peu perdre de vue le but de sa mission ; il s'en désintéressa à proportion que Miss Johnston l'aînée devenait bonne à marier et il finit par l'épouser. Elle plût d'ailleurs à l'empereur Alexandre, qui fut plein d'attentions aussi bien pour elle que pour son beau-père, Sir Hudson Lowe.

Le comte de Balmain n'avait point été favorisé pour le traitement ou plutôt, on ignorait, aussi bien à Pétersbourg qu'à Vienne et à Paris, la somme qu'il fallait allouer aux agents envoyés à Sainte-Hélène. Le ministère impérial avait cru être généreux en accordant 1.200 livres sterling (30.000 francs) et 2.000 ducats pour frais de voyage. Dès les premiers jours, Balmain prouva qu'il ne pouvait vivre à ce compte et demanda plutôt son rappel. Après un an il avait fait mille livres de dettes ; son souverain lui accorda donc un traitement annuel de 2.000 livres sterling (50.000 francs) et un fonds de 1.600 livres sterling (40.000 francs), pour payer l'arriéré. Il s'en déclara satisfait.

Le collègue autrichien de M. de Balmain, le baron Stürmer, n'avait point reçu des instructions analogues aux siennes. Durant que le Russe devait s'informer de tous les détails, se prêter aux confidences et s'efforcer d'abord à satisfaire la curiosité de son souverain, l'Autrichien ne devait s'immiscer dans quoi que ce fût, et, après avoir dressé un procès-verbal qui constatât la présence de Napoléon à Sainte-Hélène, renouveler seulement chaque mois ce procès-verbal. « Vous éviterez avec le plus grand soin, lui était-il dit, tout rapport avec Napoléon Buonaparte et les personnages de sa suite. Vous repousserez, d'une façon claire et nette, toutes les propositions que ces personnages pourraient vous faire et, s'ils se permettaient des démarches directes, vous auriez à en avertir sur-le-champ le gouverneur. » À moins que l'empereur d'Autriche, certain que ces instructions confidentielles ne seraient jamais publiées, ait voulu, par l'envoi d'un commissaire, fournir à l'opinion une sorte de trompe-l'œil, faire croire qu'il s'intéressait au sort de son gendre et que, en postant près de lui un agent, il entendait assurer sa sécurité et son bien-être, on peut se demander quel but il se proposait. Sans doute n'en avait-il d'autre que d'acquérir à tout instant la certitude que Napoléon ne sortirait point de sa prison. Ou bien, sachant pertinemment qu'on n'avait nul besoin de leur secours, les oligarques autrichiens prétendaient-ils se donner l'intime satisfaction de faire croire que, eux aussi, gardaient le prisonnier de l'Europe ?

Le commissaire nommé par l'empereur François Ier appartenait, comme Balmain, à la carrière diplomatique. L'élévation, toute récente, de sa famille était due aux connaissances que son père, Ignace-Laurent, avait acquises dans les langues orientales. Les publications qu'il avait faites l'avaient désigné pour un poste d'interprète à l'internonciature de Constantinople et il y avait acquis une autorité analogue à celle qu'exerçait Ruffin pour les intérêts français, si bien qu'il parvint à être lui-même nommé internonce. Anobli en 1800, il fut créé baron en 1813, Son fils aîné, Barthélémy, était né à Constantinople en 1787 ; rentré à Vienne avec ses parents, il fut placé à l'Académie des Langues orientales, ce qui lui ouvrit la carrière du drogmanat. Mais il travailla d'abord dans les bureaux du haut commissaire comte Wrbna qui l'employa à la correspondance avec les Français durant l'occupation ; il vint de là drogman à Constantinople, et, en 1811, fut envoyé commis de légation à l'ambassade impériale à Saint-Pétersbourg. En 1812 et 1813, il accompagna le prince Schwarzenberg en Galicie, en qualité de secrétaire de légation, détaché comme secrétaire particulier « pour aider le prince dans sa correspondance avec les ministres ou les généraux des puissances alliées ou dans d'autres cas semblables ». Il continua le même service en 1814 et assista au congrès de Châtillon. Après un assez long séjour à Paris, il fut nommé secrétaire de légation à Florence ; mais, avant de rejoindre son poste, il épousa une jeune fille française dont il était devenu amoureux. On a dit qu'elle avait été femme de chambre, ce qui n'est pas, mais il n'est pas vrai davantage que son père eût le moindre droit à un titre de baron dont, selon la mode allemande, on eût généreusement donné la monnaie à la fille. Celle-ci se nommait Ermance-Catherine Boutet, et avait à peine dix-sept ans. Son père, employé à la direction du génie au ministère de la Guerre, était fils d'un nommé Jacques Boutet, chapelier à Loches ; il devait obtenir, en 1824 (15 juin), des lettres d'anoblissement, ce pourquoi jusqu'à sa mort il se fit appeler le baron de Boutet. Il le fut en Autriche.

Lorsqu'elle arriva à Sainte-Hélène, la baronne Stürmer ne produisit point de telles illusions : « Il y a deux ou trois ans, dit Las Cases à l'Empereur, qu'un commis au bureau de la Guerre, très brave homme pour ce que j'en connais, venait chez moi donner des leçons d'écriture et de latin à mon fils. Il avait une fille dont il comptait faire une gouvernante et nous priait de la recommander si nous en trouvions l'occasion. Mme de Las Cases se la fit amener : elle était charmante et de l'ensemble le plus séduisant. À compter de cet instant, Mme de Las Cases l'invitait parfois chez elle, cherchant à lui faire faire quelques connaissances dans le monde qui puissent lui être utiles. » Et c'était elle, la petite Boutet, dont le mari avait été nommé commissaire de S. M. I. et R. A., le 31 octobre 1815 ; et elle eut le plus grand soin de ne point reconnaître Las Cases, lequel avait fondé sur sa venue des espérances immédiatement déçues. Cette jeune et jolie femme était pleine de prudence et certes le baron Stürmer ne manquait point davantage de cette vertu diplomatique ; mais, sur l'ordre de son souverain, il avait amené avec lui un jardinier de la Cour, nommé Philippe Welle, chargé de recueillir ce que l'île de Sainte-Hélène pouvait fournir d'intéressant pour l'histoire naturelle et en particulier pour la botanique. De quels drames ce botaniste fut la cause innocente !

Le baron Stürmer n'avait, comme son collègue de Russie, qu'un traitement de 1.200 livres sterling ; ce traitement ne fut point augmenté et la mission de Sainte-Hélène le ruina, au moins pour un temps, car il se trouvait dépenser plus de 4.000 livres sterling, par an. Pourtant, sauf à deux ou trois reprises, il s'abstint de parler de son réel dénûment, tandis que ce fut presque l'unique motif sur lequel son collègue de France brodait ses dépêches.

Ce collègue de France, hélas ! c'est, pour Balmain et Stürmer, Lowe et Reade, Malcolm et Gorrequer, pour tout ce qui est dans l'île, du plus superbe Anglais au plus humble Chinois, l'objet de risée, le fantoche que les enfants montrent au doigt ; c'est, en chair et en os, l'Émigré, tel que l'ont chanté Déranger et Debraux. Ce commissaire s'est appliqué à inscrire dans ses dépêches et dans ses placets, la matière des couplets que poursuivait le parquet royal. Il est là pour prouver que rien n'y fut exagéré et que rien n'en saurait être contredit. C'est Claude-Marin-Henri de Montchenu[1] ; son père, Joseph de Montchenu, se qualifiait simplement seigneur de Thodure. Lui, le 22 mai 1789, pour présenter son contrat de mariage à Leurs Majestés, se trouva le baron de Montchenu, et, après avoir flotté, une année au moins, de comte à marquis, il se fixa définitivement à ce dernier titre comme plus sonore et congruant à sa personne. Né en 1757, inscrit à quinze ans aux chevau-légers de la Garde, lieutenant au régiment Mestre de camp-général-dragons en 1775, il y fut capitaine en 79 et mestre de camp en second en 83. La Cour, comme on sait, avait imaginé ce grade qui, sans qu'on en pût connaître l'utilité, doublait le nombre des colonels de Versailles, afin d'ouvrir plus tôt l'accès des hauts grades à cette noblesse. Montchenu était en effet de fort ancienne famille et il eût cousine, bien que de loin, avec la Maison de France, celle de Savoie et celle d'Espagne.

Le baron de Montchenu, réformé en 1788, épousa en 1789 une Maupeou d'Ableiges, émigra en 1792, fut de ce corps du duc de Bourbon qui ne parut nulle part et qui, prêt à agir le 1er septembre 1792, fut dissous le 22 novembre.

Puis il s'abstint de toute démarche où il eût pu compromettre sa personne et, après huit ans de séjour en Westphalie, il rentra en France, un mois à peine après Brumaire, en présentant un certificat du maire de Versailles, délivré sur le serment de huit témoins, attestant que le citoyen Montchenu avait résidé à Versailles depuis le 1er mai 1791 jusqu'au 20 fructidor an V. Malgré certaines difficultés provenant de l'abondance de Montchenus en instance de « surveillance », Claude-Marin-Henri, protégé des consuls Cambacérès et Lebrun, obtint d'être radié. Il vécut à Paris, puis à Lyon et, dans les cafés où il fréquentait, il disait volontiers : « Quand *cet homme* sera tombé, je supplierai le roi de me rendre son geôlier. » C'était en 1811, M. de Montchenu flairait de loin les désastres et ses ambitions étaient généreuses. On ne les comprit point d'abord. Malgré ses campagnes, son nom et ses services, il ne fut point, à la première Restauration, traité selon ses mérites. Aussi vint-il réclamer à Vienne ! Quoi ? Une indemnité, a-t-on dit, pour des fourrages consommés lors de la guerre de Sept Ans. C'était un insupportable bavard, le gobe-mouches important, espèce redoutable ! Talleyrand l'avait vu et apprécié ; et ce fut Talleyrand qui proposa le marquis, lequel avait rejoint le roi à Gand, pour la place de Sainte-Hélène. Avait-il cédé, comme on a dit, à Mesdames de Jaucourt et de Laval qui s'étaient instituées les protectrices des Montchenu ? cela se peut, il n'avait rien à leur refuser. Toutefois, après avoir promis, il ne se décidait point à faire signer une nomination qui devait sembler une épigramme en actions. Il s'y résolut la veille de sa chute et ce fut là son testament ; le 22 septembre, « le sieur de Montchenu, colonel, fut nommé par le roi son commissaire à Sainte-Hélène » ; le 23, le prince de Talleyrand n'était plus ministre, mais il avait procuré ses maîtres à la risée de l'Europe,

Le duc de Richelieu tenta vainement d'obtenir de Montchenu qu'il acceptât en échange de Sainte-Hélène une place de chargé d'affaires ou même de ministre dans une petite cour d'Allemagne. Mais l'autre tenait que « sa commission était de la plus haute importance pour la France », et, outre qu'« elle le mettait à 2.000 lieues de ses créanciers », elle lui assurait un traitement de 30.000 francs qu'il espérait bien voir augmenter, qui fut en effet, en 1817, porté à 60.000 francs avec effet rétroactif et qu'il demanda ensuite qu'on relevât à 100.000, à quoi on n'acquiesça point. De plus, on le fit maréchal de camp le 22 novembre 1815, et il en toucha les appointements de 10.000 francs. Moyennant quoi, il ne donna pas un verre d'eau à qui que ce fût et s'institua pique-assiette chez le gouverneur, les commissaires, les officiers anglais et les négociants, si bien qu'il fut surnommé le *Marquis de Monter-chez-nous*. « C'est, dit un de ces officiers, une parfaite représentation de l'*Ancien Régime*. » Cela est trop ; Montchenu n'en fut que la caricature ; il était tel par ses naïvetés, sa sottise, son inexpérience de la vie contemporaine, par sa haine furieuse contre Buonaparte, par son avidité et sa goinfrerie, un caractère, dirait-on, de convention, un personnage irréel, tant il poussait à l'extrême tous les ridicules dont il semblait uniquement composé et que personne n'eût osé imaginer accumulés ainsi sur un seul homme.

En formant sa suite, il avait amené un aide de camp singulièrement hâve, car il devait le nourrir. C'était un garde du Corps, Jean-Claude Gors, fils de feu Philibert Gors, instituteur à la Croix-Rousse, et de Claudine-Joseph Cochet. Parvenu, au mois de juin 1814, à se faire inscrire dans la compagnie Raguse, il avait fait le voyage de Gand, et, en septembre, était du guet du roi. Pourquoi le prit-on là pour lui allouer 6.000 francs de rentes, en l'affublant de la particule, nul ne le sut. Il devait obtenir que son traitement fût porté à 12.000 francs, et il vécut toute sa vie, même sous le second Empire, de la pension qu'on lui fit pour être allé à Sainte-Hélène. Au surplus, sans être aussi ridicule que Montchenu, moins estimable, car il passait son temps à dénoncer son chef.

Voilà l'Europe, — France, Autriche, Russie, — qui, par commissaire, doit à chaque heure constater la présence du prisonnier et chaque mois en envoyer le procès-verbal ; témoins qui pourraient être précieux et que l'Angleterre réduira à ne rien voir, ne rien entendre, ne rien savoir. L'Europe est bonne pour verser son sang au profit de l'Angleterre ; auxiliaire et mercenaire, c'est son rôle ; mais la pensée, le but, la domination, l'Angleterre se les réserve, même aux heures où un empereur de Russie imagine, sous les auspices d'une voyante hystérique, les « Sainte

Alliance ». Elle fait mieux ; laissant aux rois d'Europe les vaines déclarations de principes, les prières et les mômeries, elle s'est assuré la réalité : le pouvoir de la mer, pour quoi elle a, sous d'ingénieux vocables, fait combattre la France par toute l'Europe à ses gages. Et, comme un symbole de cette définitive victoire, par laquelle, pour un siècle et peut-être d'autres siècles, elle s'est rendue la maîtresse du monde, elle est seule et entend rester seule à garder l'homme — l'homme unique entre les hommes — qui menaça sa fortune et balança ses destinées. Ainsi convient-il qu'il en soit pour enseigner aux idéalistes le respect de la brutalité du fait et aux Européens une fable : *Bertrand et Raton*, mais ils l'épèlent toujours et ne la comprendront jamais.

1. ↑ Je ne saurais entrer ici dans les détails nécessaires pour peindre en pied le personnage. Je me permets de renvoyer à mon livre : *Autour de Sainte-Hélène*, 2° série, p, 1 à 120.

IV

LE DRAME

Lorsque Napoléon aborda le *Bellerophon,* ce fut en empereur qu'il fut traité ; il reçut les honneurs royaux et prit partout la première place. Le gouvernement anglais s'avisa ensuite de lui refuser son titre impérial, se fondant, non pas sur la double abdication, mais sur ce qu'il ne le lui avait jamais officiellement reconnu. En effet, durant quinze années, il avait esquivé, avec une persévérance remarquable, toutes les occasions où il aurait eu à qualifier le chef du Gouvernement français du titre que le peuple lui avait conféré, que le chef de la religion catholique lui avait confirmé et dont l'avaient salué tous les rois et tous les empereurs. Même traitant avec lui, comme à Châtillon, les plénipotentiaires anglais avaient évité de le lui donner : il est vrai qu'en ce dernier cas ils avaient trouvé d'étranges facilités de la part du représentant de l'Empereur qui, dans tous les protocoles, avait admis qu'on l'appelât « le plénipotentiaire de France » ou « le plénipotentiaire français », et n'avait jamais réclamé les droits de son maître. Il y avait mieux : ratifiant, en ce qui la concernait, le

11 avril 1814, le traité de Fontainebleau, la Grande-Bretagne avait une première fois présenté une rédaction qui ne fut point admise ; elle y revint le 27 avril et elle envoya alors son accession au traité ayant pour objet d'accorder « à la personne et à la famille de Napoléon Buonaparte la possession en toute souveraineté de l'île d'Elbe, et des duchés de Parme, Plaisance et Guastalla, ainsi que d'autres objets », sous cette réserve que « Son Altesse Royale ne devrait pas être considérée comme étant, par cet acte d'accession, devenue partie cocontractante, au nom de Sa Majesté, à aucune, des autres stipulations qui y étaient contenues ». Sans doute, s'agissait-il d'abord des titres conservés à Napoléon et aux membres de sa famille.

Lorsque l'excès des violations du traité de Fontainebleau par le gouvernement de Louis XVIII eut contraint l'Empereur, dans les conditions que l'on sait, à venir réclamer en France le droit qu'il avait à vivre, les Puissances alliées accusèrent « Napoléon Buonaparte d'avoir détruit le seul titre légal auquel son existence se trouvât attachée », et déclarèrent qu'il « s'était placé hors des relations civiles et sociales, et que, comme ennemi et perturbateur du repos du monde, il s'était livré à la vindicte publique ». Sans doute se proposaient-elles, d'après ces derniers mots, de mettre sa tête à prix ; elles ne l'osèrent point — au moins officiellement. À partir de ce moment, l'Empereur ne fut plus pour elles que Napoléon Buonaparte, — l'U étant pris pour une injure et une aggravation de peine. Les souverains légitimes régnant en Europe prononcèrent donc sa déchéance « au nom de la Sainte-Trinité » et en vertu des droits qu'un souverain légitime a sur son peuple ; sous les mêmes autorités, ils avaient transformé en prisonnier l'hôte qui était venu s'abriter sous le pavillon britannique. Désormais, il serait interné dans une enceinte fortifiée, gardé à vue, traité comme un officier général presque régulièrement investi de son grade, et l'on comptait même qu'étant donné son point de départ, c'était là une faveur grande.

Si cuisantes que fussent les blessures faites ainsi à sa dignité, Napoléon pouvait, à bord du *Northumberland*, se considérer comme un voyageur obligé de subir, dans une auberge flottante, les manques d'égards de son hôte ; d'ailleurs, si l'amiral avait marqué nettement qu'il entendait rester le maître à son bord, il avait des déférences ; il venait dans le salon, à cinq heures, dire à l'Empereur qu'on était servi ; il ne parlait et ne faisait parler que français, et, si les deux services prolongeaient le dîner pendant une heure ou une heure et demie, c'était une politesse qu'il fût le plus abondant et le plus luxueux possible, et présenté par quantité de domestiques civils. L'amiral s'efforçait à faire les honneurs ; il abrégea le repas que l'Empereur trouvait trop long ; il ne se formalisa point qu'il quittât la table à son temps, et lorsqu'il se levait, tous les convives se tenaient debout jusqu'à ce qu'il fût sorti de la chambre. Aussi, l'Empereur s'était-il familiarisé jusqu'à jouer avec lui au Vingt et un. Tout ce qui était sur le vaisseau, du dernier des élèves de marine au colonel du 53e, Sir George Bingham, lui témoignait un respect et une déférence qui s'attestaient par des gestes, des actes, l'attitude générale. L'amiral venait, au sortir du dîner, se présenter à l'Empereur, l'avertir de l'humidité, et, si l'Empereur prenait son bras et prolongeait la conversation, il en paraissait très honoré. Ainsi, ses préjugés s'étaient dissipés ; devant le Grand Soldat, ces soldats avaient compris à qui ils avaient affaire ; tout ennemis qu'ils étaient, ils avaient admiré et ils avaient plaint celui que la fortune n'avait tant élevé que pour le précipiter de plus haut ; ils avaient cédé à l'attrait de son génie, à cette séduction qu'il exerçait sur quiconque l'approchait et qui mettait l'éclair froid de ses yeux gris au service de la grâce irrésistible de sa bouche souriante. Ils avaient vu comme il était simple en ses mœurs et ses habitudes, sobre, sans exigences et sans besoins, et ils avaient pris pour lui cette forme d'admiration qu'inspire à tout homme qui pense le contraste entre la magnificence des dignités et le stoïcisme de celui qui en fut revêtu.

À ce moment, rendu, par la captivité même, plus libre de ses mouvements vis-à-vis des personnages de sa suite, l'Empereur montrait ses préférences et presque uniquement vivait avec le Grand maréchal et Las Cases. Celui-ci lui fournissait l'interlocuteur qui lui plaisait, car presque tout de sa vie et de son histoire lui était nouveau. Las Cases lui donnait la réplique juste ce qu'il fallait pour qu'il rebondît ; il lui suggérait des dates, lui rappelait les noms, établissait le rapport de parente ou d'alliance entre les familles souveraines, fournissant des notions sur ce qui était d'ancien régime, sur la France de l'Émigration dont il avait été. Enfin, il témoignait une admiration dont son dévouement, sa volontaire expatriation attestaient la sincérité.

L'Empereur savait qu'il tenait un journal, et il avait paru l'approuver ; seulement, les récits qui s'y trouvaient rapportés étaient faits à bâtons rompus, et Las Cases rêvait d'écrire l'Histoire ou les Mémoires de l'Empereur. Napoléon, de son côté, avait de longue date formé un pareil projet : « Je veux, avait-il dit aux soldats de sa Vieille-Garde en leur faisant ses adieux à Fontainebleau, je veux écrire les grandes choses que nous avons faites ensemble. » Il fallut donc peu d'instances pour le déterminer, et, sans attendre qu'il fût débarqué à Sainte-Hélène, qu'il eût des livres où trouver des dates, des indications de faits et un contrôle pour sa mémoire, il commença à dicter à Las Cases, et bientôt ce travail le passionna au point qu'il devint le seul auquel il se livrât. Il avait bien essayé d'apprendre l'anglais de Las Cases qui, à ce qu'il semble, le savait assez mal, — car les traductions de pièces anglaises qu'il a données, dans ses mémoires, sont singulièrement fautives ; mais, après quelques leçons dont il subsiste de curieux *devoirs*, il s'était rebuté, le parler ne correspondant point à l'écrit, et d'ailleurs son inaptitude aux langues étrangères étant un des phénomènes caractéristiques de son cerveau. Il semble n'avoir jamais parlé correctement l'italien ; malgré les rapports forcés qu'il eut avec les Allemands depuis la campagne d'Ulm jusqu'à celle de Leipsick, pendant près de neuf années, il n'a jamais eu le goût ni la patience de chercher à entendre l'allemand. Pour l'anglais, bien qu'il eût d'abord marqué quelque zèle, il ne s'y était point attardé, et si, par intermittences, il s'y reprit, on ne voit pas qu'il y ait jamais assez réussi pour consulter l'*Annual Register* ou lire un journal. Seule, de fait, son histoire ou ce qui se rapportait à son histoire, ou ce qui avait avec elle une relation qu'il pût établir, était pour l'intéresser. Il n'était pas un spéculatif, et l'Histoire même était pour lui son histoire. Tout ce qui était d'autres études ne le retenait point à présent. La seule façon qu'il eût d'agir encore était de se souvenir de son action, d'en repasser les traits, d'en expliquer les conséquences, d'imaginer ou de déduire les raisons de ses succès et les causes de ses revers, toutefois sans entrer dans aucune discussion philosophique ou morale.

Ce fut le 9 septembre qu'il commença de dicter à Las Cases l'histoire de sa vie, et il la prit au siège de Toulon ; puis il passa aux campagnes d'Italie. Après la première dictée, il avait montré peu de ferveur, mais la régularité avec laquelle Las Cases le suivait, l'habitude prise, l'effort déjà réalisé, l'attachèrent, et il y trouva un charme qui lui rendit le travail nécessaire.

Il avait dès lors adopté un procédé de travail qui resta identique tant qu'il put s'y livrer avec quelque suite, qu'il y trouva une sorte de diversion à ses maux, et qu'il eut des collaborateurs capables de l'entendre. Vers onze heures du matin, il faisait appeler Las Cases, qui lui lisait la dictée prise la veille, telle que son fils l'avait mise au net. Il faisait des corrections et dictait la suite, ce qui le menait jusqu'à quatre heures : Las Cases courait alors au réduit qui lui était assigné, par le travers du grand mât, — l'embrasure d'un canon isolée par une toile, — et il dictait à son fils, son compagnon de cabine, ce qu'il avait recueilli grâce à une sorte d'écriture *hiéroglyphique* et à l'impression toute fraîche de sa mémoire. Le soir, en se promenant sur le pont, l'Empereur revenait sur la dictée du matin ; le lendemain matin, « en commençant, il se plaignait que ces objets lui fussent devenus étrangers ; il semblait se défier de lui, disant qu'il ne pourrait jamais arriver au résultat ; il rêvait alors quelques minutes, puis se levait, se mettait à marcher et commençait à dicter. Dès cet instant, c'était un tout autre homme : tout coulait de source ; il parlait comme par inspiration ; les expressions, les lieux, les dates, rien ne l'arrêtait plus ».

Chaque dictée corrigée engendrait une dictée nouvelle qui répétait le même sujet, mais avec des différences sensibles. La seconde version, « plus positive, plus abondante, mieux ordonnée », différait parfois même sur le fond. Le jour d'après, on présentait à l'Empereur cette deuxième version ; à la première correction, il dictait tout à nouveau, et cette troisième dictée tenait des deux premières et les mettait d'accord. Désormais, « eût-il dicté une quatrième, une septième, une dixième fois, ce qui ne fut pas sans exemple, c'étaient toujours les mêmes idées, la même contexture, presque les mêmes expressions ». Cela explique le nombre de versions qui se rencontrent de certains récits et l'espèce de similitude qu'elles présentent, — point telle pourtant qu'il n'y ait pas un intérêt majeur à les confronter, ne serait-ce que pour mettre en regard les mots dont il s'est servi pour exprimer la même pensée.

Car l'Empereur ne se contenta point de dicter à Las Cases ; il commença, à partir du 7 octobre, à dicter à Gourgaud, et sur les mêmes époques de son histoire, siège de Toulon, campagnes d'Italie, comme s'il eût voulu comparer les rédactions que suggéraient ses dictées et en tirer profit pour une version définitive.

Ce fut là, assurément, l'occupation principale de la traversée, dont le jeu — les échecs après le « vingt-et-un » — était la distraction. Durant les premiers temps du séjour à Sainte-Hélène, il en fut de même.

L'Empereur, ayant débarqué à Jamestown le mardi 17 octobre, après son dîner, ne resta qu'une nuit dans l'auberge que tenait un sieur Porteus ; dès le lendemain matin, à six heures, il monta à cheval, et, accompagné de l'amiral Cockburn et du Grand maréchal, suivi d'un seul domestique, il alla visiter la maison de Longwood, qu'on lui destinait, et il y déjeuna avec la famille Skelton, qui l'occupait. Suivant sa disposition du moment, qui était d'échapper aux importuns, il trouva que cette solitude n'était pas déplaisante et il n'approfondit point les inconvénients graves que présentait le site et que multipliaient la légèreté de la construction et l'absence de caves. Si les Skelton, très bien intentionnés, donnèrent des renseignements, ce fut sur les mois d'été, durant lesquels Longwood était assurément bien moins chaud, bien moins étouffé que Jamestown, puisqu'il y avait, a-t-on dit, entre les deux points, une différence de dix degrés fahrenheit, mais ils ne savaient point ce que serait une résidence continue d'hiver et d'été, une vie sédentaire sans aucune course à la ville, dans ce paysage où la végétation misérable contrastait plus encore avec la hauteur des montagnes, l'âpreté des rochers, la vertigineuse profondeur des gouffres. Cette nature ne souffre point qu'on l'égaye de verdure ou de fleurs. Elle demeure rude et désespérante, avec ses arbres nains au feuillage gris, tous penchés par la persistance du vent d'un même côté, qui semblent s'enfuir dans la terreur. Pourtant l'Empereur, qui venait de passer trois mois à la mer et qui se trouvait, pour juger Sainte-Hélène, dans le même état que les passagers venus de la Chine ou de l'Angleterre, par qui s'établit la légende du Paradis terrestre, parut satisfait. D'autre part, eût-il voulu témoigner alors un désir ou une impression personnelle au sujet de sa prison ? Dès que l'Angleterre s'arrogeait le droit de le détenir, eût-il estimé qu'il fût digne de lui de discuter le plus ou le moins de confort dont il serait entouré ? Le Grand maréchal n'était point homme à suggérer de telles plaintes, pas plus que Napoléon, de lui-même, n'eût été, au début du moins, homme à en exprimer.

En descendant de Longwood, l'Empereur remarqua, au milieu d'un cirque désolé, une petite maison bâtie sur une sorte de tertre vert ; une avenue de figuiers banians la précédait, et elle était comme noyée parmi les laquiers énormes, les grenadiers et les myrtes. Des fleurs partout, et, derrière, un verger où les raisins, les citrons, les oranges, les goyaves, les mangues mûrissaient en même temps. Une cascade, tombant d'une hauteur de deux cents pieds et pulvérisée dans sa chute, emplissait de fraîcheur et d'une surprenante intensité de vie ce coin de terre, et par une fente dans l'enceinte de rochers, on apercevait, à une demi-lieue, Jamestown et l'Océan. Mais ici l'Océan n'était point importun ; il n'opprimait point, n'imposait point son immensité déserte, qui prolongeait jusque dans l'infini les murs du cachot. On ne saurait dire que Napoléon s'y sentirait libre, mais il pourrait y oublier parfois qu'il ne l'était point.

Seulement, la maison était habitée par un sieur Balcombe, négociant, qui, comme la plupart des « marchands généraux », procurait l'approvisionnement des navires et qui avait le titre de pourvoyeur de la Compagnie des Indes. Ce fut lui qui fut chargé de fournir tout le matériel nécessaire à la maison de l'Empereur, et il s'en acquitta au mieux de ses intérêts. Balcombe était là aux Briars (Les Ronces) avec sa femme et ses deux filles, Jane et Betzy, deux blondes gentilles, du fruit sauvage, acide et inattendu.

L'Empereur désirait tellement ne point entrer dans la ville, où l'eût importuné la curiosité des habitants, qu'il s'estima presque heureux de trouver asile, à trente ou quarante pas de la maison des Balcombe, dans un petit pavillon, « une espèce de guinguette », sur un tertre à pic, où dans les beaux jours la famille venait prendre le thé. Une pièce au rez-de-chaussée, à peu près carrée, de sept pieds sur sept, avec deux portes et deux fenêtres : une sur chaque face ; au-dessus, un comble où l'on avait peine à se tenir debout.

Ce fut là qu'il voulut s'installer : l'amiral loua à Balcombe ce petit pavillon et il plaça à distance, pour la garde du prisonnier, un capitaine d'artillerie et deux sergents. On dressa, quelques jours plus tard, en prolongement de la chambre, une assez grande tente qu'avait offerte Bingham, le colonel du 53e ; on apporta des rideaux et quelques meubles ; mais qu'importait à Napoléon ? Il pouvait rêver encore qu'il était à la guerre et qu'il avait son bivouac en une des chaumières où le menait le hasard de la victoire, et qui, pour une nuit, se nommait le Palais impérial. Il renvoya à la ville le Grand maréchal et, ordonna que Las Cases seul le rejoignît.

Ce furent des journées presque heureuses, ces journées de campagne où, pour compléter la similitude, ses valets de chambre, enveloppés dans leurs manteaux, couchaient devant la porte, où Las Cases, avec son fils, occupait ce comble qu'emplissaient tout entier leurs deux lits. Pire qu'en guerre, la nourriture — deux ou trois plats — devait, les premiers jours, être apportée de Jamestown, où la préparait le cuisinier ; les éléments étaient médiocres ; refroidis et, ainsi remués, ils devenaient pires. Mais Napoléon avait la liberté d'aller et de venir dans ce jardin où tout lui était nouveau ; il y trouvait, avec les rires, la gaieté, les sottes questions et les coq-à-l'âne des petites Balcombe, cette fraîcheur veloutée, ces cheveux blonds, cette naïveté délurée dès jeunes Anglaises coloniales, pétulantes, inéduquées et sans gêne. Celles-ci eussent pu servir de type, mais elles n'en déplaisaient pas plus à Napoléon, qui avait toujours eu comme une réserve de jeunesse et même d'enfance ; la vie austère et grave qu'il avait menée durant ses années d'école, de régiment et, presque tout de suite, de commandement, cette vie de pauvreté qui ne lui permettait même pas les distractions de ses camarades officiers, cette vie de *demi-solde* après les campagnes de Toulon et d'Italie ; puis, tout de suite, dans un ouragan de passion, cette course dans la gloire, cette envolée icarienne vers la toute-puissance, — cette vie lui avait laissé un arrière-besoin de jouer, de courir, d'entendre des naïvetés, presque d'en dire. Ainsi, parfois avec Joséphine, avec la petite cousine Stéphanie, avec Marie-Louise surtout, qui ne comprenait pas ces jovialités ; et les Miss Balcombe apparaissaient à propos, avec leur jargon anglo-français, leur chronologie bizarre, leur questionnaire comique, et l'horreur quelles éprouvaient pour le terrible Boney et qui, si aisément, eût tourné à la passion.

Avec Las Cases que, par ordre de l'Empereur, son fils, indispensable aux écritures, était venu rejoindre, la journée passait au travail. L'Empereur, levé de bon matin, faisait quelques tours dans le jardin ; il déjeunait à dix heures et se promenait encore. Puis Las Cases lui lisait ce qui avait été dicté la veille et, dès le matin, recopié par le jeune Las Cases ; l'Empereur dictait alors de nouveau, cela le menait jusqu'à cinq heures, où il sortait ; à six heures, le dîner arrivait de la ville. Les soirées étaient pénibles, Las Cases ne jouant ni aux échecs, ni au piquet, et six heures de conversation, précédant six heures de dictée, ayant épuisé les sujets. L'Empereur, parfois, restait à table, faisait apporter son butin, guère plus volumineux que son bagage de lieutenant d'artillerie, montrait les tabatières, les portraits, les médailles et en tirait des histoires ; mais, très souvent, ayant besoin de se distraire un peu, d'échapper à cette attention de Las Cases qui, constamment éveillée, recueillait tous ses mots, las de ne parler que pour l'Histoire, il allait passer la soirée à la maison Balcombe, où il jouait au whist avec la mère et les petites quand le père avait la goutte. On n'y prétendait point au langage des Cours, et les questions très sottes étaient souvent indiscrètes et d'ordinaire saugrenues, mais au moins l'arc se détendait, Las Cases était mécontent ; il y perdait son temps et n'attrapait plus d'anecdotes, car il ne se contentait pas des dictées, qui étaient pour l'Histoire et étaient du sévère, il remplissait les intervalles avec des récits, des confidences qui lui fournissaient la chronique et lui semblaient du badinage. Que parfois les récits qu'il donne ne soient point d'une exactitude rigoureuse, on ne sait s'il faut s'en prendre à la mémoire grossissante du narrateur ou aux ornements et aux erreurs qu'y a certainement ajoutés le rapporteur, d'abord en les écrivant, puis en les rédigeant pour la publication et en y intercalant alors des pièces apocryphes qui rendent contestable l'authenticité de l'ensemble, et cela est très fâcheux. On peut dire que, dès ce moment, toute l'activité de Las Cases et tous ses moyens étaient tendus à ce que, le plus promptement et le plus largement possible, l'Empereur racontât et dictât son histoire publique et privée, militaire et diplomatique. Aussi épuisait-il la matière, si bien qu'à la fin d'octobre 1815, « nous étions déjà, dit-il, à la fin de la campagne d'Italie ».

Ce tête-à-tête, qu'interrompaient seulement les apparitions des petites Balcombe, que coupaient quelques promenades dans le jardin, évacué par les surveillants militaires et devenu, pour le travail et la marche, une annexe de « la guinguette » impériale, n'était plus troublé, comme aux premiers jours, par des visites inopinées. Alors, parfois quelqu'un, soit l'amiral, soit quelque capitaine de vaisseau, venait jusqu'aux Briars, frappait à la porte, entrait même sans frapper ; ce n'était point impertinence ou mauvaise volonté : ignorance seulement ; aussi bien l'Empereur en profita pour remettre au capitaine Desmond, du *Redpole*, et faire passer en Angleterre une note contenant ses protestations « contre les étranges mesures adoptées contre lui ». Il affirmait une fois de plus qu'il ne pouvait être considéré comme un prisonnier de guerre ; que s'il avait choisi l'Angleterre, c'était par la confiance qu'il avait dans ses lois ; que d'ailleurs il ne pouvait être prisonnier de guerre, puisqu'il n'y avait point de guerre, et que, puisque l'on violait à son égard le droit des gens, le gouvernement anglais pouvait « adopter vis-à-vis de lui les principes des sauvages qui donnent la mort à leurs prisonniers. Ce droit eût été plus humain, plus conforme à la justice que de le porter sur cet affreux rocher ; la mort qui lui eût été donnée à bord du *Bellerophon*, en rade de Plymouth, eût été un bienfait en comparaison ». Il terminait en disant que « les premiers principes de la Morale chrétienne l'empêchaient de mettre lui-même un terme à cette horrible existence, mais que, si le gouvernement britannique devait persister dans ses injustices et ses violences, l'Empereur regarderait comme un bienfait qu'on lui fît donner la mort ».

Un tel état d'esprit ne lui était d'ailleurs point habituel : il protestait pour le principe, il laissait à ses protestations un caractère politique ; il se maintenait sur le terrain du droit outragé en sa personne ; il ne s'abaissait point directement à des plaintes sur le local, la vie et la nourriture.

À chaque fois pourtant que ses compagnons de captivité venaient de Jamestown lui rendre visite, il était accablé de leurs lamentations et de l'aigreur de leurs récriminations. Prirent-ils assez d'influence sur lui pour le déterminer à porter plainte à l'amiral ou estima-t-il qu'il était utile de faire entendre des réclamations, fussent-elles de nature telle que l'amiral malgré la bonne volonté ne put y satisfaire sans doute ?

Certaines privations lui étaient pénibles, il eût souhaité qu'on y pourvût : ainsi une baignoire, une voiture, des chevaux ; mais déjà l'amiral avait pris ses dispositions. Il souhaitait avoir la disposition de ses armes, on venait de les lui rendre ; mais il souhaitait aussi ne jamais voir ses surveillants, circuler dans l'île à sa guise sans être accompagné et cela était contraire aux instructions qu'avait reçues l'amiral ; enfin, il demandait que tous ses compagnons logeassent auprès de lui, ce qui serait bon à Longwood, mais était impossible aux Briars. Au moins ne mit-il pas son nom à ce factum. Le Grand maréchal, après beaucoup d'hésitations, moyennant un grand nombre de corrections et la suppression de détails inopportuns, rédigea une note qu'il signa et qu'il adressa à l'amiral. Elle contenait encore bien des mots superflus : on y parlait de Napoléon expressément comme l'Empereur, ce qui, en réponse, amena Cockburn « à déclarer officiellement qu'il ignorait qu'il y eût actuellement un empereur dans cette île ou que quelque personne possédant ce rang y fût venue avec lui sur le *Northumberland* ». D'ailleurs, l'amiral protestait de ses bonnes intentions, et il en eût pu donner comme preuve que, dès le 22 octobre, il avait prévenu par ses ordres la plupart des désirs que le Grand maréchal lui exprimait le 5 novembre, mais, aux demandes contraires à ses instructions, il ne pouvait répondre que par une fin de non-recevoir péremptoire.

Ce fut donc — et ce ne pouvait être autrement — un coup d'épée dans l'eau ; cela servit à rendre un peu moins aisés les rapports avec l'amiral : toutefois la polémique ne continua point, alors ; et une accalmie se produisit durant laquelle Montholon fréquenta assidûment Plantation House. Tous les Français, jusqu'à Las Cases, assistèrent même, le 20, à un bal que donna l'amiral, et restèrent à souper.

À défaut de querelles avec les Anglais, celles entre Français ne chômaient point. Déjà, sur le *Northumberland*, il y avait eu des prises très fortes entre Las Cases et Gourgaud, celui-ci accusant celui-là d'avoir rapporté à l'Empereur ses propos indiscrets. L'Empereur avait dit son fait à Gourgaud lequel ne pardonna jamais à Las Cases. Ce fut bien pis lorsque l'on constata la préférence que Napoléon lui marquait, qu'il l'emmena aux Briars, qu'il fit de lui son confident et son secrétaire intime. Montholon croyait avoir la direction de la maison et se plaignait, Bertrand faisait sentir une résistance à laquelle l'Empereur n'était pas habitué ; Gourgaud, dont la susceptibilité était constamment en éveil, guettait tout un chacun et rugissait s'il croyait que quelqu'un fût mieux traité que lui ; les deux dames se querellaient et se disaient des mots durs, Mme Bertrand accusant Montholon de faire l'espion. On en était là un mois après l'arrivée.

L'oisiveté y était sans doute pour autant que la jalousie. Aussi, l'Empereur, peut-être sur les suggestions de Las Cases, qui voyait les tempêtes se former contre lui et cherchait la paix, imagina d'employer ses compagnons tous ensemble à son travail et d'attaquer ainsi à la fois les campagnes d'Italie, celles d'Égypte, le Consulat, le retour de l'île d'Elbe. Sans doute pouvait-on penser, comme Las Cases, que « les heures lui deviendraient plus courtes, que ce bel ouvrage marcherait plus vite, et que ces Messieurs seraient beaucoup moins malheureux ». À partir du 22 octobre Gourgaud fut employé à une version du siège de

Toulon, de l'Armement des côtes, du 18 Brumaire, des débuts du Consulat ; Montholon, un peu plus tard, à un 13 vendémiaire ; Bertrand à l'Égypte. Comme on avait maintenant quelques livres, entre autres l'*Annual Register* qu'il fallait traduire, cela occupa Gourgaud. Après la dictée reçue, et après lecture faite de la mise au net de la dictée précédente, ces Messieurs restaient à dîner ; le cuisinier était en effet venu s'établir aux Briars ; on avait sorti des malles du linge et de l'argenterie ; et le repas devenait une distraction salutaire ; mais ensuite les visiteurs regagnaient la ville et il fallait, non sans peine, atteindre onze heures où l'Empereur se couchait ; aussi essaya-t-il de la promenade, mais sans succès ; souvent il restait assis devant la table, sous la tente, à causer avec Las Cases ; plus souvent, il s'asseyait dans une allée où les Balcombe venaient le rejoindre avec leur mère et lui conter des nouvelles : les bruits qui couraient dans la bourgade ou dans le camp, les racontars qu'apportaient d'Angleterre ou du Cap les navires en relâche, sottes histoires démenties à peine narrées où s'accrochait quelques instants la curiosité ou l'espérance. Napoléon se plut toujours à Paris comme à Vienne ou à Berlin, à entendre, sa femme, sa maîtresse, son valet de chambre au besoin, lui faire ainsi des récits, même sur des gens qu'il ne connaissait pas et que, selon toute probabilité, il n'avait aucune chance de rencontrer jamais.

L'on ne saurait dire qu'il ne trouva point dans ces soirées, où la température rafraîchie se rendait délicieuse, des moments agréables. Il s'asseyait dans une allée favorite où on lui apportait son café, puis il s'y promenait longuement en causant. Il recherchait dans l'azur profond que ne tachait aucun nuage, parmi les constellations nouvelles, s'il ne trouverait pas son étoile ; il revenait aux époques heureuses, parlait de Joséphine et de Marie-Louise, s'attendrissait à la pensée de son fils. « Peut-être un jour, disait-il, cette allée ne reviendra pas sans charme dans notre souvenir. »

Jusqu'à la fin de novembre, sa santé avait été parfaite ; vers le milieu du mois, il prit un rhume avec de la fièvre, et, le 23, il fut souffrant, garda la chambre, refusa de voir qui que ce fût ; mais ce rhume dont il eut une légère reprise au début de décembre n'avait pas d'importance ; ce ne fut jamais de ce côté que sa santé donna des inquiétudes : bien plus que son rhume, l'ennui commençait à lui être insupportable. Le tête-à-tête avec Las Cases durait depuis un mois et demi, et jadis il « vidait » un homme en moins d'une heure. Il voulut au moins varier les interlocuteurs et fit venir de la ville Gourgaud qu'on logea sous la tente. Certes, il était actif, intelligent, « débrouillard » ; il donnait la réplique sur la guerre et les campagnes puisqu'il avait suivi l'Empereur depuis 1812, il écrivait vite, rédigeait bien, savait quantité d'anecdotes sur les gens de la Cour qui pouvaient amuser, mais il était, par nature, contradicteur, susceptible, ombrageux, chercheur d'affaires ; à toute occasion il excitait l'Empereur contre l'amiral, contre le colonel Bingham qui pourtant multipliait les attentions et s'employait à des prévenances. Sous prétexte que, à un premier bal, l'amiral n'avait point donné aux Français, — et surtout à lui, Gourgaud, — les places qui leur étaient dues, il arriva à faire défendre à tous ses compagnons d'aller à un bal du gouverneur Wilkes et Mme Bertrand, comme Mme de Montholon, replia dans la caisse la robe dont elle avait compté se parer. Au surplus, aux Briars, croyant se faire bien venir, il racontait à tout moment que l'amiral, ou le colonel, ou le gouverneur, tel officier ou tel autre, celui-ci ou celui-là, lui avait manqué, donc avait manqué à l'Empereur ; Montholon arrivant de la ville, colportait, pour flatter autrement son maître, d'étranges nouvelles sur qui l'imagination travaillait : La France en insurrection, une armée de 150.000 hommes s'organisant, le peuple entier réclamant l'Empereur ; l'Angleterre tremblante, armant ses milices ; et l'on vivait là-dessus, sans se douter qu'il n'y avait plus d'armée française et que 150.000 étrangers occupaient toutes les positions militaires. Quant au Grand maréchal, souvent repris parce qu'il ne voulait point porter de plaintes inutiles, il boudait quelque peu, dignement.

Il était temps pour la colonie que survînt une distraction, qui la sortît de ce marasme ; et qu'elle trouvât une occupation qui, du moins pendant quelque temps, fît diversion aux mauvaises humeurs : le 8 décembre, l'amiral vint annoncer que tous les travaux étaient terminés à Longwood ; il demanda à l'Empereur quel jour il pourrait venir le prendre pour y aller et voir si toutes choses étaient à sa convenance. L'Empereur désigna le lendemain 9 : « le Grand maréchal et l'amiral l'accompagnèrent ; il indiqua quelques détails de distribution, demanda quelques meubles dont il pouvait avoir besoin, remercia personnellement l'amiral de la prompte exécution de tous les travaux qu'il avait fait faire. »

Tels avaient été les récits qu'on lui avait faits qu'il avait dû croire l'installation pire encore qu'elle n'allait être ; chacun de ses compagnons tirait à soi et cherchait à s'établir le mieux possible : Montholon, en flattant l'amiral qu'il ne quittait guère et chez qui, de Jamestown, il venait dîner avec sa femme aussi fréquemment qu'il était invité ; Gourgaud, en cherchant querelle à Montholon et à Las Cases pour le local qui lui serait réservé ; Bertrand, en invoquant pour être logé à part le bruit que feraient ses enfants et les habitudes qu'avait prises la comtesse. Pour mettre tout le monde d'accord, il eût fallu au moins un beau château avec de larges dépendances et Longwood tel que l'avait vu l'Empereur à son débarquement n'était qu'une misérable bicoque, un rez-de-chaussée de cinq chambres avec grenier au-dessus. Il avait fallu, en toute hâte, joindre à ces cinq chambres les bâtiments indispensables pour loger les deux Montholon, les deux Las Cases, O'Meara, l'officier de service chargé de la surveillance, et les domestiques. On avait donc ajouté, en équerre sur le bâtiment primitif, une bâtisse en bois comprenant une pièce destinée à servir d'antichambre ou de salon d'attente et une seconde, le salon de réception. Celui-ci ouvrait sur une pièce de l'ancienne maison dont, malgré qu'elle fût singulièrement obscure, n'étant plus éclairée que par une étroite fenêtre, on fit la bibliothèque et qui, plus tard, devint la salle à manger. L'on fit alors la bibliothèque d'une pièce qui ouvrait à gauche sur cette salle à manger ; le cabinet de travail ouvrait à droite sur cette même salle ; quoique à deux fenêtres à guillotine, il était singulièrement étroit : une assez grande table en occupait le centre, resserrée entre une armoire-bibliothèque et un petit lit de campagne ; la chambre, d'égale dimension et tendue de nankin décoré d'une bordure de rose au pourtour, suivait, remplie presque entière par un lit de campagne, un canapé de pied au-dessus duquel était placé le portrait de l'Impératrice Marie-Louise tenant son fils dans ses bras, une commode entre les deux fenêtres, un petit guéridon sur lequel devait déjeuner l'Empereur, et un grand lavabo en argent apporté de l'Élysée par Marchand. Les chaises, les fauteuils et le canapé étaient à fond de canne, avec le bois peint en vert. En face de la porte du salon, était une cheminée dont le chambranle et les tablettes étaient en bois peint en gris, et dont le foyer était muni d'une petite grille à charbon de terre ; elle était ornée d'un petit parquet à colonnettes dorées renfermant une petite glace de dix-huit pouces sur quinze. Marchand disposa sur la tablette deux flambeaux d'argent du grand nécessaire, une tasse en vermeil avec sa soucoupe et une cassolette aussi en vermeil. De chaque côté du trumeau, il suspendit un portrait du Roi de Rome, et, au-dessous, le réveille-matin du Grand Frédéric et la montre de l'Empereur. À gauche de la cheminée, sur une petite table, il ouvrit le nécessaire de l'Empereur et, sur le panneau au-dessus, il plaça encore un portrait du Roi de Rome. Derrière la chambre, communiquant avec elle par une petite porte de service, était une sorte de corridor fort peu large : à l'une des extrémités coucha le valet de chambre ; de l'autre côté, séparée par une cloison, fut placée l'énorme caisse de bois doublée de zinc, que l'amiral Cockburn avait commandée au charpentier de son navire pour servir de baignoire.

Cette partie des bâtiments était isolée par une courette intérieure généralement fangeuse, sur laquelle ouvrirent les logements construits plus tard pour les domestiques ; la cuisine venait ensuite, et, contiguë à la cuisine, une petite pièce carrée où fut logé Las Cases : par une trappe au plafond et moyennant une échelle de cordes, Emmanuel de Las Cases pénétrait dans un grenier où il pouvait s'étendre. De l'autre côté, les Montholon avaient, pour eux trois, le père, la mère, et le petit garçon de quatre ans, la jouissance de trois pièces : une chambre plus grande que celle de l'Empereur, une antichambre et un cabinet. Pour le moment, en attendant qu'on eût construit, entre le bâtiment de la cuisine et celui destiné aux Montholon, trois chambres pour les deux Las Cases et leur domestique, deux pour le général Gourgaud, une pour O'Meara et une pour l'officier de service, ces trois derniers étaient logés sous la tente. Les serviteurs avaient des abris dans les greniers qu'on avait planchéiés ; ils ne pouvaient se tenir debout que sous l'arête du toit et la chaleur y était insupportable. Plus tard, on leur construisit au rez-de-chaussée, des chambres et une salle à manger.

Au moment où l'Empereur s'installa, il n'y avait, outre la vieille maison, que l'aile avancée construite par ordre de l'amiral et composée des deux pièces se commandant : cette avancée tombait sur le milieu du bâtiment principal assez long et fort peu large, lequel, sur l'autre face, ouvrait sur la cour des communs où étaient la cuisine et quelques servitudes : à quelques pas, se trouvait la petite maison construite pour les Montholon.

Les Bertrand étaient à plus d'un mille de là, à Hut's Gate où leur installation était assez peu commode, mais où ils étaient garés des querelles quotidiennes. Plus tard, ils se rapprochèrent et s'installèrent dans une petite maison que l'on construisit pour eux, à trois cents pas de la demeure présente de l'Empereur, beaucoup plus près du bâtiment, vraiment bien disposé et d'assez bonne apparence, que, durant plus de quatre années, on édifia pour lui et qu'il n'occupa jamais. Cet éloignement du Grand maréchal amena des complications préjudiciables au repos de l'Empereur. À cette distance, Bertrand ne pouvait conserver la direction efficace de la maison ; on ne manqua point de l'en dépouiller, tout en lui conservant les honneurs de la place et, comme dit Las Cases, « le commandement et la surveillance du tout en grand » : M. de Montholon se fit attribuer tous les détails domestiques, M. Gourgaud eut la direction de l'écurie, Las Cases le détail des meubles avec l'administration intérieure de ce qui serait fourni. « Cette dernière partie lui semblait tellement en contact avec les détails domestiques et il trouvait que l'unité sur ce point devait être si avantageuse au bien commun qu'il se prêta le plus qu'il put à s'en faire dépouiller : ce qui ne fut ni difficile, ni long. »

M. de Montholon se trouva donc réunir tous les pouvoirs que lui abandonnaient également Bertrand et Las Cases, et, sauf à l'écurie, il régna. Lui seul traita avec les fournisseurs et donna les ordres aux gens. Lui seul forma les plaintes, à propos de la nourriture, des viandes, des poulets et des légumes. Comme il s'entendait à merveille à tout ce qui était de la table et de la tenue de maison et qu'il portait à être bien traité d'étonnantes exigences, il ne se rendait pas seulement personnellement ridicule par ses désespoirs si un plat manquait, et par ses joies s'il découvrait une cuisinière experte, mais il entraînait l'Empereur à des récriminations, dont le Grand maréchal et même Gourgaud s'efforçaient de le détourner et qui semblaient aux Anglais d'autant moins intéressantes qu'ils savaient à merveille combien l'Empereur était sobre et qu'ils attribuaient à qui de droit l'indiscrétion de telles réclamations. Seul, Montholon était responsable de l'étonnant gaspillage qui se faisait dans la maison, et qu'une meilleure administration eût prévenu, moyennant quoi l'Empereur eût donné bien autrement de force à ses justes plaintes, en même temps qu'il eût enlevé à ses geôliers certains arguments qui ne manquaient point de porter.

De Montholon tout se trouva dépendre : aussi bien Gourgaud qui déjeunait dans sa chambre et y dînait assez souvent, que les Bertrand qui, faisant ménage à part, recevaient pourtant certains plats de Longwood ; les Las Cases ne se plaignaient de rien, et avaient pris le parti de tout supporter, mais O'Meara parlait, et en même temps recueillait pour en faire des gorges chaudes les propos de Montholon.

Il échappe à Las Cases d'écrire : « Toutes ces dispositions, quelque raisonnables qu'elles fussent ne laissèrent pas de semer parmi nous des germes d'éloignement qui poussèrent de légères racines et reparurent parfois à la surface ; l'un trouvait qu'il avait perdu, l'autre voulait donner trop de lustre à sa partie ; un autre se trouvait lésé dans le partage. » Sous les ordres de M. de Montholon, « Cipriani, maître d'hôtel, s'entendit avec lui pour la distribution des vivres tant à Longwood qu'à Hut's Gate… M. Balcombe devint le pourvoyeur et, au dire de Marchand, les allocations du gouvernement parurent raisonnables ; on eut bien quelquefois à se plaindre de la qualité, mais en général on devait plutôt s'en prendre au défaut de ressources qu'à l'amiral qui, lorsqu'il en était instruit, y remédiait autant que possible. » Le gaspillage était tel que, un peu plus tard, Gourgaud disait à l'Empereur : « L'on ne boit pas dix-sept bouteilles de vin, ni ne mange quatre-vingt-huit livres de viande et neuf poulets ! » L'Empereur eût volontiers adopté un système de *nourriture en argent* — huit francs par jour à chaque domestique français et trois francs aux autres — mais, Montholon le détourna de la seule organisation qui eût prévenu les réclamations et les discussions.

L'écurie que commandait Gourgaud se composait de dix chevaux : quatre de voiture venant du Cap, et six de selle — dont quatre venant du Cap et deux des écuries impériales : le *Fringant* et le *Vizir*. Le *Vizir* dont le portrait avait été peint par Horace Vernet et payé 250 francs en 1813, était vraisemblablement un des chevaux offerts en 1808 à l'Empereur par le Sultan ; il fut ramené en Angleterre après la mort de Napoléon, et il y mourut. On l'empailla et, après des aventures diverses, sa peau est aujourd'hui au Musée de l'Armée, à Paris. L'amiral avait acheté au Cap, pour le service de l'Empereur, une calèche, la seule qui se trouvât dans l'île ; l'Empereur se procura par la suite de petites voitures, en particulier pour l'usage de Mme Bertrand. Sous les ordres du général Gourgaud, les deux Archambault étaient chefs de service et menaient l'Empereur à la d'Aumont. Ils avaient avec eux six matelots du *Northumberland* habillés à la livrée impériale, qui devinrent rapidement des cochers suffisamment habiles.

La course à grande vitesse autour de l'enceinte où l'Empereur avait le droit de se promener sans être accompagné devint plus tard le seul exercice qu'il prît : il emmenait Mme de Montholon, ou Montholon, parfois, Mme Bertrand. La voiture ne faisait pas question : c'était l'Empereur qui ordonnait ; mais on allait pour l'ordinaire à Jamestown à cheval et comme il fallait qu'on demandât à

Gourgaud, cela devenait une affaire. Il acquiesçait ou refusait selon les jours et l'humeur, car chacun voulait être maître et le faisait sentir. Et puis, les comptes de l'écurie étaient quelque chose de terrible, l'Empereur voulant toujours rogner sur la nourriture, la livrée, les réparations, et Gourgaud s'indignant.

Outre à l'écurie, des matelots avaient été appliqués aux divers services : trois à la cuisine, un à l'office, deux, sous Rousseau, à l'argenterie qui était immense.

À la cuisine, où Lepage succombait à la besogne, trois matelots étaient employés, et un à l'office ; on leur adjoignit des Chinois qui plus tard les remplacèrent. À la garde-robe, Marchand avait obtenu de l'Empereur un garçon chinois. Le service de Marchand était permanent, de jour et de nuit. Saint-Denis et Noverraz, de deux jours l'un, se tenaient dans le petit corridor précédant la salle de bains et ils y couchaient. Santini était chargé du service extérieur et se plaçait dans la première pièce, dite depuis cabinet topographique, pour ouvrir les portes du salon.

Il y avait donc alors autour de l'Empereur, au gré du gouvernement anglais et par la bonne volonté de l'amiral, une sorte de train. Sir George Cockburn se prêtait à offrir à l'Empereur tout ce qui pouvait lui apporter quelques aisances ; après s'être employé avec la plus grande activité à faire construire les bâtiments qui lui étaient personnellement destinés, il ne mit pas moins de zèle à disposer les chambres que devaient occuper les officiers de la suite ; il redoubla de soins pour les Bertrand ; il prêta des tentes pour le service, en même temps qu'il détacha des matelots de son vaisseau-amiral ; en quelques mois, il parvint à mettre tout le monde à couvert, à la vérité sous des toits en carton bitumé et entre des murs qui n'eussent point résisté à un choc un peu violent ; mais enfin les Montholon, Gourgaud, les Las Cases étaient logés mal que bien ; et le Grand maréchal, quittant Hut's Gate, était installé dans l'enclos, à moins de trois cents pas de l'habitation principale ; il ne dépendait point de l'amiral si Bertrand, conservant ses habitudes d'indépendance d'Hut's Gate, se refusa malgré le désir qu'avait exprimé l'Empereur, à venir dîner tous les soirs, alléguant l'état de santé et les habitudes d'inexactitude de Mme Bertrand.

En ce qui les concernait, comme en tout le reste, l'amiral faisait preuve de bonne volonté, mais, s'il se montrait respectueux de l'infortune, il ne se tenait pas moins obligé, par son devoir comme officier, et par sa conviction comme Anglais, à observer la consigne lorsqu'il s'agissait de la garde du prisonnier et des mesures prescrites par le ministère.

Autour de Longwood, l'Empereur ne pouvait se promener librement, sans être accompagné par un officier anglais, que sur un espace d'environ douze milles de circonférence ; il y avait pour le garder un camp à Deadwood, un autre à Hut's Gate, des postes à l'infini ; des cordons de sentinelles autour des limites ; des factionnaires si rapprochés, à partir de neuf heures du soir, qu'ils communiquaient de l'un à l'autre et qu'ils enveloppaient complètement la maison dont nul ne pouvait sortir à moins d'être accompagné par un officier, où nul ne pouvait entrer sans le mot d'ordre.

Pendant le jour, l'amiral avait d'abord ordonné que nul ne pût dépasser Hut's Gate et aborder Longwood sans un laisser-passer du gouverneur, du commandant ou de lui-même. Plus tard, il admit des tempéraments qui pouvaient donner une illusion de liberté : il se plia lui-même et il plia tout Anglais, à s'adresser au Grand maréchal pour obtenir audience de l'Empereur ; il porta, dans ses relations avec les officiers de la suite, une cordialité qui les attirait et leur permit de jouir d'une hospitalité luxueuse, mais il n'en était pas moins le geôlier, et un changement de consigne dont l'Empereur n'était point prévenu, une mauvaise interprétation par un officier ou par un soldat, un récit amplifié par un compagnon d'exil, rappelait à la réalité et, du côté anglais, il fallait compter à chaque instant avec les inquiétudes d'hommes que leur responsabilité pouvait affoler.

À Longwood même, était détaché un officier du gouverneur qui avait pour mission de surveiller constamment l'Empereur, de rendre compte de tous ses actes, de l'accompagner chaque fois qu'il témoignerait l'intention de sortir des limites et qui, par des pavillons de couleurs différentes hissés à un mât de signal, se tenait constamment en communication avec Plantation House. Sur un pavillon bleu, toute la garnison de l'île eût été mobilisée, et des patrouilles eussent été envoyées dans toutes les directions, car c'eût été « qu'on ne trouvait pas le général Buonaparte ».

Pour cet officier, la situation était singulièrement difficile ; s'il tenait à exécuter sa mission, il était contraint à une surveillance qui, outre qu'elle prenait des apparences d'espionnage, lui rendait impossible la vie commune avec des hommes près desquels il était obligé de vivre. Il faisait table avec le médecin de l'Empereur qui, à la vérité, était Anglais et officier au service anglais, mais il eut d'autres commensaux et ses relations avec les personnages de la suite qu'il devait accompagner ou faire accompagner, lorsqu'il leur plaisait de se rendre à Jamestown, étaient quotidiennes.

De la part de l'Empereur, il y avait surtout à redouter des *espiègleries* : le mot ne va guère au personnage, parce que l'on a laissé dans l'ombre ce côté de son caractère, que l'on reconnaît aisément en le regardant d'un peu près. Il ne demeure pas toujours sérieux, il attache ses distractions aux moindres choses ; il joue avec les enfants ; il taquine, il brime, et ici, il prend comme il peut ses revanches de la captivité en inquiétant, en affolant, en désespérant les gardiens, en leur dressant de vive voix ou par écrit des réclamations injurieuses qu'ils ne pourraient satisfaire qu'en violant leurs instructions. Avec l'officier d'ordonnance duquel on a obtenu qu'il suivrait à une certaine distance, le jeu est de le perdre, de prendre un vif galop à un tournant de route, de se dissimuler ensuite dans quelque ravin, et, durant que l'officier court les chemins, donne l'alarme, met l'île entière en rumeur, de rentrer tranquillement à Longwood. Ce qu'on y gagne : que l'officier a ordre de suivre au plus près et que Napoléon, par dégoût de se sentir ainsi gardé, renonce au cheval.

L'épreuve de Longwood est bien autrement grave que celle des Briars. Aux Briars, Napoléon pouvait se considérer comme un voyageur gardant l'incognito. Il campait, littéralement. Il n'avait près de lui que Las Cases qui ne lui demandait que de parler et qui l'écoutait avidement. Point d'étiquette, en une chambre, la même pour manger, travailler et dormir. S'il y avait des plaintes formées par ceux de la suite qui restaient à la ville, elles s'évanouissaient avec eux et ne traçaient point.

Tout autre la vie à Longwood. C'est l'installation définitive : c'est ici que Napoléon Buonaparte sera reclus jusqu'à ce qu'il meure : ce mot *prison perpétuelle* abolit tout espoir. Tout rêve de liberté se perd sur l'immensité des mers qui, bien autrement que des murailles, cernent l'horizon. Ce n'est point pourtant que les illusions auront péri : chacun, pour flatter le maître, s'efforcera d'en créer et d'en entretenir ; elles naîtront chaque matin pour disparaître chaque soir, ne laissant que l'amertume de la déception, et l'on n'en continuera pas moins, sitôt qu'un navire arrivera d'Europe, à recueillir ou à imaginer des nouvelles qui semblent des contes de nourrice, tant elles sont invraisemblables et suspectes. Toutes vont naturellement à la délivrance prochaine, à un changement de ministère ou de gouvernement, à une révolution en France, à la venue d'un navire libérateur : et, à chaque fois que les illusions s'effacent, la prison se fait plus étroite.

Plus haut, les Anglais proclament que Napoléon vivra à Sainte-Hélène jusqu'à ce qu'il y meure ; plus haut, Napoléon doit attester que cette prison où on l'enferme est inique, qu'il n'est prisonnier que par un abus de la force et, à toute occasion, en toute circonstance, élever la voix pour le dire. De même, plus les Anglais lui refusent le titre qui atteste sa dignité, plus il doit le réclamer, le porter haut, l'exiger de tous ceux qui l'approchent : Ce n'est point là, de sa part, un cas où la vanité le guide, c'est l'orgueil, et tel qu'il est élevé à la hauteur d'un principe. Quatre fois élu par la nation française, sacré par le Souverain pontife, et par là, pour tout catholique, seul souverain légitime, reconnu comme tel par tous les empereurs et les rois de l'Europe continentale, son titre est indélébile, comme est le sacre. Les Anglais le lui enlèvent. Ce qui fut l'Empire n'existe point pour eux ; d'un trait de plume, ils ont aboli la consultation nationale, le couronnement, dix années — ces dix années de 1804 à 1814 : il n'y a pas eu d'Empire, et il n'y a point d'Empereur. « Je ne connais pas, écrit l'amiral Cockburn au général Bertrand, la personne que vous désignez sous le titre d'empereur : il n'y a dans cette île personne que je puisse considérer comme ayant droit à une telle dignité, nos pays respectifs étant actuellement gouvernés par des rois. » Si Napoléon tolère d'être ainsi disqualifié, il reconnaît que tout ce qui fut fait par le peuple est inexistant, que le peuple n'eut point le droit de disposer de lui-même, que lui Napoléon ne fut qu'un rebelle ; bien mieux, il avoue qu'il est légitimement prisonnier et il accepte la captivité, il abolit les droits que son fils a reçus de lui et qu'il entend d'abord lui conserver. Sans doute, il a abdiqué la couronne, mais l'abdication n'abolit point la qualité : aussi bien eût-il été disposé, si on ne le lui avait point contesté, à se conformer à l'usage suivi par la plupart des souverains non régnants et à adopter un titre, même un nom, de fantaisie et de convention. Mais ce ne pouvait être que de son chef et de son gré. Nul n'avait le pouvoir de le lui imposer ; et si ce n'était point un nom de fantaisie, mais le nom qu'il avait ci-devant porté, avant son élévation l'offense, devenait intolérable.

Il n'y a point ici, comme on l'a dit, « une affectation puérile » ; il y a, d'une part, le souci de sa dignité, d'autre part le souci de son hérédité ; il y a la revendication du droit de la nation ; il y a l'affirmation des droits de son fils.

C'est une chaumière que Longwood ; l'eau coule sur les murs ; du parquet pourri, à même le sol, les rats en bandes sortent et courent ; un petit bourgeois anglais ne voudrait point des meubles ; et pourtant ce sera là le Palais impérial. L'étiquette y sera aussi sévèrement observée qu'aux Tuileries ; les généraux ne se présenteront devant Sa Majesté qu'en uniforme ; nul ne s'assoira devant l'Empereur ; les étrangers de passage ne seront admis à le saluer que sur une lettre d'audience délivrée par le Grand maréchal. Après avoir passé le poste, ils devront encore se présenter au Grand maréchal. À la grille de Longwood, un des serviteurs de l'Empereur « remplira les fonctions de suisse et les sentinelles devront lui adresser les visiteurs pour qu'il leur apprenne s'ils seront reçus ». Arrivés à la maison, si ce sont des personnages d'importance, ils trouveront, dans le salon d'attente, les généraux de la suite de l'Empereur, en uniforme, qui leur feront les honneurs et ils seront introduits dans le cabinet de l'Empereur, qui les recevra debout, et, s'ils ne parlent pas le français, leur adressera par Las Cases quelques paroles ; parfois même il entrera en conversation. Par la suite, le général Gourgaud parle suffisamment l'anglais pour servir d'interprète ; Bertrand, dont la femme est Anglaise, et dont certains des enfants ne parlent qu'anglais, arrive assez vite à se faire comprendre. Les Montholon à la fin parlent anglais, et M. de Montholon, lors de son retour en France, se trouvera l'anglomane le plus décidé.

Lorsque les visiteurs sont des habitués, comme les Wilkes, les Skelton, les Balcombe, souvent l'Empereur fait atteler, invite les dames à monter près de lui, dans sa calèche menée en d'Aumont, et l'on fait le tour de l'enceinte. Malgré l'adresse connue des Archambault, les dames, toutes neuves à un tel jeu, sont fort effrayées et ne sont pas moins contentes ; quant aux hommes, parfois il les emmène faire un tour à cheval, ou se promène à pied avec eux dans l'enclos, mais nul ne s'assoit en sa présence.

Il a abandonné l'uniforme des Chasseurs à cheval de sa garde qu'il a le plus souvent porté et qu'il a endossé encore le jour où il a quitté les Briars pour Longwood ; mais le costume qu'il a adopté, l'habit de chasse, a encore une certaine allure militaire. Il le porte avec la veste et la culotte de basin blanc, les bas de soie et les souliers découverts à boucles d'or : c'est en pareille tenue qu'on doit se présenter à Longwood.

À déjeuner, il n'invite presque jamais personne, sauf de ses officiers, lorsqu'il déjeune dans le jardin ; il préfère déjeuner dans sa chambre pour ne pas avoir à s'habiller et prolonger ainsi la matinée en robe de chambre jusque vers deux heures ; mais, à sept heures du soir (où était d'abord le dîner il fait très souvent, presque quotidiennement, inviter quelques convives : les Wilkes, les Skelton, l'amiral, le colonel Bingham, des officiers du 53e par séries, tout ce qui, dans l'île, est d'une certaine tenue. Et les convives sortent de là fort impressionnés. Santini, faisant fonction d'huissier, en livrée de son emploi, tient la porte et introduit. Gentilini, comme chef des valets de pied, fait avec Rousseau, l'argentier, fonction de couvreur de tables, et dirige le service des matelots devenus valets de pied. On ne sert qu'en argent : l'argenterie est si considérable que lorsque, plus tard, on en eut brisé et vendu plus de 130 livres pesants, il restait deux cent trente-quatre assiettes, trente-quatre plats, trois soupières, deux saucières, quatre-vingt-seize couverts, et quantité de menus objets. La cuisine n'est point excellente, au gré d'un palais aussi exercé que celui de Montholon[1], mais elle paraît sublime aux officiers anglais peu familiarisés avec les délicatesses françaises. On sert d'ordinaire un potage, un relevé, deux entrées, un rôti et deux entremets dont un de douceur. Cela est l'extrême sobriété pour une époque où, chez les particuliers, quatre entrées étaient de rigueur. L'Empereur tient pourtant au nombre des plats lorsqu'il a des convives de qualité, mais le dîner ne dure point, même les grands jours, au delà de quarante minutes. Le maître d'hôtel Cipriani, en habit vert brodé d'argent, gilet blanc, culotte de soie noire, bas de soie blancs, souliers à boucles, dispose les plats. À droite et à gauche du fauteuil de l'Empereur, se tiennent Saint-Denis et Noverraz — même costume sauf la broderie en or au collet, parements et baguette — ils ne s'occupent que de Sa Majesté. Les autres convives sont servis par Gentilini et ses matelots-valets de pied, en livrée verte à galons d'or, veste et culotte rouge, et par Bernard, le domestique de Bertrand. Au dessert, l'officier Pierron place les huit compotiers et les quatre bouts de table assortis au grand service de porcelaine de Sèvres « représentant les divers champs de bataille d'Égypte et d'Europe ». Les assiettes de ce précieux service, exécuté à Sèvres et dénommé *Service des quartiers généraux,* ont le marli vert décoré en or d'épées antiques rejointes par des lauriers, et, au fond, est peint un paysage exécuté d'après un dessin pris le plus souvent sur nature et animé de soldats. L'on ne saurait guère caractériser autrement ces peintures. Si l'Empereur n'avait point disposé, comme présents, de quelques-unes de ces assiettes ; si, au 1er janvier 1817, il n'avait donné à Mme Bertrand, le tableau du *Passage du Danube* où s'immortalisa le Grand maréchal, et à Mme de Montholon un épisode de la Campagne d'Égypte, l'on ne pourrait en avoir idée. Des cinq douzaines d'assiettes apportées à Sainte-Hélène, il en restait cinquante-quatre à l'inventaire de 1821 ; quatre, outre ces deux, ayant été données ou brisées. On ignore ce que le dépositaire a fait de ces cinquante-quatre assiettes.

Avec le sèvres, on servait le vermeil, qui était d'un travail admirable. Il n'y en avait que vingt-huit couverts, mais tous les accessoires.

Pour le café, on passait au salon. On présentait le café dans une cafetière de vermeil qu'accompagnaient les sucriers et les présentoirs et on le servait dans des tasses de porcelaine de Sèvres. « Le service à café, écrit Sir George Bingham à sa femme après avoir dîné à Longwood, était le plus beau que j'aie jamais vu : sur chaque tasse était une vue d'Égypte et, sur la soucoupe, le portrait d'un bey ou d'un autre personnage distingué. Elles coûtaient, en France, vingt-cinq guinées les deux pièces, tasse et soucoupe. » L'Empereur fit présent à des dames anglaises de deux ou trois de ces tasses — une entre autres représentant *l'Aiguille de Cléopâtre* — une soucoupe fut cassée. L'Empereur ne voulut plus alors qu'on se servît de « son sèvres ». Si les vingt et une tasses et les vingt soucoupes ont disparu comme les assiettes à dessert et l'argenterie tout entière, au moins peut-on se représenter comme elles étaient, l'Empereur ayant, aux étrennes de 1814, offert à la duchesse de Bassano un service à café dont les tasses et les soucoupes sont identiques à celles qui furent emportées à

Sainte-Hélène : les paysages, comme les portraits, exécutés d'après les dessins faits en Égypte par Vivant Denon : le fond des unes et des autres d'un beau bleu avec décor d'hiéroglyphes en or ; sur les soucoupes, les portraits peints en grisaille, au milieu de cette bordure d'or trois fois reprise en hauteurs diverses et couvrant en entier le marli.

Sir George Bingham exagère lorsqu'il parle, pour chaque tasse, de vingt-cinq guinées. Le déjeuner de dix pièces offerts à Mme de Bassano avait été facturé par Sèvres 1.355 francs, compris le plateau de tôle : mais que Napoléon eût indiqué ce chiffre, c'est probable : son sèvres lui semblait inestimable ; c'était le débris de sa grandeur qui lui paraissait le plus caractéristique, et, à le montrer ainsi aux Anglais, il lui semblait qu'il leur apprenait son histoire, en même temps que le progrès des arts sous son règne.

On ne saurait prétendre que les officiers anglais invités s'amusassent à ces repas, où les Français, par respect, attendaient que l'Empereur leur parlât, où l'on mangeait en grande hâte, où l'on ne restait point à table pour « boire le vin », où, enfin, les habitudes étaient toutes continentales, mais ils étaient flattés et quelque peu éblouis, et c'était là sans doute ce que cherchait l'Empereur. De même, dans ses promenades à cheval, il pénétrait dans tout enclos qu'il trouvait sur sa route, mettait pied à terre, causait avec les habitants, distribuait quelques napoléons, se rendait populaire ; cela n'allait pas loin : toutefois, dans ces premiers temps, il eut trouvé facilement des commissionnaires pour passer des lettres ou des paquets en Europe.

Pour le moment, sa pensée ne s'y portait point, elle était occupée par son travail que, d'après sa méthode, il mettait au point par des dictées réitérées jusqu'à ce qu'il eût trouvé cette forme précise, dépouillée et formelle qui seule lui paraissait propre à l'histoire. Il a achevé presque la première période, mais il donne à certaines parties bien plus d'importance qu'à d'autres. L'Égypte, en particulier, l'entraîne. Comme il revient toujours à son désastre, qui lui demeure incompréhensible, il a sauté du Consulat, et encore des premiers temps, à 1815, au retour des Bourbons, à la campagne de Belgique ; il a divisé le travail et à présent Las Cases semble entre les moins favorisés. Pour cela, peut-être, ses compagnons, malgré les bouderies qui continuent, vivent entre eux dans des termes en apparence tolérables.

Un personnage inattendu, dont la venue fut un mystère et demeure une énigme, a jeté quelque imprévu dans cette existence dont l'uniformité est le grand supplice : c'est un Polonais, prétendant s'appeler Charles-Frédéric-Jules Piontkowski et avoir obtenu des grades dans l'armée saxonne. Il est venu à l'île d'Elbe, s'est engagé comme simple soldat dans le Bataillon Napoléon, d'où il est passé chevau-léger à l'Escadron polonais. Ayant suivi l'Empereur en France, il a été nommé lieutenant le 12 avril et placé au 7e, puis au 2e Lanciers. Il a peut-être fait, en cette qualité, la campagne de Belgique ; ensuite, sans qu'on comprenne comment, il est parvenu à s'insinuer à Malmaison ; il a obtenu d'être inscrit sur la liste de ceux qui suivraient l'Empereur ; il a accompagné Mme Bertrand et ses enfants de Malmaison à Rochefort ; il s'est embarqué sur la *Méduse* lorsque l'Empereur est monté sur la *Saale*, et il était sur le *Myrmidon* lorsque l'Empereur fut sur le *Bellerophon*. À Plymouth, il a été admis à prendre congé de l'Empereur en même temps que les officiers de son grade, qui n'étaient point autorisés à le suivre. Avec eux, il a regagné l'*Eurotas*, où ils étaient détenus ; mais, tandis qu'ils étaient déportés à Malte, lui seul, ce Polonais inconnu, a été amené à bord du *Saint-George*, où il a attendu le départ pour Sainte-Hélène d'un vaisseau marchand. On l'a marié à bord du *Saint-George* à une demoiselle, Mélanie Despout, ex-élève du Conservatoire de Paris, qui était venue le rejoindre en Angleterre, où elle avait quantité d'amis ; il est parti aussitôt après ; il est arrivé à Jamestown le 29 décembre 1815, et l'amiral, croyant être agréable à l'Empereur, l'a amené à Longwood. Piontkowski, pour cette occasion, a revêtu l'uniforme bleu barbeau, brodé d'argent, des officiers d'ordonnance, et, comme les officiers d'ordonnance portaient la distinction de capitaine, il s'est ainsi promu capitaine. L'Empereur d'abord ne veut pas le recevoir : il ne sait ni qui il est, ni d'où il vient. Il s'indigne de cette usurpation d'uniforme. Mais on lui fait observer que peut-être ce Piontkowski apporte des nouvelles, qu'il a été envoyé par des amis ; sans répondre de lui officiellement, Bertrand atteste qu'il l'a vu à l'île d'Elbe.

On l'introduit et il s'incruste ; il arrive à être toléré, puis presque accepté ; sous Gourgaud, il est chargé de l'écurie ; il chasse et tue parfois quelque perdrix ; il va quêter des nouvelles à Jamestown et quand il n'en apprend pas, il en invente ; car cet homme n'est pas un menteur, c'est le Menteur. Toute son existence repose sur un échafaudage de prodigieux mensonges ; dans ce nombre, il en est qu'on s'explique, car ils sont profitables ; il en est d'inutiles qui pourraient indiquer la manie ; mais il n'en est pas de dangereux : donc il sait se garder et il se garde. On le fait manger seul, puis, sur sa demande, avec le médecin et l'officier d'ordonnance, il s'y trouve bien, car il parle anglais couramment. On ne sait pas pourquoi il est venu ; on ne saura pas davantage pourquoi il part. Les Anglais, sans que l'Empereur en eût jamais témoigné le désir, l'ont autorisé à venir à Sainte-Hélène et à y résider ; de même, ils lui retirent l'autorisation et le chassent. Au surplus, les neuf mois qu'il aura passés près de Napoléon lui seront singulièrement profitables ; il vivra sur eux le restant de ses jours ; il sera honoré et pensionné pour son courageux dévouement et on lui consacrera des biographies louangeuses, puis des oraisons funèbres où l'on exaltera toutes ses vertus, même sa sincérité, et, avec une merveilleuse adresse, il se glissera ainsi en marge de l'histoire[2].

Cela forme l'intermède mystérieux auquel il ne semble pas que l'Empereur et ses compagnons aient attaché l'intérêt qu'il pouvait mériter ; aussi bien, les événements allaient devenir si graves que l'on conçoit à merveille que ce détail ait été négligé : Hudson Lowe entre en scène ; ce qui s'est passé jusqu'à présent n'a été que le prologue : le drame commence.

Par une étrange illusion, l'Empereur, sur un article paru dans le *Morning Chronicle* blâmant les rigueurs de sa captivité, s'est flatté que le nouveau gouverneur arrive avec des instructions plus libérales ; aussi attend-il avec impatience sa venue, et, à chaque bâtiment qu'on signale, se demande-t-il si ce ne sera pas enfin lui. Le 14 avril, jour de Pâques, il allait sortir en calèche « avec ces dames » quand on vint lui annoncer que la frégate *Phaeton*, portant le gouverneur et sa suite, était en vue. « Il dirigea sa promenade de façon à voir la frégate jeter l'ancre dans la rade de Jamestown. »

Dès le lendemain, l'on sut à quoi s'en tenir sur l'attitude que prendrait Hudson Lowe. Il fit savoir, par l'officier d'ordonnance, que le 16, à neuf heures du matin, il se présenterait pour voir le général Buonaparte. À cette heure, l'Empereur ne recevait pas ; de plus, il avait fait admettre par Sir George Cockburn que quiconque demandait à être reçu par lui, fût-ce l'amiral, s'adressât au Grand maréchal. Ce n'était point une audience que sollicitait le gouverneur, il imposait sa visite, son inspection réglementaire. À neuf heures précises, suivi de son état-major, il entra au galop dans Longwood, et mit pied à terre devant la maison. Montholon le fit entrer dans le parloir où Gourgaud le rejoignit. Saint-Denis, qui était de service, répondit à sa demande de voir *le général,* que « l'Empereur était souffrant et n'était pas encore levé ». Lowe fit le tour de l'habitation, vit l'officier d'ordonnance et lui commanda d'aller demander s'il pouvait être reçu ; on répondit que « l'Empereur dormait et qu'on ne pouvait entrer chez lui ». Il se détermina alors à venir trouver Bertrand « pour le prier d'annoncer son arrivée au général Buonaparte et lui demander quand il voudrait le recevoir ».

Ce fut le lendemain à deux heures. Sir Hudson Lowe, à la tête de son état-major, arriva exactement avec l'amiral Cockburn, qui se proposait de présenter son successeur à l'Empereur. Ils furent reçus dans le parloir par « ces messieurs », comme on disait, Las Cases, Gourgaud et Montholon. Bertrand devait introduire ; il était au salon avec l'Empereur ; il donna l'ordre de faire entrer le gouverneur. Noverraz tenait la porte. La consigne chez l'Empereur était de ne laisser passer que la seule personne désignée. Lors donc que, Lowe étant entré, l'amiral se présenta, Noverraz ferma la porte devant lui et lui barra le passage avec son bras. L'amiral, déconcerté et mortifié, n'insista point.

Cependant, Lowe avait abordé l'Empereur en lui disant en français : « Je suis venu, Monsieur, pour vous présenter mes devoirs. » L'Empereur avait tout de suite fait allusion au Régiment corse, et la conversation avait continué en italien, sur les Corses, l'expédition d'Abercromby en Égypte, rien de sérieux. On n'aborda pas les affaires. Avant de prendre congé, Lowe présenta son état-major. L'amiral n'entra point, et partit fort irrité. L'Empereur, sur le moment, était ravi ; il dit que, pour un million, il ne donnerait pas cette journée. À la réflexion, il se reprit, fit exprimer ses regrets à l'amiral par O'Meara et envoya Montholon lui porter des excuses. Mais le coup était porté : Hudson Lowe savait à quoi il devait s'attendre.

Or, il arrivait avec des instructions qui, si elles étaient en substance semblables à celles qu'avait emportées Sir George Cockburn, et « qu'il devait regarder comme les principes généraux qui devaient régler sa conduite, » les aggravaient sur certains points, surtout lui donnaient des pouvoirs discrétionnaires. « Vous observerez, lui était-il dit, que le désir du gouvernement de Sa Majesté est d'accorder au général Buonaparte toutes les indulgences compatibles avec l'entière sécurité de sa personne. Qu'il ne puisse en aucune manière s'échapper ni avoir de communication avec qui que ce soit, excepté par votre entremise, doit être votre soin incessant ; et, ces deux points une fois assurés, toutes les ressources, tous les amusements de nature à réconcilier Buonaparte avec sa captivité doivent être permis. » Cela ne suffisait-il pas pour inspirer à un homme timoré et scrupuleux toutes les inquiétudes et à le porter à toutes les restrictions ?

Lord Bathurst lui annonçait encore que des commissaires nommés par la Russie, l'Autriche et la France devaient venir résider à Sainte-Hélène, « mais ces commissaires n'auraient aucun pouvoir pour intervenir dans les mesures que le gouverneur jugerait utile de prendre, ils seraient simplement les correspondants de leurs Cours respectives ».

Ces instructions étaient provisoires ; elles devaient être complétées lorsque le Parlement aurait rendu l'acte qui aurait pour effet de revêtir l'iniquité d'une forme somptueuse et légale. Néanmoins, avant même que cet acte fût proposé, Lord Bathurst, par une dépêche en date du 10 janvier, avait informé Sir Hudson que, par ordre du Prince régent, il devait, dès son arrivée, avertir toutes les personnes composant la suite de Napoléon Buonaparte, y compris les domestiques, qu'ils étaient libres de quitter immédiatement l'île et de retourner en Europe ou de se retirer aux États-Unis d'Amérique. Mais qu'aucun d'eux ne pourrait rester à Sainte-Hélène, à moins de déclarer par écrit qu'il y restait de son plein gré et qu'il se soumettrait aux restrictions qu'il serait nécessaire d'imposer à Napoléon Buonaparte.

À bord du *Northumberland,* on avait déjà signifié verbalement aux compagnons de l'Empereur cette exigence, mais elle avait paru « de style » ; à présent, on ne pouvait s'y méprendre : en les obligeant à souscrire une telle formule, on entendait qu'ils contractassent un engagement personnel, et comme, dans cette formule, on déniait à l'Empereur ses titres et sa dignité, par là même, ses compagnons reconnaissaient la légalité, la légitimité même de la captivité. D'ailleurs libre à eux de ne point signer : on en serait même fort aise, car on les déporterait au Cap.

Hudson Lowe communiqua le 18 avril la formule exacte, en langue anglaise ; l'Empereur la fit traduire et, refusant de l'admettre, dicta lui-même une formule que devaient signer les domestiques. Las Cases, Gourgaud, Montholon, Bertrand, en présence de ce qu'on exigeait d'eux, hésitaient, éprouvaient des scrupules que l'Empereur ne se souciait point de lever. Il entendait laisser à chacun l'initiative et la responsabilité de son acquiescement. Toutefois, si ses compagnons ne s'engageaient point, qu'ils fussent obligés de quitter Sainte-Hélène, allait-il se trouver seul ? Du 18 au 20 avril, il y eut de Longwood à Plantation House, des allées et des venues du gouverneur, des aides de camp et du Grand maréchal. À la fin, le 20, Las Cases, Montholon et Gourgaud apportèrent un engagement, non pas tel qu'il avait été formulé par le Ministère anglais et proposé par le gouverneur, mais tel que le leur inspiraient leur goût à la déclamation et leur vanité personnelle. Seul, le Grand maréchal, mis en demeure de signer ou de s'embarquer dans la huitaine, avec sa famille, sur le *Phaeton* pour être déporté au Cap, trouva une rédaction qui répondait à toutes les convenances : « La santé de l'Empereur ne me permettant pas de le quitter à présent, et aucun autre moyen ne m'étant laissé de remplir l'engagement que j'ai contracté, je déclare que c'est ma volonté de rester à Sainte-Hélène et de me soumettre aux mêmes restrictions qui sont imposées à l'Empereur. »

Lowe eût pu refuser ces déclarations dont aucune n'était conforme au modèle imposé et déporter au Cap tous les compagnons de l'Empereur : il ne le fit point ; mais c'est qu'il ne s'y crut point autorisé pour le moment. C'est pourquoi il en fit la proposition d'abord. Il savait qu'il répondrait aux vœux de son gouvernement en diminuant les dépenses et en écartant le plus grand nombre possible des serviteurs de Napoléon, mais il était obligé de constater qu'aucun ne partirait de soi-même, ce que le ministère avait supposé. Il proposa donc formellement, et dès ce moment, « de les éloigner tous, à l'exception peut-être de Las Cases. La manière, écrivait-il, dont ils manifestent, en toute occasion, soit verbalement, soit par écrit, leur opinion sur les mesures que le gouvernement a jugé convenable d'adopter, à l'égard de Napoléon lui-même, pourrait fournir un prétexte suffisant pour leur éloignement. »

Il était en cela dans l'esprit de ses instructions écrites, il en avait, avant son départ, reçu de verbales sur les économies à réaliser dans l'établissement de Longwood, puisque, dès son débarquement, il s'était enquis des comptes de quinzaine présentés par le pourvoyeur Balcombe, et que, d'après deux de ces comptes, il avait évalué la dépense annuelle entre 325 et 400.000 francs (13.000 à 16.000 £). Cette dépense, disait-il, était motivée par la présence « de cinquante et une personnes dont neuf seulement, avec quatre enfants, formaient la suite du général ; les autres, à l'exception des deux officiers de garde, étant des domestiques ».

Ce chiffre de cinquante et un était sensiblement encore au-dessous de la vérité et s'expliquait à merveille, si l'on considérait l'éloignement de Longwood, le nombre des maîtres et leurs habitudes ; et, quant à la dépense, elle était majorée singulièrement, sur les cours déjà si élevés dans l'île, par les difficultés du transport et par l'avidité du pourvoyeur ; mais ce n'était pas là ce que regardait le ministère et il n'avait garde d'y chercher un remède.

Par la frégate *Newcastle* étaient arrivées des dépêches, en date du 15 avril, où Lord Bathurst précisait quelles avaient été les vues de son gouvernement en exigeant des compagnons de l'Empereur la déclaration qu'il leur avait imposée. « J'espère, écrivait-il, que vous aurez réussi à réduire de beaucoup le nombre des personnes attachées à la maison de Buonaparte en encourageant la disposition dans laquelle plusieurs d'entre eux ont été de retourner chez eux ou de quitter Sainte-Hélène. » Sans doute, se proposait-on de supprimer ainsi des menées possibles avec les habitants ou même avec les commissaires des Puissances, « qui auraient trop peu de chose à faire pour ne pas être tentés de faire un peu de mal », mais le but essentiel était de réduire les dépenses de la table et de la maison de Buonaparte « de façon qu'elles ne dépassassent pas 8.000 £ (200.000 francs) par an, en y comprenant le vin et l'extraordinaire quel qu'il fût ». Et le ministre de S. M. B. ajoutait au nom de son gouvernement : « Dans le cas où il (Buonaparte) se plaindrait des retranchements que pourra occasionner cette modification, il sera loisible de lui permettre tout le superflu qu'il désirera (à l'égard de la table et du reste) pourvu qu'il fournisse les fonds nécessaires pour couvrir les dépenses au delà des 8.000 £. D'après ce que j'ai appris, les moyens pécuniaires ne lui manquent pas et il devra payer les appointements et les gages des personnes de sa suite et des domestiques qui persisteront à rester avec lui ; mais j'espère que vous persuaderez à la plupart d'entre eux d'accepter le congé que vous leur avez offert. »

Donc, lorsque Hudson Lowe prenait à partie les domestiques de l'Empereur et exigeait que, en sa présence, chacun, individuellement, réitérât la déclaration qu'il entendait demeurer à Sainte-Hélène, déclaration que tous avaient déjà faite en présence de Sir Thomas Read, il agissait sur l'ordre exprès du ministère, ordre verbal renouvelé ici par écrit et, lorsqu'il engageait contre l'Empereur cette chicane misérable sur les dépenses, il se conformait strictement aux instructions qu'il avait reçues. Même n'oserait-il pas aller jusqu'au bout.

L'amiral Cockburn avait évalué les frais annuels de l'établissement à 18.000 £. Depuis lors, la réalité semblait avoir démontré que les dépenses d'entretien ne pouvaient guère descendre au-dessous de 19.000 £ et atteindraient vraisemblablement 20.000. La dépense fixe montait à 5.500 £ « pour l'entretien des bâtiments, les gages du fournisseur, les transports de Jamestown à Longwood, la table des officiers de garde et l'écurie ». Restaient donc 13.000 £ qui, réparties entre trente-neuf individus composant la maison de Longwood (il y en eut jusqu'à cinquante-cinq), donnaient, par tête et par jour, 14 sh. lesquels, à Sainte-Hélène, vu les prix quadruples de ceux de Londres, équivalaient à 3 sh. 6 d. et devaient suffire à toutes les dépenses d'éclairage, de chauffage et de table.

En fixant la somme de 8.000 £, dont il convenait de retirer 5.500 £ de dépense fixe, restaient 2.500 £ pour les besoins de la maison ou 10 pence par jour et par homme. « C'est ce qui est alloué à un soldat », disait l'Empereur en achevant ce raisonnement que Lowe ne tenta même pas de réfuter.

Quel but poursuivait le gouvernement anglais en réduisant ainsi la somme allouée à l'entretien de l'Empereur ? Le contraindre à renvoyer la plupart de ses compagnons, afin de l'isoler et de le rendre plus maniable ; — cet objet était formellement avoué dans les dépêches de Lord Bathurst ; réaliser une économie et, puisqu'on n'avait point, par politique, jugé à propos d'engager les Puissances à payer leur quote-part de la dépense, la réduire au strict minimum ; enfin, en contraignant l'Empereur à fournir aux besoins de sa vie matérielle, l'obliger à déclarer où étaient cachés ses trésors. Pour recevoir de l'argent, il faudrait qu'il écrivît ; ses lettres, comme celles de ses compagnons, passeraient ouvertes par les mains du gouverneur qui les transmettrait ouvertes au ministre. Quoi de plus simple dès lors que d'arriver aux détenteurs des fonds et de saisir les immenses capitaux que l'Empereur n'avait pu manquer de mettre en sûreté ? Telle était en effet, chez ses ennemis, qui le jugeaient d'après eux-mêmes. l'opinion unanimement admise que celui-là qui, durant treize années, avait été le maître de l'Europe, qui avait manié toutes les contributions imposées par ses victoires aux souverains et aux peuples, devait être prodigieusement riche et cette richesse revenait de plein droit aux vainqueurs, comme un fruit essentiel de leur victoire. S'il arrivait qu'au lieu des trésors attendus, on ne trouvât que quelques milliers de francs, on ne les prendrait pas moins, mais, au lieu de les confisquer, on les placerait sous séquestre, de façon qu'ils servissent jusqu'à la mort de Napoléon à ses besoins. Ainsi s'était-on déjà emparé lors du transbordement du *Bellerophon* sur le *Northumberland* de 4.000 napoléons (80.000 fr.).

À cette époque, l'Empereur était parvenu à soustraire aux Anglais 250.000 francs, en les répartissant dans huit ceintures distribuées à ses compagnons et rendues à Marchand, institué trésorier, lors de l'arrivée à Sainte-Hélène. Cette somme provenait pour la plus grande partie de la remise faite à l'empereur, le 28 juin, par son trésorier général, de la somme de 183.333 francs, produit de la vente d'une inscription de rente 5 p. 100 consolidé, de 15.150 francs : tout ce que Napoléon possédait en propre. Il appela cette somme sa « réserve » ; il était résolu à n'y toucher qu'en cas de nécessité absolue ; il y joignit par la suite quelques économies, en sorte qu'en 1821, elle montait à 300.000 francs.

Inconnus aux Anglais, ces 250.000 francs n'existaient point pour eux, et l'Empereur ne pouvait s'en servir qu'en dévoilant qu'il les avait dissimulés. Restaient, avant d'avoir recours à l'argent que l'Empereur pouvait avoir en Europe, les capitaux que ses compagnons avaient emportés : Las Cases, avant de quitter Paris, s'était procuré 4.000 louis qu'il mit à la disposition de l'Empereur ; Bertrand, depuis le 19 juillet, avait, par son notaire M. Fourcault de Pavant et par Baring frères, de Londres, employé en 5 p. 100 *Navy annuities* une somme de 300.000 francs environ (315.375 faisant 12.615 £) et il présumait que les titres seraient, dès qu'il écrirait, vendus sur son ordre par Baring. Il avait, en outre, avec lui, une somme de 1.500 £ (37.500 fr.) immédiatement utilisable. Gourgaud n'avait rien ; Montholon moins que rien. Ce que la petite colonie se trouvait posséder allait donc aux environs de 500.000 francs, et 500.000 francs ne mèneraient pas loin, surtout si le gouvernement anglais restreignait à 8.000 £ une dépense qui, normalement, d'après les calculs de Cockburn, pouvait aller à 20.000 et ne pouvait guère descendre au-dessous de 16.000 (400.000 fr.). Outre les 2 à 300.000 francs qu'il en coûterait, n'y avait-il pas à payer des traitements aux officiers, des gages aux serviteurs, l'habillement et l'entretien des uns et des autres ? Ce n'est pas impunément qu'une maison est montée sur un pied impérial. Ce n'est pas impunément qu'elle est administrée par l'homme le plus prodigue de ses propres deniers, le plus imaginatif en dépenses, le moins fait pour tenir une comptabilité, restreindre le gaspillage et prévenir le désordre ; Montholon excellait à procurer l'un et l'autre et, pour y remédier, ne faudra-t-il pas que l'Empereur à un moment revoie lui-même les comptes de son maître d'hôtel ? Ce n'était donc pas sous le consulat de Montholon qu'on vivrait économiquement. Or, les 500.000 francs épuisés, que ferait l'Empereur ?

Il avait formé trois dépôts : le premier, en 1814, où il avait confié au comte Lavallette 1.600.000 francs. De ces 1.600.000 francs, Lavallette avait remis 800.000 francs au prince Eugène et 400.000 à la Maison Perregaux et Laffitte. Suivant un compte présenté à l'Empereur en 1815, il avait payé à divers 120.000 francs. Restaient 280.000 francs dont, « à la connaissance de l'Empereur. 125.000 à recouvrer sur un tiers mort insolvable ». Des 1.600.000 francs, il subsistait donc : aux mains de Lavallette 155.000 fr. dont plus tard il se déclara débiteur, aux mains du prince Eugène 800.000 francs à la disposition de l'Empereur et chez Perregaux et Laffitte 400.000 fr. ; soit 1.355.000 francs.

Chez Perregaux et Laftître, ces 400.000 francs (auxquels, pour ordre, on ajouta les 800.000 francs du prince Eugène) étaient venus s'ajouter aux trois millions (et non six millions comme il le croyait) que, le 28 juin 1815, l'Empereur, sur les instances de Peyrusse, son trésorier général, avait ordonné qu'on prît des Tuileries et qu'on portât à la Banque Laffitte. Il était déjà bien tard et il fallut, pour que les fourgons sortissent, une autorisation que donna Fouché. Fouché savait de quoi il s'agissait et, par lui comme par les autres intermédiaires, le secret fut bien gardé.

S'il avait été trahi, nul doute que, comme tous les biens mobiliers et immobiliers des Bonaparte, les trois millions de l'Empereur n'eussent été confisqués.

Enfin, et c'est ici le troisième dépôt, peut-être le plus important : l'Empereur avait, en 1815, remis au roi Joseph des valeurs considérables qui furent déposées chez le comte Clary ou emportées aux États-Unis, sur lesquelles l'Empereur tira à peine quelque centaine de mille francs et qui ne figurèrent sur aucun compte. Il est nécessaire d'en faire mention, attendu les imputations qui y furent faites.

Pour Napoléon, il était essentiel que les Anglais continuassent à ignorer s'il avait des fonds et, au cas qu'il fût obligé d'en tirer d'Europe, qui les fournirait ; pour Lowe, il était urgent qu'il se conformât à ses instructions et qu'il réduisît les dépenses à la somme fixée par le ministère ; il s'y employa avec zèle, « espérant que, grâce aux vaisseaux d'avitaillement envoyés d'Angleterre, le prix des denrées baisserait de moitié, et qu'ainsi on réaliserait une réduction dans la dépense sans qu'il en résultât une diminution très sensible dans le confort ou dans le nécessaire qui leur (aux prisonniers) avait été accordé jusqu'ici ; mais, ajoutait-il, « dans le cas où je ne pourrais restreindre les dépenses de manière qu'elles ne dépassent pas la somme indiquée, ils ont été positivement prévenus que les dépenses de surplus seront à leur charge ou qu'une réduction dans les dépenses sera effectuée ». Pour prouver que l'Empereur était en état de fournir les fonds nécessaires à ses dépenses, Lowe rapportait tenir de M. Balcombe que

Montholon avait offert de lui donner au nom de Bonaparte un billet pour 30.000 £ (750.000 fr.) sur Hope d'Amsterdam — chez lequel il n'avait pas un florin et sur lequel il n'avait point de lettres de Laffîtte. C'était là une des vanteries habituelles à Montholon lequel était revenu sur sa proposition, disant qu'il fallait d'abord dépenser les 4.000 napoléons mis sous séquestre par les Anglais.

Le 16 juillet, l'Empereur aborda directement la question avec Hudson Lowe ; il avait, dit-il, assez d'argent pour subvenir à toutes choses… Mais il lui déplaisait d'envoyer des lettres non cachetées et il ne s'y soumettrait point.

Le 19, Montholon, dans une conversation avec le major Gorrequer, entra dans les détails : l'Empereur ne demandait pas mieux que de payer même la totalité de ses dépenses, « pourvu qu'on lui permit d'user de ses propres ressources au moyen de lettres cachetées » ; ou qu'on le mît à même de tirer sur quelques-uns de ses parents, Mme la princesse Pauline, le prince Joseph, son propre fils ou le prince Eugène », et que ces demandes d'argent pussent être adressées par lettres cachetées. « Si le Gouvernement désirait faire à cet égard quelque proposition, l'Empereur serait prêt à l'accueillir. »

S'emparant de cette énumération de parents, sans doute disposés à concourir à l'entretien de l'Empereur, Lowe écrivit à Bathurst : « Votre Seigneurie a tant de moyens de communications avec ces personnes que la question d'argent pour son état de maison paraît être maintenant une des moins embarrassantes de celles qui le concernent, si ses parents et ses anciens amis éprouvent pour lui les sentiments qu'il leur suppose. »

En attendant, les réductions opérées dans les fournitures de la maison se faisaient sentir d'autant plus que les pourvoyeurs déployaient une mauvaise volonté, qui tenait sans doute à ce qu'on rognait quelque peu leurs bénéfices ; ils envoyaient des provisions de qualité inférieure, fort souvent avariées et en si petite quantité qu'il y avait disette à Longwood ; de plus, bien que le gouverneur eût annoncé que l'on pouvait acheter des volailles, du poisson et des légumes et envoyer les factures à Balcombe, Balcombe se refusait à rien payer ; le boucher ne voulait plus fournir de bœuf parce que, disait-il, les Français étaient trop difficiles à contenter ; les légumes étaient immangeables ; le pain atroce, fait avec de la farine échauffée ; bref, le régime économique du gouverneur aboutissait à affamer les prisonniers : c'était le rétablissement de la Question.

Se tenant comme suffisamment instruit des besoins des prisonniers, le gouverneur vint, le 17 août, à Longwood en vue d'entretenir l'Empereur de la nécessité qu'il prît à sa charge une partie de ses dépenses s'il entendait conserver autour de lui une maison aussi nombreuse. Une première entrevue avec Bertrand, auquel il fut renvoyé, fut singulièrement orageuse. Le Grand maréchal fit remarquer que toute correspondance ayant été arrêtée par la défense d'envoyer ni de recevoir aucune lettre cachetée, l'Empereur ne pouvait s'entretenir de ses affaires personnelles avec ceux auxquels il les avait confiées. Lowe répliqua qu'il n'était point venu pour entrer dans ces détails, qu'il avait eu un entretien avec le général Buonaparte lui-même et aussi avec le comte Montholon et que ni l'un ni l'autre n'avaient fait de difficulté sur la manière de se procurer des fonds. Bertrand rompit et, renvoyant le gouverneur à M. de Montholon, lui signifia qu'il désirait avoir avec lui aussi peu de communications que possible, soit verbalement, soit par écrit. Le gouverneur répliqua, alla pour se plaindre à Napoléon qui refusa de le recevoir, et, le jour même, il écrivit à Montholon pour lui déclarer « qu'il était dans l'impossibilité de pourvoir aux dépenses de la maison sur la somme prescrite par son gouvernement, à moins qu'il ne fit sur plusieurs articles une réduction qui pourrait diminuer naturellement le confortable dont avaient joui jusque-là les personnes qui étaient autour de lui. Ayant été très franchement informé par le général Buonaparte qu'il avait à sa disposition dans diverses parties de l'Europe des ressources pécuniaires au moyen desquelles l'excédent et même la totalité de ses dépenses pourraient être défrayés, il le priait de l'informer, avant qu'il essayât quelque réduction considérable qui serait peut-être désagréable soit à lui, soit aux personnes de sa suite, s'il convenait au général qu'un semblable essai fût tenté ou s'il préférait mettre à la disposition du gouverneur des fonds suffisants pour les dépenses du surplus. »

Lowe revint à Longwood le lendemain 18 août : c'était la cinquième entrevue qu'il avait avec l'Empereur : ce fut la dernière. Il était accompagné de l'amiral Sir Pulteney

Malcolm qui avait succédé à Cockburn, et il arrivait avec la résolution de porter ses plaintes contre Bertrand et d'obtenir, au sujet de la question d'argent, une réponse formelle. Napoléon, las des procédés qu'employait Lowe pour l'exécution formaliste et de plus en plus stricte de la consigne, parut saisir avec un certain empressement l'occasion qui se présentait de l'humilier devant témoin, de lui exprimer avec virulence les sentiments qui l'animaient. Le gouverneur exposa donc ses griefs ; l'Empereur resta quelque temps silencieux et, lorsqu'il se détermina à parler, il s'adressa à l'amiral, affectant de ne point regarder le gouverneur, disant de lui, à la troisième personne : *Il a fait ceci*, *Il a fait cela*, le flagellant de paroles brèves, et, à chacune de ses dénégations, répondant par des mots qui valaient des coups de fouet. C'est la question des lettres, des communications quelles qu'elles soient, qui est sur le tapis, mais l'affaire d'argent est au fond, quoique, dans le récit très détaillé de cette suprême visite, Lowe n'insère que cette phrase qu'il attribue à l'Empereur : « Vous voulez de l'argent ; je n'en ai pas, si ce n'est entre les mains de mes amis ; mais je ne puis envoyer de lettres. » On dirait que, dans une dépêche officielle, Lowe a honte d'appuyer sur ce sujet, qu'il sent lui-même combien le ministère s'avilit à insister sur les réductions. L'Empereur et lui ont certainement dit autre chose avant que Lowe le quittât, le chapeau sur la tête, sans autre salutation que : « Je vous souhaite le bonjour. » Napoléon ne lui a-t-il pas dit, comme le rapportent Las Cases et O'Meara, qu'il irait s'asseoir à la table des braves officiers du 53ᵉ et qu'ils ne refuseraient point, il en était sûr, une part de leur dîner à un vieux soldat comme lui ? Cela est vraisemblable quoique Lowe n'en dise rien et peut-être parce qu'il n'en dit rien ; autrement on ne s'expliquerait point le *post-scriptum* à la protestation (sans date mais dite du 23 août) que l'Empereur fit endosser par Montholon. Après avoir rappelé que, à une lettre en date du 17, Lowe avait joint un aperçu des dépenses de l'établissement de Longwood, montant au minimum à 20.000 £ (500.000 fr.), il disait : « Vous demandez à l'Empereur un fonds de 12.000 £, votre gouvernement ne vous en allouant que 8.000 pour toutes les dépenses. J'ai eu l'honneur de vous dire que l'Empereur n'avait pas de fonds ; que, depuis un an, il n'avait reçu ni écrit aucune lettre et qu'il ignorait totalement tout ce qui se passe ou a pu se passer en Europe. Transporté violemment sur ce rocher à deux mille lieues, sans pouvoir recevoir ni écrire aucunes lettres, il se trouve entièrement à la discrétion des agents anglais. L'Empereur a toujours désiré et désire pourvoir lui-même à toutes ses dépenses quelconques, et il le fera aussitôt que vous le lui rendrez possible en levant l'interdiction faite aux négociants de ce pays de servir à sa correspondance et qu'elle ne sera soumise à aucune inquisition de votre part ou de la part de vos agents. « Puis, faisant allusion aux ordres de Lord Bathurst que Lowe avait communiqués : « Vos ministres ignoraient-ils donc, Monsieur, lui dit-il, que le spectacle d'un grand homme aux prises avec l'adversité est le spectacle le plus sublime ?

Ignoraient-ils que Napoléon à Sainte-Hélène, au milieu des persécutions de toutes espèces, auxquelles il n'oppose que la sérénité, est plus grand, plus sacré, plus vénérable que sur le premier trône du monde où si longtemps il fut l'arbitre des rois ? Ceux qui, dans cette position, manquent à Napoléon n'avilissent que leur propre caractère et la nation qu'ils représentent. »

Cette protestation, passant par-dessus la tête de Lowe, s'élevait comme une plainte d'une éloquence suprême ; en tant que lettre privée, elle eût paru déclamatoire, mais elle était destinée à la publicité et celle qu'elle reçut fut immense. La question d'argent ne fut assurément pas de celles qui frappèrent le moins la sensibilité des peuples ; le contraste entre l'opulence d'hier et la misère d'à présent ne pouvait manquer d'émouvoir, et si quelques-uns des compagnons de l'Empereur craignaient que, par de telles réclamations, on ne diminuât le prestige de Napoléon, ils se trompaient à cette fois. L'âme populaire n'a point de ces petitesses, et l'Empereur la jugeait bien.

Mais plus vivement Napoléon menait contre Lowe et le gouvernement anglais sa campagne de paroles et d'écrits, plus strictement Lowe s'affermissait dans ses consignes et aspirait à mater son prisonnier. La question des dépenses lui était un excellent prétexte pour l'isoler, lui enlever des compagnons qui ne manquaient point de l'exciter, pour le réduire par la solitude et par l'ennui : la prison cellulaire sous l'équateur. Il ne manqua donc pas de se prévaloir des dépenses qu'exigeait la présence de cinquante-cinq personnes pour réclamer le renvoi d'un certain nombre : « C'est seulement, écrivait-il, par une diminution dans le nombre des personnes que l'on peut effectuer une réduction matérielle dans la dépense. » On devrait commencer par les « officiers de sa suite, lesquels ne se considéraient assujettis à aucune loi de discipline, ni au respect dû aux autorités de l'île », et il demandait des mesures de rigueur contre l'Empereur lui-même à cause de « sa conduite insolente et non provoquée » ; il vantait la modération dont il avait fait preuve et « l'indulgence » qu'il lui avait témoignée ; mais il paraissait croire que l'Empereur ne l'avait traité comme il avait fait que pour le provoquer à quelque acte de violence qui lui rendît impossible la continuation de son commandement : tant la préoccupation de conserver sa place primait chez cet homme tout autre sentiment !

Dans quel but, Lowe, si respectueux des instructions de son gouvernement, prit-il sur lui d'excéder d'un tiers, juste à ce moment (5 septembre), la somme allouée pour l'entretien de la maison de l'Empereur et de la porter de son chef de 8 à 12.000 £ ? Faut-il penser qu'il s'était convaincu de l'impossibilité de soutenir l'établissement de Longwood avec une somme moindre, celle-ci encore ne devant suffire que moyennant des réductions considérables dans le personnel des domestiques anglais, ou moyennant une contribution de 8.000 £ de la part de l'Empereur ; ou bien attendait-il que, sur l'énoncé d'un tel chiffre, son gouvernement prît le parti qu'il avait tant de fois suggéré et chassât de l'île ces insolents Français ? Y avait-il à sa détermination des mobiles secrets ? Imaginait-il qu'il adoucirait ainsi l'Empereur et le déterminerait à demander de l'argent en Europe ? Comme ce ne pourrait être que par son canal et par lettres ouvertes, il tiendrait ainsi le secret et l'on ne manquerait pas de lui en savoir gré.

Il ne s'attendait point que Montholon répondit, le 7, à l'officier d'ordonnance que l'Empereur, dans l'impossibilité de restreindre davantage les dépenses de Longwood, s'était déterminé à disposer d'environ 25.000 livres de son argenterie en la vendant à quelque négociant de l'île, de façon à fournir, pendant deux ans, les 12.000 livres qu'on lui demandait — 12.000 ou 8.000, c'est tout un, car peu importait la somme. Lowe, devant le scandale qu'il pressentait, s'ingénia : il déclara par lettre à Montholon qu'il n'hésiterait pas à garantir au général Buonaparte que toutes lettres ou communications écrites qu'il pourrait transmettre au sujet d'argent, par l'intermédiaire du gouverneur, ne seraient portées par celui-ci à la connaissance d'aucun individu de l'île ni d'ailleurs, le secrétaire d'État pour les Colonies seul excepté.

Cette proposition était inadmissible : l'Empereur mit donc à exécution la vente de l'argenterie : on arracha des cloches les aigles ciselés qui les ornaient ; on brisa à coups de marteau les assiettes, les plats et les pièces d'ornement, et Cipriani en porta 942 onces chez Balcombe, assez pour payer les dettes courantes. Une seconde fois, on en vendit 1.227 onces, une troisième, 2.048 ; le taux, d'après le cours de l'argent en Angleterre, fut fixé à cinq shillings l'once. En francs, les 4.227 onces vendues auraient donc produit 26.418 fr. 75. Étant donné que l'Empereur devait fournir rien que pour l'approvisionnement de la maison 100.000 francs par an, qu'il avait à payer les appointements de ses officiers, les gages des gens et les dépenses courantes, ces 26.000 francs suffisaient à peine pour un trimestre. Il y avait assurément une quantité d'argenterie, non, comme avait dit Montholon, pour une valeur de 25.000 £ ou 1.425.000 francs, ce qui eût supposé 10.000 onces en poids, mais peut-être pour une centaine de mille francs. Cette ressource épuisée, restaient les treize lettres de change de 300 £ chacune que Las Cases avait offertes, puis l'argent de Bertrand, mais on n'eut besoin d'aller à ces extrémités que parce qu'on le voulut ainsi. Le gouvernement anglais avait capitulé. Pour le petit-fils de l'alderman Bathurst, l'idée de faire une économie avait été plus forte que la haine, que l'inquiétude, que la superstition du règlement. « Vous pouvez vous regarder comme libre, avait-il écrit à Lowe, le 22 novembre 1816, d'informer le général Buonaparte que vous vous chargerez d'envoyer ici, sans l'examiner, une lettre cachetée pour être remise à la maison de commerce d'Angleterre à laquelle elle sera adressée, pourvu que votre complaisance en cette occasion ne soit pas considérée comme autorisant une permission générale de continuer cette correspondance, que la somme à laquelle montera cette traite vous soit indiquée et que la manière dont il en disposera dans l'île soit soumise à votre approbation. »

Ainsi, moyennant qu'il atténue dans une mesure infime les charges qu'il s'est lui-même imposées, le ministère britannique est le premier à violer les règlements qu'il a imposés au prisonnier, mais il le lui fait payer.

Cette mesure d'ailleurs ne fut point suivie d'exécution ; soit que Lowe, plus strict en sa consigne que son ministre même, ait remis pour donner communication de la dépêche de Lord Bathurst, soit qu'il ait jugé à propos de passer cette concession sous silence. Ce ne fut point par une voie officielle que l'Empereur fit passer l'ordre au prince Eugène d'envoyer les fonds nécessaires à un banquier de Londres et si, à dater du mois d'avril 1818, le Grand maréchal fut autorisé à tirer, une fois par mois, sur les banquiers Andrews, Street et Parker, de Londres, une traite de 10.000 francs, ce fut sous le visa du gouverneur, et moyennant qu'on lui remit un état de répartition réel ou fictif ainsi formulé : à Marchand, pour la toilette de l'Empereur, 1.000 francs ; à Pierron, pour les besoins de la maison, 3.473 ; au comte Bertrand, 2.000 ; au comte Montholon, 2.000 ; aux domestiques, pour gages, 1.525. Ci-devant Gourgaud touchait 500 francs par mois ; Piontkowski, 300 ; le chirurgien, les prêtres eurent de même un traitement. Mais les gages n'étaient pas entièrement versés et, pour la plus grande partie, ils étaient portés en compte, de façon à augmenter la réserve de l'Empereur, en même temps qu'à prévenir certains abus et à constituer pour chaque serviteur une petite fortune.

On ne s'enquit point trop ni de qui fournissait les fonds, ni de qui faisait les remises. On le soupçonnait, on le disait ; même on le savait officieusement, mais officiellement on l'ignorait. Cela permit qu'on tolérât que l'Empereur reçût cet argent, et que le gouvernement anglais fît cette économie. Lowe n'intervenait que pour viser les traites, mais il les visait, et il ne s'étonnait même pas que le général Bertrand fût si riche.

Au moment où la vente de l'argenterie ménageait à tort ou à raison, devant l'opinion européenne, une victoire certaine à Napoléon, le gouverneur obtenait gain de cause sur les points qu'il considérait comme le plus importants : sa conduite recevait l'approbation entière du Prince régent ; Lord Bathurst lui recommandait de redoubler de surveillance, de faire vérifier par l'officier d'ordonnance, au moins deux fois par vingt-quatre heures, si le général Buonaparte était présent, de prohiber toute correspondance clandestine avec les habitants, d'éloigner de la personne du général au moins quatre des individus venus avec lui, en particulier Piontkowski ; les autres, Lowe les choisirait en se laissant guider par l'opinion défavorable qu'il aurait de leur conduite. Si on lui recommandait de supporter de la part de Napoléon toutes les violences qui se borneraient à des paroles, on l'autorisait à faire transporter hors de l'Île toutes les personnes de sa suite « qui n'observeraient pas à son égard le respect qu'exigeait sa position ainsi que cette stricte attention aux règlements qui était la condition indispensable mise à leur résidence dans l'Île ». Pour renforcer s'il en était besoin les armes dont il disposait, pour donner à ceux des compagnons de l'Empereur qui, sans vouloir le paraître, seraient disposés à l'abandonner, les moyens de sembler obligés à le quitter, le ministère renvoyait les déclarations précédemment signées par les officiers et les domestiques, déclarations non conformes à la formule officielle, entourées de restrictions, accompagnées de protestations et attribuant toutes à Napoléon le titre et les qualités que l'Angleterre lui refusait. Le ministère exigeait que, dans la huitaine, on signât, sinon déportation au Cap. L'Empereur paraissait préférer le départ de ses compagnons à l'aveu de sa déchéance qu'ils eussent ainsi contresigné : en réalité, il n'était point si libéré de toute humanité qu'il se résignât à vivre seul, de tout orgueil qu'il consentît à licencier cette petite cour qui lui donnait encore une illusion de souveraineté. Il défendit que l'on signât et il accueillit à merveille ceux qui avaient signé.

La vie devenait de plus en plus difficile. La prohibition de toute correspondance avec les habitants allait entraîner la suppression de toute relation avec eux, les restrictions aux pauvres libertés dont l'Empereur jouissait, le resserrement des limites où il pouvait évoluer sans son gardien, de façon qu'il n'eût plus pour promenade qu'un désert. Les chimères ne procuraient même plus un instant d'espérance ; on s'enlisait dans la monotonie des jours ; si l'on avait cru trouver des distractions à la venue des commissaires, ç'avaient été des déceptions nouvelles. L'Empereur n'avait-il point imaginé que les commissaires seraient porteurs de lettres de leurs souverains les accréditant en quelque sorte près de lui ; qu'une fois introduits, — ce qui lui semblait fort simple, puisqu'ils n'auraient, selon le règlement institué par l'amiral Cockburn, qu'à demander leur audience par le Grand maréchal, — ils formeraient le corps diplomatique accrédité à Longwood ? Il avait pris ses renseignements ; il savait comme étaient le Russe et l'Autrichien, et quelles ressources il tirerait d'eux. Le Français, sans doute, était grotesque et rébarbatif. S'il représentait au naturel l'émigré intransigeant, l'Empereur n'avait-il pas maté et séduit des personnes bien autrement hostiles ? — au moins l'avait-il cru. Il pensait se souvenir de l'avoir vu à Valence, au temps où lui était lieutenant et l'autre colonel ; cela ferait un lien. Et puis, si M. le marquis de Montchenu ne voulait point venir à Longwood, libre à lui, on se dédommagerait avec le Russe et l'Autrichien. Et là-dessus, on avait rêvé. Evidemment, l'empereur de Russie n'aurait pas envoyé un de ses officiers sans le charger de quelque commission pour celui auquel, à Tilsitt et à Erfurt, il jurait une amitié éternelle ; rien ne serait plus simple que d'ouvrir une correspondance avec le czar, et, grâce à lui, on obtiendrait ce qu'on voudrait : qui sait si même il n'offrirait pas un asile dans ses États ? Quant à l'Autrichien, pas de doute : il apportait au proscrit des nouvelles de sa femme et de son fils ; il y avait là, de la part de l'empereur d'Autriche, une attention dont il fallait lui tenir compte. Et l'Empereur attendit ; et il dépêcha Mme Bertrand en éclaireur, et puis Las Cases, et puis tout le monde. Ce qu'on lui apporta, ce fut le texte du traité signé le 2 août 1815 qui le constituait le prisonnier de l'Europe et qui réduisait les fonctions de ces commissaires à délivrer chaque mois son certificat de vie. S'il ne connut point, par bonheur, les prétentions qu'avait eues le marquis de Montchenu, de réquisitionner quelques soldats pour entrer baïonnette au canon dans la maison de Longwood et y constater si l'Usurpateur y était vivant, il apprit que, pour couper court à toute tentative des commissaires, Lowe avait enlevé au Grand maréchal et s'était réservé à lui-même le droit de délivrer les passes. Sur une lettre imprudente que l'Empereur lui fit écrire, il saisit l'occasion de couper les visites, de supprimer par là toute distraction, mais aussi d'abolir tout moyen qu'eût eu Napoléon de communiquer avec l'Europe, d'y porter ses plaintes, d'y faire valoir ses griefs ; car tel était l'Empereur qu'il rendait le geôlier responsable du traitement qu'il subissait, ne pouvant admettre qu'une grande nation assumât, devant la postérité, la honte du traitement qu'on lui faisait subir.

Par le fait même de l'Empereur, Hudson Lowe réalisait ainsi un des objets qui lui avaient été proposés et qu'il tenait comme essentiels pour assurer la garde du prisonnier : la séquestration. Non seulement il avait coupé toutes les communications que l'Empereur eût pu adresser à des personnages du dehors ou même à des habitants de l'Île ; il était parvenu, grâce à une persévérance obstinée, à écarter les visiteurs et à donner à l'Empereur les apparences d'une misanthropie aussi contraire à son caractère que nuisible à ses intérêts. Les quelques personnes qui, des habitudes données par Sir George Cockburn, avaient gardé celle de venir à Longwood et d'y fréquenter même dans une sorte d'intimité, allaient bientôt regagner l'Europe, soit que leur temps de service fût achevé ou que leurs affaires les y rappelassent, et Lowe se tiendrait alors pour certain que nulle parole de son prisonnier ne serait répétée hors de Longwood.

Si, à des personnages d'importance allant à la Chine ou aux Indes, ou en revenant, il ne pouvait fermer les portes de la prison ; s'il était obligé d'admettre que leur désir d'être reçus les fît s'adresser au Grand maréchal, au moins, de ces visiteurs, parents ou alliés de ministres, employés, partisans et soutiens du grand ministère, était-il assuré de ne recevoir aucun démenti ; leurs rapports venaient confirmer les siens, et, alors que l'Empereur se berçait de l'idée que le ministère, mieux instruit, allait enfin faire droit à ses demandes, c'était un redoublement de sévérité qui se préparait pour lui, avec des félicitations pour le gouverneur.

L'Empereur ne devait ni envoyer des messages, ni faire porter des paroles ; il devait moins encore en recevoir, à moins que ce fût par la voie officielle ; que les lettres, remises sans être closes, traînassent dans les bureaux où l'on en prendrait copie, fussent violées par des regards hostiles ou gouailleurs, et, à l'arrivée à Sainte-Hélène, défrayassent les conversations des adjudants du gouverneur. Aussi, lorsqu'on lui remettait ces lettres fanées, impersonnelles et vides, l'Empereur, d'un geste las, les laissait tomber, souvent sans les lire... À quoi bon ?

Les livres qu'il demandait et que le ministère se chargea d'acheter, — moyennant sans doute une commission, car quelle quantité de volumes imprimés n'eût-on pas eue pour cette somme de 1.396 £, 25.000 francs à peu près, qu'on lui réclama ! — lui étaient bien plus précieux. C'était de la pensée, disposée pour être lue par tous, mais dont il lui semblait, dans les feuillets hâtivement coupés, qu'il saisît la primeur. Il en faisait maculer la première page de son cachet impérial, il y faisait écrire son nom : *L'Empereur Napoléon*. Comme jadis d'un royaume, il prenait possession de ces brochures, qui lui devenaient précieuses comme des conquêtes. N'était-il point question, à chaque page, de ce qu'il avait fait ? Quiconque écrivait et imprimait en Europe ne prononçait-il pas son nom ? Qu'importait que quelque Anglais eût imaginé de le rayer du vocabulaire de l'Humanité ? Lowe ne pouvait couper toutes les pages où était imprimé le nom de Napoléon, ces livres étant envoyés par le ministre ! Il prit sa revanche quand un volume arriva envoyé par un particulier : et quel ? — un membre de l'opposition libérale, M. Hobhouse. Il avait adressé à Lowe, pour être remis à l'Empereur, un exemplaire de son ouvrage : *The Last Reign of the Emperor Napoleon* ; cet exemplaire, honorablement relié, portait sur le plat une assez longue inscription débutant par : À Napoléon le Grand, et, à la première page, M. Hobhouse avait transcrit une phrase de Tacite. Sous prétexte que M. Hobhouse s'en était rapporté à ses bons soins, Sir Hudson Lowe, qui était amateur, s'empara du livre, le plaça au milieu des siens, l'emporta plus tard en Angleterre ; mais, lorsqu'il vendit sa bibliothèque, ne se souciant point qu'on trouvât la preuve de son larcin, il l'excepta du marché, et ce fut à la suite de circonstances romanesques qu'un amateur bien connu en fit l'acquisition.

Évidemment, si Hobhouse avait été alors ce qu'il devint, un lord du Royaume-Uni, — Lord Broughton, — l'embarras eût été bien plus grand. Car Lowe ne renvoyait ni ne gardait ce qu'expédiait Lady Holland.

C'est ici assurément l'un des épisodes les plus émouvants de la captivité. Cette femme n'a point de préjugés, et elle l'a prouvé : Elizabeth Vassall, fille unique de Richard Vassall, de la Jamaïque, et de Mary Clark, de New-York, a épousé, en 1766, à l'âge de quinze ans, Sir George Webster, de Battle-Abbey, plus vieux qu'elle de vingt-trois ans. Il fut membre du Parlement, et, n'ayant point été réélu, s'en fut sur le continent, où sa femme désirait voyager. Malgré qu'Elizabeth eût eu cinq enfants de 1789 à 1795, le ménage n'allait guère : Lady Webster était dans les pires termes avec sa belle-mère, contre laquelle elle imaginait toute sorte de grosses farces que ses amis ne manquaient point de trouver spirituelles, car elle était jolie, et riche à 7.000 £ de revenus. Sa famille déclare que quoiqu'elle eût des amis très dévoués, elle n'en eut point d'intime avant 1794, où, en février, elle rencontra, à Florence, Henry Richard, troisième Lord Holland, le neveu de Fox, de Lord Ossory et de Lady

Warwick, de deux ans plus jeune qu'elle. Cette rencontre laissa des traces, car, au mois d'avril 96, Lady Webster, ayant quitté Florence et étant rentrée chez son mari, se trouva obligée de le quitter pour donner, au mois de novembre, le jour à un fils sur lequel Sir Godfrey n'avait aucun droit, et qui fut d'ailleurs baptisé Charles-Richard Fox.

Lady Webster pensa ensuite à divorcer ; Sir Godfrey ne parut point d'abord y mettre obstacle ; mais ensuite il se ravisa, et le procès qu'il intenta coûta à Lord Holland 6.000 £, et à Lady Webster tous ses revenus, sauf 800 £. Privée de la garde de ses enfants, elle ne conserva près d'elle qu'une fille, dont elle avait annoncé la mort, simulé l'enterrement et porté le deuil. Trois ans plus tard, Sir Godfrey lui fit la gracieuseté de mourir, et elle épousa son complice, lequel l'aimait au point de changer son nom de Fox pour celui de Vassall, et de devenir entièrement sa créature. Elle prit une très grande place dans la société anglaise, s'entend la société masculine, car il n'était question ni qu'elle reçût des femmes, ni qu'elle sortît de Holland House pour pénétrer dans quelque salon. Mais telle était cette société que les femmes les plus notoires, les plus puissantes et exerçant l'influence, étaient des déclassées, vivant en marge, mais y régnant ; même elles avaient leur cour masculine, donnaient le mot d'ordre à leurs amis, et comme elles n'éprouvaient aucun embarras à se mêler de politique et que leur tempérament les poussait à jouer un rôle, elles se jetaient dans le mouvement et risquaient des démarches qui eussent compromis d'autres femmes, et qui semblaient toutes simples de leur part. Lady Holland s'établit donc la bénévole commissionnaire de Napoléon. Avec un tact extrêmement fin, une délicatesse d'attentions qui venait du cœur, elle s'ingénia à découvrir les friandises qui pouvaient plaire à l'exilé, les livres qui le distrairaient, les joujoux qui, mettant un éclair dans les yeux des enfants, amèneraient un sourire dans les yeux de ceux qui verraient leur joie. Elle n'avait, semble-t-il, jamais parlé à l'Empereur ; elle l'avait aperçu seulement à une parade, lors du Consulat ; mais ce n'est ni au Général, ni au Consul, ni à l'Empereur qu'elle adressait, si grande que fut son admiration, c'était au prisonnier, à celui dont la captivité lui semblait un opprobre pour sa nation. Ce qu'elle pouvait pour le réparer, elle le faisait ; elle se rendait l'intermédiaire entre la Famille et les ministres. Avec le marquis de Douglas, devenu l'attentif de la princesse Pauline, qui envoyait ou apportait les lettres de Rome, elle demandait, exigeait au besoin les autorisations, car Lord Bathurst ne se fût guère avisé de refuser à cette puissance qu'était Lady Holland, doublée de cette autre puissance, le marquis de Douglas, devenu en 1819, par la mort de son père, duc de Hamilton en Écosse, duc de Brandon en Angleterre, duc de Châtellerault en France. Il fallait l'audace d'un Blacas pour faire la leçon sur ses opinions à un tel grand seigneur, pair de France de 1548. L'arrivée des caisses de Lady Holland faisait à chaque fois un événement à Sainte-Hélène, y mettait pour quelques heures, même quelques jours, une sorte de bonheur, et

Hudson Lowe, s'il désapprouvait, était contraint, par l'ordre du ministre, de laisser passer.

Ce n'était point sans ennui, et il fallait le culte qu'il professait pour la discipline pour qu'il se soumît. Sans doute, le ministre avait le droit d'autoriser ces envois, mais si, dans les caisses, au milieu des confitures, à l'intérieur des joujoux, on avait glissé une correspondance suspecte ; si, moyennant cette correspondance, on avait préparé une évasion, qui serait responsable ? Et puis, cela n'était point régulier, et la règle, l'observance de la règle, c'était comme la religion de cet homme. Il fût tombé malade à la pensée que la règle pût être violée de son chef, qu'elle le fût par sa faute, qu'elle le fut sans qu'il eût pu s'y opposer, qu'elle le fût encore par des personnages vis-à-vis desquels il était désarmé.

Nul affolement pareil au sien, lorsqu'il apprit qu'une mèche de cheveux blonds, qu'on présumait être des cheveux du Roi de Rome, avait été remise à l'Empereur. Quelle importance cela eût-il présenté pour un homme bien élevé, qui eût eu du tact et le sentiment des convenances ? Il eût fermé les yeux, fait connaître qu'il n'était point dupe, donné peut-être un avertissement, mais se fût gardé de faire d'un tel incident une affaire où, de son côté, le ridicule l'eût disputé à l'odieux. Mais Lowe ne sait point ce que c'est que le ridicule, et où irait-on si l'on admettait que la consigne pût être odieuse et put commander des actes odieux ?

Le baron Stürmer, commissaire autrichien, avait reçu de sa cour l'ordre d'introduire à Sainte-Hélène et d'y protéger un jardinier de Schœnbrünn, nommé Philipp Welle, chargé par l'empereur d'Autriche lui-même de recueillir tout ce que cette île pourrait offrir d'intéressant pour l'histoire naturelle et en particulier pour la botanique. Cet homme s'arrangea pour rencontrer, à Jamestown, Marchand, le valet de chambre de l'Empereur, le fils de la berceuse qui avait accompagné à Vienne le Roi de Rome. De la part de cette Mme Marchand, il remit à son fils un morceau de papier plié sur lequel était écrit : « Je t'envoie de mes cheveux. Si tu as le moyen de te faire peindre, envoie-moi ton portrait. *Ta mère* : MARCHAND. » Dans le papier, une boucle de cheveux « blanchâtres, blonds de filasse ». Marchand ne s'y trompa pas : c'étaient des cheveux du Roi de Rome. L'empereur d'Autriche a interdit qu'on donnât au père des nouvelles de son fils et n'a même pas chargé son commissaire à Sainte-Hélène de certifier que cet enfant n'est pas mort ; Marie-Louise n'a point admis que Napoléon y prit plus d'intérêt qu'elle-même, et n'a pas même songé qu'elle pût en donner des nouvelles. Le grand-père et la mère n'ont eu garde ; leurs Alliés pourraient les en reprendre. Ce qu'ils ne font pas, une vieille femme française, domestique, bonne, rien de plus, le veut faire et y parvient. Elle attendrit Boze, l'inspecteur des jardins de Schœnbrünn ; elle obtient qu'il remette à Welle, son élève, cette enveloppe où il y a des cheveux, et ainsi, à travers ces pitiés conspirantes des humbles, le proscrit saura que son enfant existe.

Lowe apprend qu'on a remis à Napoléon des cheveux de « celui qu'on appelle le Roi de Rome ». Qui a commis ce crime ? Un domestique sans doute, mais à qui ? Au commissaire français sûrement. On cherche, on s'enquiert ; on pose d'insidieuses questions à Montchenu, qui s'indigne. Rien de ce côté. On se retourne sur l'Autrichien, dont la femme est Française, Parisienne, inquiétante : mais ce n'est point la baronne ni ses gens. On arrive à Welle. Déjà le gouverneur a cherché chicane à Stürmer à propos de ce Welle : il était suspect, il restait trop longtemps ; il était en rapports avec un nommé Prince, Anglais, auquel il n'y avait rien à reprocher de positif, mais qui n'en avait pas moins été expulsé. Lowe interroge Welle : Welle dit simplement ce qu'il a fait : il ne peut croire qu'il soit criminel pour avoir remis à Marchand un papier dans lequel il y a des cheveux. En vain Stürmer prend sa défense. Tout ce qu'il obtient, c'est qu'on ne le pende point, car il n'en serait rien moins s'il passait en justice et qu'on lui appliquât les lois de la Grande-Bretagne, mais il est expulsé, et Stürmer, après avoir été repris avec une dureté singulière par le prince de Metternich, qui pourtant le protège, est cassé aux gages et, pour quelque temps au moins, disgracié.

En droit, qui avait raison ? Lowe, assurément. Il remplissait sa consigne, mais de telle façon que, si cette histoire était connue, il tournait contre lui l'humanité soulevée. Nul doute que ce ne soit un des griefs principaux que la postérité, sur la parole de Napoléon, ait formés contre lui ; il est vrai que Napoléon ne s'est point borné au fait tel qu'il l'a reçu de Marchand. Il a pris pour acquis que Welle avait vu le Roi de Rome à Schœnbrünn et que Lowe le savait ; que Welle avait demandé à venir à Longwood et que Lowe l'avait refusé. Rien de moins sûr ; mais il part de là, dans la lettre qu'il remet à Las Cases le 11 décembre 1816 et qu'il destine à être publiée ; il écrit : « Si vous voyez ma femme et mon fils, embrassez-les. Depuis deux ans, je n'en ai aucune nouvelle, ni directe ni indirecte. Il y a, depuis six mois, dans ce pays, un botaniste allemand qui les a vus dans le jardin de Schœnbrünn quelques mois avant son départ. Les barbares ont empêché qu'il vint me donner de leurs nouvelles. » Cinq mois plus tard, dans un document dont il prévoyait l'immense retentissement, il écrit : « D'après le même esprit d'inquisition, un botaniste de Schœnbrünn, qui a séjourné plusieurs mois dans l'île et qui aurait pu donner à un père des nouvelles de son fils, fut écarté de Longwood avec le plus grand soin. »

L'Empereur supposait gratuitement que Welle avait vu l'Impératrice et le Roi de Rome ; plus gratuitement encore, qu'il avait demandé à venir à Longwood. Mais l'argument devait frapper l'imagination, et Lowe ne pouvait y opposer sa consigne sans être taxé de cruauté. Aussi, quelque inquiétude qu'il eût prise et si animée qu'eût été sa correspondance avec Stûrmer, glissa-t-il par la suite, alléguant que seule la manière clandestine dont la mèche de cheveux avait été remise avait motivé son observation.

Dans le cas de Welle, Lowe, en définitive, avait cédé, et il n'avait tiré de sa condescendance relative aucun bénéfice

— tout au contraire. Ce fut pis encore dans le second cas. Le 28 mai 1817, un store-ship, le *Baring*, capitaine Lamp, arrive à Sainte-Hélène. À bord est un maître canonnier, Philippe Radovitch, lequel a été chargé, par la maison de commerce Biagini, de Londres, de présenter à Napoléon un buste en marbre de son fils. C'est un buste de commerce dont on rehausse la valeur de quantité de légendes : qu'il a été taillé d'après un portrait exécuté sur nature aux bains de Livourne, où le prince se trouvait avec sa mère ; qu'il n'y en eut que deux exemplaires, l'un qu'a conservé « l'illustre mère du prince » et celui-ci ; qu'il a fallu de grands frais pour obtenir la ressemblance ; tout cela est faux. L'on a décoré l'enfant de la plaque de la Légion d'honneur, alors que depuis son arrivée à Vienne on la lui a enlevée ; l'on a inscrit sur le piédouche : *Napoléon-François-Charles-Joseph*, comme si le nom de Napoléon n'était point proscrit dans le ciel et sur la terre ; mais ces erreurs ne sont point involontaires, comme est celle de Livourne où l'enfant n'alla jamais, et encore moins avec sa mère…

Radovitch tombe malade sitôt le *Baring* en rade. Lowe se met en possession du buste et il délibère, même il consulte. Doit-il attendre des instructions de Lord Balhurst ? N'est-ce pas, ce buste, un signe de reconnaissance ? Ne renferme-t-il pas une correspondance ? Cela se pourrait, lui dit-on, s'il était en plâtre, mais il est en marbre ! Cet argument lui semble si fort que, le 10 juin, après douze jours de réflexions, il se détermine à venir chez le Grand maréchal pour lui parler du buste. Or, dès le lendemain de l'arrivée du *Baring,* l'Empereur a su que ce buste était à bord et il a bâti sur cet envoi tout un système. On lui a rapporté les délibérations de Lowe et de son adjudant : supprimer le buste, le briser, le jeter à la mer. Il guette le gouverneur, et, dès lors, il a fait de cette affaire un de ses griefs dans des notes qu'il a dictées à Montholon. Lowe expose au Grand maréchal « qu'un statuaire de Livourne a fait un mauvais buste du fils de l'impératrice Marie-Louise et l'a envoyé à Sainte-Hélène par le *Baring* ; il n'en a pas fixé le prix, mais il espère cent louis de la générosité du général Buonaparte ; cette prétention est si exorbitante qu'elle doit suffire pour que le buste ne soit pas accepté, car c'est évidemment une honteuse spéculation de quelque mauvais sculpteur toscan ». À l'appui de son dire, Lowe communique à Bertrand la lettre de Biagini et le mémorandum d'embarquement. Voilà donc ses scrupules ; et comment pourrait-il plus maladroitement se tirer d'affaire qu'en mettant au défi la libéralité de l'Empereur ?

Le Grand maréchal « ne s'en laisse pas imposer ». Il répond que l'Empereur a un grand désir de revoir les traits de son fils, et il engage vivement le gouverneur à envoyer le buste le soir même. Il est bien exact que l'Empereur y attache un prix extrême : outre que la remise constituera un avantage sur le gouverneur, il ne met pas en doute que « ce buste a été fait d'après les ordres de l'impératrice Marie-Louise pour être offert au père et au mari en hommage de ses tendres sentiments ».

Le 11, le buste est apporté : l'Empereur envoie aussitôt Gourgaud chez le Grand maréchal pour ouvrir la caisse et lui rendre compte. Au retour, son premier mot : « Quelle décoration ? — L'Aigle. — Ce n'est pas celui de Saint-Étienne, au moins ? — Eh ! non ! c'est l'aigle que Votre Majesté porte elle-même. » Il est content ; il renvoie Gourgaud chercher le buste ; tout de suite il regarde la décoration : « Est-ce l'Impératrice ou le sculpteur qui aura voulu l'Aigle ? » Il trouve que l'enfant est joli, quoiqu'il ait le col enfoncé ; il ressemble à sa mère. Il fait appeler les Montholon : il montre le buste à O'Meara, aux petites Balcombe. C'est l'impératrice Marie-Louise qui le lui a envoyé.

Le croit-il ? Se le figure-t-il vraiment ? On le dirait : « Sa figure rayonne ; elle exprime d'une façon frappante l'amour paternel et l'orgueil qu'il éprouve d'être le père d'un si aimable enfant. » Il est évidemment enchanté des éloges enthousiastes qu'y donnent les Balcombe, mais il tient presque autant à l'avantage qu'il doit en tirer sur le gouverneur. Lowe n'a-t-il pas pensé à briser le buste, à le jeter à la mer ? Ne l'a-t-il pas retenu pendant plusieurs jours ? « S'il ne me l'avait point remis, dit l'Empereur, je me proposais de faire une plainte qui eût fait dresser les cheveux sur la tête à tout Anglais ; j'eusse raconté des choses qui l'eussent fait exécrer par toutes les mères en Angleterre comme un monstre à figure humaine. » Mais il l'a remis ; la plainte alors n'a plus d'objet. Assurément ; mais il a voulu le briser : « Regardez cela, dit l'Empereur, regardez cette figure. Il faudrait être bien barbare, bien atroce pour vouloir briser une figure semblable. Je regarderais l'homme capable de le faire ou de l'ordonner comme plus méchant que celui qui administre le poison à un autre, car celui-ci a quelque but en vue, tandis que celui-là n'est poussé que par la plus noire atrocité, et il est capable de tous les crimes. »

Ce n'est pas assez : ces discours ne sortent pas de l'entourage auquel ils s'adressent, et l'Empereur veut qu'ils retentissent. Lowe a dit que le buste ne vaut pas les cent louis qu'on en demande. « Pour moi, il vaut un million », dit l'Empereur, et il commande à Bertrand de donner trois cents guinées à celui qui l'a apporté ; du même coup, on verra cet homme, on saura d'où il vient, qui l'envoie ; peut-être est-il chargé de quelque message. Radovitch est conduit, en effet, chez Mme Bertrand, mais l'officier ne le quitte pas une seconde. Il dit seulement « que le buste lui a été remis par un banquier avec qui il partagera l'argent qu'on lui donnera ; qu'il a été fait lorsque le petit Napoléon était aux eaux de Pise ». — Nouveau mensonge ; mais qu'en savait-on à Sainte-Hélène ? Le 16 juillet, Radovitch reçoit de Bertrand, avec un bon de trois cents livres (7.500 francs), cette lettre, qui ne manquera point d'être publiée : « Je regrette que vous n'ayez pu venir nous voir et nous donner quelques détails, qui sont toujours intéressants pour un père. Des lettres que vous avez envoyées, il résulte que l'artiste évalue à 100 £ la valeur de son ouvrage. L'Empereur m'a ordonné de vous faire passer un bon de

300 £. Le surplus sera pour vous indemniser de la perte qu'il sait que vous avez éprouvée dans la vente de votre pacotille, n'ayant pu débarquer, et des tracasseries que vous a occasionnées cet événement si simple et qui devait vous mériter des égards de la part de tout homme sensible. Veuillez faire agréer les remerciements de l'Empereur aux personnes qui vous ont donné cette aimable commission. « Cette phrase vise Marie-Louise ; elle affirme la croyance où l'empereur est, ou veut paraître, que le buste vient d'elle. Pour Hudson Lowe, il a gagné d'apprendre qu'il n'est pas « un homme sensible ». Pourtant, n'aurait-il pas eu le droit, d'après ses instructions, d'intercepter un objet qui n'était point adressé par la voie ministérielle, qui portait des emblèmes séditieux et étalait un nom proscrit ? Il a obéi, après quelque hésitation sans doute, à un sentiment de déférence et, peut-on ajouter, de commisération ; il pouvait en être repris sèchement par ses chefs, — et il le fut, — mais, de la part de son prisonnier, cela ne lui valut que quelques injures.

Au surplus, quoi qu'il fit ou qu'il tentât, on ne lui en savait pas plus de gré ; qu'il prît sur lui d'offrir du café ou des faisans, on acceptait le présent, mais on n'avait garde de remercier. Tentait-il de se faire un mérite d'avoir adressé à Longwood cinq caisses contenant un jeu d'échecs, une boîte de jetons et deux paniers d'ouvrage en ivoire qu'avait envoyés de Canton un M. Elphinstone, frère de Lady Malcolm et d'un officier que l'Empereur avait fait panser à Waterloo ; faisait-il remarquer que, s'il avait agi « en entière conformité aux règlements établis », il aurait dû en suspendre l'envoi, parce que, sur les jetons, il y avait une couronne impériale, il recevait aussitôt une lettre dictée par l'Empereur et d'un ton qu'il ne pouvait méconnaître. Il y apprenait « qu'il n'était pas à la connaissance des prisonniers qu'ils ne pussent pas posséder un objet sur lequel il y avait une couronne », et avec quel mépris on lui disait : « L'Empereur ne veut de grâce de personne et ne veut rien du caprice de qui que ce soit. »

S'il avait intercepté ces jetons, il eût été approuvé comme s'il avait intercepté le buste. Jamais le ministre ne le reprit pour avoir exécuté ses consignes, mais toujours pour s'en être relâché. Telle était la crainte que l'Empereur trouvât moyen de correspondre avec l'Europe, que les ministres anglais, aussi bien que les ambassadeurs des Puissances alliées, en arrivaient à donner de l'importance à des annonces chiffrées insérées dans le journal *The Anti-Gallican*, que publiait à Londres Lewis Goldsmith, juif anglais, ci-devant employé par le ministère de France à de basses besognes de journalisme, telles que la rédaction de *The Argus* ou du *Moniteur Anti-Britannique*, et rachetant à présent, par ses injures à la France, ses insultes à l'Angleterre. On prétendait que Napoléon correspondait avec ses partisans par ces annonces, dont voici une, péniblement déchiffrée :

« *D. 0. L'Anti-Gallican vient d'arriver ici. Il est fâcheux que l'éditeur vous ait adressé une lettre. Cela a donné* l'éveil ; cela sera vexant si l'on ne peut pas communiquer avec vous par la voie de son journal, car je crains que les autres ne voudront pas insérer les annonces en chiffres. Ainsi, il ne faut pas lui répondre. Harel est parti pour l'Amérique. Des fonds ont été envoyés à votre frère Joseph. Lucien est devenu ladre. Hortense est toujours dans les meilleures dispositions. L'armée sera augmentée à 500.000 hommes. La Russie travaille l'armée, Davoust a été sondé par Pozzo di Borgo. Carnot est tout à fait russe. Si le gouvernement anglais vous fait des propositions, n'en dites rien à Stürmer. Quoique Metternich a promis de vous être utile, il ne faut pas vous confier à lui. En tout cas, suivez le conseil qui vous a été donnée ne vous couchez pas la nuit. »

Des hommes qui eussent conservé leur sang-froid eussent vu dans cette annonce l'expédient d'un journaliste aux abois pour intriguer, par un scandale, quelques lecteurs et se procurer des subsides. Ils se fussent demandé comment l'empereur eût pu écrire à Lewis Goldsmith : comment il eût pu lire l'*Anti-Gallican*, qui regorgeait à l'ordinaire d'injures contre lui et d'insultes contre la France ; comment il eût pu y faire passer des annonces ; comment un Français eût pu s'adresser à Goldsmith, et pour exprimer de telles niaiseries, sur un chiffre combiné tout exprès pour être deviné. Mais, loin qu'on prît la chose pour ce qu'elle était, on s'en émut dans toutes les ambassades ; il y eut des notes que M. d'Osmond passa à M. de Lieven, et Lord Castlereagh fît part de ses inquiétudes à Lord Bathurst, lequel conclut que si l'on pouvait communiquer au général Buonaparte les journaux qui traduisaient les inspirations du ministère, l'on devait bien se garder de l'autoriser à recevoir régulièrement, et surtout par abonnement, des journaux de l'opposition où ses partisans ne manqueraient point d'insérer des avis en langage convenu qui mettraient l'Empire britannique en péril.

De là peut-on déduire comme on envisageait dans les cours d'Europe la pensée que l'Empereur pût entretenir des correspondances clandestines, et comme Hudson Lowe devait s'inquiéter à la pensée qu'un tel fait pût se produire. Et dans quel émoi fut-il jeté lorsqu'il apprit qu'il y avait eu, à de telles tentatives, un commencement d'exécution, et que, selon toute vraisemblance, il y avait eu déjà des communications échangées.

Las Cases avait pour domestique un mulâtre nommé James Scott, qu'il avait employé à des commissions que le gouverneur avait trouvées suspectes. Comme il n'y avait point de preuve que Sir George Cockburn eût autorisé Las Cases à engager ce domestique, Lowe lui « ôta sa place », le fit venir, l'interrogea avec sévérité sur les messages qu'il aurait pu porter, et le menaça des plus terribles châtiments, — soit, de la peine de mort — s'il était surpris en récidive. Le père de ce James, John Scott, blanc et libre, vint deux jours après trouver Lowe et lui révéla que Las Cases avait revu, à Longwood, son ancien domestique, engagé pour suivre un nouveau maître en Angleterre ; qu'il lui avait proposé (à moins que ce ne fût James Scott qui se fût offert) pour faire quelques commissions ; que Las Cases alors lui avait remis un certificat signé de son nom et scellé de ses armes, et un papier portant l'adresse ostensible de Lady Clavering. Puis, il lui avait donné un gilet rouge que Scott ne devait quitter qu'à Londres ; dans la doublure de ce gilet, étaient cousues deux bandes de taffetas blanc gommé, sur lesquelles le jeune Las Cases avait copié deux longues lettres adressées par son père, l'une à Lady Clavering et l'autre à Lucien Bonaparte, près duquel, aux Cent-Jours, Las Cases avait été détaché comme chambellan lorsque l'Empereur, se réconciliant avec son frère, lui avait constitué une sorte de maison.

Aussitôt prévenu, Hudson Lowe ordonna qu'on arrêtât James Scott, qu'on saisît les bandes de taffetas gommé et qu'on transcrivit l'écriture trop fine du jeune Las Cases. Puis, il se transporta à Longwood, fit arrêter Las Cases par Sir Thomas Reade, et, en présence d'Emmanuel, fit apposer les scellés sur ses papiers. Las Cases fut mis momentanément au secret à Hut's Gate.

Il avait accueilli avec un calme surprenant son arrestation. « Ainsi, avait-il dit, je suis arrêté en conséquence de la dénonciation de Scott ? Je savais bien que le gouverneur me l'avait envoyé. » S'il le savait, comment avait-il eu recours à lui ? N'était-il pas averti, depuis le *Bellerophon,* de ce qu'il risquait à ouvrir une correspondance clandestine ? Ne s'était-il pas, par deux fois, soumis par écrit aux restrictions que l'Angleterre imposait à ceux qui voudraient demeurer auprès de l'Empereur ? En violant la consigne, ne connaissait-il pas la peine qui l'attendait ? Et c'était à un mulâtre esclave — et esclave d'un père anglais et loyaliste — qu'il avait eu l'idée de remettre des documents signés de son nom, copiés par son fils, dont le texte n'avait pu être rédigé que par lui, et dont l'un au moins ne pouvait qu'être destiné à la publicité ?

La lettre au prince Lucien renfermait le récit des événements depuis le départ de Malmaison jusqu'au mois d'août 1816. Ce récit avait la forme d'un pamphlet plutôt que d'une narration ; il était déclamatoire et peu exact. La lettre à Lady Clavering était compromettante pour elle, pour Lord Holland, auquel Las Cases annonçait avoir adressé ci-devant un paquet, pour le prince Lucien, pour tout le monde. Las Cases y justifiait les craintes exprimées par les ambassadeurs au sujet des journaux. « Que n'auriez-vous, disait-il à Lady Clavering, quelqu'un pour m'écrire sous votre dictée ?...... Il pourrait faire insérer des articles dans le *Times* et le *Morning Chronicle*, dont la lecture nous apprendrait que ma lettre vous est parvenue. » Enfin, il révélait que des billets, cachés dans des effets d'habillement, étaient ainsi parvenus entre les mains des prisonniers.

On eût dit que Las Cases avait réuni sur cette bande de taffetas tous les griefs qu'on pût former contre lui.

D'ailleurs, tout était invraisemblable dans cette histoire : la proposition de James Scott, la confiance que Las Cases lui avait témoignée aussitôt, l'impossibilité matérielle que Scott remît à Lucien Bonaparte, à Rome, la lettre qui lui était destinée, le peu d'urgence et le médiocre intérêt de ces documents pour lesquels Las Cases risquait son renvoi et la pendaison de son ancien domestique.

Sans doute, Las Cases annonce qu'il a déjà, sur une bande de ce même taffetas gommé, fait passer en Europe la protestation de l'Empereur contre le traité du 2 août ; il révèle même qu'il l'a adressée à Lord Holland, mais on ne saurait croire que c'ait été par cette voie que Lord Holland en a eu connaissance. D'ailleurs, ce qui a pu réussir, dans des conditions différentes, avec la connivence d'un Anglais, pour un intérêt majeur, sous le bon plaisir et par ordre de Napoléon, devait-il être tenté, avec toutes les chances contre soi, sans l'autorisation ni l'agrément de l'Empereur, pour expédier en Europe un document qui n'importait ni à la politique, ni à la gloire, ni à la vie de Napoléon, et qui ne pouvait avoir pour objet que de mettre en relief la personnalité de Las Cases ?

C'était là la plus favorable hypothèse, celle où les lettres parviendraient aux mains de Lady Clavering et de Lucien Bonaparte, et que celui-ci donnerait au factum qui lui était adressé la plus large publicité… dans le *Diario romano*, dans les journaux des Deux-Siciles ou dans ceux du Royaume lombard-vénitien ! Mais l'autre hypothèse, celle très vraisemblable, où Scott, même s'il n'était point agent provocateur, serait pris avec ses bandes de taffetas, Las Cases ne l'avait-il pas envisagée ?

Depuis qu'on était réuni à Longwood, l'existence y était intenable pour lui. Aux Briars, il avait été l'unique compagnon de l'Empereur, travaillant et causant avec lui, passant la journée entière et souvent la nuit à écouter le récit de sa surprenante fortune. Lorsque Gourgaud était venu rejoindre l'Empereur aux Briars, le charme de cette intimité avait été diminué, mais il n'avait été définitivement rompu que lors de l'installation à Longwood. Si peu de place que prissent les deux Las Cases, si accommodant que se montrât le père pour ce qui était des fonctions, du rang, des prérogatives, si peu gênant que fût le fils, presque constamment absorbé par des écritures sans fin, où eût succombé un homme plus âgé et où il avait presque ruiné sa santé, ç'avaient été, de la part de Gourgaud et des Montholon, pour cette unique fois alliés, des attaques, d'abord cachées, puis ouvertes, de continuelles contradictions, enfin des offenses qui eussent mis à un homme moins résolu d'être calme l'épée à la main. À Longwood, les pires coins avaient été assez bons pour le père et le fils. On avait voulu faire manger celui-ci avec Piontkowski, le Polonais suspect. Plus de travail particulier. Chacun réclamait sa tranche d'histoire, qu'il fût ou non capable de la traiter. Au lieu de dictées réitérées, formulant peu à peu la rédaction définitive, au lieu d'une suite ménagée où la mémoire se retrouvait et s'exaltait, le dispersement entre des époques, si fort éloignées qu'il fallait, à chaque fois, un effort considérable pour se retrouver, se reprendre et arriver à quelque précision ; au lieu d'une rédaction où il était impossible de méconnaître la touche du maître, et où la collaboration du secrétaire ne se révélait qu'à la mise au point de certains détails, à l'unité des vues et à l'enchaînement du récit, quatre différentes façons de recevoir la pensée et d'en suggérer l'expression. La dictée, si précise soit-elle, implique toujours un travail de revision, et à ce travail chacun s'appliquait à sa façon, y portant ses qualités ou ses défauts, au détriment de la pensée initiale et de l'unité de l'œuvre. Le plus grand défaut de cette quadruple collaboration, c'est qu'elle avait dégoûté l'Empereur d'un labeur suivi et que, avant même qu'il eût abordé son règne, il devait interrompre son récit pour n'en reprendre que les dernières péripéties, en vue d'expliquer comment il n'était point responsable du désastre de Waterloo. Las Cases n'avait donc plus, dans ce travail collectif, qu'un quart de confiance, et c'était là assurément la désillusion la plus pénible qu'il pût éprouver. Ne se mêlant en quoi que ce fût aux intrigues des commensaux de l'Empereur, dédaignant aussi bien les manœuvres des Montholon que les colères de Gourgaud, ne pouvant, comme le Grand maréchal, chercher un peu de paix dans son intérieur ; n'ayant point eu d'autre but que d'entrer dans la confidence de l'Empereur et n'ayant point cherché d'autre emploi à son activité que de recevoir ses dictées et recueillir ses paroles, il pouvait penser que s'il avait réussi dans le premier cas, il échouait présentement dans le second, et qu'il n'avait point à poursuivre une œuvre qui appartiendrait à Napoléon et nullement à Las Cases. Il n'en était point de même dans le cas de son journal : là, il s'était si étroitement mêlé à l'Empereur qu'on ne pouvait les séparer ; Napoléon parlait, mais il avait un interlocuteur, et c'était Las Cases. Las Cases donnait la réplique, mais il ne s'abstenait pas d'émettre ses idées, de raconter sa vie, de vanter son Atlas, de faire valoir son dévouement. Il tenait registre de ces propos, mais le manuscrit se gonflait et devenait énorme. Si, pour un peu moins de deux années, quatre mille pages étaient noircies, que de pages pour dix ans, au cas que la captivité et la vie de l'Empereur se prolongeassent dix années ? Il y avait le dégoût, la lassitude, l'ennui. On ne va pas jusqu'à penser que Las Cases a préparé sa sortie en se faisant prendre ainsi en flagrant délit, mais qu'il a sciemment risqué d'être déporté pour un si médiocre profit et avec d'aussi médiocres chances ; autrement faudrait-il douter que cet homme de cinquante ans fut de bon sens. Or, malgré l'obscurcissement momentané de sa faveur, il était le compagnon le plus utile à l'Empereur, le seul dont la conversation lui agréât, le seul qui occupât son oisiveté et fournît un aliment à son esprit. Seul avec Bertrand, — lui de 1766, Bertrand de 1773, — il était d'âge à se rappeler les événements qui intéressaient l'Empereur, et, tandis que Bertrand, absorbé entre sa femme et ses enfants, ne paraissait chez l'Empereur qu'à heures fixes et pour un travail donné, Las Cases était toujours là, et sa parole n'était point enchaînée, comme celle de Bertrand, par le lien d'une discipline subie depuis vingt ans. Cela, tout le monde le sentait et le savait à Longwvood et hors de

Longwood, et l'espèce de rage qu'éprouvaient, contre Las Cases, les Montholon et Gourgaud, suffisait à le montrer. Las Cases était pour l'Empereur le seul homme nécessaire, parce qu'il était le seul qui pût encore l'intéresser à la vie, fût-ce à sa vie passée, et, par là, à sa vie présente.

Mais, Las Cases avait entrevu une autre mission qui n'était pas pour flatter moins son amour-propre, son zèle et son dévouement, ni pour procurer moins de retentissement à son nom. Il rêvait d'être en Europe le porte-paroles de Napoléon : arrivant de l'île maudite, couvert d'un prestige que lui assuraient son désintéressement, la noblesse de sa conduite et la pureté de son caractère, il porterait au tribunal des rois les plaintes du proscrit, il agiterait l'opinion des peuples, il obtiendrait des adoucissements à la captivité, il prouverait que la santé de l'Empereur se trouvait compromise par le séjour à Sainte-Hélène et qu'il fallait au moins changer le lieu de la relégation.

Si ferme était sa détermination que, dès le premier jour de son arrestation, il s'était mis personnellement en conflit avec l'Empereur pour obtenir qu'on lui remît le manuscrit de son journal, que l'Empereur de son côté réclamait comme lui appartenant ; sans s'inquiéter si la chose conviendrait ou non à l'Empereur, il avait pris sur lui d'adresser à Hudson Lowe un réquisitoire où il s'établissait, avec une audace tranquille, l'avocat d'office et le porte-paroles de Napoléon et ne faisait en réalité que creuser le fossé et élever la barrière. Devant de tels documents, où il sacrifiait si largement à la littérature, s'inquiétait si peu des conséquences, on ne peut que se demander si Las Cases, ayant constamment en vue un autre public et, si l'on veut la postérité, n'excitait point l'Empereur comme le disaient les agents anglais, aux protestations écrites, aux manifestations de toute espèce qui devaient donner du dramatique à l'histoire de la captivité et du piquant au livre qu'il préparait.

Rien ne pouvait faire qu'il restât à Sainte-Hélène, vu que, disait-il, « il avait été flétri par son arrestation ». Vainement le Grand maréchal lui écrivit et lui dit que l'Empereur souhaitait qu'il restât ; vainement Hudson Lowe lui proposa de retourner à Longwood pourvu qu'il en fît la demande par écrit ; Lowe, par égard pour les convenances de l'Empereur, acceptait ainsi de tenir pour non avenue l'infraction la plus grave qui eût pu être faite aux règlements ; il ne manqua point de rendre compte au ministre, lequel, par retour du courrier, approuva cette indulgence : mais Las Cases n'entendait point retourner près de l'Empereur et, au milieu des fleurs de rhétorique dont il l'entourait, cette résolution, le plus nettement du monde, se faisait jour.

L'Empereur couvrit son départ en lui adressant une lettre qui contenait une approbation positive : « Votre conduite à Sainte-Hélène, lui disait-il, a été, comme votre vie, honorable et sans reproche... Votre société m'était nécessaire. Seul, vous lisez, vous parlez et entendez l'anglais... Cependant, je vous engage, et au besoin je vous ordonne, de requérir le commandant de ce pays de vous renvoyer sur le continent : il ne peut point s'y refuser puisqu'il n'a d'action sur vous que par l'acte volontaire que vous avez signé… » Et il terminait ainsi cette lettre où il avait réuni les plus fortes imprécations contre le gouverneur : « … Consolez-vous et consolez mes amis. Mon corps se trouve, il est vrai, au pouvoir de la haine de mes ennemis : ils n'oublient rien de ce qui peut assouvir leur vengeance ; ils me tuent à coups d'épingle ; mais la Providence est trop juste pour qu'elle permette que cela se prolonge longtemps encore. L'insalubrité de ce climat dévorant, le manque de tout ce qui entretient la vie, mettront, je le sens, un terme prompt à cette existence dont les derniers moments seront un acte d'opprobre pour le caractère anglais ; et l'Europe signalera un jour avec horreur cet homme astucieux et méchant : les vrais Anglais le désavoueront pour Breton. »

Las Cases allait donc partir avec les honneurs de la guerre : non seulement l'Empereur ne paraissait plus se souvenir d'avoir blâmé son imprudence, mais il semblait admettre que, comme le disait Las Cases, « il serait plus utile en Europe qu'à Longwood ». Si son départ pouvait surprendre, surtout après la déclaration qu'il avait donnée le 20 avril 1816, où il affirmait en même temps que son dévouement, sa volonté de « demeurer auprès de l'empereur Napoléon », il y devait donner une excuse qui expliquerait tout : l'état de santé de l'Empereur, la nécessité de le rendre public, et l'impulsion qu'une telle révélation donnerait à l'opinion.

Depuis que le gouverneur avait, de son chef, restreint les limites de l'enceinte tracée par l'amiral Cockburn pour les promenades de l'Empereur et qu'il s'était ingénié à multiplier les sentinelles, rêvant même une grille continue pour clôture aux jardins de Longwood, Napoléon avait cessé de prendre un exercice qui avait toujours été indispensable à sa santé ; il avait, de plus en plus, pris ses aliments à des heures irrégulières ; il avait cherché à calmer par des bains prolongés des douleurs dont l'apparition remontait au commencement de 1816 et dont la marche avait paru être rapide.

Le médecin qu'il avait dû s'attacher, à défaut du médecin français qui avait refusé de le suivre, n'avait qu'une instruction sommaire et il avait une âme basse. Il ne s'était point mis en avant tant qu'avait duré le commandement de l'amiral Cockburn. Dès l'arrivée d'Hudson Lowe, il s'était proposé à lui et lui avait adressé, sur l'Empereur et ses compagnons, des rapports qui n'étaient point d'un médecin, pas même d'un officier subordonné, mais d'un espion. Il y tournait en ridicule ceux près desquels il vivait et n'épargnait pas même les femmes. Comme il s'imaginait que, plus il serait agressif, et mieux il ferait sa cour, il ne ménageait personne ni dans sa correspondance avec le gouverneur, ni dans celle qu'il entretenait, au su du ministère, avec un Mr. Finlaison, clerc de l'Amirauté, lequel ne manquait point de faire passer les lettres sous les yeux de qui de droit. Ainsi O'Meara avait-il contribué plus que qui que ce soit à créer autour des prisonniers une atmosphère de défiance qui leur était singulièrement défavorable.

Lowe ne s'était pourtant point laissé prendre à ses finesses. Il avait amené d'Angleterre, avec le titre d'inspecteur des hôpitaux de Sainte-Hélène, un certain docteur Baxter, son chirurgien aux *Corsican Rangers*, qui avait toute sa confiance. Son intention fermement arrêtée était de l'imposer à l'Empereur, sinon comme médecin ordinaire, au moins comme consultant, chargé d'empêcher que la santé de Napoléon servît de prétexte à des adoucissements préjudiciables à sa garde. Dès qu'il avait parlé de Baxter à l'Empereur, celui-ci s'était cabré, mais Lowe était patient, et il n'attendait qu'une occasion pour montrer à O'Meara qu'il le prisait peu et qu'il ne lui accordait pas sa confiance. Cette occasion se présenta d'autant plus naturellement qu'O'Meara était léger et indiscret, qu'il se pliait malaisément aux règlements, qu'il était vaniteux et susceptible et qu'il entendait que sa mission près de l'Empereur profitât à son avancement et à sa solde ; repris durement par Lowe, il se retourna vers l'Empereur dont il avait beaucoup à attendre, soit comme argent, puisque Napoléon passait pour disposer d'inépuisables trésors, soit comme renommée, puisqu'il en restait le maître. Il entrevit, car il n'était point sot, le parti qu'il en pouvait tirer et il s'y livra.

O'Meara avait si bien joué son rôle que, durant le temps où il servait au gouverneur d'espion volontaire, il n'avait pas moins su, par quantité de menus services près des compagnons de l'Empereur, se rendre agréable à celui-ci. Il était le fournisseur de nouvelles, parfois il apportait des journaux et des brochures ; il restait à sa place, montrait une discrétion qui plaisait et, dans l'exercice de son art, indiquait, sans l'imposer, le traitement qu'il estimait utile. Pour Napoléon, dont la santé n'avait eu besoin qu'en des cas fort rares et tout à fait accidentels, d'un révulsif, et qui, de là, tirait une incrédulité affichée et quelque peu méprisante pour la médecine, il s'était rendu supportable et l'on ne pouvait qu'en être surpris. Que son assiduité tint à ce qu'il enregistrait avec soin tout ce que l'Empereur disait devant lui, d'abord pour en faire son rapport, ensuite pour en composer un journal dont il tirerait parti, nul ne le savait à Longwood, et Napoléon constatait seulement que le chirurgien était toujours là, pour lui donner ses soins et s'efforcer de le soulager. Les souffrances qu'il éprouvait provenaient vraisemblablement du développement d'une affection au foie, peut-être héréditaire, car Madame était venue de Corse pour prendre les eaux à Bourbonne, et, à diverses reprises, elle fit des saisons à Vichy. Le climat avait contribué à l'empirer, comme eût fait tout climat tropical ; l'Empereur était matériellement dans l'impossibilité de suivre le seul traitement qui eût pu l'enrayer, celui des eaux minérales ; toutes les conditions matérielles de l'existence portaient à l'aggraver, et, devant la méconnaissance absolue des lois d'hygiène les plus sévèrement imposées aujourd'hui, on s'étonne que quelqu'un des habitants de Longwood ait résisté à la captivité.

En l'absence de tout autre praticien qui eût été appelé à en connaître, le diagnostic de la maladie de l'empereur ne relevait que d'O'Meara, ne dépendait que de lui, et nul que lui n'attestait sa réalité et sa gravité. Cette maladie était gênante pour Lowe et contrariait ses mesures, O'Meara lui devenait par là même de plus en plus antipathique, la guerre s'accentuait et le médecin mettait comme une taquinerie à embrunir les nouvelles. D'ailleurs, cela servait l'Empereur, qui, ne fût-il point malade — et il l'était — avait tout intérêt à passer pour être atteint d'une maladie causée par le climat et qu'atténuerait, s'il ne la guérissait pas, un changement de prison. Un jour ou l'autre, l'opinion serait saisie, les bulletins d'O'Meara feraient foi et il faudrait bien que, devant le fait, on s'inclinât.

Las Cases, s'il en avait eu le dessein, n'eut point l'honneur d'être le premier à porter en Europe ces plaintes retentissantes. Elles éclatèrent avant qu'il eût quitté le Cap de Bonne-Espérance et elles reçurent alors toute la publicité dont elles étaient susceptibles, étant donné le temps où elles se produisaient et l'assemblée qui dut en juger. Pour rendre moins coûteux l'établissement de Longwood, Lord Bathurst, on l'a vu, avait ordonné qu'on en distrayât quatre personnes : ce capitaine Piontkowski que nul n'avait regretté, Santini dont les fonctions étaient peu définies, Rousseau l'argentier, moins utile depuis qu'une partie de l'argenterie était vendue, et Archambault jeune, sous-piqueur. Embarqués le 28 octobre 1816, ils n'étaient arrivés à Portsmouth que le 25 février 1817. Rousseau et Archambault avait seulement touché barre et étaient aussitôt repartis pour les États-Unis où ils devaient porter au roi Joseph des commissions verbales ; Piontkowski avait retrouvé sa femme à Londres et se livrait, de concert avec elle, à de fructueuses escroqueries ; Santini qui, avant de quitter Sainte-Hélène, avait appris de façon imperturbable le texte de la protestation de l'Empereur contre le traité du 2 août, avait proposé pour but à sa ténacité corse d'y donner toute la publicité possible. Il était seul, il était pauvre, il ne parlait pas l'anglais. De heureux hasards le servirent : un de ses compatriotes qu'il rencontra dans une rue de Londres, le mena-t-il, comme il l'a dit, au colonel Wilson, ou, comme l'a prétendu Maceroni, se confia-t-il à cet étrange colonel auquel il aurait été adressé par les prisonniers, on ne sait trop, mais, selon toute probabilité, Wilson joua le premier rôle ; il se prêta à faire rédiger, sous la dictée de Santini, ce pamphlet en langues anglaise et française : *Appel à la nation anglaise sur le traitement éprouvé par Napoléon Buonaparte dans l'île de Sainte-Hélène*, qui eut sept éditions en moins de quinze jours ; enfin et surtout, il mena Santini chez Lord Holland. Celui-ci s'est défendu d'avoir tenu d'un domestique ses renseignements sur le captif et il a prétendu les avoir reçus d'ailleurs ; il n'a point nié avoir vu Santini et certains faits qu'il a produits n'avaient pu lui être révélés que par lui. Lorsque, le 18 mars 1817, il interpella à la Chambre des Lords le gouvernement « en vue de préserver le caractère du Parlement et du pays de la tache qu'il encourrait si Napoléon Buonaparte était traité d'une manière rigoureuse et sans générosité », il proposa, en terminant, de présenter une adresse au Prince régent pour le prier de communiquer la copie des instructions données au gouverneur touchant le traitement personnel de Napoléon, des extraits des communications du gouverneur sur le même sujet, ses dépêches relativement à la demande de Buonaparte d'envoyer une lettre au Prince régent et d'obtenir les moyens de faire donner une instruction religieuse aux enfants des personnes qui l'avaient accompagné.

C'étaient là assurément des désirs modérés et Lord Holland, en commençant, avait eu soin de déclarer qu'il ne poserait point la question de la légitimité de la détention ; il n'était point entré dans les détails qui eussent pu émouvoir une assemblée d'hommes bien élevés, et pourtant, sur presque tous les points, il fit reculer Lord Bathurst, l'obligea à une suite d'audacieux mensonges qui pouvaient compter pour des aveux. Lord Bathurst prit d'abord à partie « le papier signé par un nommé Santini, auquel on ne pouvait accorder aucun crédit ». En traitant ainsi un serviteur fidèle, il oubliait trop quels avaient été ses ancêtres ; mais ensuite il retrouva son sérieux. Il donna connaissance aux Nobles Lords des instructions qu'avait reçues Lowe ; il en assuma entièrement la responsabilité ; il déclara, ce qui était vrai, que le gouverneur les avait strictement appliquées et qu'on n'avait rien à lui reprocher à ce sujet. Il trouva dans les dépêches que Lowe lui avait adressées tous les arguments qu'il devait invoquer, au sujet des correspondances clandestines, comme au sujet de la réduction des limites où Napoléon pouvait se promener sans être accompagné, réduction que Lowe n'avait point jugé à propos de justifier autrement que parce qu'il avait « trouvé que le général abusait de la confiance qu'on lui avait accordée *en pratiquant les habitants* ». Il supposa habilement le cas d'une évasion, pour triompher avec les précautions qu'il avait prises ; il affirma que Longwood était le lieu le plus gai et le plus sain de l'île entière, qu'il n'avait jamais été question au congrès de Vienne de déporter Napoléon à Sainte-Hélène ; il entra ensuite dans des détails au sujet de la dépense, se targua de générosité parce que le conseil des ministres avait, sur les représentations de Lowe, élevé de 8 à 12.000 £, sa contribution à une dépense qui ne pouvait être moindre de 17 à 18.000 ; il ne dit mot de l'argent qu'on exigeait de l'Empereur, mais il inspira des terreurs en parlant des fonds immenses que Napoléon avait à sa disposition en Europe et il acheva par un couplet sur les exigences des Français dont l'effet était irrésistible, dès qu'on montrait les neuf personnes de la suite de Buonaparte consommant, par quinze jours, 266 bouteilles de vins divers, plus 42 bouteilles de porter.

Malgré que Lord Holland n'eût point répliqué et que, après un court débat auquel avaient pris part, pour appuyer le ministère, le marquis de Buckingham et Lord Darnley, la motion mise aux voix eût été rejetée sans division, Lord Bathurst, victorieux devant les Lords, ne l'était point devant l'opinion. Ce pamphlet de Santini, malgré qu'il l'eût tourné en dérision, se vendait à des milliers d'exemplaires et son réalisme naïf venait s'ajouter aux lettres de Warden, d'une portée plus haute, ou au mystérieux *Manuscrit venu de Sainte-Hélène* qui attirait toutes les curiosités et provoquait un étrange enthousiasme. Certes, fallait-il s'attendre que l'Empereur répondît à Lord Bathurst dès qu'il aurait connaissance de son discours, mais ce ne pourrait être avant trois mois (mai 1817), et encore travailla-t-il à sa réponse jusqu'en juillet ; ne la remit-il à Lowe et aux commissaires qu'en octobre, et ne parvint-il à la faire passer en Europe qu'à la fin de l'année.

Les *Observations sur le discours de Lord Bathurst* ne furent imprimées qu'en anglais et semblent être demeurées inconnues en France jusqu'en 1821; on y lisait : « On manque de tout à Sainte-Hélène ; les calculs de Lord Bathurst sur ces objets sont faux de plus de moitié. L'orateur se complaît à agiter publiquement des matières qui, de leur nature, ont quelque chose de vil et prêtent au ridicule. Que de mépris dans le ton, dans toutes les manières de l'honorable ministre ! C'est de même dans la partie de sa correspondance dont on a eu communication. Dans quinze ou vingt générations, en lisant le discours et les ordres de Lord Bathurst, ses descendants se défendront d'être du même sang que celui qui, par un mélange de haine sauvage et de ridicule pusillanimité, a flétri le caractère moral du peuple anglais dans le temps que ses pavillons triomphants couvrent l'univers. »

Il n'y avait pas eu besoin de ces sévères paroles : l'opinion avait fait justice des mensonges embarrassés du ministre anglais, de ses tranchantes affirmations, de sa pitié pire que ses injures. « Je crois devoir ajouter, écrivait cet homme à Hudson Lowe, un mois après avoir prononcé son discours, qu'il n'existe dans ce pays aucune répugnance à lui accorder les plaisirs de la table et particulièrement du vin. » Cela suffit : à l'Empereur, il offre du vin : « Le vin qu'il aime le mieux, à ce que j ai toujours entendu dire, est le bourgogne ». et il donnera à Napoléon du bourgogne tant qu'il en voudra. Et telle est l'opinion qu'ont prise des rois, d'après l'original qu'ils ont sous les yeux, les ministres du Prince régent…

On ne pouvait douter que, en Angleterre comme sur le continent, un revirement ne se fût produit dans l'opinion au sujet de l'Empereur. Ce n'était point que les Oligarques fussent moins décidés dans leur haine ou qu'ils hésitassent sur l'emploi des moyens, mais tels étaient chez les peuples — et non pas seulement en France, mais en Italie et dans une partie de l'Allemagne — les regrets qu'inspiraient ses institutions et son administration, tel était l'attachement qu' avaient gardé, aussi bien à sa personne qu'à ce qu'elle représentait, ses anciens soldats, que les gouvernants se trouveraient, bon gré mal gré, obligés à faire des concessions, à apporter quelque adoucissement à la captivité, surtout s'il était démontré que le climat de Sainte-

Hélène lui fût fatal et qu'il se rencontrât un homme qui groupât les bonnes volontés, qui saisît les moyens de remuer l'opinion et qui eût assez de prestige et d'autorité pour s'instituer devant l'Europe l'avocat du prisonnier.

Las Cases, en se réservant un tel rôle, n'avait certes pas mal raisonné. Qu'il y fût inférieur, cela est probable, mais c'était assez qu'il eût voulu le jouer pour donner l'idée de son ambition et de son sens politique. Seulement, les Anglais savaient fort bien quelle mission il s'était attribuée et ils n'avaient eu garde de le laisser retourner directement en Europe. Enlevé de Longwood le 25 novembre 1816, embarqué pour le Cap le 31 décembre, il y était arrivé le 17 janvier 1817, et, pendant huit mois d'une quarantaine politique, il avait attendu le bon plaisir de ceux qui qualifient crime la détention ou l'emprisonnement illégal. À la fin, le 20 août, on le laissa s'embarquer sur le navire le plus mauvais marcheur de toute la flotte britannique, en sorte qu'il mit trois mois, du 20 août au 15 novembre, pour gagner l'Angleterre. Là, on lui interdit de débarquer et il dut errer encore durant un mois, avant de trouver une ville où l'on tolérât sa présence. Mais, à présent, il faudrait bien, à moins qu'on l'emprisonnât de nouveau, qu'on entendît sa parole.

Ce qui ne pouvait manquer de donner à son plaidoyer un accent particulièrement émouvant, c'est que, depuis quelque temps, on pouvait concevoir des inquiétudes au sujet de la santé de l'Empereur.

Elle s'était maintenue bonne durant l'année 1816, mais, dès le début de 1817, certains accidents apparurent ; l'Empereur avait subi, dans les premiers jours de mars, un dérangement d'estomac assez notable pour l'arrêter et, vers la fin du mois, une enflure aux jambes, accompagnée d'éruption, l'obligea à faire des remèdes. Cette enflure s'aggrava vers le mois d'août. Le 30 septembre, le général Bertrand écrivait à Hudson Lowe : « L'existence de l'Empereur depuis six semaines est extrêmement douloureuse ; l'enflure des jambes va en augmentant tous les jours ; les symptômes de scorbut qui s'étaient fait remarquer aux gencives sont déjà tels qu'il y a presque constamment des douleurs aiguës » ; il ajoutait que les gens de l'art attribuaient cet état au manque d'exercice et il parlait de là pour demander le rappel des restrictions mises par le gouverneur aux promenades de l'Empereur, telles que les limites en avaient été réglées par l'amiral Cockburn. Lowe ne jugea point à propos de le prendre sur lui, mais, à ce moment même, il reçut des instructions lui permettant « dans le cas où l'état de la santé du général Buonaparte rendrait vraiment cette concession nécessaire » de porter de huit à douze milles la circonférence où il pourrait se promener sans être accompagné par un officier, et les nouvelles données par O'Meara devenant pires, il se détermina, le 2 octobre, à faire des propositions que l'Empereur rejeta avec insulte : « Je suis, répondit-il par Bertrand, à deux cents lieues de l'Europe, sur un rocher, à la merci de mon plus implacable ennemi qui, pendant les dix-huit mois qu'il a passés dans ce pays, n'a pas laissé passer une semaine sans m'insulter et me blesser ». Il refusait toute concession qui vînt du gouverneur. « L'état de choses approuvé par le Gouvernement anglais, qui était lui-même très intolérable et constituait une violation de tous les droits, me permettait néanmoins de sortir, ma santé souffre surtout des insultes qu'il me faut endurer à tout moment de l'homme pervers qui commande en ce pays. »

Rendu inquiet par les nouvelles que lui donnait O'Meara, Lowe était disposé à entrer en négociations, mais ses démarches n'eurent aucun succès ; Napoléon voulait tout ou rien. « La santé de l'Empereur s'est fort détériorée », écrivait Bertrand, le 27 octobre ; et il ajoutait : « Si vous adoptez le principe que toutes choses doivent être rétablies telles qu'elles étaient lors de votre arrivée… il sera facile, dans un quart d'heure, de constater, par vingt preuves écrites et vingt témoins, cet état de choses. ; Lowe contestait, discutait, ergotait. Un mois passa encore ; le 13 novembre Bertrand écrivit : « La santé de l'Empereur continue à être mauvaise. »

Lowe était disposé à capituler, au moins sur les points les plus importants, tant il s'effrayait à la pensée que, par sa faute, son prisonnier pérît, mais une nouvelle querelle surgit au sujet des bulletins de la santé de l'Empereur. Napoléon ne consentait qu'O'Meara communiquât de tels bulletins au gouverneur qu'à condition qu'ils lui fussent montrés d'abord et qu'il y fût dénommé « l'empereur Napoléon », faute de quoi il déclarait qu'il se refuserait absolument à voir O'Meara et à suivre aucune prescription. Lowe consentit qu'on supprimât les rapports écrits et il se contenta de rapports verbaux qu'O'Meara devait faire, soit à lui, soit au docteur Baxter : celui-ci ne manquait point ensuite de les mettre par écrit.

La situation était telle, et, à en croire O'Meara, l'état de l'Empereur empirait chaque jour ; des insomnies nocturnes l'obligeaient à se coucher dans la journée ; l'appétit était nul ; l'enflure des jambes augmentait. Le médecin diagnostiquait une hépatite chronique et parlait de l'influence qu'exerçait sur le patient le climat de Sainte-Hélène. Lowe était de plus en plus inquiet et il ne manquait point de rendre compte d'un état de santé sur lequel les commissaires russe et autrichien, de leur côté, renseignaient leurs cours, en leur communiquant d'abord les bulletins d'O'Meara, puis, lorsque l'Empereur les eut interdits, les bulletins plus rassurants rédigés par Baxter, d'après les conversations qu'il avait, peut-être, avec O'Meara...

Entre celui-ci et le gouverneur, les choses s'envenimaient au point que Lowe pensait sérieusement à l'expulser de l'île. Habitué qu'il était à le trouver complaisant et à recevoir de lui des détails circonstanciés, il s'étonnait qu'O'Meara déclarât infâme à présent un métier pour lequel il s'était de lui-même offert et qu'il avait jusque-là rempli sans répugnance. S'il n'allait point jusqu'à en deviner exactement les raisons, tout le moins il soupçonnait entre le malade et son médecin des rapports nouveaux, des relations suspectes, et il ne put se contenir lorsque O'Meara lui déclara qu'il avait promis à Napoléon de ne rien révéler des conversations qu'il aurait avec lui, hormis s'il s'agissait de projets pour une évasion ou pour quelque rébellion contre le souverain d'Angleterre. À coup sûr, cette déclaration était tardive, mais il n'eût tenu qu'à O'Meara de ne la point faire et, de là, n'eût-il point dû devenir moins odieux au gouverneur ? Mais celui-ci devait envisager les choses de façon qu'il ne pût être tranquillisé que par le départ d'O'Meara. En effet, il croyait que l'Empereur n'était pas malade, au moins qu'il ne l'était pas comme le disait O'Meara, mais il avait beau chercher des renseignements, faire interroger des domestiques et des gens de service, il n'apprenait rien ou si peu de chose qu'il ne pouvait se former une conviction. Il était obligé de se fier à O'Meara, puisque seul O'Meara approchait de l'Empereur et seul lui donnait des soins, alors qu'il ne trouvait chez lui aucune garantie de fidélité, ni de sincérité, et il s'agitait désespérément autour de cette énigme, qui trouverait sa solution dès qu'O'Meara serait parti. Il faudrait bien, si Napoléon était réellement malade, qu'il acceptât les soins d'un des médecins résidant dans l'île, de Baxter, par exemple, ou d'un de ses sous-ordres. Alors, on saurait d'une façon positive ce qu'il fallait penser de cette maladie. S'il était démontré que l'Empereur n'était pas malade, on n'aurait plus à s'inquiéter de ces restrictions qui n'auraient ainsi exercé aucune influence sur sa santé, et, dans le cas où Baxter constaterait une maladie, on la soignerait, on la guérirait peut-être ; si le malade y succombait, on présenterait à l'Europe une attestation certifiée que le Général n'avait succombé, ni aux atteintes du climat, ni aux persécutions de ses geôliers, mais à une affection caractérisée dont on détaillerait soi-même les origines, l'évolution et la terminaison.

Cette combinaison était excellente, mais l'Empereur ne s'y prêtait pas. Il persistait à être malade, à l'être de plus en plus, à ce qu'affirmait O'Meara, à n'admettre aucun consultant qui eût la confiance du gouverneur, à ne point sortir de sa chambre, à ne point prendre l'air ; et, d'autre part, Lowe, n'osant prendre sur lui d'enlever au malade le seul médecin dans lequel il dît avoir confiance, avait demandé des instructions à Londres d'où on lui avait interdit, jusqu'à nouvel ordre, de se défaire du médecin.

Telle était la situation, en Europe et à Sainte-Hélène, lorsqu'un incident déplorable vint la dénouer au profit des Anglais et réduisit à néant toutes les espérances qu'avaient formées les amis de l'Empereur sur la convocation d'un Congrès européen devant lequel ils comptaient porter la question de la Captivité, des rigueurs inutiles dont on affligeait l'Empereur et du préjudice qu'elles portaient à sa santé. Un des compagnons de Napoléon sortit exprès de Longwood pour donner le plus formel démenti aux bulletins d'O'Meara et, sur tous les points, rendre justifiables les persécutions d'Hudson Lowe.

Contre Las Cases, Gourgaud s'était fait l'allié de Montholon. L'un et l'autre haïssaient « le jésuite », cherchaient à lui nuire, à l'écarter de l'Empereur, à lui rendre la vie à ce point insupportable qu'il cédât la place.

Las Cases parti, Gourgaud et Montholon s'étaient trouvés en présence et les alliés d'hier étaient devenus des ennemis irréconciliables. Gourgaud qui, la veille, éprouvait pour Montholon des « sentiments fraternels », ne rêvait plus qu'à le tuer. Tout lui était un objet d'envie et de revendication : la place que Montholon occupait à table, le traitement qu'il recevait, les sommes qu'il le soupçonnait de toucher en Europe ; tout, la préférence que donnait l'Empereur à Mme de Montholon pour une partie d'échecs, les plats qu'on portait aux Montholon lorsqu'ils ne dînaient pas avec l'Empereur, les petites et les grandes choses, s'il en était de grandes en cette misérable vie ! que Montholon n'était pas un officier à comparer à lui Gourgaud, que son ancienneté de grade — à la vérité de quelques jours — ne devait pas compter… et de tout il rendait l'Empereur responsable. Il le signifiait par de la mauvaise humeur, des bouderies, puis des violences, des brutalités, des manques de respect. L'Empereur portait à le calmer une patience d'autant plus admirable qu'elle était moins dans son caractère. Il le flattait, l'amadouait, essayait de le faire rire ; comme Gourgaud se plaignait à tout instant que sa mère n'eût point de quoi vivre, l'Empereur faisait écrire qu'on payât annuellement à Mme Gourgaud une pension de douze mille francs, qui serait réversible sur son fils. Mais, sur ce même papier, il avait fait d'autres recommandations, et Gourgaud, craignant que ce papier ne fût saisi, et que la pension ne fût compromise, entra dans une terrible colère. Loin de témoigner à l'Empereur la moindre gratitude, il sembla prendre à tâche, depuis lors, de rendre sa présence de plus en plus insupportable. À entendre ses discours, il mettait au compte de Napoléon aussi bien ses ambitions déçues que les privations — à coup sûr médiocrement cruelles — qu'il éprouvait et dont il ne se lassait de se plaindre : « Sa pauvre mère ! Sa pauvre sœur ! Le pauvre Gourgaud ! » Et on ne le respectait pas, et on le traitait mal, et on ne lui servait pas tous les plats auxquels il avait droit, et surtout on ne le fournissait point de femmes ; et cette question amenait entre l'Empereur et lui des discussions qui eussent paru à Napoléon lui-même d'un ridicule achevé, n'était le ton de violence que l'autre y mettait et qui prouvait assez comme il était l'esclave de son tempérament. Par là, son caractère était rendu intolérable et son intelligence était obscurcie. Bertrand, Montholon, Lowe avaient leurs femmes ; les domestiques trouvaient des maîtresses et, s'il le fallait, allaient jusqu'à épouser. Gourgaud chassait désespérément et tout gibier lui eût paru bon, mais il n'attrapait rien.

Autre sujet de controverse avec l'Empereur : ses rapports avec le gouverneur. Gourgaud avait eu soin de se tenir constamment avec lui dans des termes de courtoisie déférente. Tandis que Lowe considérait Bertrand comme l'homme qui excitait l'Empereur, le poussait à ne céder sur rien et à n'admettre aucun compromis, qu'il le détestait au point de solliciter constamment l'autorisation de l'expulser de Sainte-Hélène ; tandis qu'avec Montholon, signataire à présent des lettres que rédigeait l'Empereur, il était, pour le moment, dans des polémiques violentes ; avec Gourgaud, tout était politesses et grâces. Lowe n'avait point trop insisté pour découvrir si le botaniste autrichien avait apporté à Gourgaud, de la part des siens, autre chose qu'un mouchoir de soie. Il s'empressait à faire passer la correspondance de Gourgaud avec sa mère, et Gourgaud reconnaissait ces attentions par des politesses qui ne manquaient pas de déplaire à l'Empereur. Il n'en persévérait pas moins, tenant Lowe pour un supérieur et pour un homme qui pouvait servir.

L'incident qui amena Gourgaud à adresser un cartel à Montholon est médiocrement expliqué : Mme de Montholon y joue assurément le premier rôle et, en provoquant le mari, c'est de la femme que Gourgaud prétend se venger. L'Empereur, qui a déjà fait apaiser par le Grand maréchal de semblables querelles, ne peut cette fois garder la même réserve. Montholon, qui profite de toutes les fautes de son adversaire, lui apporte le cartel, reçoit de lui l'injonction de ne point se battre. Comment donner aux Anglais un tel spectacle ! Quoi ! deux Français ne peuvent vivre en bonne intelligence et leur dévouement à leur maître commun n'est point assez fort pour commander à leurs passions ; il faut qu'ils se provoquent et qu'ils s'entre-tuent, et, comme l'Empereur a donné tort à l'agresseur, celui-ci, par O'Meara, fait déclarer au gouverneur qu'il entend quitter Longwood et Sainte-Hélène. Tout aussitôt, il reçoit son exeat ; tout aussitôt, il est installé par Lowe dans une jolie maison en compagnie d'un officier anglais auquel il fait ses confidences ; tout aussitôt, il se répand chez les commissaires étrangers, et reçoit leur hospitalité ; tout aussitôt, il devient le commensal du gouverneur ; et aux uns et aux autres, à qui veut l'entendre, il dit que l'Empereur n'est pas malade, qu'il ne l'a jamais été, qu'il n'a pas les jambes plus enflées que d'ordinaire, qu'il ne souffre pas, qu'il est parfaitement alerte, qu'il pourrait s'évader comme il voudrait et que rien ne serait plus facile. Il parle, dans une sorte de délire — un délire qui persiste pourtant, car il sera pareil sur le bateau qui, directement, sans escale au Cap, le ramènera en Angleterre ; pareil dans le cabinet du sous-secrétaire d'État, M. Goulburn, dans le cabinet de l'ambassadeur de France, le marquis d'Osmond, pareil tant que Gourgaud conservera l'espérance d'être réintégré dans l'armée royale avec son grade d'après Waterloo. Quand il s'apercevra de sa faute — et que ses anciens camarades la lui feront toucher du doigt — il se retournera, publiera un manuscrit sur la campagne de 1815 qu'il a emporté de Sainte-Hélène, malgré que l'Empereur l'ait fait réclamer, et il insérera dans les journaux une lettre qu'il sera censé adresser à l'impératrice Marie-Louise. Sur quoi, par application de l'Alien-Bill, il sera transporté à Hambourg, d'où il réclamera au prince Eugène la pension de 12.000 francs que l'Empereur a assignée à Mme Gourgaud. De cela il vivra jusqu'au 20 mars 1821, quarante-cinq jours avant que meurt Napoléon, quatre mois avant que la nouvelle en parvienne en Europe, où le gouvernement du roi lui ouvrira généreusement les frontières de la patrie.

Cependant, ses confidences, restées un mystère pour ses anciens compagnons comme pour les membres de la Famille impériale et les libéraux du monde entier, ses confidences qu'il aura beau jeu à nier plus tard, déclarant que seul l'*écrit* compte et que l'*oral* ne signifie rien, ses confidences, qu'on voudrait croire inconscientes et désintéressées, ont produit des effets d'une incalculable portée pour le prisonnier ; par elles, sa captivité s'est resserrée et tout espoir a été perdu d'une amélioration possible à son sort[3].

Depuis son arrivée à Francfort le 11 décembre 1817, Las Cases s'était employé avec une activité extraordinaire « au grand motif qui lui avait fait quitter Sainte-Hélène ». Il avait adressé des lettres, qui étaient à la vérité des morceaux oratoires, à toutes les personnes qu'il pensait pouvoir influer sur le sort de Napoléon ; il y en avait eu pour Marie-Louise, pour Metternich, pour l'empereur de Russie ; il y avait eu des factums dont il est difficile de comprendre l'utilité, pour Lord Bathurst et les autres ministres anglais ; il y avait eu des pétitions au parlement d'Angleterre ; puis une correspondance à l'infini avec les parents de l'Empereur et avec quantité de gens qui étaient présumés vouloir le servir. Il n'y a point à parler des lettres par lesquelles il donnait au Grand maréchal, avec les précautions nécessaires et en empruntant la voie officielle, des nouvelles de la Famille. Quoique traduit en un style déplaisant à force de prétendre à l'éloquence et de se guinder au sublime, l'effort de Las Cases n'en était pas moins méritoire et, s'il ne produisait point tout l'effet que son auteur en espérait, au moins celui-ci pouvait il prendre l'illusion qu'il imprimait à l'opinion un mouvement dont témoignaient d'autres indices qui n'avaient point rapport à lui. Ainsi avait-on presque atteint le milieu de l'année 1818 et s'attendait-on que le Congrès devait se tenir à l'automne.

Cependant, le général Gourgaud a fait diligence ; ayant quitté Longwood le 13 février 1818, par faveur spéciale, il a fait voile directement pour l'Angleterre le 14 mars ; le 1er mai il était en vue de Plymouth ; le 8 il a été autorisé à débarquer ; le lendemain, il était à Londres, où il a vu le sous-secrétaire d'État pour les Colonies, puis l'ambassadeur de France et l'ambassadeur de Russie. À la fin de mai, au plus tard dans les premiers jours de juin, tous les Cabinets sont informés que la maladie de l'Empereur est « une farce » et que les mesures prises pour prévenir son évasion ne sont pas assez sévères, car il pourrait partir comme il voudrait. Lors donc que, moyennant une lettre interceptée, Lord Bathurst apprend « que c'est l'intention de Las Cases et de certains amis du général Buonaparte d'appeler l'attention des souverains assemblés à Aix-la-Chapelle sur le traitement auquel il est soumis à Sainte-Hélène », il s'empresse de fournir à Lord Castlereagh, qui doit représenter l'Angleterre, les armes nécessaires, et ce sont d'abord et uniquement « les communications faites par le général Gourgaud à son arrivée de Sainte-Hélène ».

Et ces communications viendront d'autant plus à propos et seront accueillies avec d'autant plus de faveur que les souverains sont inclinés déjà à établir une relation entre les efforts tentés pour améliorer le sort du Captif et pour obtenir qu'on lui assigne une autre résidence, et l'état de l'Europe où ils sentent partout les symptômes d'un mécontentement qu'ils n'ont garde d'attribuer à leur administration et dont ils trouvent plus simple de rendre responsable l'homme de la Révolution, chef permanent de la grande conjuration des peuples contre leurs souverains légitimes. « Je m'étais donné, a écrit Las Cases, tous les soins pour qu'ils se trouvassent entourés, assaillis de sollicitations et de lumières. J'avais écrit à Marie-Louise ; j'étais chargé de présenter aux souverains une lettre de Madame mère, tous les autres parents devaient agir de leur côté, et j'avais moi-même soigneusement réuni, pour chacun des souverains, tous les documents authentiques existant et tracé une note relative, incluse dans une lettre adressée à eux-mêmes. Il n'est pas jusqu'à Lord Castlereagh, auquel je ne crusse devoir la communiquer à son titre de représentant le roi d'Angleterre. » Et pompeusement « le comte de Las Cases » publie ces lettres, les moins faites, à coup sûr, pour émouvoir ceux auxquels elles sont adressées. Dans celle qu'il a écrite sous le nom de Madame mère, il n'a pas même su garder un ton de simplicité et de grandeur tel que la situation l'imposait ; quant à la note et aux lettres qu'il a écrites en son propre nom, l'infatuation qu'elles dénotent atteint presque le délire. Qu'importe ! Eussent-elles été les plus attendrissantes, les plus éloquentes et les plus belles qu'un homme eût tracées, le résultat en eût été pareil. Le 13 novembre, les plénipotentiaires russes présentent au Congrès un mémoire qui est annexé au protocole XXXI et dans lequel ils invoquent ainsi d'une façon expresse les témoignages du général Gourgaud. « Napoléon, selon lui (Gourgaud), n'excite envers le gouverneur de Sainte-Hélène toutes les tracasseries dont il le fatigue que pour mieux cacher ses véritables desseins.

« Les correspondances secrètes avec l'Europe et le trafic d'argent ont lieu dans toutes les occasions qui se présentent.

« Le projet d'évasion a été agité par les gens attachés à sa suite et il aurait été exécutable si leur chef n'avait pas mieux aimé le différer. »

Quant à sa santé : « Il se dit malade, et il refuse la visite d'aucun autre médecin que de celui qui est devenu son complice et qui même n'a jamais pu certifier que le général Buonaparte fût travaillé d'aucune indisposition sérieuse ou apparente dont quelques jours d'exercice ne le délivreraient complètement. »

La conclusion, c'est l'approbation par l'Europe de toutes les mesures qu'a ordonnées le gouvernement britannique, et qu'a exécutées le gouverneur Hudson Lowe — sous la réserve que les restrictions seront encore plus strictement appliquées, que toutes les précautions seront prises pour empêcher les correspondances clandestines dénoncées par Gourgaud et pour prévenir l'évasion que Gourgaud a déclaré si aisée. Les représentants de l'Europe — Autriche, Grande-Bretagne, Prusse, Russie, auxquels se joint pour la France M. le duc de Richelieu — adoptent, à l'unanimité, des résolutions en six articles destinées à légitimer, approuver et resserrer la captivité. D'abord, ils adhèrent unanimement aux « aperçus présentés avec autant de vérité que de force dans le mémoire » des plénipotentiaires russes, ils flétrissent comme il convient « les rapports mensongers répandus sur le compte de ce prisonnier par une malveillance active, recueillis par l'esprit de parti ou la crédulité » ; puis ils font leurs déclarations solennelles — et tel est en Europe le résultat des bavardages de ce Gourgaud pour lequel on ne saurait alléguer que cette atténuation : qu'il fut peut-être sous l'empire de certaines excitations momentanément délirantes et qu'il émit alors des allégations qui dépassaient sa pensée.

À Aix-la-Chapelle les dénonciations de Gourgaud ont procuré le resserrement du prisonnier et une captivité désormais sans espoir ; à Longwood c'est l'existence même de l'Empereur qu'elles mettent en cause. Par le retour du courrier qui a apporté les dépêches de Lowe énonçant ce que Lord Bathurst appelle « la confession du général Gourgaud ». le gouverneur a reçu l'ordre d'établir, entre les personnes de la suite du général Bonaparte et les habitants de Sainte-Hélène, toutes les *restrictions* qui lui paraîtraient nécessaires pour empêcher la continuation des correspondances, clandestines. « Si les personnes de la suite ne se soumettent pas aux restrictions nouvelles, vous leur interdirez, écrit Bathurst, tout rapport avec le général Buonaparte. »

Le 9 mai, Goulburn donne audience à Gourgaud. Le 16, Lord Bathurst, considérant « que les rapports fournis par Mr. O'Meara sont très mensongers », et que, « d'après les informations données par le général Gourgand à M. Goulburn », « la santé du général Buonaparte n'a en aucune manière souffert de sa résidence à Sainte-Hélène », enjoint à Hudson Lowe de faire cesser ses fonctions à O'Meara et de lui interdire tout rapport ultérieur avec les habitants de Longwood. L'amiral Plampin recevra les ordres nécessaires pour sa future destination. Et comme « l'éloignement d'O'Meara occasionnera une grande sensation et que l'on essaiera de donner une mauvaise tournure à cette affaire », Lowe pourra laisser généralement connaître la substance de ses instructions, afin que l'on apprenne que, s'il a été éloigné, c'est « en conséquence des informations fournies sur sa conduite par le général Gourgaud en Angleterre ». Ce n'est pas tout : la résidence à Longwood est odieuse à l'Empereur ; il aurait ardemment désiré une habitation où il eût de l'eau, des arbres, de l'ombre et des fleurs : il en était une telle à Sainte-Hélène, Rosemary Hall. Il n'avait point fait exprimer formellement au gouverneur un tel désir, mais il l'avait tant de fois laissé entendre à d'autres que, de lui-même, Lowe avait engagé des négociations en vue de louer ou d'acheter Rosemary Hall. Il les avait poussées si loin qu'il n'attendait plus qu'une approbation de forme de Lord Bathurst, « J'espère, lui écrit celui-ci, que ma dépêche au sujet de Rosemary Hall vous parviendra avant que vous en ayez terminé l'achat. Le général Gourgaud regarde

Longwood comme la situation la mieux adaptée à la surveillance… »

Les ordres de Bathurst sont exécutés le 25 juillet. O'Meara reçoit l'ordre de quitter Longwood sur-le-champ. L'Empereur est en plein traitement ; n'importe. D'ailleurs le gouverneur a envoyé un homme à lui, le docteur Verling, pour prendre le service d'O'Meara. Celui-ci, violant la consigne, pénètre chez Napoléon, lui donne quelques vagues indications sur sa santé, reçoit ses instructions, une note pour l'impératrice Marie-Louise, des ordres précis au sujet de la publication qu'on devra faire des lettres que les souverains lui ont jadis adressées et qu'il a gardées comme une arme suprême[4].

Depuis le 5 janvier où Lowe a déjà voulu l'expulser, ne s'arrêtant que devant une crise dont l'Empereur avait été atteint, le docteur est en possession d'un bon de cent mille francs payable par le prince Eugène ou par le roi Joseph. Son sort est assuré ; il le fut bien plus amplement par les Bonaparte ; mais au moins, s'efforça-t-il de gagner son argent. Arrivé à Londres vers la mi-septembre, il s'empressa de communiquer les faits dont il avait été témoin. « Je pense, écrivait-il le 28 octobre au secrétaire de l'Amirauté, que la vie de Napoléon est en danger, s'il réside plus longtemps dans un climat tel que celui de Sainte-Hélène, surtout si les périls de ce séjour sont aggravés par la continuité de ces contrariétés et de ces violations auxquelles il a été jusqu'à présent assujetti et dont la nature de sa maladie le rend particulièrement susceptible d'être affecté. » En manière de réponse, l'Amirauté l'informa, le 2 novembre, que son nom était rayé de la liste des chirurgiens de la Marine. Attribuant, non sans raison apparente, ses disgrâces à Lowe, et provoqué en quelque façon par un pamphlet officieux certainement émané des entours du ministère des Colonies et intitulé : *Facts illustrative of the treatment of Napoléon Bonaparte at St. Helena*, il publia, dans les premiers jours de 1819, chez Ridgway, un volume intitulé : *Exposition of some of the transactions that have taken place at St. Helena since the appointment of Sir Hudson Lowe as governor of that Island*, où des documents bien choisis chargeaient le gouverneur d'une façon singulièrement pénible. Traduit immédiatement en français et publié à Paris en juillet, ce livre avait eu en Angleterre un immense retentissement, et le ministère n'avait ni pu le démentir, ni osé le poursuivre. « Les verdicts de Londres sont très incertains, écrivait Lord Balhurst à Lowe. Dans l'état des choses, ajoutait-il, vous aurez la satisfaction de voir qu'après toutes leurs publications et leurs menaces, personne n'a osé ouvrir la bouche dans le parlement en faveur de Buonaparte. » Cela, en effet, répondait à tout, et il n'est point d'autre morale pour un parlementaire que d'avoir la majorité.

Les efforts d'O'Meara semblent bien s'être arrêtés là. Il publia, cette fois sous son nom, en février 1820, le tome IX des *Historical Memoirs of Napoleon*, qui lui furent apportés en octobre, de Sainte-Hélène, par un Anglais auquel on donna 10.000 francs pour sa commission : ce n'était rien d'autre qu'une version différente et définitive de cette *Campagne de 1815*, dont Gourgaud avait, malgré l'Empereur, emporté un brouillon mis au net et publié par lui dès 1818. Ce qui rend la publication d'O'Meara intéressante, c'est que l'Empereur, bien qu'il ignorât qu'il dut à Gourgaud toutes les persécutions qu'il essuyait, avait tenu expressément à lui infliger un démenti par l'expédition et la publication d'un texte authentique de la *Campagne de 1815*. La forme adoptée pour la publication, l'apposition sur le titre des armoiries impériales, l'annonce que les huit premiers livres de ces *Mémoires historiques* paraîtraient sous peu de semaines, tout proclamait l'authenticité de cette édition et infirmait celle de Gourgaud, demeurée pourtant la plus, et même la seule connue.

L'effet produit fut médiocre. Ce que le public attendait de l'Empereur ce n'étaient point des récits historiques d'une sécheresse voulue, d'une aridité stratégique, dépouillés de toute anecdote et de toute conclusion ; non plus des controverses au sujet des fournitures et des provisions à Sainte-Hélène, de telle ou telle restriction aux promenades sur un terrain inconnu, mais une vue d'ensemble, une sorte de confession, tout le moins d'explication, de révélation : une telle destinée posait une énigme dont on voulait le secret, et c'est pourquoi, en même temps que le public faisait un médiocre accueil aux publications réellement émanées de Sainte-Hélène, — fût-ce à ce *Manuscrit de l'île d'Elbe*, où abondaient sur les Bourbons les aperçus ingénieux et puissants, — il s'était précipité sur ce

Manuscrit venu de Sainte-Hélène d'une manière inconnue ; pourquoi sa curiosité ne se trouvait point satisfaite par les éditions qu'on multipliait en Angleterre, en Belgique, même en France ; pourquoi des milliers et des milliers de fidèles s'évertuaient à copier ce médiocre pamphlet. Tout y était manqué comme pastiche, le style et les idées ; mais, sous une forme accessible, en peu de pages d'une allure vive et décidée, s'y trouvaient formulées les appréciations qu'on attendait et qui plaisaient parce qu'elles confirmaient des opinions acquises. L'Empereur avait si bien compris que le Manuscrit venu de Sainte-Hélène emporterait tout et qu'il créerait une légende particulièrement tenace, qu'il avait spécialement chargé O'Meara de publier les *Raisons dictées en réponse à cette question : La publication intitulée « Le Manuscrit de Sainte-Hélène », imprimée à Londres en 1817, est-elle l'œuvre de Napoléon ou non ?* Cette réponse fut publiée pour la première fois à la suite des *Historical Memoirs, Book IX*, en 1820. L'édition française parue sous le titre : *Mémoires pour servir à l'histoire de France en 1815*, ne les contint pas. Le général Gourgaud s'autorisa sans doute de ce qu'elles avaient paru à la suite d'un ouvrage presque semblable à celui qu'il avait emporté de Sainte-Hélène pour les prendre à son compte et les publier en 1821, sous le titre : *Le Manuscrit de Sainte-Hélène, publié pour la première fois avec les notes de Napoléon.*

O'Meara avait piteusement échoué dans ses tentatives pour obtenir quelque allégement à la captivité de l'Empereur, surtout ce que Napoléon souhaitait davantage : le changement du gouverneur, l'éloignement d'Hudson Lowe. Comment n'aurait-il point échoué ? Les seules cartes qu'il pût jouer étaient la santé de l'Empereur et l'impossibilité matérielle qu'il s'évadât. Le général Gourgaud venait d'affirmer que l'Empereur n'avait jamais été mieux portant et qu'il pouvait sortir de Sainte-Hélène quand il lui plairait. Désormais, à toute demande, à toute plainte, la réponse est prête : l'Empereur n'est pas malade. Ce pourquoi Lowe trouve inutile qu'il ait son médecin. Il a posté à Longwood, dans l'ancien logement d'O'Meara, son homme, Verling, qui est médecin, que « le général Buonaparte connaît, puisqu'il a fait avec lui la traversée sur le *Northumberland* ». Si le général est malade, il n'a qu'à consulter Verling. S'il ne le consulte pas, c'est qu'il n'est pas malade.

Napoléon pourtant refuse tout contact avec Verling et il reste ainsi sans secours durant la période où les affections dont il est atteint commencent à évoluer et auraient le plus besoin d'être surveillées. Dans la nuit du 16 janvier 1819, alors que, depuis six mois, il est privé de tous soins médicaux, un accident se produit. Pris de vertige. Napoléon s'évanouit. Selon les ordres qu'il a reçus, Montholon n'a point recours à Verling, mais il fait demander le médecin du vaisseau-amiral le *Conqueror,* un certain docteur Stokoë, ami d'O'Meara, lequel l'avait présenté à l'Empereur ; il avait été question déjà de l'appeler comme consultant en juin précédent. Stokoë étant venu à Longwood le 17 au matin, ne voit pas l'Empereur, dont les douleurs ont cédé à un bain chaud. Entre Montholon, Bertrand et lui, il est parlé qu'il reste à Longwood ; mais l'acte qu'ils rédigent de concert doit être soumis à l'approbation du gouverneur et de l'amiral, lesquels n'y trouvent aucune urgence ni aucune opportunité. Retourné à son bord, Stokoë est rappelé dans la nuit. Il rédige un bulletin : « Les symptômes les plus alarmants sont ceux qui se sont montrés l'avant-dernière nuit. Leur retour peut être fatal si les secours tardaient. » Le 19, appelé de nouveau, il enfreint des ordres que Lowe vient de donner et qui ne pouvaient, matériellement, être exécutés ; il voit l'Empereur sans que Verling soit présent ; fait une saignée, passe la nuit. Le 21, malgré qu'il sente sa position en jeu, il obéit à l'amiral, qui lui enjoint de se rendre à Longwood : il y est retenu par l'Empereur une heure et demie de plus que l'amiral ne l'a permis, et, devant les menaces dont il est l'objet, il se décide, demande à rentrer en Angleterre pour raison de santé. Il l'obtient ; arrivé à Londres, il est renvoyé immédiatement à Sainte-Hélène ; il y est traduit devant un conseil de guerre assemblé sur le *Conqueror*, et est condamné à être rayé des cadres de la Marine pour avoir trouvé et avoir écrit que l'Empereur était malade, et malade d'une hépatite, « pour s'être montré, dans l'ensemble de ses actes, disposé à contrecarrer les intentions et les prescriptions du gouverneur et de l'amiral, et à favoriser les vues des prisonniers français en leur fournissant de sérieux prétextes de plaintes ».

Donc, le général Gourgaud en ayant ainsi décidé, nul médecin, sous peine de destitution, n'a le droit de dire que l'Empereur soit malade. À cette date de janvier 1819, il y aurait peut-être quelque chose encore à tenter pour le soulager, mais du 21 janvier jusqu'au 21 septembre, pendant huit mois, l'Empereur ne verra aucun médecin. Pour obtenir une sorte d'atténuation à des douleurs qui deviennent insupportables et qu'il continue à attribuer uniquement à la maladie de foie, il passe une partie de sa journée et de sa nuit dans des bains très chauds, qu'il prend dans le misérable petit cabinet derrière sa chambre à coucher.

Il ne travaille plus : avec qui travaillerait-il ? Las Cases avait été le grand excitateur, et, s'il fût resté à Sainte-Hélène, au lieu du *Mémorial*, que le personnalisme aigu rend parfois suspect, et où l'interpolation de pièces tantôt douteuses, tantôt formellement apocryphes, jette un certain discrédit sur l'ensemble, sans doute eut-il pu, moyennant les dictées de l'Empereur, élever à sa gloire un monument intégral et digne de lui ; c'eut été, il est vrai, du Napoléon et non du Las Cases. Néanmoins, une partie des manuscrits publiés comme mémoires de l'Empereur avaient été écrits par Las Cases sous sa dictée, et il en avait laissé les manuscrits à Longwood. Une autre partie, assez importante, avait été dictée au général Gourgaud qui, dans la colonie, était « le travailleur ». Il n'avait, pour emplir sa journée, que les dictées de l'Empereur, le travail que celui-ci lui demandait — recherches historiques, problèmes de mathématiques, études de questions militaires techniques — et son journal où chaque soir, avec une étonnante prolixité, il consignait ses actes, ceux des autres, ses regrets, ses tendresses, et les accidents de la vie commune. De Gourgaud, à cause de son caractère, l'Empereur n'avait point tiré tout le profit possible, car, ayant assisté depuis 1805 à toutes les campagnes, Gourgaud eût pu l'aider à en fixer l'histoire et à déterminer les mobiles des grandes opérations.

Las Cases et Gourgaud partis, restaient Montholon, avec lequel il travailla certainement, mais, à ce qu'il semble, à bâtons rompus, jetant, à propos d'un livre récemment arrivé d'Europe, quelques phrases de réfutation ou d'apologie, mais sans rien entreprendre de longue haleine ; puis Bertrand, avec lequel il reprit de bout en bout les campagnes d'Égypte et de Syrie, déjà travaillées légèrement avec Gourgaud.

Il employa Marchand aux guerres de Jules César, Saint-Denis, vraisemblablement, aux guerres de Turenne et de Frédéric ; mais, lorsqu'on les publia, ces œuvres qui n'eussent valu que par le développement d'un parallèle avec sa méthode de guerre, semblèrent, il faut le reconnaître, d'un intérêt médiocre et d'une documentation parfois déconcertante.

En réalité, le goût n'y était plus : il lui fallait le coup de fouet d'une contradiction où il sentît une compétence, d'une attaque qui ne fût point uniquement d'un pamphlétaire, pour qu'il se déterminât à prendre ce crayon des traits duquel, à présent, il couvrait de grandes feuilles de papier. À quoi bon ? Il avait perdu toute confiance en son œuvre, qu'il n'avait considérée comme utile que si elle constituait un acte. L'acte serait posthume et il ne s'en souciait plus. Quant aux pamphlets qu'il eût pu écrire d'indignation, à quoi bon, puisqu'il ne se présentait plus de moyen de les envoyer en Europe, et puis les autres, ceux qu'il avait fait éditer auparavant : les *Lettres du Cap, la Réponse à Lord Bathurst*, qu'avaient-ils produit ?...

C'était là la suprême douleur, l'impuissance. À quoi bon écrire, à quoi bon penser, à quoi bon vivre ? Quiconque a porté intérêt au captif, quiconque a semblé le distraire a disparu : mort Cipriani, le seul aux rapports duquel il eût confiance, l'ingénieux observateur qui faisait son profit de tous les bruits de Jamestown, qui se tenait au courant de tout ce qu'apportaient les store-ships, et qui pratiquait, avec son habileté de policier, les domestiques des commissaires étrangers et ceux même des officiers anglais ; et, pour mener Cipriani à sa dernière demeure, point de prêtre catholique ; il a fallu, pour qu'une prière fût dite sur la tombe, avoir recours à un ministre protestant : — ce fut là même ce qui détermina l'Empereur à demander qu'un prêtre fût envoyé à Sainte-Hélène pour l'assister à l'heure de la mort. Partis, l'amiral et Lady Malcolm, celle-ci pleine d'enthousiasme, celui-là pénétré de respect, tous deux sachant unir en leur attitude la déférence et la pitié avec le plus pur loyalisme ; Malcolm pris par l'Empereur comme juge de ses griefs contre Lowe, quelle plus grande preuve de confiance ! Lady Malcolm, qui est la fille aînée de l'Ilon. William Fullerton Elphinstone, troisième fils du dixième Lord Elphinstone, qui est la nièce de l'amiral Lord Keith, pénétrée de reconnaissance, comme tous les Elphinstone, envers celui qui a sauvé leur frère, et si agréable à l'Empereur qu'au départ elle reçoit en présent une de ses belles tasses de porcelaine ; quelle plus grande marque de bienveillance ! Aux étrennes, Madame Bertrand et Madame de Montholon avaient chacune une assiette, encore pas tous les ans.

Parties, ces petites Balcombe aux cheveux de lin, dont les enfances avaient amusé l'Empereur aux Briars et qui, dans leurs visites de pouliches échappées, mettaient à sac l'enclos de Longwood. Balcombe n'avait pas précisément été expulsé par Lowe, mais il avait été poussé hors de l'île. Sur le moment, l'Empereur ne s'en était pas plaint : Balcombe qui, comme fournisseur, avait été chargé de l'approvisionnement de Longwood, devait, moyennant une somme de 3.000 £, porter des nouvelles à la Famille, envoyer à Longwood des gazettes et des livres, et faire diverses commissions ; il n'alla point lui-même sur le continent et se contenta d'y envoyer M. Holmes, l'ami d'O'Meara, lequel toucha les 3.000 £ ; Balcombe, après prélèvement d'un peu plus de 1.000 £ pour son traitement, s'en rapporta, pour l'emploi du surplus, à O'Meara, qui en appliqua la plus grande partie à des dépenses qu'il déclara plus tard avoir faites soit à Sainte-Hélène, soit sur le continent, soit à Londres, et dont il donna de piètres justifications.

Balcombe, au moment de son départ, en mars 1818, avait promis qu'il reviendrait avant six mois, et c'était bien avec esprit de retour et moyennant un congé donné par le gouverneur, que la famille s'était embarquée le 15 mars 1818; mais des lettres, destinées à O'Meara et arrivées après son expulsion, démontrèrent surabondamment qu'il était d'accord avec le chirurgien pour faire passer des manuscrits à Londres et en tirer parti ; une place de trésorier dans la Nouvelle-Galles du Sud lui ôta toute velléité de revenir à Sainte-Hélène.

Partis les commissaires, ceux au moins avec lesquels on eût pu espérer pouvoir causer : le baron Stürmer, le 11 juillet 1818 ; le comte de Balmain, bien plus tard, en mai 1820 ; mais, antérieurement, celui-ci avait fait de longues absences et un voyage de près de six mois au Brésil. L'Empereur avait fondé des espérances sur les commissaires ; mais, dès le début, il avait lui-même rendu impossible qu'ils vinssent à Longwood, en demandant s'ils avaient apporté des lettres de leurs souverains qui les accréditassent près de lui ; plus tard, lorsqu'il fut revenu à une appréciation moins aventurée de la situation, il exigea encore que, s'ils voulaient le voir, ils s'adressassent officiellement au Grand maréchal. Lowe devait nécessairement mettre tous les obstacles à une telle démarche, et ses instructions lui prescrivaient expressément d'éviter que les commissaires entrassent en rapport avec l'Empereur. Leur surveillance lui donna presque autant de peine que celle de son prisonnier, et l'une des infractions qu'il considéra comme les plus graves n'en vint pas moins du commissaire autrichien. Les plaintes de Lowe à propos de la conduite de Philippe Welle ne manquèrent point d'émouvoir le gouvernement autrichien, auquel il était insupportable de penser que quelqu'un en Europe pût lui attribuer quelque attention pour Napoléon. Dès le 26 mars 1817, Metternich écrivit à Stürmer que « Sa Majesté désapprouvait entièrement sa conduite avec Sir Lowe, le style de sa correspondance avec le gouverneur et les déclarations qu'il lui avait faites au sujet du jardinier Philipp Welle ». Cette même affaire amena Metternich à proposer à l'empereur, le 13 octobre, le rappel de Stürmer ; la dépêche, expédiée le 29 novembre, ne parvint à sa destination que le 8 juin 1818, et Stûrmer quitta Sainte-Hélène le 11 juillet. Par ailleurs, on n'eut certes rien à lui reprocher ; il n'eut avec les officiers de Longwood que de très simples rapports de politesse, et si, au fond de son cœur, la baronne Stürmer portait à l'Empereur, ainsi que l'a dit Betzy Balcombe, un respect religieux, elle l'avait si bien dissimulé que Las Cases immortalisa son ingratitude. Il n'avait point si grand tort, car elle a pris soin de l'attester elle-même quelque vingt ans plus tard à M. de Montbel, qui s'en porte garant. Il est vrai qu'alors elle était comtesse et ambassadrice, ce qui la mettait encore plus loin des Las Cases.

Des rencontres sur les routes, dans des endroits publics ; des saluts échangés, des mots de banalité courtoise, avec la perpétuelle inquiétude que le gouverneur ne soit averti, qu'il ne prenne l'éveil, qu'il n'écrive à son gouvernement, voilà ce qu'on a eu du baron Stürmer.

Le comte de Balmain aurait pris plus d'initiative que son collègue d'Autriche ; ses instructions l'y autorisaient et son caractère le poussait à l'action ; il eût souhaité fournir à sa cour des détails qui intéressassent l'empereur et qui montrassent l'utilité de sa mission, particulièrement des anecdotes rétrospectives sur le rôle de quelques hommes ou sur la conception de certaines opérations stratégiques. Nul doute qu'il ne s'exagérât la curiosité de l'empereur Alexandre : si celui-ci, en 1815, avait pu croire qu'il y prendrait une sorte de distraction, il s'en était fort écarté deux ans plus tard et ne s'en souciait plus ; mais, si l'on peut admettre qu'il y eût, fût-ce un trait de temps, curiosité, il n'y eut jamais pitié ; jamais non plus Balmain ne força sa consigne au point de donner au Captif l'espérance d'une intervention de l'empereur Alexandre. Jamais ces entretiens ne prirent, même de la part des compagnons de l'Empereur, un tour quelque peu intéressant tant que Gourgaud fut à Sainte-Hélène.

Les premières démarches sérieuses furent faites par Bertrand et par Montholon dans les premiers jours d'avril, alors que Gourgaud était embarqué depuis le 14 mars, Balmain en rendit compte dans ses dépêches du 10 avril, du 11 juillet et du 14 août. Pour se soustraire aussi bien aux poursuites indiscrètes des Français qui, pressés par l'Empereur, le relançaient en toutes ses promenades, qu'aux soupçonneuses investigations de Lowe, qui ne lui laissait plus un instant de calme, il s'enfuit au Brésil, espérant qu'à son retour tout serait calmé. Et bien lui en a pris de donner une telle preuve de sa sincérité, car, le 25 septembre, Lord Bathurst transmet à Lord Castlereagh, pour être mis sous les yeux des souverains et des ministres réunis à Aix-la-Chapelle, « la copie d'une lettre que Sir Hudson Lowe pense qu'il est désirable d'envoyer au comte de Balmain en reproche de sa conduite, vu qu'il appréhende que les fréquentes entrevues entre le comte de Balmain et les personnes de la suite du Général Buonaparte aient donné au comte une opinion défavorable ». Sous cette forme diplomatique, la dénonciation est aussi formelle que possible. À son retour du Brésil, au commencement de novembre 1818, Balmain eût été disposé à renouer des conversations avec les Français, mais, après une explication avec le gouverneur, au début de janvier 1819, il prit le parti d'acquiescer à ses prétentions et rompit avec les Français ; depuis lors, malgré quelques intermittences, quelques tentatives de révolte contre les exigences d'Hudson Lowe, il se désintéressa du prisonnier : « Je vais à Plantation House continuellement, écrivait-il le 18 juin 1819 ; on m'y reçoit à bras ouverts ; les dîners, bals et soirées s'y multiplient. » Les beaux yeux de Suzanne Johnson avaient opéré la conversion de Balmain, en même temps que les dépêches du comte Lieven lui avaient inspiré la crainte du Seigneur : cela finit par un mariage, comme dans les comédies, et beau-père et gendre s'accordèrent d'autant mieux que le nouveau couple partit pour la Russie dans les premiers jours de mai 1820. Nommé aide de camp de l'empereur en récompense de ses services, Balmain devait, jusqu'à sa retraite, en 1837, jouir des bonnes grâces de son souverain. Il ne mourut qu'en 1848.

Sir George Bingham, lui aussi, était parti en mai 1819, « malgré les avantages et le brillant du poste d'adjudant général à Sainte-Hélène ». À la vérité, par crainte de querelles avec le gouverneur, il ne paraissait plus guère chez l'Empereur, mais il était toujours dans les meilleurs termes avec les Français, et Lady Bingham, qui était venue le rejoindre, était d'une précieuse ressource pour la pauvre Mme Bertrand.

Celle-ci sortait à peine de la petite maison où elle était confinée ; elle ne paraissait plus guère chez l'Empereur qui, d'ailleurs, passait presque toutes ses journées dans son appartement, vêtu d'une robe de chambre, la tête coiffée d'un madras. Et elle n'avait plus les visites des femmes d'officiers du camp de Deadwood, depuis la terrible histoire entre le lieutenant-colonel Lyster et le Grand maréchal.

Ce Lyster, que Lowe avait amené avec lui, qui peut-être avait été son camarade de régiment, mais qui depuis longtemps ne faisait plus partie de l'armée régulière, avait été revêtu pour la circonstance des fonctions d'inspecteur de la milice avec le grade local de lieutenant-colonel. Lowe avait imaginé de le placer à Longwood comme officier d'ordonnance, avec un lieutenant sous ses ordres.

L'Empereur, auquel on avait rapporté que Lyster avait servi dans un régiment corse à Ajaccio et qu'il ne comptait pas dans l'armée, s'en était indigné et avait fait écrire par Bertrand une lettre des plus fortes au gouverneur. Celui-ci avait fait la sottise de montrer la lettre à Lyster, lequel avait débuté à Longwood en cherchant querelle à O'Meara de la façon la plus grossière. Sur la plainte formée contre sa nomination, Lyster avait envoyé aussitôt au Grand maréchal un cartel où il insultait l'Empereur en même temps que le Grand maréchal dans les termes de la plus basse vulgarité. Bertrand n'ayant point répondu à cette provocation, le lieutenant-colonel Lyster avait redoublé le lendemain par une lettre où il menaçait le Grand maréchal de coups de fouet au cas où il ne lui donnerait pas satisfaction. Bertrand avait envoyé ces cartels au gouverneur avec une lettre dictée par l'Empereur, et, prenant que Lyster avait agi comme le champion et le second de Lowe, il s'était mis à la disposition de celui-ci. Lowe avait dû faire des excuses et ordonner à Lyster de se retirer de Longwood, mais il n'avait donné aucune autre suite à cette surprenante affaire où un inspecteur des milices, en service commandé, avait pris à partie un lieutenant général prisonnier, et avait prétendu, par ses injures, le contraindre à se battre avec lui. Il n'avait point, semble-t-il, envoyé les lettres de Lyster à Lord Bathurst, non plus que la lettre qu'il avait lui-même adressée au Grand maréchal, et, par amitié pour son ancien camarade de régiment, il avait gravement manqué à son devoir.

À quoi il avait ajouté une lâcheté : il avait saisi cette occasion pour faire entendre que les officiers de l'île — officiers réguliers de l'armée de Sa Majesté — étaient solidaires du lieutenant-colonel Lyster — officier local, que lui seul avait nommé — et qu'ils devaient — eux et leurs femmes — mettre en quarantaine « pauvre Mme Bertrand ».

Ces tracasseries indignes avaient un objet déterminé. Lowe s'était donné pour but de lasser Mme Bertrand, de lui rendre l'existence à Sainte-Hélène à ce point odieuse qu'elle décidât son mari à la laisser partir, et le Grand maréchal l'eût certainement accompagnée. Que Bertrand partit et tout irait bien.

Mme Bertrand était un être sociable ; elle avait toujours vécu dans le monde, elle avait besoin du monde. Elle s'était médiocrement pliée à obéir au lieu de commander, si bien qu'elle était en réalité assez mal avec l'Empereur, qu'elle le voyait rarement et ne participait pour ainsi dire à rien de ce qui faisait l'unique intérêt de la vie à Longwood.

Elle avait eu la douleur de perdre sa mère, morte à Paris, le 20 octobre 1817, et, lorsque la nouvelle lui en arriva plus de trois mois plus tard, combien elle regretta de n'avoir point exigé que le Grand maréchal tînt la promesse qu'il lui avait faite et dont elle avait pris acte solennellement, de ne pas rester plus d'une année à Sainte-Hélène. Au moins aurait-elle revu cette mère dont elle s'était séparée à si grand trouble ; ne fallait-il pas qu'elle fût bien vivement attachée à sa famille anglaise pour que, à ce petit garçon né à Sainte-Hélène, sous les yeux de l'Empereur, « le premier

Français, comme elle lui dit, qui fût entré dans l'île sans l'autorisation des Anglais », elle donnât le nom de son père, Arthur Dillon, et qu'elle priât Lady Jerningham d'en être la marraine ? Elle était très Anglaise, n'était, sauf Bouges, entourée que de domestiques anglais, ne parlait qu'anglais aux enfants. Le départ de Lady Bingham, celui de Lady Malcolm, avec laquelle elle s'était liée au point de la charger pour ses parents d'Angleterre de communications tout à fait intimes, l'avaient fort attristée. Elle était constamment malade ; après deux ou trois fausses couches, elle avait mené à bien la grossesse du petit Arthur, né le 9 janvier 1817, mais ensuite, en moins de dix-neuf mois, elle avait eu trois accidents, et à chaque fois elle avait manqué mourir. Elle en demeurait affaiblie aux sources mêmes de la vie. Elle avait peine à se lever, à s'habiller ; très rarement elle sortait, restait presque toute la journée au lit, et cette petite, minuscule maison était emplie du bruit que faisaient ses enfants dont elle était folle, et qui s'élevaient comme ils voulaient. Au moins étaient-ils naturels, intelligents et très vifs. Ils ne craignaient rien et passaient partout ; à présent, ils étaient quatre, terribles : Napoléon, Henri, Hortense et Arthur, qui, pour être le plus petit, pour ne baragouiner qu'anglais, n'était pas le moins hardi.

    Il y avait à leur égard, de la part de l'Empereur, un sentiment de fond et, si l'on peut dire, un sentiment de reflet : le sentiment de fond : une tendresse pour les enfants qu'on constate chez lui depuis le moment où l'on a des indications sérieuses sur son caractère ; une sorte de tendresse un peu bourrue, brutale parfois, allant de préférence aux enfants stoïques, durs à eux-mêmes, agiles et vivaces ; le sentiment de reflet : le rappel, la représentation de son fils. Il a une sorte de pudeur à parler de son fils ; il parle de son passé — c'est-à-dire de sa naissance ; il parle de son avenir — des chances qu'il a de régner ; très rarement, presque jamais, de sa situation présente. Son esprit s'en détourne comme d'une épreuve trop pénible. Il ne parle point de lui en niaiserie ; il évite de s'attendrir ; mais, chaque fois que son regard se pose sur un des enfants Bertrand, est-ce que sa pensée n'évoque pas le petit être aux cheveux blonds et aux yeux bleus, l'enfant sans père qui grandit dans ce Schœnbrünn où il n'est plus permis de prononcer le nom de celui qui, par deux fois, y établit son quartier général ? Les jolies tendresses qu'il a avec les enfants Bertrand, et comme il les gâte, comme il se plaît à leur faire plaisir ! Tantôt il recommande à Pierron de reprendre son ancien métier de chef d'office pour fabriquer des bonbons au goût des enfants, les disposer par espèce dans de jolies boîtes en cartonnage ; tantôt il imagine de percer avec une lardoire les oreilles de la petite Hortense afin d'y passer des boucles d'oreilles en corail, puis d'autres et d'autres ; apprenant comme elle envie son frère Napoléon qui, à l'occasion, fait l'écuyer à sa portière, il lui fait prendre mesure d'un habit de cheval par la femme de Noverraz ; quelques jours après, il la fait habiller en amazone, l'assoit sur le Fringant, et Archambault conduit le cheval à la longe sous les fenêtres de Mme Bertrand. Celle-ci est bien obligée d'en prendre son parti, et, depuis lors, Hortense, comme son frère, fait l'écuyer de Sa Majesté.

Un matin qu'Hortense, habillée d'une robe jaune, d'une vilaine couleur et d'une vilaine étoffe, est venue avec son père dans la chambre de l'Empereur, il lui dit : « Tu es bien mal habillée, aujourd'hui — Sire, répond le Grand maréchal, la robe vient de Sainte-Hélène, et le choix n'est pas grand. — Attends, Hortense, dit l'Empereur, je vais te donner de quoi faire un joli caraco. » Et il fait chercher par Marchand un habit de velours cerise, brodé en or et en soie — un des quatre qui, en 1800, ont été offerts au Premier Consul par la ville de Lyon. Nuls mots ne sauraient rendre l'éclat et la douceur chatoyante de l'étoffe, la perfection des broderies de fils d'or et de soie verte et jaune. Il l'a porté, cet habit, le jour de la signature du Concordat et le jour où il visita à Rouen la manufacture des frères Sévenne ; Gérard et Isabey l'ont dessiné. Il le prend, cet habit lourd de gloire, et le met sur les épaules de la petite : « Au moins, lui dit-il, avec cela tu seras belle. ».

Si Hortense est favorisée, ce n'est pas au détriment des autres. L'Empereur imagine, un jour, de mettre au concours la table de multiplication, et Napoléon Bertrand, qui la sait le mieux, a, pour récompense, une montre en or. Tout de même, le préféré est peut-être le petit Arthur : il a voulu défendre sa sœur contre l'Empereur, lors du fameux percement d'oreilles, et l'Empereur s'en est fort amusé. Un bel après-midi, Arthur s'en vient chez l'Empereur et, dans son baragouin anglais, il lui demande un cheval. Dans la journée, il a vu un petit cheval de Java, tout mignon et rare, qu'un habitant de Jamestown avait amené à Longwood, et il meurt d'envie de l'avoir. L'Empereur comprend à moitié et dit à Arthur que le lendemain, au coup de canon de midi, il sera satisfait. Au coup de canon, Arthur court chez l'Empereur, qui dort. Marchand ne voudrait pas laisser entrer l'enfant ; mais, craignant que, à ses cris, l'Empereur ne se réveille, il lui permet de s'asseoir sur un tabouret au pied du lit. L'Empereur, en ouvrant les yeux, voit Arthur qui, sans s'intimider, lui dit que le coup de canon est tiré et qu'il attend son cheval. L'Empereur appelle Marchand et le charge d'acheter le petit java, dont le propriétaire demande cinquante napoléons. Depuis lors, Arthur le monta tous les jours et, avec son Chinois qui le menait par la bride, et sa bonne Betzy, qui le tenait sur son cheval, il venait en grand équipage se montrer à l'Empereur. Pour compléter son costume, il eût voulu des éperons, et des éperons d'or, et comme il ne douta jamais de rien, — cet amant futur de Déjazet et Rachel, — il s'en vint les demander. « Demande-les-moi en français, lui dit l'Empereur, et je te les donnerai. » Mais la construction d'une telle phrase était hors des moyens d'Arthur, et il eut beau s'y reprendre à dix fois, il y échoua toujours.

C'étaient ces enfants qui l'attachaient surtout aux Bertrand, car la comtesse, le plus souvent malade, ne venait presque jamais chez l'Empereur, et le Grand maréchal, ponctuel en son service comme s'il était au régiment, apparaissait à l'heure précise pour le rapport, se présentait de la même façon, prononçait les mêmes paroles, recevait les mêmes réponses, et, à la même heure, prenait congé avec les mêmes gestes. « Lui, disait Lady Malcolm à Lady Jerningham, à qui elle avait été porter des nouvelles de Mme Bertrand, lui est la meilleure espèce d'homme qui puisse être, mais il est le plus déprimé d'esprit de tout le monde ; elle a l'horreur d'être là, et lui, quoique avec grand sentiment pour elle et ses enfants, est attaché de cœur à Buonaparte. » C'était cette dépression, résultant à la fois du climat, de l'hygiène, de l'ennui et de la lutte perpétuelle avec sa femme, qui rendait Bertrand d'une société si terne et si médiocrement attrayante.

De plus, il s'était imposé une mission qui ne pouvait manquer de lui donner des apparences de dureté et de raideur. Dans la maison, comme Las Cases et pour d'autres motifs, il représentait l'intransigeance, et, en cela, Hudson Lowe l'avait bien jugé : il était convaincu que l'Empereur ne pouvait, sans se dégrader, céder sur aucun des points où son passé exigeait qu'il se maintînt ferme ; il s'était établi le conservateur de l'étiquette ; il veillait à ce que nulle lettre ne sortît de Longwood qui ne fût selon les règles : il n'admettait point que quiconque fût admis sans en avoir près de lui formé la demande et sans être introduit par lui ; il ne tolérait aucune concession, ne s'abaissait à aucune complaisance ; il se tenait en termes courtois avec les commissaires étrangers, mais il ignorait le commissaire français, et, vis-à-vis du gouverneur, il suivait exactement les ordres de l'empereur, sans que jamais, par des démarches clandestines, il tentât de séparer la personnalité du Grand maréchal de celle du comte Bertrand. S'il répugnait à transmettre des récriminations sur la vie matérielle qui lui paraissaient peu dignes de son maître et qu'inspirait à d'autres leur goût du confort, nul doute qu'il ne fût d'avis des protestations lorsque la dignité de l'Empereur était en jeu, et qu'il ne fût pour en élever le ton plutôt que pour l'abaisser. Un officier tel que lui, qui avait pris une part glorieuse aux plus étonnantes victoires de l'armée française, qui avait été gouverneur général d'une grande province, qui avait commandé des corps d'armée, ne pouvait manquer de regarder de haut un officier tel que Lowe, et il ne lui cédait rien. Bertrand n'était point agréable, il ne savait point se rendre courtisan, mais il était vrai et droit ; seul il servait par devoir et non par intérêt ; seul il considérait l'honneur préférablement au plaisir de vivre, aux agréments de la société et à toutes les aisances qu'on eût pu obtenir, moyennant qu'on portât l'Empereur à des concessions qui, par une pente insensible, l'eussent amené à une suprême et définitive déchéance.

Mais le général Bertrand avait charge d'âmes. Qu'il sacrifiât sa vie à l'Empereur, c'était son devoir, mais avait-il le droit d'y sacrifier sa femme et ses enfants ? Ceux-ci n'avaient, à Sainte-Hélène, aucun moyen d'éducation, ni professeurs, ni livres. En 1817, par la voie ministérielle, le Grand maréchal avait fait demander à son père, lequel avait ses procurations et faisait ses affaires, de bien vouloir lui envoyer, pour ses enfants, les livres de classe nécessaires.

M. Bertrand était venu exprès de Châteauroux à Paris pour les acheter et renouveler en même temps la garde-robe de sa belle-fille et de ses petits-enfants. Lorsqu'il avait demandé les autorisations nécessaires pour l'expédition de ces caisses, qui devaient passer par l'administration anglaise des Colonies, le ministre français de la Police l'avait renvoyé au ministre des Affaires étrangères, et celui-ci, M. le duc de Richelieu, n'avait pas daigné répondre.

En 1820, l'aîné des garçons allait sur ses douze ans ; la fille était dans sa onzième année. « La comtesse n'avait pas l'exactitude et la patience nécessaires pour instruire elle-même ses enfants ; le général ne les avait pas non plus. Pour une jeune fille, le séjour de Longwood n'était pas sans inconvénients. » Arthur, avec ses trois ans, y faisait provision, près des soldats qui s'occupaient de lui, de tous les jurons usités dans le bas peuple. La position devenait très difficile. Toutefois, avant d'oser parler à l'Empereur de la nécessité que « la comtesse Bertrand conduisît ses enfants en France ou en Angleterre pour leur procurer une éducation convenable », quelles humeurs il dut essuyer ! L'Empereur savait à quoi s'en tenir des désirs de Mme Bertrand, du dégoût qu'elle éprouvait à vivre à Sainte-Hélène, et des plaintes par quoi elle espérait obtenir son départ ; mais il avait déjà gagné cinq ans, alors que Mme Bertrand n'avait promis de rester qu'une année, et il ne perdait pas l'espérance de retenir encore le Grand maréchal. Le 7 juillet, Lowe fit passer une lettre du Secrétaire d'État aux Colonies en date du 16 mars : ayant appris l'intention où étaient le comte et la comtesse Bertrand de retourner en Europe, Lord Bathurst pensait que « la société du général Buonaparte à Longwood serait par suite essentiellement diminuée et qu'il y aurait lieu de saisir la première occasion pour faire connaître au général les dispositions de Sa Majesté de complaire à tous les désirs qu'il pourrait exprimer en faveur de toute personne dont l'arrivée à Longwood serait agréable » ; il ajoutait : « Si le général Buonaparte préférait en laisser le choix au cardinal Fesch ou à la princesse Pauline de Borghèse, je leur ferais immédiatement une communication à cet effet. »

Doit-on penser qu'il y eût eu, à ce moment, demande en règle formée par les Bertrand ou que ce ne fut pas plutôt sur des plaintes exprimées dans une correspondance privée, dont par sa charge il avait eu connaissance, que Bathurst avait pris l'initiative d'une telle démarche ? L'on ne saurait dire que l'Empereur ignorât les projets de Mme Bertrand, mais il ne pensait point qu'elle eût pu, sans prendre ses ordres, en faire l'objet d'une communication au gouverneur ; et c'est en effet invraisemblable. On n'en a pas moins cherché à établir une corrélation entre cette annonce du prochain départ et une aggravation dans la santé de Napoléon, mais ce fut là l'effort d'une inimitié qui profitait de tout. Ce que l'on peut légitimement penser, c'est que l'Empereur n'avait point réalisé ce départ, si même on admet que les Bertrand eussent, de son aveu, formulé une demande — ce qui semble impossible — et la nouvelle survenant lui causa une vive contrariété. Il eut, avec

Bertrand, une longue explication, à la suite de laquelle il fut à peu près convenu que l'on chercherait en Europe quelqu'un qui vînt relever le Grand maréchal. « En effet, sur le bureau de la chambre à coucher, je vis, dit Marchand, écrits au crayon, les noms suivants en forme de liste, tels que ducs de Vicence, de Rovigo, Ségur, Montesquiou, Daru, Drouot, Turenne, Arnault, Denon » ; c'étaient les mêmes qui devaient être prononcés six mois plus tard officiellement. Jusqu'à ce qu'un de ces personnages consentît à partir et arrivât à Sainte-Hélène, des années auraient passé.

Très vite, d'ailleurs, on se restreignit à ce que la comtesse partît seule ; mais, là encore, l'Empereur ne renonçait pas au jeu. Lorsque le bâtiment sur lequel elle devait s'embarquer fut dans le port, l'Empereur trouva de grandes difficultés : « La comtesse Bertrand, dit-il, serait fort embarrassée en France ; elle y serait dans une fausse position vis-à-vis du gouvernement. Il en résulterait les inconvénients les plus graves : que si le général voulait absolument envoyer sa femme et ses enfants en France, il fallait qu'il les conduisît lui-même, et, alors, qu'il donnât le temps de faire venir un de ses anciens serviteurs pour le remplacer pendant son absence. » Il prenait ainsi à bon marché des apparences de générosité. « C'est moi, dit-il à Marchand, qui engage Bertrand à accompagner sa femme en Europe pour aller mettre ordre à ses affaires qui, s'il n'y allait pas, pourraient bien en souffrir. »

Bertrand ne fut point dupe ; il trouvait naturel que l'Empereur voulût le garder, et quels que fussent, dans son intérieur, les reproches qu'il eût à subir, il se soumit ; il obligea sa femme à rester, mais il demanda, ce qui fut accordé, que si, dans une année, il n'y avait pas de changement dans la situation des choses, l'Empereur lui accordât un congé de neuf mois, temps qui lui paraissait suffisant pour aller, en Angleterre, pourvoir à l'éducation de ses enfants et revenir. Le général priait Sa Majesté de se rappeler que, s'il s'éloignait de Sainte-Hélène, c'était contre son gré et sur les indications de l'Empereur lui-même.

Pourtant, nul n'eût eu de meilleures raisons pour partir. Il venait d'apprendre la mort de son père, décédé à Châteauroux au mois de mars 1820, Il avait à recueillir « une belle fortune territoriale bien administrée », mais qu'il devait partager avec son frère Bertrand-Boislarge et son neveu Duris-Dufresne. Celui-ci était mineur ; le Grand maréchal, condamné à mort par contumace, était mort civilement. Le fisc, légalement, pouvait intervenir, exiger la vente des immeubles, le ruiner et ruiner ses enfants ; n'importe, il resta.

Si l'Empereur ne parut pas lui en vouloir d'avoir pensé à faire partir sa femme, — et ce ne fut qu'une apparence, — il se détacha complètement de Mme Bertrand : il ne vint plus, comme il en avait pris l'habitude depuis qu'il avait renoncé à son travail, s'asseoir chez elle durant des heures, causer avec elle et regarder les enfants ; il ne lui demanda plus de monter dans la calèche et de faire avec lui le tour de l'enceinte ; la rupture fut complète. Il ne consentit à la revoir que quelques jours avant sa mort.

Avec Bertrand, il traita à diverses reprises la question, mais chaque fois avec une irritation croissante. « Bertrand lui-même, disait-il à Marchand, ne voit pas que, si je le laisse conduire sa femme en Europe, il ne me retrouvera plus à son retour. » Et il balançait alors s'il ne devait pas faire pour Mme Bertrand ce qu'il avait fait pour Mme de Montholon. Sans doute ; mais tandis que celle-ci arrangeait les affaires de son mari, celle-là, « par son laisser-aller, dissiperait la fortune de ses enfants ». Bertrand sent chaque jour s'éloigner la bienveillance de son maître : son cœur s'en attriste, mais son dévouement reste pareil ; au dedans, de plus en plus agité et nerveux, de plus en plus calme et froid au dehors, il cache sous ce silence une des plus nobles âmes qu'on puisse rencontrer ; et comment ne pas plaindre « *poor* Mme Bertrand ! » comme dit Lady Jerningham ?

Ailleurs, on en prend plus à son aise. Lorsque, à la fin de 1820, Bertrand fait avec l'Empereur cette sorte de convention, il y a près d'un an et demi que Mme de Montholon a quitté Sainte-Hélène. Vers le début de l'année 1819, elle a annoncé qu'elle était atteinte d'une maladie de foie fort grave, et qu'elle devait aller prendre les eaux en Europe. Il s'agit, disait-elle, de vie ou de mort ; sans doute, vécut-elle trente ans encore, mais les médecins se trompent à moins. Elle avait d'ailleurs bien des affaires à régler en France ; le partage de la succession de sa mère. Mme Vassal, et surtout la liquidation des dettes de son mari. Enfin, elle avait laissé derrière elle deux enfants : Edouard, qu'elle avait eu de son mariage avec M. Roger, et Charles qu'elle avait trouvé trop petit pour l'emmener ; elle allait les rejoindre avec les autres : Tristan, né en 1812 ; Napoléone, née à Sainte-Hélène le 18 juin 1816, et Joséphine, née le 26 janvier 1818. Tous ces motifs sont plausibles ; mais Mme de Montholon est-elle donc si maternelle ou si malade ? Quelles raisons si pressantes à ce départ qui annonce à l'Empereur celui de Montholon et l'en menace directement ? Montholon est-il si inquiet de la santé d'une femme que, dans ses lettres, il paraît adorer ? Se préoccupe-t-il des consultations qu'elle devra prendre, des régimes qu'elle devra suivre ? S'étonne-t-il lorsqu'elle lui rend compte que, refusée en Angleterre et débarquée à Ostende en septembre, elle ne va ni à Spa, ni à Aix-la-Chapelle, ni nulle part pour prendre les eaux dont elle a un si urgent besoin ? Point du tout, mais, à chacune de ses lettres, — ces lettres qu'il remet tout ouvertes à Hudson Lowe, qu'il laisse peut-être voir à Napoléon, si curieux de tout ce qu'on écrit, — il presse sa femme de lui trouver un remplaçant ; il n'annonce nul esprit de retour ; c'est un départ définitif qu'il prépare ; c'est d'un tel départ qu'il menace l'Empereur. Les démarches qu'il indique sont-elles sérieuses ? Où trouve-t-on des traces que Mme de Montholon se soit adressée à qui que ce soit, hormis — et combien tardivement ! — à Planat qui, depuis cinq ans, depuis qu'il avait quitté l'Empereur sur le *Bellerophon*, s'offrait avec une constance d'autant plus méritoire qu'il avait été plus souvent rebuté, et peut-être à Casimir Bonjour, lequel, à la place qu'il prétend lui avoir été proposée, dit avoir préféré l'éventualité qu'on jouât aux Français une de ses pièces ! Mais Planat, qui fut capitaine ou, tout le plus et tardivement, chef d'escadron ; Bonjour, qui n'est rien qu'auteur sifflé, sont-ce là des personnages pour remplacer le marquis de Las Cases, comte de l'Empire, chambellan de Sa Majesté et conseiller en son Conseil d'État ; le baron Gourgaud, premier officier d'ordonnance ; le général comte et marquis de Montholon, ancien chambellan et ministre plénipotentiaire ? En vérité, cette négociation unique est pour prouver que Montholon n'a guère l'idée de quitter avant d'avoir tiré de la situation ce qu'elle peut rendre.

La place est bonne : à Sainte-Hélène, il n'y a d'ostensible qu'un traitement de 2.000 francs par mois ; cela serait médiocre, mais l'on ne saurait douter que l'Empereur ne l'ait gratifié de sommes très importantes, antérieurement à 1818 ; sans ajouter une foi entière à ce qu'affirme Gourgaud, on doit en tenir compte ; son envie a dû l'éclairer. À partir de 1818, on trouve une traite de 3.000 £ (75.000 francs) sur le roi Joseph, payable pour le comte de Montholon au sieur Bertrand, notaire, demeurant rue Coquillière ; lors du départ de Mme de Montholon, le brevet, en date du 15 juin 1819, d'une pension de 20.000 francs par an, payable par le prince Eugène, à raison de 10.000 francs à la fin de juin et autant à la fin de l'année ; un bon en date du 28 juin, d'une somme de 6.000 £ (150.000 francs) payable par le roi Joseph ; enfin, sur lettre du général Bertrand, un bon d'une somme annuelle de 24.000 francs, payable par Madame mère. Montholon ajoute à ces diverses remises les 24.000 francs qu'il reçoit annuellement de l'Empereur, et celui-ci se charge de pourvoir à toutes ses dépenses à Sainte-Hélène. Il y pourvoit, en effet, mais il n'a point pourvu aux dettes, qu'elles soient de Monsieur ou de Madame : il y en a pour 900 à 1.000 livres (22 à 25.000 francs), à Jamestown, et, à la mort de l'Empereur, les créanciers ne se décideront qu'à grand'peine à laisser s'embarquer leur débiteur.

Est-ce une telle source de bienfaits qu'on tarit volontairement, alors qu'en France on serait aux expédients ? Par Bouges, le domestique venu de France retrouver le général Bertrand, le marquis de Sémonville a fait dire à son beau-fils « de ne jamais quitter l'Empereur ; que, cela étant, tout serait sauvé ; qu'au cas contraire, tout serait perdu », À partir de 1820, Montholon entretient constamment le commissaire de France, le marquis de Montchenu, avec lequel il s'est mis en confiance et duquel il se sert pour d'obscurs desseins, des immenses trésors que l'Empereur possède et qu'il lui léguera. Il se croit certain que l'Empereur donnera au moins deux millions à Tristan et deux millions à Napoléone : c'est l'Empereur qui le lui a dit, et il s'empresse de l'écrire à Mme de Montholon. C'est cette fortune qu'il abandonnerait à celui qui viendrait le remplacer, car il est bien sûr que, parti, il serait rayé du testament ou n'y serait inscrit que pour une misère ?

Pourquoi serait-il venu à Sainte-Hélène, s'il s'en allait ainsi les mains vides ? Comme on trouverait bien mieux dans la réalité de son caractère qu'il tint l'Empereur sous la continuelle menace d'un départ, et que, par là, il parvînt à augmenter sa part aux dépens des Bertrand, que leur caractère écarte de toute intrigue. Et c'est lui-même qui en fournit la preuve. Par un ancien testament que l'Empereur avait confié au Grand maréchal, qu'il redemanda, dit Montholon, le 7 avril 1821 ; qu'il brûla, mais dont subsista une note, Napoléon avait, sur les six millions qu'il croyait lui appartenir, disposé de 700.000 francs en faveur des Bertrand, de 600.000 francs en faveur des Montholon. Par son testament officiel, il lègue à Montholon deux millions sur les fonds confiés à Laffitte ; par le codicille du 16 avril, 50.000 francs sur l'argent comptant qu'il possède ; par le codicille du 24 avril (Italie), 100.000 francs ; par l'autre codicille du 24 avril (Marie-Louise), 100.000 francs — au total, 2.260.000 francs. Et Bertrand n'aura plus que 500.000 francs par le testament, 50.000 francs sur l'argent comptant, 200.000 francs sur le codicille d'Italie, 200.000 francs sur le codicille Marie-Louise, 950.000 francs. — Les deux codicilles du 24 avril sont singulièrement hasardés, l'Empereur le sait à merveille, et, c'est, d'un côté, 2.050.000 francs qu'il donne contre 550.000 francs de l'autre. Nulle preuve aussi topique. Par-dessus les autres avantages que Montholon a pu en tirer, c'est 1.000.000 francs, et, vis-à-vis de Bertrand, qui, par son rang, son âge, son grade, ses dignités, devrait se tenir assuré du premier rang, une supériorité établie par les termes des dispositions, par des commissions d'extrême confiance, au point que, quoique nommés au même titre que pour l'exécution du testament, Bertrand comme Marchand, crurent devoir s'effacer, ce qui entraîna des conséquences déplorables et amena une fois de plus le Grand maréchal à montrer son désintéressement et sa générosité.

On peut dire que, plus l'Empereur se sentait malade, plus il se cramponnait à l'espoir que Montholon ne l'abandonnerait pas, que, si Bertrand partait, quelqu'un au moins qui n'aurait pas figure de domestique recevrait son dernier soupir. Le débarquement du chirurgien et des prêtres que lui avait envoyés le cardinal Fesch, sans les accréditer par un mot, sans les charger d'aucune mission, l'avait peiné profondément. Il s'était senti encore plus abandonné. Quoi ! L'on avait le moyen de lui fournir pour compagnons un homme de science et un homme de foi ; l'on pouvait soulager son corps, distraire son esprit, amuser son imagination, procurer à sa misère l'unique consolation, et voilà quels hommes on lui envoyait pour vivre avec lui, l'entretenir et le soigner physiquement et moralement ! Si habitué qu'il fût à l'ineptie de Fesch, cette fois il ne comprenait pas. Personne ne pouvait comprendre ni ce choix, ni ce retard de plus d'une année, — demande d'un prêtre formée le 22 mars 1818, autorisation d'envoyer un prêtre et un médecin donnée le 10 août 1818 ; départ de « la petite caravane » à la fin de février 1819 ; arrivée à Sainte-

Hélène le 20 septembre, après treize mois ! On eût dit qu'il avait choisi à dessein ces trois Corses pour figurer, en face du Corse génial, ce que la Corse pouvait fournir d'ineptie, d'intrigue et d'ignorance : un vieillard qui, lorsque l'apoplexie ne le rendait pas muet, bredouillait alternativement en espagnol et en italien ses campagnes ecclésiastiques au Mexique et semblait tout ignorer d'un autre hémisphère ; un jeune prêtre qui, si vraiment comme on l'a dit, il avait étudié au séminaire de Saint-Sulpice et dans un séminaire romain, donnait la plus fâcheuse idée de l'instruction qu'on y recevait, mais qui du moins était dévoué et croyant ; enfin, un terrible homme, affolé de vanité, d'ambition et de lucre, non pas mal élevé, car la rusticité parfois a du bon, mais audacieux, familier et se tenant égal à tous, sinon supérieur : une étonnante idée de soi que complétaient une ignorance tranquille et un imperturbable aplomb.

Cet homme, dès son arrivée à Sainte-Hélène, semble avoir été convaincu par Lowe que l'Empereur n'est point malade et que sa maladie est politique. Alors, chaque fois que l'Empereur dit qu'il souffre, il prend un air entendu, sourit en connaisseur, car il n'a garde de le contrarier, mais il sait ce que parler veut dire : ce n'est pas lui qu'on prend pour dupe. L'attitude qu'il adopte vis-à-vis de son malade, inconvenante en toute occasion, est ici odieuse : elle a peut-être une excuse, l'incapacité où il est de reconnaître la maladie. Il recommande l'exercice, mais l'Empereur a naturellement le dégoût de l'équitation, l'horreur de ces promenades qui lui font mieux juger l'étroitesse de sa prison ; et quel exercice alors ? Sans doute, plus tard, essaiera-t-il de la bascule, mais dans les derniers temps, et faudra-t-il l'abandonner presque aussitôt ; il y a le jardinage, et s'il est vrai qu'Antommarchi, comme il s'en vante, ait été pour quelque chose dans le goût qu'y prit l'Empereur, on pourrait lui en être reconnaissant ; mais l'idée ne vint-elle pas de Napoléon lui-même ? « L'Empereur, dit Marchand, depuis quelque temps, parlait d'agrandir les jardins qu'il avait sous ses fenêtres ; il sentait le besoin de se préserver, par un mur de gazon élevé, des vents alisés ; non seulement il y voyait un moyen de distraction pour lui et la colonie, mais il y trouvait aussi l'avantage de repousser de la maison le cordon de sentinelles qu'on y posait chaque soir à neuf heures. » Antommarchi donc n'imagina rien, mais il encouragea l'Empereur à persévérer, et, comme toute la colonie, il prit sa part de l'entreprise.

Dès que Pierron, le maître d'hôtel, eut acheté en ville bêches, pelles, pioches, brouettes, et que chacun fut armé, — l'Empereur même, mais il se servait de son râteau et de sa bêche comme de cannes, — on commença, du côté sud, à élever un talus gazonné ayant neuf pieds de largeur à la base et quatre-vingts pieds de développement. Tous les matins, à la pointe du jour, le valet de chambre, de service, averti par une pierre que l'Empereur jetait dans la persienne de sa chambre, allait éveiller tous les habitants de Longvood : Montholon, les prêtres, le médecin, les domestiques, français, anglais ou chinois. L'Empereur, vêtu — comme Saint-Denis et Noverraz — d'une veste de nankin sur le col de laquelle était rabattu le col de la chemise, et d'un pantalon de même étoffe, chaussé de pantoufles rouges, coiffé d'un chapeau de paille à larges bords, dirigeait le travail et le surveillait, en compagnie de Montholon et de Bertrand, lequel n'arrivait guère avant huit heures. Il essaya même de manier la pioche, mais les ampoules l'obligèrent à y renoncer. À dix heures, on quittait le travail et Napoléon déjeunait dans un bosquet d'orangers de l'un des petits jardins. Montholon, régulièrement, déjeunait avec lui ; parfois Bertrand ; le docteur et les prêtres, rarement : c'était là leur pourboire ; médiocre au surplus. Le déjeuner impérial se composait d'un potage, d'un plat de viande, — poulet, gigot ou poitrine de mouton grillée, — d'un plat de légumes et de café. L'Empereur restait volontiers à table et causait ; lorsqu'il rentrait à la maison, souvent il se couchait ; de deux à trois, il prenait son bain, il dictait ou il causait avec l'un des généraux qu'il avait fait demander ; s'il se sentait bien, il faisait sa toilette en grand et s'habillait : veste et culottes blanches, habit de chasse vert, sans les boutons dorés, mais avec la plaque de la Légion ; bas de soie et souliers à boucles d'or, chapeau d'uniforme, pas d'épée. À quatre heures, il ressortait, inspectait ce qu'avaient fait les Chinois, s'amusait à arroser au moyen d'une petite pompe sur roues. Il attrapait ainsi l'heure de son dîner ; en sortant de table, il montait en calèche avec Montholon, quelquefois avec Bertrand. Quant à Mme Bertrand, jusqu'en juillet 1820, il venait souvent lui faire une visite, mais ensuite, il ne la vit plus.

Ces travaux du jardin avaient si bien réussi à la santé de l'Empereur que, lorsque le programme eut été rempli, à la fin de décembre 1819, l'on s'ingénia à en suggérer d'autres, encore plus intéressants. Pour amener autour de l'habitation l'ombre que demandait l'Empereur, on transporta de vieux arbres « avec des mottes qui demandaient la force de vingt hommes, surtout des chênes, arbres qui, à Sainte-Hélène, s'élevaient peu, mais étendaient leur branchage comme les pommiers en France ». Plusieurs réussirent, un surtout, qu'on appela le chêne de l'Empereur, et sous lequel on servait souvent le déjeuner. Des arbres fruitiers, en particulier des pêchers, furent transplantés, prirent parfaitement et donnèrent des fruits dès la première année.

Ce ne fut rien encore auprès des travaux d'hydraulique. Moyennant des dépenses considérables, les Anglais avaient établi, au Pic de Diane, un réservoir immense d'où l'eau était amenée, par des conduites, au camp et à Longwood. À Longwood, elle était recueillie dans un réservoir élevé à quelques pieds de terre et d'où l'on pouvait la conduire dans toutes les parties du jardin ; l'Empereur imagina d'étager des bassins reliés par des conduites à découvert ; il en traça minutieusement les plans sur le terrain, et, au bord d'un de ces bassins, il fit placer une grande volière dans le style chinois. De la terre extraite pour creuser ces bassins, on fit une masse circulaire qu'on arrangea en gradins garnis de gazon et destinés à être plantés de fleurs et de rosiers ;

mais cette sorte d'amphithéâtre, placé à la hauteur de la véranda, interceptait la vue du potager et gênait la communication. L'Empereur fit percer une sorte de tunnel dans ces terres rapportées, y établit une espèce de grotte circulaire, munie de portes vitrées, revêtue en bois peint à l'huile et traversée par une large rigole en bois qui amenait l'eau des bassins du jardin au potager. Il venait souvent s'asseoir dans cette grotte. Au bassin du milieu, le chef de cuisine, Chandelier, était parvenu, au moyen d'un tuyau de plomb, à appareiller une petite gerbe d'eau. On ne la faisait jouer que quand l'Empereur sortait. Et c'étaient là ses fontaines jaillissantes, à lui qui avait eu Saint-Cloud, Versailles et les Tuileries. — C'était ridicule à ce compte, cette petite gerbe, mais ces gens avaient fait de leur mieux, ils s'étaient ingéniés, imaginant le distraire, ne sachant comment lui plaire ; c'étaient de petites gens, humbles.

Ils étaient fiers parce que leur maître paraissait satisfait et que, tout ce qui se passait à Longwood faisant l'unique conversation de l'île entière, quiconque pouvait saisir quelque prétexte, venait voir le travail des Français. Ainsi, par une étrange indiscrétion, Miss Johnston, la belle-fille de Lowe, s'introduisit crânement dans le jardin, où elle rencontra Montholon ; elle lui annonça qu'elle venait visiter Longwood et qu'elle désirait infiniment voir l'Empereur. Elle était très jolie : Montholon lui offrit le bras, la promena partout et finalement la mit en face de Napoléon, qui se promenait dans un long berceau couvert de feuilles de la Passion, qu'il affectionnait. L'Empereur fut charmé de ce jeune visage, dit quelques mots polis, fit servir des sucreries et, de sa main, cueillit une rose qu'il offrit à la demoiselle.

Ce n'était pas seulement aux jardins que s'employaient les serviteurs de l'Empereur. Celui-ci, s'il était simple en ses goûts, éprouvait une sorte d'horreur physique au contact de tentures ou de tapis malpropres. C'était le cas dans ses deux chambres à coucher où la tenture de nankin était pourrie par l'humidité des murs et où le tapis était rongé par les rats. On lui proposa diverses solutions, mais il répugnait à laisser des ouvriers anglais entrer dans son appartement intérieur et il ne se décida à autoriser le changement que lorsque Marchand lui eut garanti que tout se ferait par les gens de la maison : nettoyage des murs sur lesquels on colla du papier blanc, relèvement des châssis, d'où l'on enleva la vieille tenture de nankin pour la remplacer par une tenture de mousseline ; nettoyage et vernissage des meubles, blanchiment des plafonds ; tout fut fait par ses valets de chambre aidés de quelques Chinois. La mousseline rayée, tendue large sur des cordons passés, haut et bas, dans des coulisses, se trouva former « des tuyaux » d'un effet gracieux ; une petite draperie froncée, de même étoffe, cacha la coulisse du haut, celle du bas reposant sur la plinthe : en deux heures, on pouvait changer la tenture dont on avait un double. On mit aux deux petits lits de campagne des rideaux neufs, de soie verte ; on dévissa les boules des colonnettes du lit et du couronnement et l'on y adapta les aigles mis en réserve lorsqu'on avait brisé l'argenterie. Les tableaux furent replacés : chacun s'était ingénié, le Grand maréchal avait envoyé un petit cartel en cuivre doré et un buste du Roi de Rome enfant qu'on plaça sur la cheminée. Quand l'Empereur pénétra dans la chambre, deux pastilles d'Houbigant brûlaient dans la cassolette ; la lumière douce du flambeau couvert éclairait joliment les murs : « Ce n'est plus une chambre, dit-il, c'est le boudoir d'une petite maîtresse. »

Il fallut tout aussitôt s'occuper de la seconde pièce. « L'Empereur avait à Sainte-Hélène, a écrit Marchand, deux petits lits de campagne ; la nuit, il allait de l'un à l'autre en passant d'une pièce dans une autre ; il m'avait dit plusieurs fois que, s'il tombait malade, ces lits seraient trop étroits ; le comte de Montholon en avait un en cuivre doré qu'il avait acheté en ville ; il me le proposa pour mettre dans la seconde chambre… Des rideaux verts furent achetés pour ce lit. J'avais dans la toilette de l'Empereur des dentelles et un large point d'Alençon, j'en fis garnir le couvre-pied et je fis garnir aussi la taie d'oreiller de dentelles, ce lit ne devant en réalité être qu'un lit de parade. » Une glace, de quatre pieds de haut sur trois et demi de large, et deux petites bibliothèques complétèrent l'ameublement, L'Empereur parut fort satisfait ; seulement, à son coucher, il dit à Marchand : « Je ne veux pas que Montholon se prive de son lit, il faudra le lui rendre. » La nuit, selon son habitude, il changea de lit, se mit au lit de cuivre et s'y trouva très mal couché. « Toutes ces dentelles, dit-il à Marchand, le lendemain matin, sont bonnes pour Madame la maréchale », et il fit remplacer le beau lit par son second lit de campagne.

Ces attentions plaisaient à l'Empereur, auquel elles fournissaient un semblant d'occupation. Ainsi avec Fontaine et Desmazis, Duroc et David s'occupait-il de l'ameublement des Tuileries, de Compiègne ou de Fontainebleau ; de même avec les chefs de service faisait-il ses comptes pour quelques shillings comme jadis pour des millions ; sans doute comptait-il avec M. de Montholon ; certainement il comptait avec Gourgaud et l'on a le livre de son maître d'hôtel Pierron avec les additions refaites de sa main et le change des monnaies établi ; on a le livre de son valet de chambre, Marchand, dont il a fait son trésorier et qui cherche à économiser sur le courant des dépenses pour augmenter de quelques milliers de francs la caisse de réserve : ainsi, jadis, avait-il, en rognant sur les dépenses de la Maison, mis de côté ce trésor de trois cents millions avec lequel, durant la Campagne de France, il soutint la défense nationale. Ainsi le trouve-t-on pareil dans les grandes choses et les petites, et son caractère n'a pas plus de variation que ses habitudes. Dans ce microcosme on étudie de plus près celles-ci et celui-là et l'on saisit plus exactement certaines façons qu'il a de penser et d'agir.

L'Empereur n'admet point que les quatre grands événements de l'existence humaine s'accomplissent sans l'intervention de la religion et l'assistance du prêtre. C'est lui qui, aussitôt après la mort de Cipriani, a réclamé, « pour ne pas mourir comme un chien », un prêtre catholique ; le prêtre, les prêtres que Fesch a choisis sont stupides, mais ils sont des prêtres et, parce qu'ils sont des prêtres, ils sont en mesure de faire pour lui ce que nul homme ne saurait faire.

Cela peut surprendre seulement ceux-là qui, différant de race, d'atavisme et de religion avec les Latins catholiques, jugent ceux-ci à leur mesure. Napoléon n'avait jamais fait profession d'incrédulité ; il avait une horreur prononcée contre l'athéisme. « C'est la maladie à craindre », disait-il, et il la combattait même avec des arguments peu convaincants ; déiste sans conteste, il ne répugnait point à la solution catholique : on ne trouverait pas de lui un acte ou une parole par quoi il ait contesté un dogme. Il avait un atavisme exclusivement catholique ; dans les deux lignes de sa famille, il avait des prêtres ; sa mère était très pieuse, elle était devenue dévote. Il avait eu une enfance catholique, une éducation catholique. Qui dira par quels liens mystérieux et secrets, l'homme reste attaché à la religion de ses ancêtres, à la religion que sa mère lui a enseignée, dont, avec ses premières paroles, il apprit à balbutier les prières ? Ce qui le tient peut n'être ni la connaissance, ni l'intelligence de la religion, ni la foi. mais c'est sa vie même et la vie de tous les siens ; ce sont eux qui s'éveillent en lui quand il entre dans certaines églises, qu'il entend certains chants, qu'il perçoit certaines odeurs : cela sans doute est physique, par des côtés ; de cet extérieur des choses à leur substance comme le pas est vite franchi ! Ne l'a-t-il pas fait ? Il y a une religion dans laquelle ont vécu ses ancêtres, dans laquelle il est né et il a été élevé, une religion qui revêt le déisme et la croyance à l'immortalité de l'âme, de son culte traditionnel, de sa noblesse liturgique, de la mystérieuse poésie de ses exorcismes sacramentels ; il l'estime la meilleure et il n'a aucun doute à cet égard, puisque, entre elle et la protestante que tant de gens si hardis et si remuants avaient prétendu qu'il imposât à la nation, il l'a choisie ; il l'a restaurée ; il a assuré le sort matériel de ses prêtres ; il lui a accordé, sinon des privilèges politiques, du moins des honneurs et des exemptions civiles ; il s'est efforcé de la préserver par ses lois du péril de n'être plus nationale ; il a, par sa présence assidue à la messe dominicale et par son attitude durant l'office, marqué une adhésion que ceux-là seuls discutent qui se révoltent à l'idée d'entrer dans une église et d'y participer à certains gestes traditionnels. À l'heure où il devra donner des preuves plus efficaces de sa confiance en l'Église catholique, il n'y manquera point, mais, en attendant cette heure, n'est-il pas des détails qu'on peut relever ?

Les abbés Buonavita et Vignali ont apporté à Sainte-Hélène une malle contenant des ornements d'église et des habits sacerdotaux « d'une très grande beauté » et ils disent chaque dimanche la messe dans le salon sur une table quelconque. L'Empereur décide que la salle à manger, dont il ne se sert plus, sera convertie en chapelle « d'une façon permanente » et qu'il mangera dorénavant dans le salon. Il s'agit que la chapelle soit digne de l'empereur ; tout Longwood se met à la besogne ; Noverraz, aidé d'un menuisier chinois, élève un autel sur deux marches ;

Pierron, qui, dans son métier d'officier, a appris à « cartonner », fait un très beau tabernacle or et blanc pour placer le Saint-Sacrement ; Marchand et Saint-Denis garnissent le mur du fond et six pieds en retour sur le côté, d'une draperie de satin rouge qui se détache du plafond et est relevée par des patères dorées ; un tapis de velours vert avec un N couronné, en galon d'or, et des N plus petits dans les coins couvre les marches de l'autel et s'étend jusqu'au prie-Dieu de l'Empereur. Les galons manquaient pour les couronnes, et les serviteurs tenaient absolument que tous les N eussent leur parure impériale. M. de Montholon retrouva fort à propos dans ses malles, sa veste-uniforme d'aide de camp du prince vice-connétable ; les galons n'y manquaient point, et l'on en tira, outre quatre couronnes pour le tapis, une grande croix pour le soubassement de l'autel, lequel fut couvert d'une nappe ornée de larges guipures et de dentelles anciennes. Sur une petite estrade, des deux côtés du tabernacle que surmontait une croix d'ébène avec un beau christ d'argent, on plaça des girandoles d'argent à six branches et des vases de porcelaine de la Chine, que l'on garnit des plus belles fleurs du jardin. Le dimanche suivant — car tout a été fait en secret, dans une seule semaine — à midi, on ferme soigneusement la porte par où seulement la pièce était éclairée, on allume les bougies des candélabres ; et l'on pose des lampes à globe sur des consoles des deux côtés de l'autel. Au-devant, se tient l'abbé Buonavita, revêtu de ses plus beaux ornements, assisté de l'abbé Vignali et du jeune Bertrand qui fait l'enfant de chœur. Derrière le fauteuil impérial, la petite colonie s'est groupée dans l'ordre hiérarchique. L'Empereur entre suivi du Grand maréchal et de M. de Montholon et vient se placer devant son prie-Dieu. L'abbé Buonavita le salue comme le saluait le Grand aumônier dans les chapelles impériales et commence la messe. Ce jour-là, à Sainte-Hélène, il, y eut des cœurs en joie et, de cette petite chapelle où se sont ingéniés, en leur simplicité, des braves gens, se dégage une effusion tendre vers la Patrie comme vers le Culte qu'ont pratiqué les ancêtres. Et l'Empereur n'est point le dernier à l'éprouver ; il veut participer à l'ornementation de la chapelle, il donne des dentelles pour garnir les nappes et les aubes, et fait présent à l'abbé d'aubes en batiste. Tous les dimanches, il est fidèle à ce cérémonial ; lorsque sa santé décline, il entend la messe de son lit, la porte de sa chambre étant entr'ouverte ; il n'y manque point jusqu'à son dernier jour.

L'exercice qu'il avait pris et l'occupation que lui avait donnée le terrassement des jardins l'avaient entretenu, jusque vers le mois de juillet 1820, dans un état physique qui pouvait faire illusion. L'air lui avait fait assez de bien pour qu'il pût même tenter des promenades à cheval, et Lowe, pour lui faciliter les moyens de reprendre ainsi quelque activité, avait de lui-même étendu les limites où l'Empereur pouvait aller sans être accompagné. Il s'imaginait que, de la sorte, sa santé s'améliorerait tout à fait et il pouvait s'entretenir dans cette croyance qu'avait répandue Gourgaud, puisque telle était l'opinion d'Antommarchi, lequel n'avait pu manquer de la professer à

Jamestown et peut-être à Plantation. Sans doute. Napoléon avait paru fatigué la première fois qu'il était sorti, mais n'avait-il pas perdu l'habitude de tout exercice, de l'équitation en particulier, et ne fallait-il pas qu'il s y remît ?

En réalité, aucun de ceux qui entouraient l'Empereur ne montrait d'inquiétude sérieuse au sujet de sa santé : le Grand maréchal, quelle que fût sa faiblesse pour sa femme, n'eût point envisagé une absence qui, à la vérité, ne devait être que de neuf mois — mais sait-on jamais ? — s'il avait eu des craintes. Montholon même n'eût point appuyé avec cette cruauté sur son départ, s'il eût pensé que la maladie de l'Empereur eût un caractère alarmant.

En l'absence de tout témoignage valable, il faut se tenir à des indices. Durant les premières années du séjour, l'affection que l'Empereur a ressentie du côté du foie a été relativement bénigne et elle eût cédé à un traitement raisonné, à une cure d'eaux appropriée, ainsi qu'il était arrivé à Madame qui, elle aussi, avait eu des inquiétudes de ce côté. Que cette affection se fût aggravée par l'absence d'exercice, par une hygiène détestable, par des médicaments contre-indiqués, cela est vraisemblable, mais elle n'eût point inspiré des craintes pour la vie de l'Empereur. Ce n'est point à cette maladie qu'il devait succomber, mais à une autre.

On a voulu faire remonter cette seconde maladie au mois de juillet 1820, de façon à établir un rapport avec l'annonce par Lowe du départ de Bertrand ; cela est absurde. Tout au plus, peut-on penser que la nouvelle amena une crise de foie, comme le fait une contrariété vive sur tout être atteint de cette affection ; mais cette crise céda rapidement. À la fin du mois, Napoléon reprit un semblant d'activité qu'il garda pendant le mois d'août et la première moitié de septembre. Alors, ses forces diminuent, le moindre exercice le fatigue, l'air même lui fait du mal. Il prétend lutter : il monte à cheval, il veut jouir des libertés que Lowe lui a données, se promener hors de l'enceinte : il rentre extrêmement fatigué, est obligé de prendre le lit : il ne supporte plus la calèche qu'à grand'peine. Pourtant, il ne sent pas encore qu'il soit si profondément atteint ; ce qu'il croit une indisposition, le résultat de son inactivité prolongée, se dissipera, il en est convaincu, par du mouvement, de la distraction, une *bonne fatigue* ; et, le 4 octobre, il imagine une excursion à Sandy-Bay, chez Sir William Doveton ; Bertrand, Montholon, tout le monde l'accompagnera ; on emportera le déjeuner, un bon déjeuner au Champagne. C'est loin ; l'Empereur, dont l'appétit s'est éveillé, mange un peu plus que d'habitude, boit trois flûtes de Champagne ; au retour, il est recru de fatigue, il atteint à grand'peine la route où stationne la calèche : il se met au lit, avec un très violent mal de tête. Désormais, seulement un peu de marche dans le jardin ou quelques tours de calèche ; le lit et des bains prolongés de deux et trois heures à haute température. Certains symptômes de décadence apparaissent. Il a peine à supporter la grande lumière ; il entend mal ; il a des vertiges. Lorsque la constipation, qui est obstinée, cède aux lavements, un affaiblissement extrême. Antommarchi propose de placer des vésicatoires aux deux bras. L'Empereur refuse : « Pensez-vous, dit-il, que M. Lowe ne me martyrise pas assez sans que vous vouliez en avoir votre part ? » Enfin, devant les instances du Grand maréchal et de Montholon, le 15 octobre, il cède et livre ses deux bras : mais, Antommarchi ne sait pas poser un vésicatoire : il ignore qu'on y donne une *forme*, ronde ou ovale, et qu'on doit raser la place où on l'applique. Il coupe donc ses deux vésicatoires en carré, les met sur les bras et va se promener à la ville. L'Empereur, resté au lit, gêné et agacé, fait demander à plusieurs reprises son médecin qui n'est pas rentré. Antommarchi arrive à la fin, se fait annoncer et demande à l'empereur comment il se trouve : « Je ne sais pas, lui répond brusquement Napoléon ; laissez-moi tranquille ; vous me posez des vésicatoires qui n'ont pas de formes ; vous ne rasez pas la place avant de les appliquer ; on ne le ferait pas pour un malheureux dans un hôpital ; il me semble que vous auriez bien pu me laisser un bras de libre sans me les entreprendre tous les deux. Ce n'est point ainsi qu'on arrange un pauvre homme. » Le docteur veut répliquer : « Allons, lui dit-il, vous êtes un ignorant et moi un plus grand encore de m'être laissé faire. »

Néanmoins, quand on lève les vésicatoires, ils ont produit de l'effet ; et l'Empereur, durant quelques jours, retrouve un peu d'appétit, mais la vie qu'il mène est la moins faite pour qu'il en gagne. Il passe la plus grande partie de ses journées dans son intérieur dont il tient exactement fermées les portes et les fenêtres ; s'il sort, c'est pour monter en calèche ou faire un tour dans le jardin, s'y asseoir et y passer une heure en compagnie de Montholon ou de Bertrand, « Cet état d'atonie va en augmentant chaque jour ; s'il rentre de promenade, l'air lui fait mal, il passe au billard et fait tout fermer... L'appétit a disparu, rien ne vient plus piquer sa sensualité. Il ne prend du rôti qu'on lui sert que la partie rissolée dont il extrait le jus avec son palais, sans pouvoir en avaler la viande ; son bouillon n'est bon qu'à l'état de jus, ce qui devient fort échauffant ; il reçoit le docteur sans lui rien dire de ce qu'il éprouve, » et cette atonie générale accuse toute la gravité du mal.

Antommarchi imagine qu'un cautère aura des effets merveilleux : l'Empereur dispute longtemps contre le Grand maréchal et contre Montholon que le médecin a convaincus ; il finit par se rendre et, le 18 novembre, un cautère est appliqué au bras gauche. « Ce cautère semble répondre à l'effet qu'en attendait le docteur, l'appétit revient un peu ; les soupirs spasmodiques qui étaient fréquents le deviennent moins. » Mais tout empêche que l'Empereur prenne confiance dans son médecin : l'inexactitude de celui-ci, son infatuation, ses négligences ; et tout cela provoque une mauvaise humeur que, chaque jour, la conduite de cet homme justifie davantage ; pour changer ou refaire le pansement du cautère, il n'est jamais là ; heureusement, Marchand a vu comme il s'y prend et le supplée très adroitement.

Tout à la fin de l'année 1820, « le gouverneur, dit Marchand, fit connaître que le bâtiment venu de l'Inde qui devait emmener le Grand maréchal et sa famille était en rade de Sainte-Hélène. Une détermination contraire à ce départ a été prise par le Grand maréchal, celle de ne point quitter l'Empereur dans l'état de santé où il était. Après quelques jours de stationnement dans le port, le bâtiment fit route pour l'Europe. » Il ne semble même pas que Bertrand ait parlé à l'Empereur du sacrifice qu'il lui a fait.

1820 s'achève ; Napoléon, à l'aurore de la nouvelle année, sait qu'il ne la verra point finir. Le matin, lorsque Marchand est entré dans sa chambre et qu'il eut ouvert les persiennes : « Eh bien, lui dit-il, que me donnes-tu pour mes étrennes ? — Sire, répond Marchand, l'espoir de voir Sa Majesté se rétablir bientôt et de quitter un climat si contraire à sa santé. — Ce ne sera pas long, mon fils, ma fin approche, je ne puis aller loin. » Marchand s'empresse de lui dire que ce n'était pas ainsi qu'il le comprenait. « Il en sera, dit-il, ce que Dieu voudra. » Il ne reçoit point Mme Bertrand ni les enfants ; il reste, comme il disait, dans son intérieur. Le mois de janvier passe sans aggravation sensible, sans amélioration non plus. Les remèdes eussent vraisemblablement été impuissants, même pour le soulager, mais il n'en voulait prendre aucun, Antommarchi ne lui inspirant nulle confiance. La négligence et l'inexactitude de cet homme le frappaient plus encore que son infatuation et son ignorance, mais il ne le lui témoignait point, il ne lui parlait pas ; voilà tout.

À la fin de janvier, Antommarchi écrivit à sir Thomas Reade pour demander à être rapatrié. Le gouverneur vint en faire part à Montholon et eut avec lui, le 27, une longue conversation relative aux personnes qu'on pourrait solliciter de venir remplacer Montholon et Bertrand, au prêtre qui devrait suppléer Buonavita que, vu son état de santé, on renvoyait en Europe, enfin, au médecin qui succéderait à Antommarchi. Pour le prêtre comme pour le médecin, l'Empereur se rapporta entièrement au gouvernement français. « Napoléon désirait particulièrement, dit Montholon à Lowe, que sa famille n'intervînt en aucune façon dans les nouveaux choix, il avait trop à se plaindre du choix fait par elle des personnes envoyées à Sainte-Hélène. Le ministère du roi de France étant presque entièrement composé de personnes qui l'avaient servi dans les mêmes places, était le mieux apte à choisir ceux qui pouvaient lui convenir. Quant aux remplaçants de Bertrand et de Montholon, l'Empereur eût préféré d'abord le général Drouot ; quant à l'autre personne, ce pourrait être un civil, même ayant été ecclésiastique, un ancien conseiller d'État, un ancien chambellan ou un ancien confident, un ami avec lequel il eût été lié intimement lorsqu'il était officier d'artillerie ; mais un homme lettré, un homme de talent et de gravité dont il pût faire un compagnon. »

Pour préciser cette conversation, Montholon fit tenir au gouverneur quelques notes « qu'il était chargé de lui adresser ». L'Empereur demandait que le choix du chirurgien fût remis à Desgenettes, à Percy ou à Larrey ;

qu'on le prît parmi les médecins de sa Maison ou les médecins en chef de corps d'armée. « Il recevrait avec plaisir, en remplacement du comte Bertrand, toute personne qui aurait été attachée à sa personne, spécialement les ducs de Vicence ou de Rovigo, les comtes de Ségur, de Montesquiou, Daru, Drouot, Turenne, ou les hommes de lettres baron Denon et Arnault. » C'étaient les mêmes noms qu'il avait crayonnés en juillet, lorsqu'il s'était agi du départ du Grand maréchal. La note, signée par Montholon, fut retournée à cause du titre impérial dont il s'était servi, mais Hudson Lowe en avait gardé copie et avait transmis aussitôt à son gouvernement les désirs de l'Empereur. Selon cette procédure tacitement convenue avec Montholon, l'expédition de la demande ne subit donc aucun retard. Le gouvernement de Louis XVIII s'employa avec le plus grand zèle à trouver un prêtre et un médecin : Mgr de Quélen, coadjuteur de Paris, s'offrit et il fallut l'état de santé de l'Archevêque, le Cardinal de Périgord pour qu'il renonçât à partir ; à son défaut, l'abbé Deguerry, le futur curé de la Madeleine, le martyr de la Commune, fut désigné. Pour le médecin, ce fut M. Pelletan fils, un des hommes les plus considérables dans la science, médecin du roi. Au mois de juillet 1821, ils étaient en partance. Six mois avaient suffi pour qu'on reçût la demande à Londres, qu'on la transmît à Paris, que le Conseil du roi fît ses choix et que tous les préparatifs fussent terminés.

Ainsi, Antommarchi allait partir, mais Montholon et Bertrand étaient fort embarrassés pour le remplacer sur l'heure, l'Empereur ayant déclaré qu'il mourrait plutôt que de se laisser soigner par le Dr Baxter que Lowe avait voulu lui imposer ou par le Dr Verling qui, depuis le départ d'O'Meara, avait occupé son logement jusqu'à l'arrivée d'Antommarchi. Si ignorant, si négligent, si mal élevé que fut celui-ci, il était médecin, ou tout au moins se disait tel, et le prestige d'un titre, même usurpé, suffisait pour qu'on dût s'imposer tous les sacrifices afin de garder à Longwood celui qui le portait. On fit donc effort près d'Antommarchi pour qu'il consentît à rester, près de l'Empereur pour qu'il consentît à le revoir.

À ce moment « l'Empereur ne s'habillait plus que rarement. Il avait ordonné qu'on le forçât à sortir, mais quelque insistance qu'y mît Montholon, il ne parvenait pas toujours à vaincre la répugnance qu'éprouvait l'Empereur à s'exposer au vent du sud-est qui lui faisait mal et irritait ses nerfs. Les promenades en calèche et au pas devenaient de plus en plus rares et il ne rentrait jamais sans se jeter sur son canapé comme anéanti. Ses pieds étaient constamment glacés ; on n'arrivait à les réchauffer qu'au moyen de serviettes très chaudes dont il préférait l'emploi à celui des boules ou de toute autre chose. »

Pour suppléer à l'exercice qu'il ne voulait ou ne pouvait chercher au dehors, il imagina d'établir dans un salon une bascule supportée au centre par un pivot élevé de trois ou quatre pieds au-dessus du plancher ; il se plaçait à une extrémité du levier et un de ses officiers à l'autre. Il se donnait ainsi quelque mouvement. « Souvent, dit Arthur

Bertrand, il faisait placer ma sœur et deux de mes frères ou moi à l'autre extrémité de la bascule et s'amusait à nous donner de fortes secousses qui parfois nous jetaient à bas. C'était en même temps de l'exercice et une petite distraction à ses peines. « Le mois de février passa ainsi. Sans qu'on parût y porter une grande attention, les vomissements devenaient fréquents, presque quotidiens. La fatigue augmentait, l'alimentation était presque nulle ; toutefois, de temps à autre, lorsque le vent était tombé et que le soleil paraissait, il faisait encore un tour en calèche, au pas.

Le 17 mars, au matin, il avait reçu l'abbé Buonavita auquel les médecins avaient ordonné de retourner en Europe et qui allait s'embarquer. Il était au lit ; l'abbé, qui marchait avec une peine extrême, s'approcha, mit un genou en terre pour baiser la main que lui tendait l'Empereur ; celui-ci l'invita à se relever et à s'asseoir. Il lui donna ses instructions sur ce qu'il aurait à dire à Madame et à la Famille. L'abbé, qui ne l'avait pas vu depuis plusieurs semaines, sortit consterné du ravage que la maladie avait exercé sur ses traits et en même temps profondément ému de son calme et de sa résignation. Un peu plus tard, Montholon, suivant l'ordre qu'il avait reçu de l'Empereur de lui faire même violence pour le décider à sortir, vint, selon l'habilude, lui demander de faire un tour en calèche : le docteur était présent, insistant aussi ; l'Empereur, dans son lit, résistait. « Je me sens si mal quand je rentre chez moi, dit-il, et je me trouve si bien dans mon lit ; enfin,

Montholon, puisque vous le voulez, voyez si la voiture est avancée. » Le général vint aussitôt dire qu'elle était là et qu'il n'y avait presque point de vent. L'Empereur prit un peu de gelée de viande, passa un pantalon à pied, mit ses pantoufles, une cravate, une redingote verte et un chapeau rond et sortit s'appuyant sur le bras de Montholon. Arrivé à la voiture, il ne put y monter et rentra secoué par un frisson glacial. Il se mit au lit ; Marchand le couvrit de deux couvertures ; Noverraz et Saint-Denis firent chauffer des serviettes que Marchand renouvelait constamment à ses pieds. — Il se plaignit d'avoir le ventre « pâle ». on y mit aussi des serviettes chaudes ; la moiteur arriva, puis des sueurs telles qu'il fallut plusieurs fois le changer de flanelle. Il congédia le docteur, dit à Montholon d'aller déjeuner et se fit lire par Marchand les campagnes de Dumouriez. Lorsque Bertrand vint dans l'après-midi, il causa avec lui de cette campagne de 93, et, se sentant mieux, il voulut se lever, aller jusqu'à son chêne et s'asseoir à l'ombre pendant qu'on aérerait sa chambre. À peine y était-il depuis quelques minutes qu'une nouvelle crise se déclara ; il rentra soutenu par Montholon et par Noverraz, gagna son lit ; son corps était glacé ; on demanda le médecin ; il était allé à la ville pour conduire Buonavita. Quand le médecin rentra, l'accès était passé. La nuit fut assez bonne, et, au matin, l'Empereur voulut sortir ; il prit un verre de malaga et un biscuit, se fit conduire à son banc, mais là rendit ce qu'il avait avalé et une crise nouvelle se déclara ; ses traits étaient décomposés, ses membres froids. Désormais, tel sera presque quotidiennement le bulletin. Comme pour aggraver les souffrances par l'agacement de leur susurrement continuel et par la cuisson de leurs piqûres, les cousins ont envahi Longwood. Il faut porter le flambeau couvert dans la chambre voisine, battre la cousinière où, à chaque instant, des moustiques parviennent à rentrer ; c'est un nouveau supplice ajouté à tant d'autres.

Antommarchi, presque à chaque fois qu'on a besoin de lui, est absent ; peut-être est-ce préférable ; ses prescriptions sont de nature à amener les plus grands désordres. On ne saurait dire sur quelles indications il ordonne l'émétique. L'Empereur y montre la plus grande répugnance, mais, à la fin, le 22, vaincu par l'insistance de tous ses entours, il le prend en deux doses ; les efforts qu'il fait l'épuisent sans aucun résultat ; chassé de son lit par l'alternative de manquer d'air sous la cousinière ou d'être piqué par les cousins, il passe la nuit dans son fauteuil, sans lumière, le flambeau couvert placé dans la chambre voisine. Il y a, le 23, une sorte de répit dont il profite pour faire sa barbe et se laver les dents. Antommarchi, qui triomphe, propose une seconde fois l'émétique ; l'Empereur consent, mais les efforts qu'il doit faire pour vomir le rebutent ; il refuse désormais d'en prendre, ne veut plus boire que de l'eau de réglisse anisée, d'une petite bouteille qu'il garde près de lui. Antommarchi, pourtant, insiste. « Vous pouvez aller vous promener et vous l'administrer à vous-même, lui dit l'Empereur. » Il ne réplique pas, mais il tente d'obtenir de Marchand qu'il émétise les boissons qu'on présentera à l'Empereur ; Marchand refuse, mais une indiscrétion de

Bertrand fait croire à Napoléon que son valet de chambre exécute ce qu'a conseillé le médecin et il entre dans une grande colère contre Marchand ; il est un peu calmé, lorsque Antommarchi revient de Jamestown et qu'il demande à être introduit. Le chirurgien cherche à s'excuser sur ce que l'Empereur, en se refusant aux remèdes, met sa vie en danger. « Eh bien, Monsieur, lui répond Napoléon, vous dois-je des comptes ? Croyez-vous que la mort pour moi ne soit pas un bienfait du ciel ? Je ne la crains pas ; je ne ferai rien pour en hâter le moment, mais je ne tirerais pas la paille pour vivre. » Il le congédie et reste deux jours sans le voir.

Au surplus, Antommarchi s'en félicite peut-être ; depuis le 18, Marchand veille toutes les nuits, assisté de Noverraz et de Saint-Denis couchés dans la pièce voisine. Le 24, Noverraz, sous une attaque de foie des plus violentes, a dû prendre le lit ; Marchand, récemment atteint d'une attaque de dysenterie, est menacé d'une rechute ; la maladie de l'Empereur peut être longue ; il faut organiser le service. Montholon, Bertrand se proposent : l'Empereur décide que Montholon veillera de neuf heures à deux ; que Marchand le relèvera : Antommarchi ne s'est pas même offert.

L'antipathie qu'il a conçue contre son chirurgien milite avec d'autres considérations pour qu'il accepte de voir un médecin anglais proposé par Lowe : non que Lowe croie à la maladie ; il est convaincu qu'elle est encore une simulation et, presque jusqu'à la fin d'avril, il en paraîtra certain ; mais que l'officier d'ordonnance chargé de constater chaque jour la présence du prisonnier, ne l'a point vu depuis quinze jours et que le général Buonaparte pourrait bien s'évader. Au moins le médecin s'assurera-t-il qu'il est présent. Il est urgent que l'Empereur consente, l'officier de garde ayant ordre de forcer au besoin la porte. Montholon obtient de Lowe quelques jours de répit et tout Longwood s'emploie à persuader l'Empereur qu'il voie le docteur Arnott, chirurgien du 20° régiment. Si peu qu'il tînt à la vie, Napoléon pouvait souhaiter que, par quelque moyen, on allégeât ses souffrances ; ses forces diminuaient journellement, et puis il se doutait de quelque chose. « Ce calabrais de gouverneur, disait-il, nous laisse bien tranquilles. Que cela veut-il dire ? Il sait sans doute, par les Chinois, que je suis malade. » Le 1er avril, il dit à Bertrand : « Votre médecin anglais ira rendre compte à ce bourreau de l'état où je me trouve. C'est vraiment lui faire trop de plaisir que de lui faire connaître mon agonie. Ensuite, que ne me fera-t-il pas dire si je consens à le voir ? Enfin, c'est plus pour la satisfaction des personnes qui m'entourent que pour la mienne propre qui n'attends rien de ses lumières. » Il admet qu'Arnott confère chez le Grand maréchal avec Antommarchi, que celui-ci expose à celui-là la marche de la maladie, et qu'on l'amène le soir même, à neuf heures. Arnott, introduit en effet, à neuf heures, dans la chambre à peine éclairée par le flambeau couvert dans la pièce voisine, s'approche du lit dont Marchand lève la cousinière, tâte le pouls, palpe le ventre et demande la permission de revenir le lendemain matin à neuf heures.

Il arrive donc le 2 avril, amené par le comte Bertrand qui sert d'interprète et accompagné par Antommarchi pour qui a été levée la consigne. L'Empereur le reçoit gracieusement, « lui dit que c'est sur l'estime dont il jouit dans son régiment qu'il a consenti à le voir et sur la promesse de ne point rendre compte au gouverneur de son état ». Après qu'Arnott a fait son exploration, il lui pose diverses questions sur les fonctions de l'estomac, l'entrée et la sortie des aliments dans le pylore : « J'ai, lui dit-il, une douleur vive et aiguë qui, lorsqu'elle se fait sentir, semble me couper, comme avec un rasoir ; pensez-vous que ce soit le pylore qui soit attaqué ? Mon père est mort de cette maladie à l'âge de trente-cinq ans ; ne serait-elle pas héréditaire ? » Arnott s'approche, fait une seconde exploration, dit que c'est une inflammation d'estomac, que le pylore n'est pas attaqué, que le foie n'y est pour rien et que les douleurs dans les intestins proviennent des gaz qui s'y sont introduits. L'Empereur insiste, se débat, parlant de l'excellence de son estomac, disant que toute sa vie, sauf quelques vomissements accidentels, ses digestions se sont régulièrement faites. Ainsi, seul, sans connaissances médicales, en dépit des médecins qu'il a vainement mis sur la trace, il détermine sa maladie ; puis, ayant vainement parlé des sensations qu'il éprouve, voyant qu'on ne l'écoute point, il passe à d'autres sujets : sachant qu'Arnott a participé à l'expédition de sir Ralph Abercromby, il lui parle de l'Égypte avec une entière sérénité.

Désormais, il attendra à quatre heures le docteur Arnott qui lui a paru « un brave homme » ; c'est l'heure qu'il adopte pour son dîner. Le Grand maréchal entrera avec Arnott et Antommarchi : l'Empereur gardera les deux médecins une demi-heure ou trois quarts d'heure ; le Grand maréchal restera jusqu'à six ou sept heures. Montholon, durant ce temps, ira prendre l'air et dîner. Il rentrera entre neuf et dix heures chez l'Empereur et restera jusqu'à deux ou trois heures du matin, où Marchand le relèvera.

Tout concourt à affirmer l'Empereur dans la conviction de sa mort prochaine jusqu'à l'apparition d'une comète : « Ah ! dit-il, ma mort sera marquée comme celle de César ! » Aussi, le lendemain, lorsque le docteur Arnott parle de l'exiguïté de la chambre où est couché l'Empereur, des avantages qu'il trouverait à se laisser transporter dans la nouvelle maison dont les appartements sont grands et aérés est-il nettement repoussé. À quoi bon ? Sans doute pourrait-il y trouver plus d'air, mais puisqu'il va mourir ? Peut-être aurait-il eu quelque distraction jadis à s'y installer, mais il n'est point de Lowe comme de Cockburn et si l'un a, en quelques semaines, mis Old-Longwood en état d'être habité, l'autre a employé plus de cinq années pour installer New-Longvood.

C'est un vaste corps de bâtiment entourant une cour allongée ; pour préserver les habitants du vent du sud-est, on a imaginé d'entailler le sol à une certaine profondeur, en reportant les terres un peu en avant sur la pente, de sorte qu'arrivant par l'autre côté, l'on se trouve à la hauteur des toits et qu'une balustrade a dû y être placée pour empêcher les accidents. La façade principale, tournée vers le nord, se compose de deux avant-corps, formant chacun une grande chambre, reliés par une véranda sur laquelle ouvrent les portes et les fenêtres des pièces situées en retrait ; celles-ci prennent jour aussi sur les façades est et ouest et sur la cour intérieure. Le quatrième côté est destiné aux cuisines, aux écuries et au logement d'une partie des domestiques et il communique avec les cours de service et les hangars. Étant donné l'emplacement, la construction paraît bien comprise ; plusieurs fois, sur des indications de Montholon, dont le gouverneur connaissait l'inspirateur, des modifications ont été apportées au plan primitif ; si, officiellement, l'Empereur a voulu paraître désintéressé, il n'en a pas moins suivi les travaux avec attention ; et, plus d'une fois, lorsqu'il pensait que l'officier anglais ne le voyait pas, il s'est promené de ce côté. « Docteur, dit-il à Arnott, il est trop tard. J'ai fait dire à votre gouverneur, lorsqu'il m'a fait soumettre le plan de cette maison, qu'il fallait cinq ans pour la bâtir et qu'alors j'aurais besoin d'un tombeau. Vous le voyez, on m'en fait offrir les clefs et c'est fini de moi. » Antommarchi, d'ailleurs, déclare qu'un tel dérangement pourrait causer de graves accidents et que, si l'Empereur manquait d'air dans sa chambre, on n'aurait qu'à le transporter dans le salon. Les Anglais se rendaient compte à présent que l'Empereur, mourant dans l'espèce d'étable où leur gouvernement l'avait relégué, serait à jamais un opprobre pour eux. Aussi attachaient-ils une importance majeure à ce qu'il fût transporté dans la nouvelle maison, pour qu'ils pussent la présenter par la suite comme l'habitation qu'ils avaient assignée à l'Empereur. Bien que Napoléon n'y fût jamais entré, ils ne manquèrent point de montrer New-Longwood comme son palais, alors qu'ils laissaient tomber en de lamentables ruines et appliquer aux plus vils usages la maison où il avait vécu et la chambre où il était mort[5].

Plusieurs jours passèrent ainsi ; le docteur Arnott venait avec une grande régularité, chaque jour il proposait des pilules ou d'autres médicaments. L'Empereur répondait « qu'il n'y voyait pas grand inconvénient, détournait la conversation et arrivait toujours à ne rien prendre ». Un jour que le docteur Arnott lui tâtait le pouls et lui demandait comment il se trouvait : « Pas bien, docteur, répondit-il, je vais rendre à la terre un reste de vie qu'il importe tant aux rois d'avoir. » Comme le docteur insistait pour qu'il fît des remèdes : « Docteur, c'est bien, nous en ferons ; quelle maladie règne dans vos hôpitaux ? » Il lui parlait parfois italien ; mais, le plus ordinairement, le Grand maréchal servait d'interprète : il avait pris Arnott en gré ; il pouvait parler avec lui de l'Égypte, un des sujets qui lui plaisaient le mieux, et c'était une distraction.

Les nuits étaient très pénibles : à certaines, la transpiration était telle qu'il fallait le changer cinq ou six fois de flanelle. Dans l'après-midi, parfois une détente permettait qu'il fît sa toilette, se levât, passât une robe de chambre, s'assît dans son fauteuil devant la fenêtre ouverte, et alors il envoyait Bertrand ou Montholon cueillir dans le jardin une fleur qu'il tenait dans ses mains et qu'il respirait longuement. Autrement, il restait dans les deux chambres, dont les persiennes étaient hermétiquement fermées ; et, quand les douleurs du côté étaient trop vives, il se faisait appliquer des serviettes brûlantes.

Le 10 avril, il commença à parler de dispositions testamentaires. Il en entretint Montholon dans la journée. En présence de Marchand, il lui demanda si deux millions suffiraient pour racheter les biens de sa famille en Bourgogne.

Le 12, il consentit à prendre une potion calmante ; il s'en trouva un peu mieux et commença à dicter à Montholon ses dernières volontés ; le 13, il continua de dicter, — « le comte de Montholon reste enfermé seul au verrou avec l'Empereur qui lui dicte jusqu'à trois heures ». À quatre heures, quand les médecins sont introduits, l'Empereur demande au docteur Arnott si l'on meurt de faiblesse. Il ne conserve jamais, pour ainsi dire, le peu de gelée ou de soupe qu'il parvient à avaler ; les vomissements se renouvellent, même sans ingestion d'aliments. Le 14, il continue ses dictées ; le 15, de même, et il fait dresser par Marchand l'état de son argenterie, de sa porcelaine de Sèvres, de sa garde-robe et de ses effets. Ce jour-là, lorsque le docteur Arnott vient le voir, il lui parle des généraux qui ont commandé les armées anglaises et il fait l'éloge de Marlborough, dont il a eu l'intention de commenter les campagnes, comme il a fait pour César, Turenne et Frédéric et comme il eût voulu faire pour Annibal. Il demande au docteur Arnott si la bibliothèque du 20ᵉ régiment possède l'histoire de ce général ; Arnott ayant répondu qu'il n'en est pas sûr, l'Empereur envoie Marchand prendre l'ouvrage à sa bibliothèque. C'est un exemplaire, relié avec luxe, de cette « *Histoire de Jean Churchill, duc de Marlborough*, etc., etc., *imprimée par ordre de Sa Majesté Impériale* » (à Paris, de l'Imprimerie impériale, l'année 1806), hommage singulier et rare que son génie militaire s'était plu à rendre à celui d'un émule. Comme tous les livres que l'Empereur possédait à Longwood, chaque volume portait au recto du faux-titre ces mots : *L'Emp. Napoléon* écrits à l'encre par Saint-Denis et l'empreinte, à l'encre, d'un cachet sur lequel étaient gravées en creux, les armoiries impériales, « Tenez, docteur, dit-il à Arnott, j'aime les braves de tous les pays. Mettez ce livre dans la bibliothèque de votre régiment. Si j'ai consenti à vous voir, ajouta-t-il, c'est pour la satisfaction des personnes qui m'entourent, que vous êtes un homme d'honneur et que vous avez l'estime des officiers de votre régiment. » Puis, il prit texte de l'estime qu'il portait « aux habits rouges », pour flétrir le gouvernement anglais : « Je vais, dit-il, écrire au Prince régent et à vos ministres ; ils ont voulu ma mort ; ils sont au moment de l'obtenir, après m'avoir assassiné à coup d'épingles. Je désire que mes cendres reposent en France ; votre gouvernement s'y opposera, mais je lui prédis que le monument qu'il m'élèvera sera à sa honte et que John Bull sortira de dessous mes cendres pour abattre l'oligarchie anglaise. La postérité me vengera du bourreau commis à ma garde et vos ministres mourront de mort violente. »

Arnott parut profondément touché du présent de l'Empereur, mais l'*Histoire de Jean Churchill, duc de Marlborough* ne parvint point à sa destination. Le capitaine Lutyens, officier d'ordonnance à Longwood, avait adressé les volumes au major Jackson, commandant du 20ᵉ, lequel écrivit : « Je ne comprends vraiment pas comment un officier du 20ᵉ a cru pouvoir transmettre, comme présent du général Buonaparte au régiment, un ouvrage sur lequel se trouve la mention manuscrite : « *L'Empereur Napoléon,* » Et, en même temps, Lowe écrivit à Arnott : « Cette tentative pour faire de vous un instrument de communication en pareille matière va contre les devoirs de votre profession. Ils le savent bien et Ils n'agissent pas sans arrière-pensée. »

La remise de ce livre provoqua d'autres histoires. Antommarchi avait ri, et l'Empereur l'avait regardé d'un œil sévère ; il lui adressa le lendemain « de vifs reproches sur la légèreté de son caractère. Le docteur chercha à s'excuser sur le souvenir qu'avait fait naître en lui une chanson avec laquelle il avait été bercé ». Sur le moment Napoléon n'insista pas. Pourtant, il était peu vraisemblable qu'on chantât en patois corse *Malbrouk s'en va-t-en guerre.*

Après la visite d'Antommarchi, l'Empereur reste enfermé avec Montholon et se met à écrire. Deux fois, Marchand est appelé pour des vomissements ; il enveloppe les pieds de son maître de serviettes chaudes. L'Empereur demande de ce vin de Constance, que Las Cases lui a envoyé du Cap de

Bonne-Espérance ; on essaie vainement de le lui déconseiller : il persiste, s'en fait donner un verre, y trempe un biscuit, et, à Montholon qui lui dit que rien ne presse : « Mon fils, répond-il, il est temps que je termine ; je le sens. » Assis dans son lit, il tenait d'une main une planche en carton et écrivait de l'autre sans être appuyé sur rien. Le comte de Montholon debout, près du lit, tenait l'encrier. »

Quand Arnott vint, à quatre heures, l'Empereur lui dit que, pour se donner du ton, il avait pris du vin de Constance avec un biscuit. « C'est absolument de l'huile sur le feu », répondit le docteur. L'Empereur demanda alors « dans quelle chance il était placé » et comme Arnott répondait qu'il en avait beaucoup, que son état n'était point désespéré, « Docteur, lui dit-il, vous ne dites pas la vérité ; vous avez tort de vouloir me cacher ma position : je la connais. » Et il parla de Larrey et de Corvisart ; il revenait souvent à Larrey. « Si l'armée, disait-il, élève une colonne à la Reconnaissance, elle doit l'élever à Larrey. »

Il passa encore les matinées du 17 et du 18 enfermé avec Montholon ; le 19, Bertrand étant venu beaucoup plus tôt que d'habitude, il lui dit de lui lire la suite des campagnes d'Annibal. Dans la matinée, il avait réglé avec Montholon tous les détails du retour de ses compagnons en Europe ; « il avait passé en revue les provisions existantes et qui pouvaient être transportées à bord pour servir à leur traversée ; les moutons qu'on tenait à l'écurie n'étaient même pas oubliés ».

La nuit du 19 au 20 avait été mauvaise ; dans l'après-midi, quand Bertrand vint, l'Empereur fit chercher l'*Iliade* et dit au Grand maréchal de lui lire un chant. « Homère peint si bien, dit-il, les conseils que j'ai tenus souvent la veille d'une bataille que je l'entends toujours avec plaisir, » Plus tard, Marchand se trouvant avec lui, il lui dit qu'il le nommait, conjointement avec les comtes Montholon et Bertrand, l'un de ses exécuteurs testamentaires. « J'ai chez le Grand maréchal, lui dit-il ensuite, un testament pour être ouvert par lui après ma mort, dis-lui de te le remettre et apporte-le-moi. » Marchand se rendit chez le Grand maréchal, et lui fit la commission. Tout surpris qu'il parût, Bertrand alla prendre le pli dans son secrétaire et le remit à Marchand qui le rapporta à l'Empereur. Il le décacheta, en parcourut les pages, les déchira en deux en disant à Marchand de mettre les morceaux au feu.

L'après-midi, il sortit de son lit, alla jusqu'à son fauteuil et, à Arnott, venu à quatre heures selon son habitude, il tint un discours violent contre le gouvernement anglais. Bertrand traduisait phrase par phrase ; il énuméra les offenses dont il avait été victime : « Voilà, docteur, dit-il en terminant, l'hospitalité que j'ai reçue de votre gouvernement. Je suis assassiné, longuement, en détail, avec préméditation, et l'infâme Hudson Lowe est l'exécuteur des hautes œuvres de vos ministres. Vous finirez comme la superbe république de Venise et moi, mourant sur cet affreux rocher, je lègue l'opprobre de ma mort à la Famille royale d'Angleterre. »

Nul n'a mieux peint son état, à ce moment, que Montholon, lequel dit à l'officier d'ordonnance : « Toute sa force semble être passée de son corps dans sa tête. Il se rappelle maintenant toutes les choses des anciens jours. Il n'a plus de stupeur, sa mémoire est revenue et il parle continuellement de ce qui aura lieu à sa mort. »

Le testament qu'il vient d'écrire — d'écrire, en entier, deux fois, de sa main, à l'exception des états rédigés et copiés par Marchand — le testament, résultat d'une méditation profonde, œuvre la plus grave qu'il ait accomplie depuis sa captivité, devient, dès qu'on en analyse les dispositions, le plus étonnant résumé de sa vie ; il y raconte son enfance et sa jeunesse entières ; il dit les hommes qu'il a aimés, ceux qu'il a estimés, ceux qu'il plaint et qu'il immortalise parce qu'ils furent sacrifiés pour sa cause et qu'ils furent persécutés pour l'avoir servi. Il dit l'ardeur de son amour pour les vétérans de ses armées et pour le Peuple dont la grandeur fut inséparable de sa gloire : Tout cela. — Mais il dévoile aussi le fond de son cœur ; Celui dont il ne parlait pour ainsi dire jamais, dont il ne souffrait point qu'on lui parlât, dont il avait constamment sous les yeux les portraits enfantins, celui-là, c'est lui qui emplit ce testament, comme il emplissait le cœur de son père. Non qu'il lui lègue les trésors qu'on lui attribue. ... Pauvres trésors ! Mais tout ce qui le représente ou l'incarne, ce qui l'a touché, ce qui l'a vêtu, ce qui garde sa forme périssable et qui en témoigne, les souvenirs qu'il a reçus des souverains, les présents qu'il tient de sa mère et de ses sœurs, l'insigne suprême de son commandement et la représentation de sa gloire.

Le testament raconte, explique, commente Napoléon tout entier : il renferme la doctrine qu'il a apportée aux Français ; et l'opinion qu'il a voulu qu'ils gardassent de lui. Il exige une étude qui ne saurait être faite en quelques pages et les étranges péripéties qui en accompagnèrent l'exécution devront aussi être rapportées, sans aucune complaisance, quelque graves que soient les faits qui seront ainsi mis au jour.

Pour la rédaction du testament, les dates importent : jusqu'à la veille de sa fin, Napoléon fut assurément en pleine possession de ses facultés : il envisagea la mort avec une entière lucidité, de la façon dont il la regardait sur le champ de bataille ; mais, à mesure que la vie se retire, que l'affaiblissement augmente, ne se laisse-t-il pas entraîner par quelque rêve ou quelque prestige d'imagination ? Le testament proprement dit et le premier codicille, visant exclusivement les sommes déposées chez Laffitte et dont l'existence est certaine, sont en date du 15 avril : L'Empereur dispose, par un codicille annexe, des deux cents millions de son domaine privé ; il les lègue à ses compagnons d'armes et aux habitants des villes qui ont le plus souffert par l'une ou l'autre invasion : il sait que les Bourbons ne rendront point ce qu'ils ont pris, mais il élève ainsi une protestation à laquelle il associe « les officiers et soldats qui ont combattu depuis 1792 à 1815 pour la gloire et l'indépendance de la nation » et « les villes et campagnes d'Alsace, de Lorraine, de Franche-Comté, de Bourgogne, de l'Île-de-France, de Champagne, Forez, Dauphiné » ; il rend ainsi la France de la Révolution, la France « bleue » solidaire de ses griefs : puisque c'est à elle qu'il partage ses trésors, c'est à elle qu'il appartiendra de se faire rendre justice.

Cela se rattache à la partie politique du testament et l'Empereur n'a point d'illusion sur l'efficacité présente d'un tel legs. En a-t-il sur les fonds qu'il destine à payer les legs énoncés dans les codicilles datés des 24 et 25 avril ? Des capitaux qu'il possède réellement, dont il est à peu près certain de pouvoir disposer, il passe à des propriétés infiniment moins certaines : créances irrecouvrables, rappels de dons anciens et de générosités passées, billets tirés sur la reconnaissance… Mais n'est-ce pas que, par rapport à ce qu'il voudrait donner à ses fidèles, il se sent tellement pauvre qu'il s'efforce à grossir, au moins en imagination, ce misérable pécule qu'il leur destine, qu'il croit constituer sa fortune et dont on saura lui voler la moitié.

Alors, de même que, pour son fils, il va glanant des souvenirs de lui-même chez tous ceux qui ont été mêlés à ses travaux, qui ont été chargés par lui de quelque entreprise ou de quelque travail, de même il va quêtant pour ses soldats quelque partie des millions dont il gratifia Eugène ou qu'emporta Marie-Louise. Ni pour son fils, ni pour les siens, un denier de ces trésors, mais pour ceux qui lui ouvrirent les voies et se montrèrent les protecteurs de sa jeunesse, pour ceux qui, dans l'adversité, sont demeurés fidèles, pour les enfants de ceux auxquels leur dévouement a coûté la vie...

On ne saurait croire qu'il se figure en disposer effectivement, mais il prend de l'illusion ce qui peut lui paraître consolant ; toutefois, il sait à quoi s'en tenir et l'on en est convaincu à voir la façon dont il procède et la gradation de ses libéralités : il n'a d'effectif à Sainte-Hélène que le collier de chatons que la reine Hortense lui remit comme suprême ressource lors du départ de Malmaison, et la petite réserve dissimulée aux Anglais et augmentée de certains prélèvements sur les fonds envoyés de Londres. Le collier, il ordonne à Marchand de le lui apporter, et il lui dit en le lui remettant : « Cette bonne Hortense me l'a donné pensant que je pourrais en avoir besoin. Je crois sa valeur de deux cent mille francs. Cache-le autour de ton corps ; je te le donne ; j'ignore dans quel état sont mes affaires en Europe, c'est la seule valeur dont je puisse disposer. Il te mettra à même d'attendre le sort que je te fais par mon testament et mes codicilles... »

Il assure ainsi, par un don manuel, le sort de l'homme qui l'a constamment entouré des soins les plus attentifs et les plus délicats ; il distribue les 300.000 francs qu'il possède entre ses compagnons selon leur rang, comme pour leur servir de viatique ; ce sont là encore des espèces tangibles ; ensuite, et, c'est là la matière du premier codicille, il dispose « des six millions qu'il a placés en partant de Paris et des intérêts à raison de cinq pour cent depuis juillet

1815 ». Il doit penser que ce fonds s'élève entre sept et huit millions ; mais il n'emploie alors positivement que cinq millions cinq cent mille francs et, par là, estime-t-il qu'il aura mis les legs imputés sur ce fonds à l'abri de toute réduction.

Il se tient encore essentiellement dans la réalité le 22, lorsqu'il signe tous les états qui lui ont été présentés. Les boîtes et les tabatières restent à inventorier. Il demande à Marchand la cassette qui les renferme et il en dicte la liste. Il met une boîte de côté pour Lady Holland : cette boîte, ornée d'un très beau camée, lui a été donnée par Pie VI, après le traité de Tolentino. Il écrit lui-même, de sa main, sur une carte : « Napoléon a Lady Holland ; témoignage d'estime et d'affection. » Il charge le comte de Montholon de la remettre, en exprimant sa gratitude à Lord et à Lady Holland. Il sort une autre boîte qu'il destine au docteur Arnott ; M. de Montholon y joindra 12.000 francs en or. La boîte, d'or, porte sur le couvercle un cartouche allongé figurant des grappes de raisin ; au centre était un écusson vide : l'Empereur, tout en disant à Marchand qu'on eût à y faire graver l'initiale de son nom, a pris des ciseaux et, de la pointe, a tracé un N malhabile : Cet N autographe parut bien autrement précieux au docteur Arnott que s'il avait été dessiné par le plus habile orfèvre.

Après l'inventaire des boîtes, l'empereur demande à Marchand l'état des objets qui ont été déposés chez le comte de Turenne, maître de la garde-robe. Il en dispose, donnant la plus grande partie à son fils et partageant le surplus entre l'Impératrice, Madame, Fesch, Eugène, la princesse Pauline, la reine de Naples, la reine Hortense, Jérôme, Joseph et Lucien. Il ordonne qu'avec ses cheveux on fasse un médaillon pour chacun des membres de sa famille, un bracelet pour l'Impératrice, une chaîne de montre pour son fils : rien de plus positif, de plus réaliste que ces dispositions.

Or, le même jour, il a employé la matinée à écrire ses codicilles : celui où il dispose des deux millions restant « des fonds remis en or à l'impératrice Marie-Louise, sa très chère et bien-aimée épouse, à Orléans en 1814 » ; et celui où il emploie deux millions restés aux mains d'Eugène de la liquidation de la liste civile d'Italie : il tient, sans doute, ces quatre millions pour aventurés, mais il ne juge pas à propos d'indiquer, pour les legs qu'il y impute, un autre mode de paiement, tandis que, lorsqu'il dispose ensuite de six cents, puis de quatre cent mille francs affectés sur des rentrées plus ou moins probables, il donne à ces legs la même valeur qu'aux legs du premier codicille, c'est-à-dire que, défaillant les ressources qu'il a escomptées, il entend qu'ils soient payés sur les fonds déposés chez Laffitte ; mais alors, ces fonds Laffîtte suffiront-ils à payer six millions huit cent dix mille francs ? Il en doute si fort qu'il allège son débit de deux cent vingt-cinq mille francs d'une part et d'une pension de vingt mille francs de l'autre. Ainsi mélange-t-il de la façon la plus curieuse, à la puissance imaginative, un réalisme qui ne néglige aucun détail, qui calcule tout et s'applique à tout, prévoit jusqu'aux frais qu'exigera l'administration d'une telle succession et règle comme on y pourvoira. Il y a mieux : il y a les instructions pour les exécuteurs testamentaires, entièrement dictées ce matin-là à Marchand, et où la netteté des chiffres, la précision des allégations, l'étonnant effort de la mémoire, la prodigieuse énumération, en trente-sept articles, de faits sans relation des uns des autres, avec, pour chacun, une décision, un ordre, une indication qui suffît à la direction de tous les êtres qu'il nomme, à la solution de toutes les affaires qu'il prétend qu'on engage.

Et ce n'est pas tout : ayant dicté ces instructions, qu'il signera seulement le 26 quand Marchand les aura remises au net, il veut encore fermer lui-même les trois boîtes contenant ses tabatières ; il les entortille de faveur verte, les scelle de ses armes et en remet les clefs à Marchand, qu'il en établit dépositaire, et ce travail est interrompu à chaque instant par des vomissements. Se sentant extrêmement fatigué, mais « voulant en finir », il a exigé qu'on lui donnât un verre de vin de Constance ; et, tout de suite, les douleurs ont été atroces : « C'est, a-t-il dit, une lame de rasoir qui me coupe en glissant. » Et puis, les vomissements ont redoublé et il n'en a pas moins continué son travail.

Les médecins arrivent qu'il retient peu, mais le Grand maréchal ; il lui donne ses instructions pour sa sépulture : il désire être enterré sur les bords de la Seine ; si l'on n'y consent pas, dans une île au confluent du Rhône et de la Saône, près de Lyon, ou enfin à Ajaccio, dans la cathédrale. « Mais, dit-il, le gouvernement anglais aura prévu ma mort.

Dans le cas où des ordres auraient été donnés pour que mon corps restât dans l'Île, ce que je ne pense pas, faites-moi enterrer à l'ombre des saules où je me suis reposé quelquefois en allant vous voir à Hut's Gate, près de la fontaine où l'on va chercher mon eau tous les jours. »

Le 27, il fait encore sa barbe dans son lit, et, à trois heures et demie, se levant, appuyé sur Marchand et Saint-Denis, il va jusqu'à son fauteuil. Sur le guéridon, on a placé son flambeau couvert, son écritoire et du papier : différents paquets scellés sont sur la commode. Il fait appeler Montholon, Bertrand et Vignali et leur ordonne, ainsi qu'à Marchand, de dresser un procès-verbal descriptif constatant l'existence du testament, des codicilles et de l'instruction aux exécuteurs testamentaires. Cette opération entraîne de longues écritures, car chaque témoin doit contresigner chacun des sept paquets, dont trois sont attachés par une faveur de couleur rouge ; puis apposer son cachet sur les faveurs vertes dont l'Empereur a fermé ses boîtes à tabatières. Lorsque cette opération est terminée, l'Empereur reste seul avec l'abbé Vignali ; c'est pour lui remettre, sous le secret de la confession, un double du testament et des codicilles qu'il a copié lui-même, de façon à y donner la même valeur qu'à l'original, pour le cas où celui-ci serait saisi par les Anglais ou se trouverait détruit.

Lorsque l'abbé est sorti, Marchand rentre dans la chambre ; l'Empereur, qui s'est recouché, lui confie l'original de son testament, de ses codicilles et du reçu de la maison Laffitte, pour que, après sa mort seulement, il les transmette au comte de Montholon, en présence du général Bertrand et de Vignali. Il fait porter chez Montholon ses manuscrits et la cassette contenant sa réserve ; chez Bertrand ses armes ; chez Marchand le nécessaire et les boîtes à tabatières : « Eh bien ! mon fils, dit-il à Montholon, quand celui-ci vient à onze heures, eh bien ! mon fils, ne serait-ce pas dommage de ne pas mourir après avoir si bien mis ordre à ses affaires ? »

L'affaiblissement s'accentue le 28, bien que l'esprit soit toujours aussi présent : les médecins ont pensé que l'Empereur aurait plus d'air dans le salon que dans sa chambre et, depuis plusieurs jours déjà, tout a été disposé pour qu'il pût y être transporté. Un des lits de campagne a été placé entre les deux fenêtres, en face de la cheminée ; un paravent couvre la porte ; près du chevet du lit est une petite table. L'Empereur demande si tout est prêt ; à grand'peine, il sort de son lit, passe sa robe de chambre, chausse ses pantoufles ; refusant de se laisser porter, soutenu par Montholon et par Marchand, il parvient jusqu'à son lit, disant : « Je n'ai plus de forces, me voilà sur la paille ! » On lui enveloppe les pieds et les jambes de serviettes brûlantes, comme on fait chaque fois qu'on craint une défaillance et presque constamment ; et l'on se hâte d'apporter « le second lit de campagne dans l'angle du salon, près de la porte communiquant au billard, sur le même côté que la cheminée ». Car, même dans les derniers temps, l'Empereur, soutenu par Montholon ou Marchand et par

Saint-Denis, allait la nuit, d'un lit à l'autre, espérant trouver un repos qui fuyait toujours.

Durant cette nuit du 28 au 29 où l'Empereur ne dormit point, il dicta jusqu'à trois heures à Montholon ; et, quand Marchand eut relevé Montholon, il continua avec lui. Ces dictées étaient intitulées : *Première Rêverie ; Seconde Rêverie*. La seconde concernait « une organisation des gardes nationales dans l'intérêt de la défense du territoire ». Il dicta ainsi durant une heure et demie : et, en terminant, il ordonna à Marchand de mettre au net le brouillon et d'en joindre la copie à celle qu'aurait faite Montholon. Celui-ci égara ces dictées, la dernière pensée politique qu'on eût de l'Empereur : elle était pour la France et sa grandeur.

On assure que, dans la matinée du 29, il aurait eu la pensée de rédiger un huitième codicille et que la faiblesse l'en aurait empêché ; il n'en a pas moins ensuite dicté à Montholon les deux lettres qu'il adressait à Laffitte et au baron de La Bouillerie, invitant celui-ci, son ancien trésorier, à remettre à M. de Montholon le compte et le montant de son trésor privé et celui-là, le banquier, à liquider le compte des six millions d'accord avec Montholon, Bertrand et Marchand et, en échange du reçu, à en solder le montant. Ces deux pièces, quoique rédigées le 29, portent la date du 25 ; Marchand qui les copia en fit l'observation. On n'en tint pas compte.

Ces quatre heures de travail avaient épuisé l'Empereur qui, dans la soirée, parla beaucoup, d'une parole à des moments embarrassée ; occupé uniquement de son fils, il voulut dicter à Marchand, dans la chambre sans lumière, des dispositions nouvelles : ainsi léguait-il à son fils « sa maison d'habitation d'Ajaccio aux environs des Salines, tous ses biens dans le territoire d'Ajaccio pouvant lui donner cinquante mille livres de rentes... » Imaginaires fortunes qui avaient hanté sa jeune imagination au temps où, d'Auxonne, les Salines et Candie lui apparaissaient tels qu'un royaume.

Le 30, on parla d'un vésicatoire à poser sur l'estomac ; le cautère ne jetait plus ; Antommarchi comprit à la fin que l'Empereur mourait ; il demanda à porter son lit et à coucher dans la bibliothèque. Napoléon qui lui avait pardonné, lui enjoignit « de bien examiner, lorsqu'il l'ouvrirait, l'état de son estomac, pour préserver son fils d'une maladie qui avait entraîné son père et lui au tombeau ». Il eut des instants comme d'assoupissement ; mais au réveil, l'esprit parfaitement net ; il permit que Mme Bertrand vînt le voir le lendemain : c'était une grande faveur ; depuis qu'elle avait manifesté le désir de quitter Sainte-Hélène, l'Empereur n'était plus allé chez elle et ne l'avait point reçue : il fit venir le maître d'hôtel qui était allé à la ville, demanda quelle sorte d'oranges il avait rapportée, s'informa de ce qu'on disait de lui. « Dans la journée, ses yeux se portaient le plus souvent sur un petit tableau à l'huile : le portrait du Roi de Rome, »

Mme Bertrand fut introduite le 1er mai, à onze heures. L'Empereur la fit asseoir au chevet de son lit, lui parla de la maladie qu'elle avait traversée : « Vous voilà bien maintenant, lui dit-il ; votre maladie était connue ; la mienne ne l'est pas, et je succombe. » Il demanda des nouvelles des enfants, pourquoi elle n'avait pas amené Hortense. — Elle prit congé, et, lorsqu'elle fut sortie de la chambre, ses sanglots éclatèrent : « L'Empereur, dit-elle, a été bien cruel pour moi en se refusant à me recevoir ; je suis bien heureuse de ce retour, mais je le serais bien davantage s'il avait voulu de mes soins. » Depuis lors, elle vint chaque jour passer quelques instants au chevet de l'Empereur.

On attendait la mort : Arnott et Antommarchi couchaient dans la bibliothèque ; Bertrand fut admis à veiller avec Marchand ; Montholon était assisté par Saint-Denis. Deux hommes n'étaient pas de trop : dans la nuit du 2 au 3, « l'Empereur, qui, malgré sa faiblesse, avait toujours voulu se lever pour le plus léger besoin, prétendit sortir de son lit : le comte de Montholon et Saint-Denis s'en approchèrent. Resté debout un instant, les jambes fléchirent sous le poids du corps, et il serait tombé si l'un ou l'autre ne l'avait retenu. » On le remit dans son lit ; il était si faible qu'on crut le dernier moment arrivé ; Antommarchi et Arnott parvinrent à le ranimer.

Le 3, il ne prend plus que de l'eau sucrée avec un peu de vin : chaque fois que Marchand lui en offre, il lui dit, en le regardant d'un œil presque gai : « C'est bon ; c'est bien bon ! » Le gouverneur vient demander qu'Arnott et Antommarchi consultent avec deux médecins Shortt et Mitchell : ceux-ci ne voient point le patient ; ils délibèrent avec leurs confrères en présence du comte Bertrand et de

Montholon. Le Grand maréchal vient rendre compte à l'Empereur du résultat de la consultation : c'est qu'il se laisse frotter les reins qui s'entament avec de l'eau de Cologne mitigée d'eau naturelle et qu'il prenne une potion calmante. — « C'est bien dit-il au Grand maréchal, nous verrons » ; et, quand Bertrand est sorti, il dit à Marchand, en le regardant et en faisant une légère grimace : « Beau résultat de la science ! Belle consultation ! Laver les reins avec de l'eau de Cologne, bon ! Pour le reste, je n'en veux pas. »

Noverraz, qui a manqué succomber à une attaque au foie et qui est au lit depuis un mois, s'est traîné jusqu'à la chambre de son maître qui lui dit : « Tu es bien changé, mon garçon, te voilà mieux. — Oui, Sire. — Je suis bien aise de te savoir hors de danger : ne te fatigue pas à rester sur tes jambes ; va te reposer. » Noverraz, à grand'peine, gagne la pièce voisine où il tombe.

Ce jour-là, à deux heures. Marchand est seul avec l'Empereur lorsque Saint-Denis vient lui dire que l'abbé Vignali désire lui parler : « L'Empereur, dit l'abbé, m'a fait dire par le comte de Montholon que je vinsse le voir, mais j'ai besoin d'être seul avec lui. » Il est en habit bourgeois et tient sous cet habit quelque chose qu'il cherche à dissimuler. Il exécute sans nul doute des ordres précis tels que l'Empereur excelle à les donner.

Dès le 20 avril, l'Empereur avait dit à Vignali en présence d'Antommarchi : Savez-vous ce que c'est qu'une chambre ardente ? — Oui, Sire. — En avez-vous desservi ?

— Aucune, Sire. — Eh bien, vous desservirez la mienne. Lorsque je serai à l'agonie, vous ferez dresser un autel dans la pièce voisine ; vous exposerez le Saint-Sacrement et vous direz les prières des agonisants. Je suis né dans la religion catholique ; je veux remplir les devoirs qu'elle impose et recevoir les secours qu'elle administre. » Au moment où il prononçait ces mots, l'Empereur aperçut un sourire sur les lèvres d'Antommarchi debout au pied de son lit : « Vos sottises me fatiguent, Monsieur, lui dit-il ; je puis bien pardonner votre légèreté et votre manque de savoir-vivre, mais un manque de cœur, jamais ! Retirez-vous. »

De nouveau s'adressant à l'abbé, il lui avait dit : « Quand je serai mort, on me placera dans une chambre ardente, vous célébrerez la messe et vous ne cesserez que lorsqu'on me portera en terre. » Il y eut un long silence. L'Empereur, reprenant, avait parlé à l'abbé de son pays, de Ponte-Nuovo di Rostino, de la maison qu'il devait s'y faire construire, de l'agréable vie qu'il pourrait y mener. L'abbé, se mettant à genoux, avait pris la main de l'Empereur qui pendait hors du lit, et l'avait baisée pieusement ; puis, les yeux pleins de larmes, il était sorti.

L'Empereur, à ce moment, avait manifesté l'intention de revoir l'abbé lorsque sa fin approcherait et, diverses fois sans doute, il le lui avait répété à lui-même en même temps qu'il l'avait avancé dans sa confiance au point de lui confier le double de son testament, et de le prendre comme un des témoins pour contresigner ses dernières volontés, mais jusqu'au 3, il n'avait pas rempli ses devoirs religieux.

Marchand introduisit l'abbé, le laissa seul avec l'Empereur, et il se tint à la porte pour interdire l'entrée à qui pourrait se présenter.

« Le Grand maréchal arriva comme j'étais là, écrit Marchand, et s'informa de ce que faisait l'Empereur. Je lui racontai comment l'abbé Vignali avait demandé à être introduit et à rester seul auprès de lui ; que je pensais qu'en ce moment s'accomplissait un acte religieux dans lequel l'Empereur ne voulait pas de témoins. — Je vais, me dit-il, chez Montholon ; faites-moi prévenir quand Vignali sortira. Une demi-heure après environ, l'abbé, en sortant, me dit : « L'Empereur vient d'être administré ; l'état de son estomac ne permet pas un autre sacrement. »

Ainsi, ce ne fut point, comme on a dit récemment, dans un but politique et dynastique qu'il tint à recevoir, à l'heure de la mort, les secours de la religion : eût-il eu un tel objet, il eût convoqué ses serviteurs, il eût, comme faisaient les rois très chrétiens, commandé qu'on ouvrît toutes les portes et qu'on donnât la plus grande publicité à l'acte qu'il accomplissait. — Point du tout, il ne veut personne entre le prêtre et lui ; il demande, il réclame le secret ; il entend que l'abbé vienne en costume bourgeois et dissimule « l'objet qu'il porte ». Qu'est-ce à dire ? Que ce n'est point pour donner à penser aux autres qu'il veut un prêtre, mais que, dans son for intérieur, il le réclame, et qu'il est résolu à recevoir de lui « l'adjutoire » qu'administre à ses fidèles la religion catholique. Ce n'est point un acte ostentatoire qu'il accomplit, c'est un acte intime : l'affirmation volontaire et décidée de sa foi traditionnelle.

Ces cérémonies l'ont épuisé ; lorsque Marchand rentre dans le salon, il le trouve les yeux fermés, le bras étendu sur le bord du lit, la main pendante ; le bon serviteur s'approche et baise cette main, sans que l'Empereur ouvre les yeux. Marchand appelle Saint-Denis qui, de même, baise cette main sans que l'Empereur fasse un mouvement. Eux aussi, ils ont la foi.

Voici pourtant que le docteur Arnott demande à être reçu ; Marchand l'annonce doucement à l'Empereur ; puis vient le Grand maréchal : l'Empereur ouvre les yeux et, avec une parfaite indifférence, parle du résultat insignifiant de la consultation : seul avec Marchand, il ne lui dit pas un mot de son entretien avec l'abbé Vignali.

On n'a point annoncé à l'Empereur que les consultants s'étaient accordés pour lui administrer du calomel ; comme on connaît sa répugnance à tous les remèdes, on est convenu de ne pas lui en parler et de le dissimuler le mieux possible. Marchand lutte, ne voulant pas tromper son maître ; il ne se rend qu'à cette observation du Grand maréchal : « C'est ici, une dernière ressource tentée, l'Empereur est perdu. Il ne faut pas que nous ayons à nous reprocher de ne pas avoir fait tout ce qu'humainement on peut faire pour le sauver. » Délayant alors la poudre dans de l'eau sucrée, Marchand présente le verre à l'empereur, qui avale difficilement, veut rejeter la gorgée qu'il a prise, et, se tournant vers Marchand, lui dit d'un ton de reproche si affectueux, impossible à rendre : « Tu me trompes aussi ! » Marchand bouleversé ne se remet un peu que lorsque, après une demi-heure, l'Empereur demande de nouveau à boire, prend avec confiance un peu d'eau sucrée et dit ensuite : « C'est bon, c'est bien bon ! »

Tous les serviteurs passent debout la nuit du 3 au 4.

Le 4, il ne peut prendre qu'un peu d'eau sucrée avec du vin ou de la fleur d'oranger ; rarement il le garde ; un hoquet s'établit qui dure tard dans la soirée ; il peut encore se lever pourtant : Antommarchi prétend s'y opposer ; il le repousse, paraît contrarié de la violence qu'on lui fait ; il ne parle plus. Vers dix heures, il fait effort pour vomir, rend une matière noirâtre ; le hoquet s'établit, puis le délire ; il dit beaucoup de mots inarticulés, qu'on traduit par « France — Mon fils — Armée ». Ce sont les dernières paroles qu'il prononce. Cet état se prolonge jusqu'à quatre heures du matin ; le calme y succède ; l'œil est fixe, la bouche est tendue, le pouls s'abaisse. À six heures, on ouvre les persiennes ; on prévient Mme Bertrand, qui arrive à sept heures, s'assied au pied du lit. À huit, on avertit tous les Français qui ne sont pas du service intérieur : Pierron, Coursot, Archambault, Chandelier ; on les introduit. Il faut qu'ils voient comment meurt leur maître. Ils se rangent autour du lit ; Noverraz s'est traîné au milieu d'eux. Les yeux fixés sur la tête auguste, ils attendent, debout et muets, que la mort ait fait son œuvre. À cinq heures cinquante minutes éclate le coup de canon de retraite, le soleil disparaît, l'Empereur est mort.

Le premier, le Grand maréchal s'approche du lit et, le genou en terre, il baise la main de son maître, et tous après lui, les serviteurs selon leur ordre, les femmes, les enfants Bertrand que leur mère a fait chercher, la fille de Saint-Denis, — à peine âgée d'un an, — dont on pose les lèvres sur la main glacée.

Le docteur Arnott est allé prévenir l'officier d'ordonnance Crokatt, qui constate la mort, puis arrivent deux médecins envoyés par le gouverneur. Suivant les ordres qu'a donnés l'Empereur, les exécuteurs testamentaires se réunissent dans le billard pour dresser les procès-verbaux et prendre connaissance des deux codicilles en date des 15 et 16 avril, par lesquels l'Empereur témoigne sa volonté quant au lieu de sa sépulture, fait à ses exécuteurs testamentaires une donation fictive de tout ce qu'il possède, distribue entre ses serviteurs les 300.000 francs de sa réserve, et attribue à sa mère, ses sœurs, frères et neveux, divers objets mobiliers, indépendamment de ceux légués par le testament.

On rédige alors l'acte de décès, que Bertrand dresse comme grand officier de la Maison, puis les procès-verbaux d'existence du testament et des codicilles, et des dépôts confiés à Montholon, Bertrand et Marchand.

Montholon donne ensuite lecture d'une lettre que l'Empereur lui a dictée dans la journée du 29 avril pour être, après sa mort, adressée au gouverneur. Par cette lettre, où la date a été laissée en blanc, Montholon annonce au gouverneur la mort de « l'Empereur Napoléon », offre de communiquer ses dernières volontés, demande qu'elles sont les dispositions prescrites par le Gouvernement britannique pour le transport du corps en Europe, ainsi que celles relatives aux personnes de la suite.

À minuit, les quatre serviteurs. Marchand, Saint-Denis, Pierron et Noverraz, font au corps sa dernière toilette, en présence de Bertrand et de Montholon, et ils le transportent du lit mortuaire dans le second lit de campagne préparé à cet effet et « mis à la place de celui qu'ils ont sorti ». Ils enlèvent la plupart des meubles, approchent du lit deux petites consoles sur lesquelles ils placent les girandoles de la chapelle. L'abbé Vignali pose sur la poitrine de l'Empereur un crucifix d'argent. « Dans cet état, l'Empereur, dit Marchand, avait sa figure de consul ; sa bouche, légèrement contractée, donnait à sa figure un air de satisfaction et il ne paraissait pas avoir au delà de trente ans. » Plus tard et surtout lorsque, après deux jours, on moula le visage, l'affaissement des chairs lui donnait un air de vieillesse et lui enlevait de sa beauté.

Tout le monde s'était retiré, hormis l'abbé Vignali, qui ne quitta plus le corps jusqu'à ce qu'il fût mis en terre, Pierron et Arnott ; les autres avaient été chercher un peu de repos. On les éveille : Hudson Lowe fait annoncer sa visite pour six heures du matin. Il arrive à sept, accompagné de son état-major au complet, de l'amiral, du général commandant les troupes, du commissaire du roi de France, de plusieurs officiers de marine, des médecins et des chirurgiens de l'île. Il entre dans le parloir d'où il est, avec les gens qu'il a amenés, introduit dans le salon mortuaire. Bertrand et Montholon le saluent et l'invitent du geste à s'approcher du lit ; il s'avance, ainsi que le marquis de Montchenu, auquel il dit, lui montrant l'Empereur : « Le reconnaissez-vous ? » Le commissaire de France hoche d'abord la tête, puis il dit : « Oui, je le reconnais. » Ils saluent avant de sortir. « C'était le plus grand ennemi de l'Angleterre et le mien aussi, dit Lowe à ses subordonnés Henry et Gorrequer, mais je lui pardonne tout ! » Cela montre l'homme.

Il n'a point osé pourtant, devant l'Empereur mort, évoquer Bathurst. Pour la première fois, il s'est refusé, selon ses ordres, à l'appeler *le Général.* Il sent que c'est fini de telles mesquineries grotesques, et l'Histoire commence par qui chacun sera remis en sa place : la victime et les bourreaux. Ainsi, là même et par la mort, Napoléon a remporté la victoire. Les Anglais ni les Oligarques du monde entier ne sont parvenus à le découronner ; mourant dans celle étable où l'ont confiné la bonne foi et la générosité britanniques, il demeure tel qu'il a voulu être pour sa nation, pour son fils, pour la postérité : le Chef quatre fois unanimement acclamé par son peuple, le Souverain oint et sacré par le Souverain Pontife, l'Élu de la France et de Dieu. Nulle puissance au monde n'a prévalu contre lui et ses prédictions prophétiques annoncent aussi formellement le désastreux suicide de Castlereagh que l'extinction de la dynastie hanovrienne, que l'effondrement de l'Oligarchie britannique et l'écroulement de son empire.

À deux heures, en présence de Bertrand et de Montholon, de trois officiers et de sept médecins anglais, de l'abbé et des serviteurs personnels de l'Empereur, Antommarchi procède à l'autopsie. Il y a, entre les médecins, discussion quant au foie, dont on a constaté les adhérences à l'estomac et dont le volume paraît extraordinaire. Il est enflé, dit Shortt ; il ne l'est point, dit Arnott ; et Sir Thomas Reade, l'assistant de Lowe, intervient. D'ailleurs, il n'y a point à en douter, la cause de la mort est le squirre à l'estomac ; l'existence a même été prolongée par le gonflement du foie qui a obturé la perforation. Une fois recueillies, les observations que l'Empereur a ordonné que l'on fit sur son cadavre pour préserver son fils de la maladie dont il est mort, Bertrand et Montholon s'opposent à ce qu'Antommarchi pousse plus loin les opérations et fasse un examen du cerveau. Le cœur est détaché et placé dans un vase d'argenf qui, selon le désir de l'Empereur, devrait être porté à l'impératrice Marie-Louise ; l'estomac de même. Mais le représentant d'Hudson Lowe s'oppose à la sortie du cœur, il dit que l'estomac seul sera envoyé en Angleterre. De même, déclare-t-il, que son gouvernement s'oppose à tout embaumement.

Après l'autopsie, lorsque les médecins anglais allaient se retirer. Mme Bertrand leur a demandé s'il ne serait pas possible de trouver du plâtre propre à mouler la tête de l'Empereur. Le docteur Burton a répondu qu'il y avait dans l'île du gypse propre à en faire, qu'il allait en ville et s'occuperait d'en procurer.

Antommarchi cependant a recousu les ouvertures faites pour l'autopsie, et, aidé par Marchand, il a pris, sur le cadavre, les mensurations les plus précises, les seules que l'on ait du corps de l'Empereur. Ensuite, Marchand et Saint-Denis ont procédé à l'habillement ; ils ont revêtu Napoléon de l'uniforme des Chasseurs de sa garde : bas de soie blancs, bottes à l'écuyère, culotte et veste de Casimir blanc, chapeau à cocarde tricolore, habit vert a parements rouges avec insignes de la Légion, de la Couronne de fer et de la Réunion, la plaque et le grand cordon de la Légion.

Ainsi vêtu, le corps de l'Empereur est, à quatre heures du soir, porté dans son ancienne chambre à coucher, transformée en chapelle ardente. On l'a tendue de drap noir, acheté soit dans les magasins de la Compagnie, soit chez les marchands de la ville, et c'est même l'achat de cette quantité de drap qui a appris aux habitants la mort de l'Empereur. On y a réuni tout le luminaire de la maison. Un autel a été dressé à la tête du lit. Sur un des lits de camp, on a déployé le manteau bleu que l'Empereur portait à Marengo, et, sur ce manteau, on a déposé le corps, chapeau en tête. Un crucifix est placé sur sa poitrine. Un aigle d'argent soutient les rideaux blancs, relevés aux coins par quatre aigles. Sur une petite table, près du lit, on a placé les vases d'argent renfermant le cœur et l'estomac ; à la tête du lit, se tient le prêtre en surplis ; aux quatre coins, les serviteurs de l'Empereur ; entre l'autel et le lit, Bertrand et Montholon. Les domestiques forment la haie, entre la porte et la croisée, pour laisser le passage libre.

On ouvre les portes : le capitaine Crokatt, officier d'ordonnance à Longwood, règle la marche ; les officiers supérieurs, les officiers, les sous-officiers, puis les soldats et les marins ; plusieurs sous-officiers ont amené leurs enfants. « Regarde bien Napoléon, dit un de ces soldats à son petit garçon, c'est le plus grand homme du monde. » Telle est la voix du peuple.

À cinq heures du soir, le gouverneur, répondant à la lettre que Montholon lui a écrite la veille, fait connaître que, « depuis 1820, il a l'ordre de ne point laisser sortir de l'île la dépouille mortelle du général Buonaparte, mais qu'il lui est indifférent qu'elle soit dans tel ou tel lieu ». L'Empereur a prévu le cas : cette suprême persécution des Anglais, la captivité infligée à son cadavre ; à défaut des « Rives de la Seine », de l'île près de Lyon, de la cathédrale d'Ajaccio, il a désigné la Vallée du Géranium, la Fontaine Torbet.

Il n'y est pourtant venu qu'une seule fois, dans les premiers temps de son séjour à Longwood. Un soir qu'il avait été à Hut's Gate, il descendit assez difficilement dans la vallée qui se creusait au-devant, et il parvint à un petit plateau d'où l'on apercevait la mer. Trois saules, au pied desquels coulait une source fraîche, donnaient à ce coin de l'île un air de mélancolie française. Il goûta l'eau de la source et la trouva excellente ; mais il se faisait tard, et il craignait de n'avoir plus assez de jour pour remonter ; il dit à Las Cases d'entrer chez le docteur Kay, qui avait sa maison à côté, et de faire connaissance avec lui. Désormais, tous les jours, un Chinois vint prendre à la source l'eau que buvait l'Empereur. Plus tard, comme il craignait qu'on ne lui changeât son eau, il envoya Archambault la chercher dans ses flacons de campagne. En remontant, il avait dit à Bertrand : « Bertrand, si, après ma mort, mon corps reste entre les mains de mes ennemis, vous le déposerez ici. » Il l'avait répété durant sa maladie ; le gouverneur s'inclina devant cette volonté ; mais, de même qu'il s'était opposé à l'embaumement, il exigea que le cœur fût placé avec le corps dans le cercueil ; il voulut imposer l'inscription qu'on graverait sur la dalle funéraire. Les compagnons de l'Empereur voulaient son nom : Napoléon et deux dates ; Lowe voulut BUONAPARTE. À défaut d'un accord, la dalle resta fruste.

Le soir, le capitaine Crokatt fut expédié à bord de l'*Acheron* pour porter au roi d'Angleterre la nouvelle de la mort de Napoléon et le procèsverbal d'autopsie.

Le 7 au matin, dans la chambre mortuaire, le défilé continua par les officiers et les soldats qui n'avaient pu venir la veille, puis par les habitants notables ; on ne permit point d'entrer aux gens du peuple qui s'étaient assemblés en foule devant la première enceinte.

Cependant le docteur Burton, au péril de sa vie, s'était procuré le plâtre nécessaire pour le moulage. On rasa exactement la tête, on recueillit les cheveux, qui, destinés à la Famille, furent mis sous scellés par Montholon et confiés à Marchand. Ensuite Burton et Antommarchi, aidés d'Archambault, procédèrent au moulage, qui réussit bien.

« C'est la figure du moment, dit Marchand, mais non celle de six heures après la mort, qui était celle du Consul. »

Dans l'après-midi, le cercueil arriva. Il était de fer-blanc doublé de satin blanc, avec un oreiller et un matelas de même étoffe. On y déposa le, corps ; faute d'espace, on ne put laisser sur la tête le chapeau qui fut placé sur les cuisses ; on mit dans le cercueil[6] le vase d'argent surmonté de l'Aigle impérial, qui renfermait le cœur, et la boite qui contenait l'estomac ; plus un vase d'argent aux armes impériales, un couvert d'argent (couteau, fourchette et cuiller), une assiette d'argent, six doubles napoléons d'or de France, quatre simples, un double napoléon d'argent, un simple, un demi, deux doubles napoléons d'or d'Italie.

Le premier cercueil, soudé par le plombier anglais qui avait soudé les vases d'argent, fut mis dans un deuxième cercueil en acajou, lequel fut placé dans un troisième cercueil en plomb, soudé comme le premier, et enfin dans un quatrième, en acajou, fermé par des vis à tête d'argent. On replaça ensuite le cercueil sur le lit de campagne ; on le recouvrit d'un poêle de velours violet, sur lequel on étendit le manteau de Marengo. On disposa le luminaire comme la veille ; au-devant du cercueil. sur lequel était un Crucifix, l'abbé Vignali priait ; le docteur Arnott continuait sa surveillance ; deux serviteurs de l'Empereur étaient debout de chaque côté du cercueil. Les portes s'ouvrirent de nouveau, et tous ceux qui se présentèrent purent jeter l'eau bénite.

Les travaux de construction du tombeau n'avaient été commencés que le 7 au matin. Ils consistaient en un déblai de onze pieds de profondeur sur dix de largeur et huit de hauteur ; l'établissement, dans le fond, d'un massif de maçonnerie de deux pieds d'épaisseur ; au pourtour, d'un mur de dix-huit pouces d'épaisseur ; le fond, les côtés et la fermeture furent faits par des dalles de six pieds de long sur trois de large et cinq pouces d'épaisseur, qui avaient été destinées au pavement de la cuisine dans la nouvelle maison.

Le 9 au matin, les travaux étaient terminés. Le gouverneur fit savoir que, conformément aux instructions qu'il avait reçues de faire au général Buonaparte les obsèques d'un officier du plus haut grade, la garnison en deuil prendrait, tout entière, les armes au jour et que, à onze heures, le cortège se mettrait en marche. À dix heures, à Longwood, l'abbé Vignali célébra la messe et l'office des morts, auxquels les Français seuls assistèrent. À onze heures, les Anglais arrivèrent. Douze grenadiers prirent le cercueil sur leurs épaules et le transportèrent dans la grande allée du jardin, où le corbillard était avancé. La bière y fut placée, couverte du manteau de Marengo, sur lequel Bertrand déposa une épée.

L'abbé Vignali, en habits sacerdotaux, prit la tête du cortège, accompagné de Henry Bertrand, qui portait le bénitier et l'aspersoir. Les docteurs Arnott et Antommarchi venaient ensuite ; puis le corbillard, attelé de quatre chevaux que conduisaient les palefreniers en deuil, et escorté par douze grenadiers sans armes, ceux qui devaient porter le cercueil lorsqu'on arriverait à la Vallée. Les coins du drap mortuaire étaient tenus par Bertrand, Montholon, le jeune Napoléon Bertrand et Marchand. Derrière, Ali, le cheval de l'Empereur tenu en mains par Archambault, puis tout le personnel en grand deuil. Enfin, dans une calèche attelée de deux chevaux que conduisaient ses gens. Mme Bertrand avec Hortense et Arthur. Venaient ensuite, à cheval, le gouverneur, le contre-amiral, le commissaire de France, et un nombreux état-major. Les troupes de la garnison, au nombre de deux mille hommes, étaient massées sur la hauteur à gauche de la route ; durant que défilait le cortège, la musique de chaque corps jouait des airs funèbres ; le vaisseau-amiral et les forts tiraient, de minute en minute, un coup de canon. À Hut's Gate, l'artillerie de campagne était en batterie, les canonniers à leurs pièces.

Au tournant de la route, où l'on avait trouvé Lady Lowe et sa fille, en deuil ainsi que les domestiques qui les accompagnaient, tout le monde mit pied à terre ; les grenadiers prirent le cercueil sur leurs épaules et le descendirent jusqu'à la sépulture. Il fut déposé sur deux poutres placées en travers, à l'ouverture du tombeau ; l'abbé Vignali s'avança, dit les prières et fit les bénédictions. Lowe demanda au Grand maréchal s'il avait à parler. Bertrand répondit par un geste négatif. Le cercueil descendit dans le caveau, salué, par l'artillerie, de trois salves de quinze coups chacune. Une énorme pierre, dans laquelle un anneau était scellé, devait fermer le tombeau ; on la souleva avec une chèvre et on la laissa doucement descendre ; puis on descella l'anneau, on garnit toutes les pierres de ciment romain ; encore devait-on les lier par des agrafes de fer. Le lendemain, on couvrit le tout de terre et l'on ferma l'entrée par trois dalles montées sur des parpaings de pierre.

Les assistants s'étaient jetés sur les saules, s'emparant des branches comme de reliques ; cela était grave et formait le début d'une superstition dangereuse ; pour la prévenir, Hudson Lowe fil dresser autour du tombeau une barricade provisoire ; deux factionnaires furent posés, et un poste de douze hommes, commandés par un officier, y fut établi. Il plut aux compagnons de l'Empereur d'appeler cela une garde d'honneur.

… Le 27 mai, à quatre heures, les compagnons de Napoléon s'embarquèrent pour l'Europe sur le store-ship *Camel*.

Sous la dalle, où l'Angleterre avait interdit qu'on inscrivît même Son nom ; dans la vallée ignorée et perdue, devenue soudain la plus illustre qui fût sur le globe, Napoléon, prisonnier, jusque dans la mort, de l'Oligarchie européenne, dormit son dernier sommeil.

Et vers ce tombeau qui rayonnait d'immortalité, Médine des nations suscitées par Lui, se tournèrent les âmes de ceux qui ont pris foi dans Sa parole…

1. ↑ Au sujet des Cuisiniers de l'Empereur à Sainte-Hélène, je me permets de renvoyer à mon volume, *Autour de Sainte-Hélène* (2e série)
2. ↑ Sur l'arrivée, le séjour à Sainte-Hélène de Piontkowski, son départ et ses destinées ultérieures : *Un aventurier a Sainte-Hélène. Le colonel comte Piontkowski.* Ap. *Autour de Sainte-Hélène* 2e série.
3. ↑ Je prie le lecteur de se reporter pour les détails relatifs au *Cas du général Gourgaud* à mon livre : AUTOUR DE SAINTE-HÉLÈNE. Tome Ier, p. I à 126 et 165 à 292. Il y trouvera publiées intégralement toutes les pièces relatives à cette affaire, la plus grave qui se soit produite à Sainte-Hélène.
4. ↑ Je me permets de renvoyer le lecteur, pour l'affaire des *Lettres des Souverains à Napoléon*, à mon livre : AUTOUR DE SAINTE-HÉLÈNE, tome II, p. 177 à 215. J'ai mis là tout ce que j'ai trouvé *jusqu'ici* sur la question.
5. ↑ À cette date, Marchand place un fait qui serait de la plus haute importance s'il ne se trouvait contredit d'une façon absolue, 1° par le journal d Arnott, publié par M. Frémeaux, *Dans la chambre de Napoléon mourant*, p. 196 et 216 ; 2° par les rapports de l'officier d'ordonnance *ibid.*, p. 72 et 139 ; 3° par Antommarchi dont le contrôle devient possible grâce à Marchand. Marchand écrit : « En partant de chez Sa Majesté il [le docteur Arnott] examina les vomissements à matière noirâtre qui, par leur nature, lai firent dire qu'il y avait ulcération dans l'estomac. Il en prévint le Grand maréchal et le comte de Montholon, prescrivit diverses ordonnances, mais l'Empereur reste aussi rebelle à la médecine avec eux qu'avec le docteur Antommarchi. » Ainsi, selon Marchand, ce serait le 2 avril qu'aurait été acquise la preuve du cancer ; selon Arnott et Antommarchi, le 23 ou le 26 seulement. Partout ailleurs les témoignages s accordent : ici, je ne puis m'empêcher de penser que ce fut par une erreur dans la copie de son manuscrit que Marchand a interverti ces dates.
6. ↑ Marchand affirme que le docteur Arnott fut chargé jusqu'au bout de surveiller le corps et les vases dans lesquels avaient été placés le cœur et l'estomac ; selon Sir Th. Reade (FORSITT III, 290, *Angl.*), ce fut à l'aide-chirurgien Rutledge que ce soin fut confié, et Forsitt publie un rapport adressé par ce Rutledge à Reade, où il prétend : 1° avoir fermé l'ouverture du vase d'argent contenant le cœur en y plaçant, un shilling d'argent à l'effigie de George III ; 2° avoir mis lui-même dans la bière les divers objets que les Français voulaient y déposer et avoir gravé son nom (*My Adress*) sur l'assiette d'argent, comme étant le dernier officier.

anglais qui l'eût vu. Ce trait, tout à fait conforme au caractère anglais, doit-il être tenu pour vrai, si invraisemblable qu'il soit ? Le procès-verbal d'ensevelissement, signé des exécuteurs testamentaires, porte partout : « Nous avons », etc.